万物有来源

牢记在心的防护与救援

①

高朗文化　编著

花山文艺出版社

河北·石家庄

图书在版编目（CIP）数据

万物有来源：全10册 / 高朗文化编著. -- 石家庄 ：
花山文艺出版社，2023.11
ISBN 978-7-5511-2376-1

Ⅰ．①万… Ⅱ．①高… Ⅲ．①科学知识－青少年读物
Ⅳ．①Z228．2

中国国家版本馆CIP数据核字(2023)第097493号

书　　名：**万物有来源**（全10册）
WANWU YOU LAIYUAN
编　　著：高朗文化

————————————————————

责任编辑：刘燕军
特约编辑：李子安
责任校对：杨丽英
美术编辑：王爱芹
特约美编：刘　蕊　江　晓
出版发行：花山文艺出版社（邮政编码：050061）
　　　　　　（河北省石家庄市友谊北大街330号）
销售热线：0311-88643299/96/17
印　　刷：唐山十月制版印刷有限公司
经　　销：新华书店
开　　本：710毫米×1000毫米　1/16
印　　张：70
字　　数：770千字
版　　次：2023年11月第1版
　　　　　　2023年11月第1次印刷
书　　号：ISBN 978-7-5511-2376-1
定　　价：328.00元（全10册）

————————————————————

目录
Contents

3 防护服装

4 防护措施

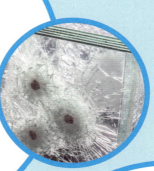

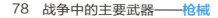

1 救生设备

在搜索和救援工作中，除了救人于危难之中的工作人员，那些用于拯救生命、帮助被困人员撤离到安全地点的设备也至关重要。例如，警报器等可以在危险来临时提前发出警报声，让人们做好预防措施。雪崩信标、救生圈、飞机疏散滑梯和车辆安全气囊等功能强大的设备可以在危难面前救人于生死之间。随着科学技术的发展，人们在应对意外事故或灾难时，也有了更多的选择。

我们要从危险的荆棘里采下安全的花朵。
——莎士比亚（英国剧作家、诗人，1564—1616）

空中的大伞
——降落伞

在急速坠落的危急时刻，撑开这顶巨伞，人们就可以在高空中"减速"，并且平安着陆。

降落伞跳伞尝试

根据研究，历史学家们发现，降落伞的历史可追溯到15世纪70年代。当时，意大利著名画家达·芬奇就设计出了降落伞的雏形。然而，直到1783年，人们才进行了第一次跳伞尝试。在场的人们亲眼看见了一项奇迹：一位名叫路易·塞巴斯蒂安·勒诺尔芒的法国人，双手紧紧抓住一把直径4米多的布制降落伞，从法国蒙彼利埃天文台跳下来，安全着陆。在他之后，另一个叫作加尔纳里安的法国航空家，是第一个从高空安全跳下的人。1797 年 10 月 22 日，加尔纳里安乘坐氢气球在巴黎上空升到约 1000 米的高度，然后切断了与气球的连接。借着风力，他使用的直径 7 米多的降落伞在空中展开，让他安全地下降到地面。

20 世纪初，现代降落伞开始发展起来。俄国人格列布·科捷利尼科夫陪着好友进行了一次降落实验，目睹了飞行员在飞行表演中丧生，他非常难过。从此，他开始专注于发明飞行员专用的逃生降落伞。1911 年，科捷利尼科夫经过研究和实验，终于发明设计了一款降落伞。使用时，降落伞可绑在佩戴者身上，可以自动开启或通过拉绳开启伞包，帮助人们平安着陆。

第一次世界大战后，美国军队对降落伞的研究兴趣大大增加。在军队服役期间，詹姆斯·弗洛伊德·史密斯发明了一种软质包装的简易丝绸降落伞，通常被人们看作第一顶现代降落伞。在第一次世界大战之后、第二次世界大战之前，人们不断改进降落伞。在日后世界知名的第二次世界大战诺曼底登陆战役中，盟军向敌后空降伞兵，这些伞兵使用的就是降落伞。

今天人们多使用降落伞进行跳伞运动，同时，降落伞仍被用于救援。在战争中，救援队利用降落伞进入战区救援和治疗受伤的士兵。在发生洪水或地震等自然灾害时，人们还会使用降落伞协助急救人员向灾区紧急提供食物等物资。

可以移动的床
——担架

在战争片中，我们经常会看到医护人员抬着担架在战场上来回穿梭，去救援不能独立行走的士兵。的确，担架是重伤员离不开的"床"。

人类历史上最早的担架是一种简易吊床，它是用兽皮制成的。到了18世纪和19世纪，人们开始使用四轮马车和手推车护送受伤的士兵撤离战场。由于通常使用马或骡子等动物牵引，在崎岖不平的道路上，车子过分颠簸抖动，会对伤员产生推拉挤压，造成二次伤害。尽管这种"担架"救援对伤员来说十分痛苦，但在当时的技术条件下是无法避免的。

19世纪中后期，人们对担架进行了几项创新改造。美国内战（1861—1865）

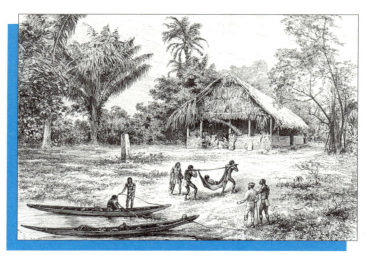

巴西土著人运送伤患

4

期间，人们通过增加折叠床腿，将简单的帆布担架转换为行军床，这种改造方法广受欢迎。在其他国家和地区，人们广泛使用一种装有大型马车轮的担架，并由人力或畜力来拉动。19世纪后期，吊椅式担架在欧洲流行起来，这种担架可夹在马、骡子或骆驼等动物身体的一侧，使伤员保持坐姿。

现在，现代担架已得到普遍使用，但普通的帆布担架仍未退出历史舞台。铲式担架一般由硬质塑料制成，分为左右两部分。搬运伤员时，先将伤员放置在平卧位，固定颈部，然后分别将担架的左右两片从伤员侧面插入背部，扣合后再搬运，能最大限度地减少对患者的移动。还有一种篮式担架，也叫船形担架，侧面上翘，可以手抬，底部安装轮子进行运输，也可以悬挂在直升机上。

今天，急诊患者或住院患者有更多选择，可以使用新式的轮床或可折叠的担架，将它们用作临时病床，不仅极大提高了患者的舒适度，而且移动起来也更加便利。

"斩钉截铁"的
破拆工具组

你看过这样的新闻报道吗？一个男童的头部被卡在路边护栏中，消防员手持剪切器切割钢铁护栏进行解救。本文的主角就是破拆工具组。

破拆工具组是一种液压工具，它能"斩钉截铁"，快速摧毁一些钢铁制成的框架之类的物体，比如汽车外皮，或者铁制的栏杆一类，用来解救事故发生时被困的人，即使是被困在已倒塌的钢铁框架中的人，也能在摧毁框架之后获救。

破拆工具组按照功能可分为多种。比如：剪切器，可切开金属，释放被困人员；扩张器，可强行打开被压碎的建筑物框架，也能强力抬起车辆和建筑物倒塌的部分；撑顶杆，可以撬（qiào）开阻挡救援通道的

重型车辆碎片或部件。其中有些破拆工具还是一器多用的，同时具备多种用途。

　　破拆工具的发明得益于美国发明家乔治·赫斯特。赫斯特目睹了一场车祸，一家人被困在汽车残骸中无法逃脱，最后全部失去了生命，这次车祸坚定了他制造破拆工具的想法。赫斯特与工程师詹姆斯·F.霍宾斯合作，在1972年推出该产品。破拆工具组最初仅用于汽车赛道救援，因为在汽车比赛中，汽车高速行驶发生碰撞后，驾驶员经常会困在汽车中动弹不得。破拆工具组在汽车赛道救援中得到成功应用，因此急救人员也逐渐开始使用它们。

　　现在，破拆工具组成了应急救援的必备设备，为陷入"鬼门关"的受害者解除危险，拯救他们的性命。

水上救命法宝
——救生圈

我们在戏水时一定要记得带游泳圈！它虽然是一种玩具，在关键时刻还可以救命。实际上，有一种专门用于水上救援的游泳圈，它就是救生圈。

当人们不幸落水时，如果有救生圈，落水者就可以暂时漂浮在水面上，以免溺水，安心等待被救援。数百年前，第一批漂浮式救援设备很可能是密封的葫芦或动物皮制成的充气设备，这些物品充分利用了水的浮力，可以帮助人们在水上漂浮。后来，为了给海军士兵配备救生用具，各国海军曾尝试使用各种材料制作海上救生用具。例如，在挪威，水兵曾有一段时间依赖于浮木救援。

1765 年，英国医生约翰·威尔金森为其发明的软木救生圈申请了专利，这是人们已知的第一个救生圈专利。90 年后，英国海军指挥官 J. R. 沃德发明了软木救生带。直到 19 世纪后期，漂浮救援设备才开始普及。由于软木轻盈、浮力大，到了 20 世纪，它仍然是漂浮救援设备的首选材料。

第一次世界大战后，人们开始使用巴沙木——一种非常轻质的木材来制作救生圈，但软木材料仍然占主导地位。到了20世纪中期，木棉取代软木，占据主导地位。木棉是一种热带树木，具有中空的纤维结构，浮力很大。相比于软木制的救生圈，由木棉制成的救生圈质量更轻，体积更小。20世纪60年代，新式的合成泡沫材料取代了木棉，成为救生圈的常用材料。如今，船只上会要求携带可投掷、带有灯的救生圈。

现在，救生圈也有了专用工具，包括可浮救生索、自亮浮灯或自发烟雾信号，既能保护人员，又能发出求救信号。

泡沫救生圈

泡沫救生圈的内部通常是一种聚乙烯（xī）塑料泡沫。这种材料非常适合制作救生圈，因为它的质量超级轻，浮力超级大。此外，因为这种材料不容易吸水，所以它也不会进水。救生圈中使用了几种不同的聚乙烯变体材料，包括标准的高密度聚乙烯和发泡聚乙烯。制造时，为了使聚乙烯形成泡沫，人们将气体吹入液体形式的聚乙烯中，凝固后产生微小的细胞状结构。这些结构互不相连，这种特性使得救生圈即使浸入水中也能保持干燥。

雪地里的生命信号
——雪崩信标

雪崩后的一切归于平静，眼前一片雪白，似乎什么都没有发生过。但是如果你被这个假象欺骗的话，那被埋在雪下的人可就惨了。

在还没有雪崩信标的时候，发生雪崩后，人们采取相对原始的方式进行组织救援。18世纪中期，瑞士圣伯纳德修道院的修道士们只能依靠搜救犬在白雪皑皑的阿尔卑斯山上搜寻遇险者。到了20世纪初，滑雪者和雪地徒步旅行者们都会在身上系（jì）上雪崩绳索，以防出现意外。这种绳索很长，而且颜色鲜艳。如果有人不幸被埋在雪里，绳子可能会从雪中露出来，从而为搜救者提供线索。但是这种方法也不能够完全保证搜救的有效性。一直以来，面对雪崩救援问题，无数户外人都在探索着如何最快速、有效地救援生命。而可实时定向、可快速精确导航的雪崩信标，为人们提供了解决问题的答案。

雪崩信标是一种依靠无线电信号收发器构建的系统。第一套信号收发系统是瑞士人发明的，虽然对搜救人员有帮助，但

雪崩救援犬

它的作用很有限。后来美国康奈尔大学航空实验室的工作人员在原有设想的基础上进行完善，于1968年生产出了一种更有效的雪崩信标。

雪崩信标探测

与现代的雪崩信标设计原理相同，当时的第一台商用雪崩信标在使用者佩戴后会不断发送信号。如果有人遭遇雪崩被埋入雪下，救援人员可将收发器设置为接收信号的模式。救援人员越接近遇险者，信号就会变得越清晰，提示音也越来越响亮。

随着时间的推移，传感器的范围和精度都有所提高。20世纪90年代，数字雪崩信标首次亮相。如今，最新一代的信标已经可以精确显示雪下遇险者的方位和距离。

航海旗帜：旗语

160多年来，人们使用国际海事信号旗系统进行船舶之间和船岸之间的通信。该系统采用彩色旗帜，字母表中的每个字母分别用一面方形旗帜表示，而数字0到9分别用10面三角旗帜表示。旗帜以特定组合展示并发送消息。1857年，英国海外贸易局引入了这套代码，随后这套代码发展成为国际信号规范，并于1932年和1969年进行扩展，增加了新的语言。

滑向生之门
——疏散滑梯

在飞机舱门的下方，藏着一个非常重要的安全部件，我们大概都没有见过。当然，航空公司也希望旅客永远都不要见到它。

客机中的紧急疏散滑梯

紧急疏散滑梯是大型客运飞机的必备装置，是飞机的救生设施之一。当遭遇紧急情况，有了疏散滑梯，旅客和机组人员就能在极短的时间内从客机撤离到地面，降低受伤的风险。

虽然没有人愿意亲眼看到它的样子，亲身尝试它的作用，但这并不代表它可以被忽略。因此，即使一般情况下用不到它，也一定要保证这些滑梯是正常运作的，不能出问题：它们必须能够在数秒内充满气体且不漏气，因为它们事关旅客和机组人员的生命安全。为了保证紧急疏散滑梯时刻待命，设计生产符合标准和定期检修一样也不能少。疏散滑梯分为两种类型：一种是用在陆地上紧急情况下的标准疏散滑梯，另一种是用于水上着陆的滑筏。滑筏最初被用作标准疏散滑梯，既可以在陆地上使用，也可以在水上着陆时使用，帮助乘客撤离飞机。后来，滑筏逐渐演变出木筏的功能，让乘客在救援船到达之前漂浮于水面上。

美国人詹姆斯·F. 博伊尔发明了第一架飞机疏散滑梯。在第二次世界大战前，博伊尔已经开始构思充气救生衣，最终他发明的救生衣在战场上"大显身手"，他的发明和他的名字一样，被越来越多的人知道。1954 年，博伊尔为疏散滑梯申请了专利，并在两年后获得批准。博伊尔创办了自己的公司专门生产他发明的飞机疏散滑梯，目前全球大部分的疏散滑梯仍由该公司制造。

充气式疏散滑梯

现代的疏散滑梯通常由塑料制成，但早期的疏散滑梯都是用帆布制成的。这种帆布滑梯存放在飞机壁板内，又难以在窄小空间里正确装配，因此使用起来很不便利。充气式疏散滑梯则不存在这些困扰，对于快速疏散大型客机上的乘客至关重要。

安全滑梯虽然保障了人们的安全，但是人们都不希望使用到它。

警铃大作的
消防警报器

不知道你有没有听过消防警报器的声音，但是只要你听到的话一定忘不了。那响亮又急促的声音的确令人印象深刻。

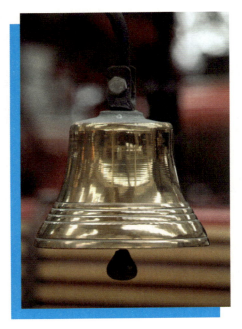

消防用铃铛

对于消防员来说，从接到火警到抵达火灾现场之间的时间长短非常重要，这直接决定着消防员是否能够积极开展救援，"抢救"财产，保护人们的生命安全。因此消防员在驾驶消防车赶赴火灾现场的路途中，也需要向群众和其他车辆大声发出警告，以便迅速清空路障，快速驶过街道。

多年前，强力警报器还没有出现，消防车上配备的"噪音制造者"是铃铛和哨子。大约一个世纪以前，人类的朋友、可信赖的斑点狗也曾临时扮演过警笛的角色。那时的消防车还是马车。当警报响起时，斑点狗会冲出消防站，通过狂吠（fèi）警告街上的人们为消防车让路。然后，当消防员通过时，伴随着铃声和哨声，两只狗将随着消防车跑，或跑在车前面开路。为了保留这一传统，一些消防站仍然饲养斑点狗作为宠物，当然它们不会再充当警报器了。

现在的消防车里，都装有电子警报器，能够持续不断地产生"刺耳"的声音，提醒路人纷纷让路。

斑点狗

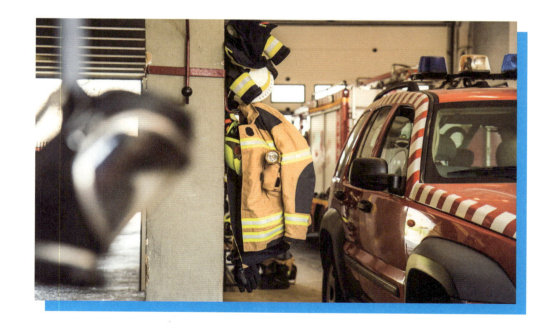

15

汽车的 安全气囊

你知道吗？汽车里一般都装有安全气囊，当汽车遭到碰撞时能自动弹射出来，并迅速充气，为车内的人提供防撞保护。

美国工程师约翰·赫特里克是第一个发明汽车安全气囊的人。在一次交通事故中，赫特里克的女儿险些从汽车的挡风玻璃处飞出去。受到这次事故的影响，赫特里克设计出了一种安全充气装置，并于1953年获得了专利。

汽车行业很快意识到安全气囊的重要性，因为如果汽车在高速行驶中发生意外碰撞，人的身体随着惯性也会向前急射，即使系了安全带，也不能完全避免会随着

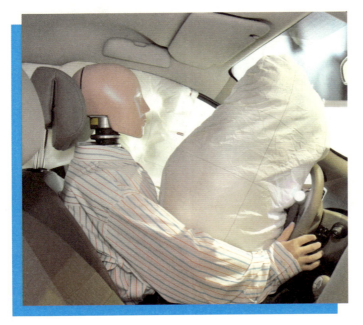

惯性前冲。20 世纪 50 年代，美国通用汽车公司和福特公司都开始进行安全气囊试验。但是，如何制造能够在事故发生时快速反应并迅速充气的气囊，实现对乘客的保护，仍然面临着诸多挑战。

美国工程师艾伦·布里德在开发能够感应碰撞的硬件设备上取得了重要进展，并在 1968 年制造了第一套机电控制的安全气囊系统。然而，如何设计仍然是个问题。20 世纪 70 年代，汽车制造商持续进行技术完善。到 80 年代时，所有的重大问题都得到了解决,汽车安全气囊技术成熟。1988 年 9 月 1 日，美国颁布了一项法律，规定在美国销售的所有汽车上，都需在驾驶位和副驾驶位配备安全气囊。

汽车的安全气囊面板

发展到今天，甚至还出现了"智能"安全气囊，它们可以根据乘客的体重充气。

2 交通救援

　　对于大多数人来说，交通救援是灯光闪烁、警笛呼啸的救护车，或是将重伤患者紧急送往医院的救援直升机。不过，这一章将会讲述更多交通救援的历史。比如驰骋在海洋中的救生艇，以及在飞机和机动车辆无法前往的极地地区大显身手的"四足"救援设备。同时你还会发现，第一辆"消防车"其实就是一台水泵，是由消防员推拉着抵达火场的。通过这些交通救援，搜救人员可以更快地抵达现场，尽可能地挽救被困人员的生命、降低人们的财物损失。

真正迅速的人，并非事情仅仅做得快，而是做得成功而有效的人。
——弗兰西斯·培根（英国哲学家，1561—1626）

在雪中飞驰的
雪地摩托

每当下雪时，道路上会留下厚厚的积雪，人们不论是步行还是驾车都要小心翼翼。但是有一种交通工具却能在雪中飞驰——雪地摩托。那么，雪地摩托车和普通摩托车究竟有什么区别呢？

20世纪20年代，第一辆雪地摩托车出现。它实质上是把雪橇安在了滑雪板上，依靠航空发动机的推动在雪地前进。1927年，美国人卡尔·J. 埃利亚松为一台"雪摩托"申请了专利。这台雪摩托的外形很像后世的版本，通过履带推动，但它的体积更大。这是因为早期的发动机非常重，需要将重量分配出去。

我们可以看出，雪地摩托是履带和雪橇的完美结合。宽大的履带，大大增加了车辆接触地面的面积，从而减小了本身对地面的压强。这样一来，无论什么时候，它都可以"浮"在雪面上，不会陷在松软的雪地中。履带是橡胶材质的，表面分布着钢钉以增加雪地摩托的摩擦力，使其在行驶过程中不必担心打滑失控。

到了20世纪50年代，发动机变得更小更轻，为更轻便的雪地摩托车的出现奠定了基础。1959年，加拿大人约瑟夫－阿曼德·庞巴迪设计发明了第一台现代雪地摩托车并创建了雪地摩托车品牌，在市场上成功进行营销。

现在，雪地摩托车越野赛成了大受欢迎的冬季赛事。强烈的比赛需求衍生出了竞速型雪地摩托车。为了提高速度，在比赛中一骑（qí）绝尘，人们对它的设计进行了针对性的改良。首先更换了马力更强的发动机为竞速提供更加强劲的动力。其次，它的车身使用铝合金等新型材料制作，重量更轻，也为这个大块头做了一次彻底的瘦身改造。经过了这样的改良，雪地摩托能够以超过150千米每小时的速度在冰雪之中飞驰，同时也可以在高速行驶的过程中灵活自如的转向穿梭。驾驶雪地摩托技术含量高，在白雪皑皑的旷野中以风驰电掣的速度与自然"共舞"，挑战自我、你争我赶的激烈场面也精彩万分。雪地摩托车赛不仅是参赛者的感官天堂，也让旁观者倍感刺激。因此，许多游客都喜欢在冬季旅游时去往雪地摩托车越野赛场"打卡"。人们在欣赏冰雪世界的同时，还能欣赏到精彩的比赛，真正是一举两得。

　　你是不是觉得雪地摩托车只是娱乐休闲用的交通车辆呢？实际上，它在冬季森林区域维护和电力线路修理也起到重大的作用。人们还经常使用雪地摩托车进行滑雪场和荒野地区的救援工作。

和"死神"赛跑的 救护车

当我们在马路看到救护车时，行人和车辆都会自觉为它让路。因为我们知道，它正在与"死神"赛跑。那么救护车是怎么出现的呢？

在古希腊和古罗马，战车同时也作为救护车使用。到了 15 世纪，军队使用各种临时推车和担架运送伤员进行治疗，但是这种救援方式效率不高，伤员在战斗结束之前一直留在战场上的情况并不少见。在 18 世纪末 19 世纪初拿破仑指挥的一场战役中，人们使用了一种轻快的救护车。这是一种灵活的两轮马车，可以将伤者送到医疗救援帐篷中。

1864 年，美国通过了《救护队法案》，在陆军中建立了救护车系统。19 世纪末，军用和民用救护车服务都已启动并开始运行，医院通常还会组织自己的救护队。19 世纪末 20 世

历史上的救护车

23

历史上的救护摩托车

纪初，机动救护车开始出现。1899 年，在美国芝加哥的迈克尔·里斯医院，第一辆机动救护车开始服役。不过此时，马拉车依然占据主导地位，但它的终结近在眼前。在第一次世界大战期间，红十字会开始广泛使用机动车辆从战场上运送伤员。1917 年，美国参战，他们将福特 T 型车的框架扩大，开上战场，当作救护车。

20 世纪五六十年代，救护车的主要任务还只是将人们从事故现场尽快运送到医院。车里的空间远远不像现在一样被充分利用，狭窄的空间里只有一些基本的急救设备。后来，人们才逐渐认识到在运送过程中进行紧急治疗的重要性，救护车随之也发生了巨大的变化。现代救护车的内部比较宽敞，能提供足够的空间对患者进行比较系统的救护处理，不用等到抵达医院再进行处理。车里一般会有数量充足的绷带和外敷用品，可以帮助受外伤的病人及时止血、清洗、消毒、预

现代救护车

防感染。对于骨折的病人，车上备有夹板和支架，用来固定受伤部位，避免伤害加重。车上还有氧气、便携式呼吸机和除颤仪。在大多数救护车上会配有病人监护仪，用来时刻监测病人的脉搏和呼吸。医院端会通过无线电收到这些数据，做出提前的准备措施。这样，前往急诊室路上的这段时间也能够被充分利用。

　　今天，救护车的装备越来越齐全，越来越能够为病人抢救赢得时机。

乘风破浪的 救生艇

在波涛汹涌的海面上，实施搜救任务比起在陆地上要困难许多。这时，针对海上状况专门设计的救生艇就可以助人们一臂之力。

1789年，英国海岸发生了伤亡惨重的沉船事故。之后，人们开始通过设立高额奖金的方式，寻找最佳、最实用的救生艇设计。两位英国建筑师，一位叫亨利·格雷特埃德，一位叫威廉·沃尔特海夫，他们联合起来设计出一款独特的救生艇，因为特别的创造力，他们在众多设计者中脱颖而出，最终赢得了奖项。他们独特的设计一直在早期救生船只的设计中发挥着举足轻重的作用。18世纪末19世纪初，小型沿海救援站开始在美国兴起，但近岸海难仍不时发生。在没有救援防护

英国早期的救生艇

的海岸线上，很多人因此遇难。

1878 年，美国设立了海上救生服务站，为人们带来了更系统化的救援方法。1915 年，美国新成立了海岸警卫队，其拥有海上救生服务站的职能。近几十年来，海岸警卫队的主要救援船只一直是机动救生艇。这些小艇长约 14 米，可以穿越波涛汹涌的海洋，如果发生倾覆，它们就会自行摆正。大型船舶出海时，必须携带独立的疏散

水上救援台

救生艇，当船舶有下沉的危险时，就会放下救生艇，帮助人们脱离沉船。长期以来，远洋航轮在航行时，必须为所有乘客和全体船员提供有足够承载能力的救生艇。

生命是可贵的。遇到事故不要慌张，要冷静地思考，选择最合适的逃生方式。

现代救生艇

冲向火海的 消防车

从一架手动推拉前行的水泵，到配备齐全的现代消防车，消防员们在翻滚的火海面前越发英勇和强大。

根据实际需要，现代消防车都装备有各类消防器材或灭火剂，用于灭火、辅助灭火或消防救援。在突发事件面前，许多国家的消防部门也会参与火灾以外的紧急救援。消防车可以运送消防员抵达灾害现场，并且会使用自带的灭火设施出色地完成救灾任务。

最早的消防车准确地说并不是车，而是一种能够自由移动的水泵，负责把水源运到火灾现场。18世纪时，常见的消防车结构非常简单，由一个装有轮子的大型水箱，一个靠人工开动的水泵组成，消防员负责把它运

到火场。那时，由于输水的软管特别短，水压也有限，为了能更好地灭火，水泵必须靠近火场，这通常会给救火人员带来危险。水箱再大，装的水也是有限的，当水箱里的水很快被用完时，就需要更

消防手动泵

多的水。那时的消防车能力有限，必须得到人力的帮助。于是，一种奇怪的现象发生了，每一次救援时，消防车的后面都有一只长长的队伍。这些人被叫作水桶队员，每个人手中都有一个水桶，里面装满了水。人们排着长长的队伍，把装满水的水桶传递到前面，再倒进水箱，供水泵使用。

到了 19 世纪中期，灭火方式发生转变，专业的消防员和消防机构在许多地方成为常态。他们仍然依靠手动水泵灭火，但是水泵的体积更大，由马等动物牵引。泵车的侧面安装了脚踏板，消防员因此可以乘车前往起火点。

随着设备变得越来越重，马越来越难以拉动。1841 年，第一辆由蒸汽机驱动的消防车出现了。1910 年，机动消防车变得越来越普遍。随着城市地区建筑物高度的增加，20 世纪 30 年代，配备云梯的消防车出现了。第二次世界大战之后，车载式吊车出现，其上装有长长的铰链式吊杆，通过可升降铲斗，将消防员和装备送到高层建筑物中，救出被困人员。

消防车云梯

目前，除了基础的配备了抽水机和云梯的消防车外，专用消防设备还包括前后都装有转向装置的大型牵引式消防车、四轮驱动越野消防车，以及装有化学品的机场消防车，用于扑灭飞机火灾。

水火无情，再好的设备都不能挽回人们的损失。防火，是人们永恒的主题。

快速高效的
救援直升机

险情发生时，时间就是生命。快速高效的救援设备，非直升机莫属。

相对于救护车、救生艇等救援设备，救援直升机可以说是更加罕见。机动性和适应性都很强的直升机可以随时随地到达事故现场，所以它更适用于陆路、水路很难达到的区域，运送时间更短，效率也更高。而且因为它能够垂直起飞降落，不需要跑道，还能大量运载救援物资和伤员，因此是许多国家普遍采用的最有效的应急救援手段。

第二次世界大战时期，直升机的发展刚刚起步，一开始的技术条件有限，只有几个成功救援被击落飞行员的实例。随后的几年，直升机技术迅猛发展。从 1950 年开始，美军常常使用直升机进行侦察和供给。重要的是，直升机的搜索和救援任务范围扩大，还负责将受伤士兵运送到医疗船上或美国陆军流动外科医院。

20 世纪 60 年代，更

大、更强的直升机出现了，并成为越南战争期间的重要武器。到了80年代，搜索和救援直升机配备了夜视和热成像设备，能够在黑暗中找到伤员。自90年代以来，直升机也采用了全球定位系统技术。

地震发生过后，直升机在组织抢险救灾的过程中起到的作用也非同小可。由于刚发生地震的城市里残破不堪，路面交通极为不便，再加上余震连连，地面的状况难以预料，只有直升机才能在复杂的环境中挺身而出：一面将药品、食品送入灾区，一面将被困的伤员救出来。

虽然直升机在应急救援中具有种种优势，但它在战场上却会受到许多限制。比起专用的战斗机，直升机的飞行速度很慢，被敌机发现很难逃跑；它的续航时间很短，不能长时间在天上飞。由于这些限制，在战区救援中，直升机必须要有其他种类飞机的配合和帮忙。例如：它不能任意飞行，而是要乖乖地听预警机的话；它不能独自冲进战场抢救伤员，还要靠轰炸机对敌机的压制；在返回时，它还需要歼击机的保驾护航，才能全身而退。如此多机一体，共同合作，才能顺利完成任务。

在战争中，军队可以使用最先进的直升机飞到敌人后方，营救遇险的军事人员。直升机还可以用于紧急医疗服务，把重伤患者及时运送到创伤救护中心。

现在，直升机继续在搜索和救援工作中发挥着重要作用。

3 防护服装

　　在我们的生活中，总有一些突发的危险不可预防。无论是在自然环境中遭受意外，还是受到人为攻击，快速远离危险场地、找个地方躲起来是人们首先要做的事。这不仅仅关系到事后的救援，也能够保证人们的生命安全。这一章讲解的是可以穿在身上、直接保护身体的防护服装。有抵御紫外线袭击的防晒服，由凯芙拉材料制作的防弹背心，还有人们多年研究和设计的迷彩服……不管这些防护服装的来源是什么，每一件都可以救人一命。

　　科学的不朽荣誉，在于它通过对人类心灵的作用，克服了人们在自己面前和在自然界面前的不安全感。
　　　　　　　　　　　　——爱因斯坦（美国物理学家，1879—1955）

坚韧的
凯芙拉

凯芙拉作为一种布料，可能会让你觉得陌生，但说起用它制作的防弹衣，你一下子就会明白过来。

凯芙拉又称芳纶（lún）1414，是一种坚固的轻质材料，同等质量下，它的强度是钢的5倍。这种坚硬的材料是美国杜邦公司的化学家斯蒂芬妮·克沃勒克在1964年研究发明的。不过，它的发明其实是个意外。

当时的克沃勒克正在寻找一种足够强硬的材料代替轮胎中的钢材。在她进行的多次实验中，有一

化学家斯蒂芬妮·克沃勒克

次产生了一种奇怪的混浊液体。克沃勒克的同事让她倒掉液体重新开始实验，但她却好奇将这瓶液体通过机器加工后会发生什么。令所有人惊讶的是，机器加工后产出的纤维非常坚韧、牢固。这个结果让人

不敢相信，克沃勒克马上又进行了多次重复测试，但是结果都是一样的。美国杜邦公司的领导者也认为这是一个重大的发现，随后组织了相关人员，成立一个研究小组，专门研究这种材料。

这种新型材料就是"凯芙拉"，后来被应用到多种产品中。1975

子弹冲击凯芙拉材料

年，美国警察局开始使用凯芙拉纤维制成的防弹背心。自20世纪90年代以来，士兵们作战佩戴的头盔内衬里，就添加了可以救命的凯芙拉纤维层。可以想象，能够阻挡子弹的，并不是仅靠外面的钢盔，也有凯芙拉的功劳。

凯芙拉制成的防护装备比传统材料制成的装备还要轻薄，穿戴起来既安全又舒适。

凯芙拉丝线

保护双脚的安全鞋

安全鞋是一种防护鞋，在生产过程中，当重型物体或者尖锐物体不幸掉落砸在脚面时，可以保护脚部免于受伤。最早的保护靴和鞋子出现在欧洲，是用木头或皮革制成的，供工人和农民穿着。今天，大多数安全鞋仍然用钢包头保护脚趾，也有一些脚趾保护包头用塑料或复合材料制成。安全鞋通常供消防员和建筑工人穿着。1970年，美国颁布实施《职业安全和健康法案》，强制要求在多种工作场所必须穿着安全鞋。

保护身体的防护服

在过去，士兵通过使用动物皮革制品、金属盔甲等各种装备来保护自身安全。随着武器的进化，防护服也在不断改进。近年来，警察和军队都倾向于使用凯芙拉纤维防弹背心。但在战斗中，这种背心对于步枪射击的防御效果并不好。最新一代的防弹背心采用轻武器防护插板。这种插板的外层是超硬碳化硼，内层由强度高于凯芙拉纤维的战术面料作为支撑。

轻薄舒适的
防晒服

在炎热的夏季走在炫目的阳光下，感觉就像在"下天火"一样，整个身体都在被灼烧。不过有了防晒服，清凉舒适的感觉就又回来了。

人体皮肤过度暴露在紫外线中，不仅仅会感觉不舒适，甚至可能会引发白内障、皮肤癌等疾病。因此，处于暴晒环境中时我们需要注意防晒保护。20世纪80年代在澳大利亚，随着皮肤癌的多发，人们开始重视防晒，防晒服装首次开始销售。随后，一系列防晒服装产品上市，其中包括从颈部覆盖到膝盖的防晒泳衣。

防晒服的工作原理其实很简单，就是在布料中加入一种能够防晒的助剂。还有一些防晒布料是利用陶瓷微粉与纤维结合，从而增加衣服表面对紫外线的反射和散射作用。这样，即使是最强烈的太阳光照射到防晒服上面，都会被大量地反射回去。还有一部分没有被反射的光线，也被散射开了，不会透过织物损害人体皮肤。

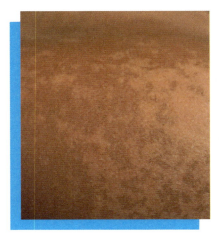

晒伤的皮肤

其实，防晒的方式有很多种，我们最熟悉的可能就是涂抹防晒霜。防晒霜是一种直接涂抹在身上从而隔离紫外线的化妆品。可是，要如何判断小小的隔离霜真的能够隔绝紫外线伤害呢？人们为此制订了一套标准，将SPF（Sun Protection Factor），也就是防晒系数，作为防晒化妆品的性能指标之一。SPF数值的大小就表示防晒化妆品防护太阳紫外线辐射的能力。

防晒化妆品

一般情况下，人们都会选择SPF值大的化妆品，这也意味着防晒效果更好。

类似防晒化妆品的SPF指数，防晒服也有自己的评定标准，那就是UPF（Ultraviolet Protection Factor），即紫外线防护系数。UPF是根据紫外线的穿透百分比来评定防晒等级的。比如，UPF20就意味着太阳紫外线的1/20可以穿透织物。UPF值越高，服装的保护能力就越强。UPF标准是澳大利亚政府在1992年制订的。1998年，美国也采用了这一标准。目前，世界上很多国家和地区都采用了UPF标准进行防晒服的等级评定。

现在的防晒服一般都会采用防紫外线的化学纤维类面料。在购买防晒服装时，也可以通过服装上的标签查看UPF等级，根据自己的需求，购买合适的防晒服装。

防晒服装

对火焰免疫的
不易燃织物

我们的日常生活离不开各种布料所制成的衣服和家居产品，如窗帘、床单、毛巾等。可是，当火灾发生时，这些纺织物就都成了帮凶！有没有可以阻挡火焰的织物呢？

为了防止火灾带来的伤害，人们一直在寻找不易燃烧的材料，用其建造房屋、制作生活用品，从而来保护自己。许多时候，火灾都是在厨房引起的。人们早已注意到厨房里的用火安全——安全用火、安全用电，在这方面都做好了预防措施。那么，卧室里的纺织品呢？

近年来，有报告显示，卧室的纺织物起火，是室内火灾频频发作

的主要原因。卧室起火的危害也不可估量。卧室里的大都是纺织物，一旦燃烧起来，就会无法控制。这些织物燃烧后，还会散发浓烈的烟雾和刺鼻的味道，让人很快中毒，从而造成重大的人员伤亡和巨大的财产损失。但是，如果在室内的许多装饰，如窗帘、地毯、床单等，都使用不易燃织物，就

会大大减少火灾的发生——即使火灾发生了，也不会马上燃起熊熊大火，不仅给现场的人自救的机会，也给消防人员赢得了宝贵的时间。

古时候，人们就萌发了寻找不易燃材料的想法。在古罗马，人们尝试用各种物质作为阻燃剂，但都没有成功。16世纪，英格兰人把明矾、铵（ǎn）和黏土的混合物涂抹在舞台幕布上，来防止火灾发生，效果很好。

到了18世纪，明矾和磷酸铵已成为很常见的阻燃剂。19世纪初，人们正式开始进行制造不易燃织物的科学实验。1820年，法国化学家约瑟夫·路易斯·盖·吕萨克发现硼砂等盐类物质可使织物不易燃烧，就把这些盐类物质添加到织物中，效果非常明显。但是人们很快发现，它们有一个缺点：很容易被水洗掉。

20世纪，美国军方对阻燃材料的需求刺激了相关研究。化学家们找到了方法，使纤维材料内外都具有阻燃性，这也为消防员带来了福音。

今天，消防员配备的专业服装大多是由耐火或不易燃的合成纤维

制成的，如诺美克斯等知名防火阻燃材料，有时还与凯芙拉纤维混合，以增加强度和耐用性。

许多国家都制定了完善的法规和标准规定了纺织品的阻燃性能和测试方法。中国是从 20 世纪 80 年代中期开始制定阻燃产品标准的，至今已颁布了 30 余项有关纺织品阻燃性能的国家标准。

防水的
打蜡面料

水手们生活在海上，工作与水脱不了"干系"。但成天被浸湿的感受总归是不舒服的，于是，防水面料便出现了。

几个世纪前，帆船上的物品几乎都是无遮无拦的，很少进行防护。早在 16 世纪，水手们在无意中发现，帆布上不小心碰到油脂和鱼油后，就不会被水弄湿。于是，从那时起，他们就开始在帆布上故意洒上油脂和鱼油，这样可以初步防止帆布被水浸湿，帆张开时，接受到的风力更大，用来推动船只前进，也更加高效。与此同时，水手们还经常切割剩余的帆布边角料，为自己制成一个斗篷。有了这些"防水"斗篷，水手们可免受风雨和海浪的"侵袭"。

19 世纪初，水手们开始把亚麻籽油涂在帆上用来防水。这一时期快速帆船出现，它有 3 根高高的桅杆，上面挂有帆布，行驶速度更快。随着船舶技术不断改进，航船速度越来越快，对帆布的要求也更高，需要更轻质的帆。于是人们开始广泛使用带有亚麻籽油涂层的棉布帆，而使用帆布边角料制作的轻质防水服装也受到人们欢迎。

19 世纪后期，人们发明了一种棉布防水蜡，这种防水蜡主要由石蜡制成。有了防水蜡，棉布面料不仅透气性好，而且还具备了防水功能。20 世纪初，打蜡服装变得流行起来，尤其受到喜爱户外运动的人们的欢迎。大约一个世纪前，男装广告称这些服装"防水、耐用，是男人在户外的好朋友"。

防水衣

20 世纪 30 年代，人们发明了一种把石蜡嵌入纤维中的方法。人们通过这个工艺生产出一种防水材料，它的质量更轻，皮肤的触感也更柔软。

今天，合成防水材料几乎已完全取代了打蜡棉布和帆布材料，但猎人和其他经常在野外活动的人们，仍然喜欢穿着打蜡棉布或帆布等传统防水面料制成的服装。

军人本色
——迷彩服

身穿迷彩服隐藏在丛林中，即使是林中的鸟儿也发现不了你！

过去，军服基本很华丽，没有伪装特性。美国独立战争期间，英国军队穿着鲜红色的军服。一个世纪后的美西战争中，美国士兵穿着蓝色军服，这使得他们非常显眼，经常成为狙击手的目标。到了20世纪初，战争形势发生变化，伪装变得很有必要。美国陆军组织了主要由艺术家和设计师等组成的伪装设计专家团队来制作迷彩服。第二次

早期军服

44

世界大战期间，美国军方决定使用棕色和绿色混合图案的"青蛙"军服，但这款军服只使用了一段时间。

不同时期，在不同的地方，美国军队的军服采用了不同的颜色。20世纪60年代的越南战争时期，美国军方为适应越南的丛林，选择了橄榄绿的军服。20世纪70年代，美国军方采用了棕色、绿色、黑色和棕褐色交错的不规则斑块军服，这款军服适合森林作战。1992年，在海湾战争中，美国军方改用浅棕褐色、棕色和绿色混合的军服，这款军服适合沙漠作战。2004年，美国军方推出了由计算机生成的通用迷彩图案的军服，采用绿色、灰色和棕褐色设计，用于森林、沙漠和城市作战。2015年，美国军方采用了浅绿色、米色和棕色混合的迷彩服。

在未来，迷彩服的风格还将不断地变化。

4 防护措施

　　这一章介绍了为人们提供保护、防止人员伤亡的装备。安全帽和防暴装备等可以为从事危险工作的人提供保护，海洋中的海啸预警系统可以为沿海居民提供救生警报，不起眼的沙袋可以保护滨水地区的人们免受暴雨洪灾的灾难性袭击，高耸的灯塔能在无边的大海上为船员们指明回家的方向……人们采取着各式各样的防护措施来应对各种灾难和意外，确保人员生命安全，防止财物受到损失。

　　文明，甚至于道德，都包含在技术改革之中。
　　　　　　　　　　　　——索尔·贝娄（美国作家，1915—2005）

坚硬的"头盔"
——安全帽

安全帽在建筑工地上极为常见，可是你知道吗？它起源于军队。

一开始，安全帽是应用在战场上的，用来保护士兵的头部不受伤害。在第一次世界大战期间，英美士兵开始佩戴英国产的MK-1型钢制头盔，保护士兵的头部和肩部免受弹片伤害。战后，美国士兵爱德华·布拉德返回家园，他把钢盔留下来当作纪念品。没事的时候，他就会抚摸他的钢盔，回忆着战场上的遭遇。这顶钢盔曾救过他的生命，可是他的许多战友却失去了生命，为了更好地保护士兵们的生命，他决定制作一顶"坚硬的帽子"。他把几层帆布经树脂硬化后黏合在一起，并在外面涂上清漆，制成了安全帽。第一次世

军事头盔

界大战结束后，他把自己设计的这款安全帽投入市场。其后，美国海军与布拉德的公司签订合同，让他长期供应这种安全帽。

战争之后，人们重建家园，安全帽的作用也从战场上转移到建筑工地当中。20世纪30年代，在美国，安全帽第一次在民用工作场所使用——先后用在胡佛大坝、金门大桥等建筑的施工场地。金门大桥的总工程师约瑟夫·施特劳斯希望这项大规模的建设项目尽可能安全施工，并强制工人使用安全帽。布拉德还专门为做喷砂的工人设计了一种特殊的安全帽。这种安全帽功能更加强大，不仅可以遮住他们的脸，而且前面留有一个狭窄的窗口，让工人向外观看周围的情况。

20世纪40年代，人造材料出现后，安全帽开始采用玻璃纤维和塑料等材料制作，这种安全帽逐渐成为标准款式。现在，人们还向安全帽中添加其他材料，用来加强保护并更好地贴合头部。

无论在什么时候，进入建筑工地，佩戴安全帽都是最明智且安全的选择。

海下的"眼睛"
——海啸预警系统

海啸带来的人员伤亡和财产损失不可估量。为此，我们在海下安装了"眼睛"，时刻检测海洋的变化，在海啸来临之前向人类发出警报。

多少年来，人们一直想要找到一种可靠的方法，来提醒人们即将到来的危险。人们也一直在海啸过后，积极回顾海啸发生前的一些自然变化，企图从海啸发生前的变化中发现海啸发作的规律性特征，从而提醒人们早做预防。经过不懈的努力，才有了如今的海啸预警系统。海啸预警系统的形成是阿留申群岛海啸的结果。阿留申群岛海啸发生于 1946 年，巨大的海浪横穿太平洋，摧毁了美国夏威夷希洛市的大部分地区。1949 年，第一个海啸预警中心在夏威夷檀香山附近建立。现行预警系统的核心是一系列压力和潮汐传感器，安装在海

海啸

地震和海啸观测系统

面以下5千米处。传感器一直在工作，时时刻刻把监测到的数据传输给海面上的浮标，浮标接收后再把数据发送给卫星，再由卫星把数据发送到预警中心的计算机上进行分析。一旦识别出海啸的压力与海流模式有变化，预警系统就会自动发出警报。

美国国家海洋和大气管理局一共设立了两个海啸预警中心，分别是太平洋海啸预警中心和阿拉斯加海啸预警中心。太平洋海啸预警中心成立于1968年，与1949年设立的海啸预警中心位于同一地点，都在希洛市，负责监测太平洋和印度洋的广大地区。第二个海啸预警中心是阿拉斯加海啸预警中心，成立于1967年，位于阿拉斯加州安克雷奇市附近。1964年，阿拉斯加发生大地震，地震引发海啸，造成100余人死亡。此后，阿拉斯加海啸预警中心成立。多年来，阿拉斯加海啸预警中心的职责范围已扩大到美国西海岸和加勒比地区。现在阿拉斯加海啸预警中心被重新命名为美国国家气象局国家海啸预警中心。近年来，全球由各种原因引发的重大海啸造成了严重的人员伤亡和财产损失。

海啸预警系统

51

随着互联网通信技术的高度发达，全球地震、水位观测结果都进入了共享网络，海啸预警时效有了重大发展。如今，美国太平洋海啸预警中心的预警时间更快，在地震发生后 8—10 分钟，就能发布海啸信息。

　　人类虽然不能征服海啸，但是能提早预防，把海啸带来的伤害降到最低。

抵挡子弹和洪水的 沙袋

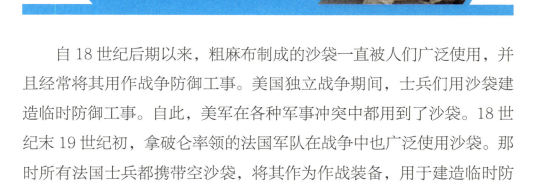

说到沙袋，我们最先想起的可能是拳击格斗训练中用的沙袋。不过，今天要介绍的沙袋，从外观和材质到用途上，都非常不同。

自 18 世纪后期以来，粗麻布制成的沙袋一直被人们广泛使用，并且经常将其用作战争防御工事。美国独立战争期间，士兵们用沙袋建造临时防御工事。自此，美军在各种军事冲突中都用到了沙袋。18 世纪末 19 世纪初，拿破仑率领的法国军队在战争中也广泛使用沙袋。那时所有法国士兵都携带空沙袋，将其作为作战装备，用于建造临时防御工事。

电视剧中，我们经常看到战士们躲在沙袋堆成的堡垒后面。那么，沙袋真的能抵挡飞速射出的子弹吗？其实，人们并不是希望沙袋能挡住子弹，子弹打入沙袋后，钻进了厚厚的沙粒中，经过摩擦减少了动力，有了这个缓冲作用，即使沙袋被打穿，也能减少对人体的伤害。在战场上堆了沙袋后，士兵把自己藏在沙袋后面，敌人又没有透视眼，就会像"瞎子"一样，看不到里面的情况。因为敌人不知道士兵的具体位置，所以不能瞄准士兵，只能朝着大概的方向胡乱开枪射击，或是用重火力武器打击。在这种情况下，士兵中弹的概率就会大大下降，能够减少士兵的伤亡率。另外，如果沙袋堆叠得足够厚，挡住飞速射来的子弹，也是轻而易举的事情。

除了用于战争防御工事，沙袋还可以用于防洪抗灾。人们使用沙袋保护脆弱的洪泛区免受洪水侵袭，已有数百年的历史，这个传统至今没有改变。人们装填沙袋并把沙袋堆叠起来，这种情形在关于洪灾的新闻报道中很常见。防汛沙袋主要应用于抗洪抢险中，另外，在工厂库房遇到浸水的危险或者防止地下车库进水时也可以使用沙袋。它们不但重量轻、运输存储方便，而且还很环保。

黑夜中的启明星
——灯塔

在无边的暗夜里，航行在大海上的船只也能准确躲避危险的礁石，找到停泊的港湾，依靠的就是灯塔。

早期的灯塔很少坐落在海港入口处，而且数个世纪以来，灯塔的光源都是明火或蜡烛，很容易受到风雨的影响。又过了几百年，人们对灯塔进行了一些改进，例如用玻璃罩罩住灯火保护光源。到了16世纪地理大发现时代，随着航海事业的快速发展，人们开始大规模建造灯塔。

18世纪初，人们为灯塔的灯具配备了镜面反射器用来增强功率，但是亮度仍然不够，沉船事故仍然频繁发生。1822年，法国物理学家菲涅耳设计了一种透镜，它可以把灯光聚焦在一起，投射出更亮的光束。他

希腊灯塔

把设计制作的第一个透镜安装在法国的一座灯塔上，使灯塔发出的灯光在 32 千米外都可以看到。随后，菲涅耳透镜成了现代灯塔的标准配件。在 19 世纪 60 年代初，几乎每座灯塔都装有菲涅耳透镜。

灯塔自出现以来，便是重要的导航设备。灯塔以独特的标记和定时闪光等方式，向来往船只发出警告，提醒船只附近有岩石或浅滩，帮助海员确定船的位置等。

今天，随着卫星导航系统的广泛应用，灯塔的作用正在逐渐消失。

灯塔上的菲涅尔透镜

铜墙铁壁
——防暴盾牌

盾牌不仅仅是古代骑兵的标配，
也是现代警察不可缺少的防护神器。

2000多年以来，盾牌一直都是重要的军事装备。在古希腊，盾牌通常是防御性武器。一列士兵将盾牌紧密排列，形成保护墙，协助他们以方阵队形在战场上推进。古罗马军团有时会使用盾牌作为攻击性武器，士兵手持盾牌向对手猛冲，将其撞倒并轻松制伏对手。在早期，一些盾牌上还有致命的尖刺。

随着时间的推移，战争形态和所使用的武器发生了变化，盾牌逐渐在军队中失去了作用。文艺复兴时期（14世纪至16世纪），护身装甲的出现，进一步降低了使用盾牌的必要性。

今天，人们研发出来防弹背心，相比于盾牌，防弹背心对士兵的保护效果更好。但在

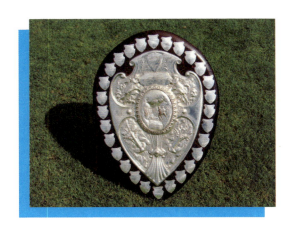

新西兰橄榄球盾牌奖杯

公共生活领域，盾牌仍然是重要的执法工具。20 世纪 50 年代末，街头发生抗议活动时，警察开始使用防暴盾牌来管控人群。抗议活动也许会演变为暴力冲突，这时，盾牌也能进行防护。防暴盾

中世纪骑士的盾牌

牌的使用方式与古代方阵大致相同：警察紧紧排成一排，以盾牌作为屏障。

长款防暴盾牌一般由高强度塑料制成。需要注意的是，就像它的名字一样，"防暴"而不是"防爆"，它的作用不是为了防御子弹，而是为了防止砖瓦、玻璃等尖锐而坚硬物体的打击和不明液体的袭击，在暴力冲突中隐藏自己的身体、推挤对方，从而起到保卫自己、镇压暴乱的作用。有的防暴盾牌是透明的，虽然看上去很脆弱，但实际上的强度却非常大，不容易碎裂，甚至小型车辆碾轧上去，也不会损坏。在使用中，除了我们上面提到的用盾牌排列成"铜墙铁壁"的方阵，有时警察队伍中的第一名队员也会手持防暴盾先行前进，为后面的队员提供掩护。

时至今日，防暴盾牌依旧是防暴警察的得力助手。

长款防暴盾牌

5 战争辅助装备

　　战场是最终极的危险区域。这一章介绍战争中的辅助装备。其中有现代科技的产物，如夜视镜、手机干扰器和飞机弹射座椅等。还有一些物品可追溯到数千年前。例如，最早的防毒面具出现于17—18世纪，为矿工和消防员提供保护，防止烟雾和有毒气体侵袭。自古埃及和古罗马时代以来，军犬一直用于作战。尽管战争用品不断演变，但其本质没有发生变化，它们的最终目的始终如一。

> 技术进步创造出来的需求，比它已经满足了的需求更多。
> ——索维（法国人口学家，1898—1990）

时时联通的 对讲机

在大型活动的现场，常常会看到工作人员拿着对讲机实时沟通。对讲机是什么？为什么他们不用手机？

对讲机又叫步话机，一开始是军事专用的设备，它发明于第二次世界大战期间。当时，几位发明家同时在研究这个技术，所以到底是谁第一个取得成功的，一直存在争论。有一个流传版本是，加拿大发明家唐纳德·欣斯曾被困在荒野中，由于没有可用工具，也无法寻求帮助，因而，他产生了发明对讲机的想法。1937年，这项发明问世了。

在第二次世界大战期间，加拿大和英国军队使用的对讲机都是在欣斯的设计基础上制作的。

大约在同一时间，总部位于美国芝加哥的高尔文制造公司（即后来的摩托罗拉公司）开发了自己的对讲机版本。丹·诺布尔和亨利克·马格努斯基组建了一个工程师团队，并且领导队员发明了一种双向调幅收音机，称为手持步话机。一般的家庭收音机只能接收信号，这种对讲机既可以接收信号，又可以发送信号，因此也被称为收发两用机。它在战争中被美国军队广泛使用。1943 年，高尔文公司推出了第一款调频对讲机，它的功能非常强大，通信半径高达 32 千米，而且效果特别好。唯一缺点是设备非常笨重，无法自由使用。第二次世界大战之后的几年中，无线电技术取得进步，人们可以摆脱沉重机器的限制，使用更加灵活小巧的对讲机零部件。20 世纪 50 年代后期，晶体管出现，取代了笨重的真空管，对讲机变得更加小巧紧致，于是可以在警车中发挥重要的作用。

今天，对讲机仍然在军事领域发挥着重要作用，但是它也成为急救人员的必备工具，在许多紧急服务中发挥着重要的作用。同时，它还进入了人们的日常生活。

在大型活动的现场，工作人员一般都会拿着对讲机实时沟通。如果你没有见过的话，小区保安手里的对讲机可以说是他们不可或缺的标配了。他们为什么不用手机呢？不是更方便吗？这是因为，在使用中，对讲机可以不必受网络的限制约束。在信号不佳的环境条件下，手机会面临着失去信号的风险。但对讲机不同，在网络没有覆盖到的地方，也可以让使用者轻松沟通。此外，比起手机复杂的功能，对讲机一按

就说，操作简单，令沟通更自由。而且，它还能提供一对一和一对多的通话方式，特别是在紧急调度和集体分工工作的情况下，对讲机的功能使其不可替代。

发展到现在，对讲机还根据不同的需要发展出了独特的功能，专门在一些特定场合使用，如防爆对讲机、防水对讲机等。对讲机凭借着它的专业性能，为各行各业的专业人员沟通提供着可靠的通信保障。

飞行员的救命神器
——弹射座椅

对于高空逃生，人们为机舱中的乘客们准备了降落伞、疏散滑梯……可是，狭窄座舱中的飞行员怎么办？

20 世纪初，科学技术稳步进展，使得飞机飞得越来越高、越来越快，而人们也日益关注飞行员的紧急逃生问题。

飞机事故中弹射座椅逃生

第一次世界大战中，飞机就被作为战斗武器派到战场上去了。起初，和普通的乘客与机组人员一样，人们为飞行员也配备了逃生用的降落伞。可是，随着飞机的速度越来越快，座舱的空间又狭窄，飞行员要想自己爬出座舱跳伞非常困难，因此跳伞的成功率很低，飞行员的生命安全难以得到有效的保障。到了第二次世界大战时，战斗机的时速已经达到了 600 千米以上。飞行员跳伞时，还要顶着强烈的气流，冒着被强风刮到飞机尾翼上的危险，降落伞再也不能满足飞行员求生的需求，因此必须设计一款专门的设备来帮助驾驶员脱离飞机。为了避免上述种种风险，这种设备必须保证飞行员的脱离战机的速度大于战机本身的速度，这样才能快速脱离飞机飞行的轨迹，防止出现脱离后又撞到机身的危险状况发生。为了解决这一问题，有人想到可以把飞行员以高速"弹射"出机舱，从而脱离战机。

20 世纪 30 年代，德国和瑞典空军分别测试了弹射座椅，但是关于谁第一个发明了可靠的弹射座椅仍存有争议。

旧式弹射座椅

第二次世界大战期间，德国的座椅弹射逃生技术明显提升。1942 年 1 月，在亨克尔 HE-280 战斗机试飞过程中，一位名叫赫尔穆特·申克的飞行员首次使用弹射逃生并取得了成功，这也是人类飞行史上的首次弹射逃生。当时在试飞过程中，飞机遭遇结冰事故急速下坠，迫不得已的情况下，申克启动了飞机安装的压缩空气式弹射座椅，最后逃生成功。据人们所知，另有其他 60 名德国飞行员通过这样的座椅弹射出来，从飞机上安全逃生。

1944 年，战争进入白热化阶段，英国有一个叫詹姆斯·马丁的飞机制造商发明了一种类似于德国弹射座椅的系统，并且在不久之后即投入生产。

相比于欧洲，美国在飞机弹射座椅的研发方面略微滞后。第二次世界大战结束后，美国获取了德国的弹射座椅相关的资料，并在此基础上开始进一步研究。1946 年，美国飞行员在一架美国海军飞机上进行了第一次座椅弹射尝试。

弹射座椅的动力也在不断改进，从一开始的弹簧弹射，到后来的压缩空气式和火药爆炸式。如今，随着火箭推进器技术越来越成熟，爆炸弹射座椅成为现代弹射座椅的首选。它的结构虽然简单，但是加速度却非常大，能够帮助驾驶员快速脱离飞机。

今天，几乎所有的军用飞机都配备了弹射座椅。

防毒面具
怎样防毒？

你见过防毒面具吗？实话实说，它长得像猪的嘴巴！这是为什么？

最古老的防毒面具或许是古希腊人使用的、贴在脸上的一种简单的海绵。中世纪，医生戴着面具以防止吸入瘟疫患者呼出的"坏空气"。1823 年，英国迪恩兄弟约翰·迪恩和查尔斯·迪恩发明了早期的防毒面具，它是一种附有空气软管的铜头盔，供消防员使用。

20 世纪初，毒气横扫战场，造成了巨大的伤害。同时，人们对矿井中的火灾烟雾和有毒气体的担忧也日渐加剧，对防毒器具的需求日益增加。1915 年，英国制造了一种呼吸器，可以避免吸入毒气炸弹爆炸后释放的一氧化碳，保护士兵。在第一次世界

戴着防毒面具的士兵

大战中，德国多次使用氯气和芥子气等有毒气体。1915年，德国在比利时伊普尔发动了臭名昭著的氯气袭击。当时，180吨氯气被集中施放在英法军队阵地，导致5000名官兵当场中毒死亡——这就是世界军事史上首次大规模的毒气战。这次战役让英法联军吃尽了苦头，他们立即督促本国政府尽快制造防毒器具。科学家们到德军施放毒气的地方考察研究，发现阵地上大量的野生动物几乎全部中毒死亡，唯独当地的庞然大物——野猪，竟安然无恙地活了

下来。实验证明，野猪发现强烈的刺激气味时会把嘴鼻拱进泥土里，松软的土壤颗粒吸附并过滤了毒气，从而使它们躲过了灾祸。于是，根据泥土能滤毒的原理，科学家们选中了既能吸附有毒物质，又能使空气畅通的木炭进行设计制造，世界上首批仿照野猪嘴形状的防毒面具便诞生了。

佩戴防毒面具的演习人员

后来，加拿大人克吕尼·麦克弗森设计了首个防范氯气毒害的装置，它是一种织物头盔，内部含有可收集氯气的化学物质，还能把氯气转化成别的无害气体。在第二次世界大战期间，北美洲和欧洲的人民对于纳粹的毒气袭击深为恐惧，也由此催生了对民用防毒面具的需求。人们甚至还特意为儿童制作了米老鼠防毒面具。

发展到今天，防毒面具的功能大大增强，可防止从灰尘到神经毒气等各种物质的侵袭。防毒面具也是易受化学或生物武器攻击的士兵的标准配置。

防毒面具和过滤器

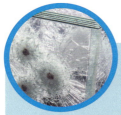

穿不透的防弹玻璃

防弹玻璃通常是由一层透明、坚韧的聚碳酸酯塑料夹在两层玻璃之间制成的。玻璃的厚度和层数在很大程度上决定了产品的有效性。子弹可能会穿透第一层，但聚碳酸酯层会吸收子弹的能量阻止它继续穿透。对防弹玻璃来说，更准确的名字应该是阻弹玻璃，因为即使是"防弹"玻璃也只能承受一定限度的高能量打击。防弹玻璃的工作性能不仅取决于其结构，还取决于所对抗的武器和弹药的类型。防弹玻璃常用于装甲车和巡逻警车中，军用飞机、坦克、卡车等车辆都配备防弹玻璃，可以抵抗炮火和弹片的袭击。

切断信源的
手机干扰器

在现在的许多大型考试中，手机干扰器通常是必备的装置，所以考场上总是很难收到信号。它最初是怎样出现的呢？

本质上来说，手机也是一种对讲机，通过手机基站发送和接收信号。由于手机是靠无线电与基站联接，从而获取信号、完成数据传输的，因此，手机干扰器会以一定的速度在一定范围内进行扫描，能在手机接收信号时形成乱码干扰，使手机检测不出基站发出的数据，失去与基站的连接，从而造成我们所说的"没信号了"。

基站

你一定想不到，人们发明手机干扰器的最初目的，是为军队和执法部门开发的，用于破坏犯罪分子和恐怖分子等的通信和活动。因为近年来，恐怖分子过于猖獗，在世界各地犯下了滔天的罪恶，给人们的生命财产安全带来了极大的威胁。2002年，在印度尼西亚巴厘岛，恐怖分子通过手机遥控引爆炸弹，造成202人丧生。2003年，在印度尼西亚

干扰器

雅加达，恐怖分子通过手机遥控引爆炸弹炸毁了万豪酒店。2004 年 3 月，在西班牙，恐怖分子手机遥控引爆炸弹炸毁火车。为了阻止这种行为，在关键的时候，只要能有效干扰恐怖分子的手机，就能阻止他们的罪恶行为。因此，手机干扰器可以成为人们进行反恐工作的重要工具，达到遏止恐怖活动的目的。

手机干扰器的操作简单，只要把它放在要切断信号的区域，安装完成后接通电源就行了。只要开关一打开，所有的手机就会通通"掉线"，没有了基站信号，人们就只得拿着一块无用的"砖头"面面相觑（qù）了。

普通群众使用手机干扰器是非法的，但随着手机的普及，加上许多人在公共交通、电影院和餐馆等场所也在大声说话，干扰了别人，因此手机干扰器的用户数量也在增长。

黑夜里的"眼睛"
——夜视镜

漆黑的夜里，伸手不见五指，要是在夜里也能看清周围的物体，该有多好呀。夜视镜帮助人们实现了这个愿望。

其实，在第二次世界大战以前，夜视技术就已存在。当时的人们已经开始研究能帮助人们在黑夜里看清物体的装备了。美国一位名叫威廉·E.斯派塞的工程师，经过不断的研究和实验，发明了一种可以检测和比较物体辐射水平的装置。他把这种装置制成护目镜的形式，士兵们只要把它戴在眼睛上，就可以轻松地在黑暗中观察目标。特种作战部队对这款夜视镜进行了测试，但是很遗憾，它虽然能够帮助人们发现目标，可在实战中无法使用。因为使用这款夜视镜需要额外提供红外光源，它虽然很容易发现敌人，却也能被其他类似装置发现。直到20世纪60年代，由于需要

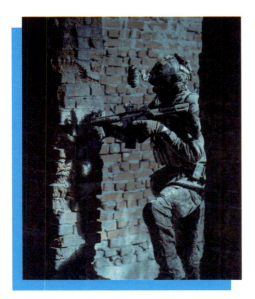

佩戴夜视装置的人

使用外部红外光源，夜视镜的效用仍然受到很大限制。利用红外线能很容易地监测到敌方的车辆活动。某些情况下，目标十分狡猾，肉眼或普通夜视镜难以发

夜视镜下的世界

觉，但逃不出新型夜视镜的"法眼"。因为不论隐藏得多好，遮断自身的红外信号都是不可能的。

但是人们并没有放弃对它的研究和改进，直到 20 世纪 70 年代，新的设计解决了这个问题，虽然能够躲避敌人的侦察，但图像却不够清晰，还是无法准确地发现敌人。20 世纪 80 年代，人们对它进行了不断改进，才能使夜视镜质量更轻巧，看到的图像也更清晰。

现在，设计师仍在用尖端技术改进夜视镜。最新的第四代夜视镜结合了现有的夜视功能与增强的热扫描功能，为人们在几乎完全黑暗的环境中提供更清晰的图像。

有了夜视镜，就能让我们在漆黑的夜里，看清周围的景物。

人类的战友
——军犬

早在几千年前，犬就被用于狩猎、警戒和攻击敌人。

数千年来，犬类一直被人们用于战争中，充当军犬。比起普通的家犬，能够担当"军犬"重任的犬类具有更高的灵敏性。例如，它的视野广阔，善于在夜间观察事物，听力是人的 16 倍，对气味的辨别能力是人的几万倍！军犬在现代军事行动中不可或缺，可以帮助人类完成许多重要任务。其实在遥远的古代文明中，用军犬作战就有了详细的记载。

最早，人们就在古埃及的壁画中发现了用于战争的军犬，它们正在发起攻击敌人的动作。古罗马历史学家斯特拉波用文字描写了穿着盔甲的军犬，十分威武勇猛。在战争中，古罗马士兵向敌人释放了饥饿而凶猛的军犬，这些军犬像下山的猛虎一样，向敌人扑去。16世纪，西班牙征服者带着大量犬只来到新大陆，利用犬只为自己站岗放哨，甚至充当他们的武器。几个世纪后，拿破仑在回忆录中描述了一只在战场上死

罗马神话中拉战车的军犬

去的勇猛的军犬。在第一次世界大战期间，德国使用了约3万只军犬，为战场上的伤员运送水和食物，这些军犬还接受了搜救训练。

自18世纪以来，美国军方一直大量使用军犬。在美国独立战争期间，军犬被用作驮畜。在第一次世界大战时，军犬被用于捕捉战壕中的老鼠。在第二次世界大战期间，超过1万只军犬在担任哨兵、信使和地雷探测器等角色。在越南战争中，军犬能代替卫兵，在夜晚站岗；也能充当侦察员，不知不觉地接近敌方的阵地；它们还是最理想的追踪者，只要有一点儿信息，就能追出很远。

由于军犬在行军打仗和刑事案件侦破中都是"英雄"，从古至今留下了很多关于它们的故事，更有很多体现军犬精神的电影流传于世。

今天，军犬仍然被广泛部署在军队中，它们在进行安全防护及探测炸弹和其他爆炸物等方面发挥了巨大的作用。

地雷探测器：
让地雷无处遁形

想想看，在一片遍布地雷的土地上，你是否不敢大意，更不敢任意迈开步子走动？但是，有了地雷探测器就不一样了。

18 世纪初，德国就出现了最早的压力触发地雷。它被叫作飞雷，外壳是陶瓷的，里面装有火药和金属碎片，稍微受到一点儿压力就会发生爆炸。不过，当时的地雷被发明之后，并没有在战争中广泛使用。直到 20 世纪中叶，地雷才成为战争中的常用武器。

在第二次世界大战中，反坦克地雷是阻止坦克突击的首选方法。我们都知道，坦克就像一座可以移动的城堡，外面包着钢筋铁骨，所向无敌。在战场上，对付这个令人恐惧的"庞然大物"，最好的办法就是打埋伏。有了反坦克地雷，只要坦克轧上去，就没有活路了。这个坦克杀手的出现，也让一些坦克驾驶员不寒而栗。为此，人们

反坦克地雷

又开始研究探测地雷的好方法。

20 世纪 40 年代初，英国陆军部开始研发地雷探测器，以便避开反坦克地雷的攻击。金属探测装置在之前就已存在，不过没有专门用于探测地雷的作用。在北非阿拉曼战役前，英国陆军名将伯纳德·劳·蒙哥马利在作战前，首先使用新型地雷探测器清除地雷，使部队及其坦克能够更快、更安全地穿越沙地。20 世纪 90 年代，部署到波斯湾的美国士兵也使用了类似的地雷探测器。

地雷探测器

今天，地雷探测器的灵敏度非常高，可以探测两种类型的地雷。这两种类型的地雷分别是反坦克地雷和杀伤人员地雷。反坦克地雷，或称反车辆地雷，设置在路旁，人踩在上面通常不会触发。相比之下，杀伤人员地雷在人接触时会被触发，造成人员受伤或死亡。除此之外，人们还发明了探地雷达，可以探测到非金属外壳的地雷。地雷嗅探犬也得到运用，人们通常将地雷嗅探犬与检测设备一起部署。一旦发现，地雷就可以被拆除或安全地引爆。

在未来，随着科学技术的进步与发展，人们还可以采用热成像、超声波和机器人等功能形式的地雷探测器进行地雷排查。

6 作战武器

　　这一章将介绍几种常见的武器，它们分别属于几个不同的大类。如今的枪支种类多种多样，但是它们都源于 14 世纪欧洲的枪支和几个世纪以前中国发明的黑色火药。原始先民在旧石器时代用来狩猎的弓箭，被用在战争中，成为在冷兵器时代最具杀伤力的武器之一。而最新型的武器是依靠核聚变反应而制造出的核弹。有趣的是，即便有了新武器的出现，旧武器也不一定会淘汰，至少会过渡一段时间。

从来就不存在好的战争，也不存在坏的和平。
——富兰克林（美国政治家、科学家，1706—1790）

战争中的主要武器——枪械

自从枪械被发明出来之后，人们就进入了现代战争中，战争也变得更加残酷。

大约 10 世纪，中国人发明了火药。人们把硝石、木炭和硫黄混合在一起，制成一种黑色粉末，这种黑色粉末被用来制作烟花爆竹。在火药发明之后枪支发明之前，人们就开始做各种尝试利用火药进行射击，只不过一直没有找到更好、更安全的使用方法。

14 世纪初，黑火药传到了阿拉伯地区和欧洲，并很快被运用到军事领域。阿拉伯人曾经发明出一种用竹子和铁金属制成的火枪，也可以发射弹药。当时欧洲有一位传奇人物，他是德国的一名修道士兼炼金术士，叫作贝特霍尔德·施瓦茨，被人们普遍看作是制造出第一门黄铜大炮的人。到了 1325 年，大型枪械已

经遍布整个西欧地区。

在接下来的 300 年中，火炮发射技术进展缓慢。在早期，枪支的枪管无膛线，装填弹药时机难以把握，多种原因导致枪支射击效率很低，因此人们很少使用。人们还是喜欢使用长弓等更加可靠和精准的武器。在欧洲，由于人们对枪械的使用前景并不乐观，所以，人们很少去关注和改进现有的枪支，这也使得枪械技术领域的发展极其缓慢。

老式手枪

15 世纪左右，火绳枪问世。火绳枪配有金属枪管，枪管中装填有圆形弹丸和黑火药。使用时，持枪者需点燃枪管上的火绳，拉动扳机使点燃的火绳与火药池中的黑火药接触点燃，进而触发弹丸发射。大约在同一时期，士兵开始使用火绳钩枪等滑膛枪。火绳钩枪是一种枪管更长的火绳枪，它的枪体很重，使用时往往需要其他机构进行支撑。

猎枪

早期的滑膛枪都非常笨重，枪体重达 18 千克，长度可达 1.8 米至 2.1 米。

16 世纪，弹道学在意大利取得进展，人们才开始认真研究枪支技术。

杀伤力强大的
炸弹

在残酷的战争中，交战双方都想要一种杀伤力强大的武器，这就是炸弹。

16 世纪左右，人们制作了一批炸弹。这种炸弹是一种装满火药的铸铁球，可由大炮发射，在撞击时能够引爆。18 世纪晚期，人们在炸弹中加入了定时引爆装置。英国炮兵军官亨利·施雷普内尔发明了以自己名字命名的炸弹，这种炸弹又称为榴霰（xiàn）弹，可在半空中爆炸。榴霰弹中装满了步枪用的铅弹和黑火药。在爆炸时，弹射的铅弹可造成很大范围的严重破坏。1804 年，这种炸弹在荷属圭亚那，即现在的苏里南共和国首次成功使用。

1849 年，人类第一次进行空中投射炸弹。当时，奥地利占领的城市威尼斯发生

旧式炸弹

了叛乱。奥地利使用热气球来投掷炸弹，但是大多数炸弹在高空中爆炸，几乎没有造成任何破坏。同样，在第一次世界大战中，炮弹袭击的作用也很小。因为无论是手投炸弹还是发射较大炮弹，人们都难以锁定目标。接着，在第二次世界大战中，出现了破坏性极强的地毯式轰炸。德军和盟军都曾使用燃烧弹等炸弹摧毁了许多城市。战争期间，德国还发明了无线电制导炸弹，英国发明了一枚重达11吨的重型炸弹，而美国总共向德国投放了150多万吨炸弹。

被轰炸后的城市

1945年，美国向日本广岛和长崎投射了原子弹，两座城市遭到毁灭性打击，世界由此进入了核武器时代。20世纪50年代，人们研制出了氢弹。氢弹的工作原理是核聚变，它比原子弹的威力更大，也更加致命。

炸弹爆炸场景

远程武器 ——弓箭

古时候的战场和狩猎场上没有硝烟和战火，但是有一种武器可以远距离射击，威力巨大，这就是弓箭。

早在旧石器时代，人类就发明了弓箭，那时的箭头大多数是燧石制成的。1963 年，人们在中国山西朔县一个叫峙峪的小村里，发现了一枚用燧石打制的箭镞，考证后是距今 28000 年前旧石器时代的产物。这一考古发现证明我国是世界上最早发明弓箭的国家。

印第安人使用弓箭打猎

弓箭在各个古代文明中都有着悠久的历史，但是在不同的文明中，制作弓箭的材料都不一样。古代日本人会在弓上雕刻出精美的图案，标记自己的荣誉，也起到装饰作用。他们使用的弓，根据材料的不同，也有长有短，短弓是用野兽的骨头或象牙制成的，木质的长弓可长达 2.4 米。北美洲印第安人曾使用木头来制作弓，并使用动物的筋来加固弓身。

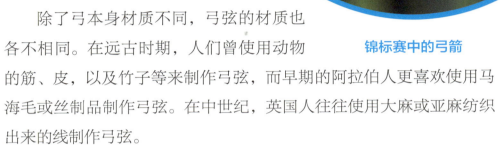

除了弓本身材质不同，弓弦的材质也各不相同。在远古时期，人们曾使用动物的筋、皮，以及竹子等来制作弓弦，而早期的阿拉伯人更喜欢使用马海毛或丝制品制作弓弦。在中世纪，英国人往往使用大麻或亚麻纺织出来的线制作弓弦。

大约在 10 世纪，欧洲出现了弩。在一段时间之内，弩是欧洲大陆上最为可怕的武器。弩的弓身较短，由金属制成，弓弦上配有曲柄装置，可以触发释放箭。由弩射出的箭或飞弹力量特别大，能穿透人们的铠甲，其射程可达 300 多米。与弩相比，长弓使用起来更加迅速，因此在很多情况下人们首选长弓作为武器。在 1415 年的阿金库尔战役中，5000 多名英军长弓手击败了 20000 多人的法国军队。阿金库尔战役也因此成为英法百年战争中著名的以少胜多的战役。

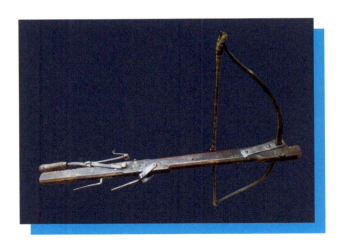

中世纪的弩

水中巨兽
——潜水艇

陆上的战争如火如荼（tú），硝烟四起，谁也不肯让谁。在对峙时，如何利用海洋作战，打敌人个出其不意呢？

从 16 世纪起，人们就开始研究船只在水下运行的原理，试图制造出潜水艇。当时，英国人威廉·伯恩通过研究提出了一个设想，那就是让浮在水面的船只完全沉入水下，在深不可测的海洋中作业。人们根据伯恩的理论进行实际生产，不过潜水艇并没有被成功研制出来。

布什内尔设计的潜艇

1776 年，美国人戴维特·布什内尔成功建造了第一艘潜水艇。这艘潜水艇可以在作战时完全沉入水中，悄悄接近敌人，给敌舰以重击。布什内尔的潜水艇被人们称为"海龟"号。1776 年 9 月 7 日，中士埃兹拉·李驾驶着这艘"海龟"号，靠近停靠在美国纽约港的英国"鹰"号舰艇，试图在"鹰"号

84

船体上钻出一个洞，并在里面塞满火药将其炸掉。可惜的是，这个听起来完美无瑕的计划最终未能成功实施。因为在深不见底的海洋中，这位中士迷路了！迷失方向后，他不得不驾驶"海龟"号浮出水面。尽管计划失败了，但他的壮举仍然被载入了史册。

潜艇内部

　　又过了一个世纪，人们经过无数次尝试，终于成功研制出了能够完全沉入水中的潜水艇，这下可以对敌舰成功发动攻击了。1898 年，法国的"古斯塔夫·泽德"号潜水艇成功发射鱼雷击沉了一艘抛锚的战舰。在两次世界大战期间，潜水艇派上了更大的用场，被人们赋予了更多的战略意义。

　　潜水艇的出现意义重大，这项发明从此永久地改变了海战的定义。潜水艇相关的新型设备和新技术，如声呐和雷达等词语也越来越为人们所熟知。

　　在军事领域，潜水艇的使用有着许多优点。不过，潜水艇也并不总是可怕的水中巨兽，在非军事领域，如科学研究、旅游和渔业捕捞等方面，潜水艇也发挥着很重要的作用。

进击杀手
——坦克

在战场上，同时具备强大攻击力和防御力的武器是什么？无疑是威猛的坦克了。

20世纪初期，在战场上出现了一些武装车辆和装甲车辆，包括1904年奥地利制造的炮塔车。但是，直到第一次世界大战期间，装甲战车的发展才步入正轨。

随着大规模战争的爆发，战场上战壕纵横交错，遍地车辙（zhé），

坦克上的蒙哥马利将军

还有带刺铁丝网，密密麻麻地排列着，军队和物资输送几乎难以进行。1915年，英国把一辆装甲车车身焊接到一辆拖拉机底盘上，制成了第一辆简易的坦克。随后，一款车型更大的"大威利"坦克出现，英国陆军批准使用，

并签下了 100 辆的订单。与此同时，法国也以类似的方式建造了 400 辆坦克。

1916 年，在第一次世界大战的索姆河战役中，英国军队首次将坦克投入实战。坦克的行进速度十分缓慢，时速约 6.4 千米，并且效率低下。然而，在第二年的康布雷战役中，英国军队再次部署了坦克作战计划，坦克的发展取得了决定性的突破——坦克时代已经来临。到战争结束时，法国生产了约 3900 辆坦克，英国生产了约 2700 辆坦克。第一次世界大战初期，德国只拥有 20 辆坦克。但 21 年后，德国借助坦克装备力量，以闪电战的模式夺取一系列战斗的胜利，最终打响了第二次世界大战。

1939 年，德国装甲部队集中 3200 辆坦克入侵波兰。德国通过闪电战模式展开突袭，在强大的压力下，波兰不得不在一个月之内向德国投降。第二年，德国以同样的模式击败挪威、丹麦、比利时、卢森堡和荷兰等国。最令人震惊的是，就连法国——20 世纪初的世界大国之一，也遭遇惨败。从 1940 年 5 月初开始，由飞机掩护的德国装甲部队侵入法国，到了 6 月中旬，法国沦陷。1941 年，德国采取同样的作战方式，几乎击败苏联。几千辆装甲部队咆哮着踏上苏联的领土，数百万苏军士兵或被射杀，或被俘虏。德国曾对苏联发起两次进攻，在第二次进攻中，德军逼近莫斯科市中心外约 30 千米，随后被勇猛的苏联军队逼退。

如今的坦克越来越厉害，不仅是陆地上的巨物，而且还能在水上参战呢！

给战车披上铠甲——装甲列车

装甲列车除了采用厚厚的钢板来保护自己，还在车上装有机枪等重型武器，向对方开火。起初，装甲列车非常简陋，四面敞开，仅带有临时保护屏障。在两次世界大战中，装甲列车上还配备了大炮。进入 21 世纪后，装甲列车便开始装载弹道导弹。

7 急救药品

　　当我们不小心割伤自己、头痛不已或消化不良时，应当如何是好？千百年来，人们所采取的措施大同小异：从大自然中寻求紧急救治之物，如柳树中的物质可以像阿司匹（pī）林一样镇痛，金缕梅萃取液可以用作止血剂，还有历史悠久的抗酸药物可以缓解胃痛。苏美尔人发明的抗酸药疗效显著，它们的效果与如今的药物比起来不相上下。抗生素的历史可以追溯到3000多年以前，当时的人们使用蜂蜜和面包来治疗感染性疾病。随着科学技术的进步，医疗水平更是不断发展。

　　人们都认为是医生、睡床和药水令人精神焕发，但实际上是精神拯救了精神。
　　　　　　——弗朗茨·格里尔帕策（奥地利剧作家、小说家，1791—1872）

解热镇痛的
阿司匹林

阿司匹林是世界上最著名的药物，它和柳树到底有什么关系？

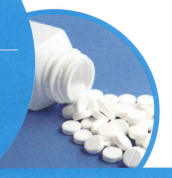

阿司匹林的学名是乙酰（xiān）水杨酸。19世纪30年代，这种药物才在实验室中被合成出来。然而，早在数千年以前，人们就开始从自然界中获取和使用水杨酸化合物了。

在苏美尔人的城邦尼普尔，人们发现了一块有4000年历史的石板，上面用楔（xiē）形文字记载着如何使用白柳的处方。古埃及的医学文献——公元前1500年的埃伯斯草纸书上也记载了一种柳树汤剂的做法，大概是用柳树皮或柳树枝为原料，加入无花果、香料和啤酒，然后"煮熟、过滤，连续服用

柳枝汤剂

水杨酸药物

4天，患者就能吃面包了"。

古希腊医学师希波克拉底（约前460—前377）了解到了柳树的药用价值，他使用柳树的叶子制作出了一种茶饮，来给人们治病。

那么水杨酸、阿司匹林和柳树又有什么关联呢？

19世纪时，科学家们开始探索自然界中天然药物的奥秘，他们最早研究的植物之一就是柳树。一位名叫勒鲁克斯的法国药剂师从柳树皮中提取出一种活性物质，并把它命名为水杨苷（gān）。1853年，另一位法国化学家夏尔·弗雷德里克·热拉尔制作出了乙酰水杨酸。虽然制作过程很复杂，但热拉尔认为在减轻疼痛和发烧症状方面，乙酰水杨酸的效果并不比柳树皮中提取的水杨苷好。直到19世纪90年代，德国科隆拜耳公司的化学家费利克斯·霍夫曼重新发现了乙酰水杨酸。当时，霍夫曼在为患有关节炎的父亲求医问药，而这种新物质的功效很大。新的乙酰水杨酸没有使用柳树作原料，而是从一种绣线菊属的植物中提取出来的。

1899年，乙酰水杨酸粉剂首次上市销售，商品名为"阿司匹林"。1915年，拜耳公司的阿司匹林片问世。1921年，美国最高法院裁决判定，由于阿司匹林的名字广为人知，任何公司对其都没有所有权。因此，阿司匹林不再是专利商标名称，成了通用名称。

近百年的实践证明，阿司匹林确实是效果良好的解热镇痛药，既

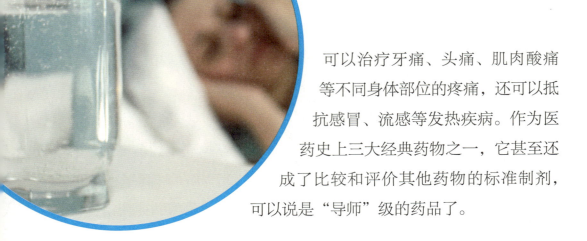

可以治疗牙痛、头痛、肌肉酸痛等不同身体部位的疼痛，还可以抵抗感冒、流感等发热疾病。作为医药史上三大经典药物之一，它甚至还成了比较和评价其他药物的标准制剂，可以说是"导师"级的药品了。

柳树在医学界

柳树可以说是阿司匹林的前身，长期以来一直广受人们好评。1世纪，古罗马的佩达尼乌斯·迪奥斯科里季斯对柳树的镇痛作用进行了详细的观察。他是一位植物学家，同时也是古罗马皇帝尼禄的医生，在他看来，柳树具有良好的止痛消炎效果："树叶和树皮的汁液……能帮助人们减轻耳朵里的痛苦……煮水热敷对于治疗痛风有较好的作用。"2世纪，著名的古希腊医生盖伦还推荐人们使用柳树皮提取物清洁眼睛，治疗眼睛的炎症。

急救的 创可贴

一直以来，人们受到伤害时，都需要快速有效地包扎伤口。现在，有了创可贴，人们轻松实现了包扎自由。

创可贴通常是急救箱里的必备药品，也是人们生活中最常见的医疗用品。一般情况下，它是一条长条形的胶布，中间有一小块浸过药物的纱条。当人们受伤了，快速撕下贴纸，将创可贴包在伤口处，还可以起到止血和消毒的作用。

19世纪末期，在人们接受细菌医学理论之前，外科绷带主要是由破布、碎锯末和其他未经消毒的材料制成的，仅仅能起到包扎的作用，却不能防止伤口被感染。英国外科医生约瑟夫·李斯特通过自己的无菌研究，最终改变了这一局面。1876年，在美国费城举行的医学大会上，李斯特对他的发现成果作了报告。此时，布鲁克林的药剂师罗伯特·约翰逊也坐在观众

席上，聚精会神地听着报告。

此后，约翰逊和他的两个兄弟开始合作，创办了一家公司，专门生产一种由纱布和棉花制成的无菌敷料。他们为公司取名为"强生"，并在19世纪90年代推出了氧化锌胶带和其他产品。1920年，强生公司最著名、最成功的产品问世，那就是我们耳熟能详的"邦迪创可贴"。"邦迪创可贴"的发明要归功于强生公司的一名员工——厄尔·迪克森，更准确地说，是他的太太。当时，刚结婚不久的迪克森太太很不擅长做饭，经常手忙脚乱，一不小心就会切到手或烫着自己，常常一进厨房就搞得"浑身是伤"。厄尔·迪克森在家的时候，能又快又熟练地为太太包扎（zā）。可是，当他不在时，受伤的太太常常无法用一只手为自己包扎。他想，要是能有一种可以简便操作的包扎绷带就好了。于是，他开始做起实验，在一条纱布表层涂上胶，然后把另一条纱布折成垫状放在中间。就这样，纱布和绷带就被连在了一起，不用通过两只手配合操作包扎了。但是麻烦的是，黏胶暴露在空气中时间长了就会让软软的纱布变干，包扎效果大大降低。于

创可贴上的透气孔

是，迪克森又试了许多不同的布料，最后终于选择了一款粗硬纱布，可以更加有效地包扎伤口。迪克森向詹姆斯·约翰逊展示了这款急救用品，该公司立即开始投入生产，并把产品命名为"邦迪创可贴"。

不过，方便的创可贴也不是万能的。在使用时，一定要注意不要

将伤口包扎的时间太长。因为外层的胶布不透气，长时间封闭会使伤口和伤口周围的皮肤容易受到细菌感染。而且，如果创可贴被浸湿了，一定要及时更换，否则细菌会更容易进入伤口。说到底，创可贴也只是对于小伤口的急救用品而已，只能起到暂时止血，保护创面的作用。如果条件允许的话，能够进行更加细致的消毒和处理还是更好的。

液体绷带

你相信吗？在不久的将来，绷带是可以从瓶子里倒出来的。在战场上，士兵手里并不能保证时刻具备包扎伤口所需的全套绷带、敷料和胶带等用具。但是人们找到了解决的办法：用双腔注射器填充两种液体聚合物，聚合物混合后涂覆在皮肤上。聚合物混合后形成凝胶状敷料，喷涂在伤口上时，贴合皮肤表面的纹理，在伤口区域形成一层薄薄的防水塑料，覆盖并保护伤口。液体绷带本来是为了在军事上使用而发明的，但它同样适用于民用紧急救援，对创伤、烧伤或其他损伤进行处理。液体绷带在任何类型的伤口上都能形成紧密的无菌密封，从而来保护人们的伤口。

关爱人们的胃
——抗酸药

为什么保护胃部的药品被称作抗酸药呢？

　　早在 6000 年前，人们就开始关爱自己的胃部了。人们在生活中发现，牛奶、薄荷叶、碳酸盐等物品，都是治疗消化不良的"灵丹妙药"。而那些生活在更加遥远的年代、吃着大量生食的人类，很可能也用过类似的方法来中和胃酸，让自己的胃舒服一些。

　　胃酸是指胃液中分泌的盐酸，能帮助人们消化食物。胃酸过多和胃酸不足都会引起胃病，使人们出现起腹胀、腹泻等消化不良现象或胃溃疡甚至胃穿孔。苏美尔人曾使用过一些药剂来治疗胃病。在他们的药箱中，最好的抗酸药是碳酸氢钠（$NaHCO_3$），而这在几个世纪后也仍然是治疗胃病效果最佳的药物。

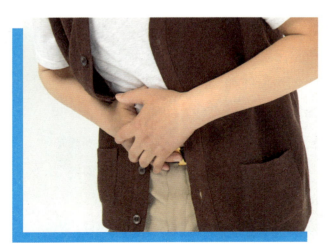

碳酸氢钠是一种白色的结晶物质，现在也叫作小苏打（dá）。这种温和的碱性盐可以和胃中的盐酸相互作用，化解多余的胃酸。就算科学技术高度发达的今天，人们在实验室中发明出的治疗方法层出不穷，可是溶解在水中的小苏打仍然被广泛应用于胃灼热、消化不良、胃酸过多等胃部不适症状。

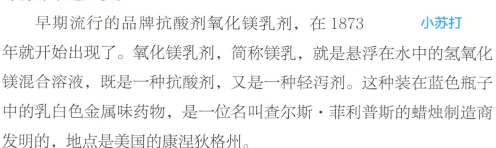

小苏打

早期流行的品牌抗酸剂氧化镁乳剂，在1873年就开始出现了。氧化镁乳剂，简称镁乳，就是悬浮在水中的氢氧化镁混合溶液，既是一种抗酸剂，又是一种轻泻剂。这种装在蓝色瓶子中的乳白色金属味药物，是一位名叫查尔斯·菲利普斯的蜡烛制造商发明的，地点是美国的康涅狄格州。

1901年，美国纽约的一位医生发明了一种配方，可帮助儿童减轻腹泻和呕吐的症状。这位医生制成的药剂是一种混合性药液，把胃蛋白酶、水杨酸铋（bì）、锌盐、冬青油和一些粉色色素按一定比例混合在一起制成的。这位医生将配方送给了一家制药公司，这家公司为该药剂重新命名，并作为婴幼儿腹泻合剂进行销售。1919年，该公司又一次更改药剂名称，开始面向成年人销售。

1931年，一种新的抗酸剂问世，它不仅能够缓解消化不良的症状，还有助于治疗头痛和其他疼痛。人们把阿司匹林和抗酸成分结合在一起，制成了一种泡腾片式的消食片药品，这是一种新型药物。随后，人们为这种产品开展了一系列非常成功的广告活动。在1954年播出的一个电视节目中，有一个名叫斯皮迪的卡通人物唱着这样一首歌："吃下去，吃下去，吃到肚子里／滑一滑，滑一滑，肠胃变通畅／有了它／让你天天舒适／烦恼不再有！"

冷冻盐抗酸剂

其他受欢迎的抗酸剂，如碳酸钙片牌抗酸剂，有卷装的，也有拉环包装的，可以快速缓解胃灼热或胃酸不适等症状。虽然现在也有一些非处方口服药丸，但是人们还是更喜欢咀嚼药片。

无论哪一种抗酸剂，都是通过降低胃内酸度，来缓解胃部疼痛，从而增强胃部的消化功能的。

杀死病菌的
抗生素

大多数疾病都是由病菌感染给人类的，只要消灭了这些病菌，就能把健康还给人类。而要杀死病菌，抗生素必不可少。

抗生素的定义十分简单：它是一种生物体产生的、对另一种生物体具有破坏性的化学物质。在古埃及时，就有医生用蜂蜜来敷贴伤口，然后用麻布包扎因外伤感染而发炎红肿的患处。但当时并不知道这么做的医学意义在于抑菌。这是因为，这种黏性物质不仅可形成一种天然的密封膜，防止细菌进入伤口，它还含有过氧化氢（H_2O_2），可起到与抗生素一样的作用，防治败血症。在其他文明中，人们会在开放性的伤口上覆盖面包或蛋糕，虽然不完全理解原理，但他们知道在酵（jiào）母类食物上形成的天然青霉素类霉菌能够对抗细菌。

到了19世纪，科学家们经过研究发现，是细菌在疾病中起了重要的作用，这种认识是一种巨大的进步。1871年，英国人约瑟夫·李斯特发现，

长满细菌的面包

99

被某些霉菌污染的尿液样本，也能够抵抗一些特定类型的细菌。直到 1877 年，法国人路易斯·巴斯德对炭疽（jū）杆菌进行了培养实验，人类才明确地认识到疾病是由细菌引起的。根据这些发现成果，英国微生物学家亚历山大·弗莱明在 1928 年发现了青霉素。当时，这位有名的不爱整洁的苏格兰人忘记收拾葡萄球菌的培养皿，将其置于空气中便度假去了，结果一种霉菌在充满葡萄球菌的培养皿中不受干扰地生长，这种霉菌便是青霉素。

亚历山大·弗莱明爵士

青霉素是一种非常神奇的药物，至今仍然十分有效。然而，随着人们对它的需求不断增加，同时，青霉素性质非常不稳定，提纯很困难。配方的改变，使得它可以大量生产，但青霉素的大量使用也导致病菌对它产生耐药性，使它变得不那么有效。

20 世纪五六十年代，人们又发现了许多新的抗生素种类，包括金霉素、氯霉素和链霉素等。尽管自 20 世纪中叶以来，人们发现的新型抗生素种类比较少，但是现存的抗生素在全球抗击疾病的斗争中，仍然起着极其重要的作用。

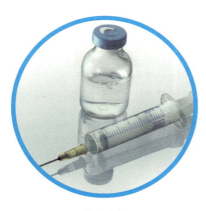

青霉素

随着细菌的不断进化，抗生素将会逐渐失去效果。目前，科学家们正在不断研究和开发新的抗生素，来对抗疾病中的耐药性病菌。

消除痛苦的
止痛膏

当人们腰疼、背疼、腿疼的时候，通常都会抹上家中必备的止痛膏，不一会儿疼痛就会有所缓解。这是什么原理？

把止痛膏抹到酸痛的肩膀上，并揉搓一会儿，会感觉到皮肤先冷后热。这是因为大多数止痛膏都含有抗刺激剂，通过刺激产生冷热交替的矛盾感觉使痛感消退。

有一种我们熟悉的止痛膏叫作万金油，也叫清凉油，它是依靠薄荷醇驱散疼痛的。相传在清朝，"万金油大王"胡文虎跟着父亲在缅甸并开了一家药铺。缅甸的天气炎热，降雨量大，蚊蝇一类的虫子特别多，让人们很头痛。为了解除人们的痛苦，胡文虎开始研究中草药。他将中药药理与东南亚各国

清凉油、万金油等

擦剂

的民间草药配方相结合，制成了"虎标万金油"。当时，人们习惯把万金油当作万能药物使用，头痛医头，脚痛医脚，虽"治标不治本"，却也能减轻痛苦，或许这就是万金油名字的来源吧。还有一些常见的止痛膏如奔肌（Bengay）和冰热（Icy Hot），它们的主要成分是水杨酸甲酯或冬青油。水杨酸甲酯与阿司匹林中的活性成分有关，多种植物中都含有这种成分，比如散发薄荷气味的冬青，这种气味可驱离靠近的动物。今天，人们可以通过人工合成来获得这种化学物质，从而减少对植物的砍伐。

不过，不管是哪种止痛膏，我们在使用时都需要注意适量。如果含有水杨酸甲酯的话，只需要少量就够了。因为过量的水杨酸甲酯会产生毒性，曾经就有人因为过度使用而中毒。

万物有源

别具匠心的建筑与家居 ②

高朗文化　编著

花山文艺出版社

河北·石家庄

目录
Contents

3 实用建筑

4 庇护居所

1 摩天大楼

　　一座座摩天大楼拔地而起。一定程度上来说，这是为了最大化地利用城市空间。但如今，越来越多的大楼仅仅为了追求更高的高度。如果一座摩天大楼获得了"世界最高"的头衔，且将这个头衔保持几年之久，就已经非常幸运了。一旦它们被超越，最多也就是会获得某种标志性地位，成为像埃菲尔铁塔或帝国大厦那样的城市地标。在世界各地，闪闪发光的高塔大楼争相辉映，暗地里进行着一场无言但激烈的竞争。

我们虽然在建造建筑，但建筑也会重新塑造我们。

——丘吉尔（英国首相，1874—1965）

永远的辉煌
——帝国大厦

世界上最高的建筑"帝国大厦"还有一个奇特的名字，那就是"空国大厦"，你知道为什么吗？

自从有了楼房，人们就朝着更高的高度拓展。1931年之前，美国几座著名的大城市，如洛杉矶、纽约、华盛顿等，纷纷想要建成高层建筑，来争夺世界最高摩天大楼的荣誉。结果你不让我，我不让你，大楼被建造得越来越高。直到1931年，举世瞩目的帝国大厦建筑完成，纽约市拔得头筹，理所当然地成了世界第一。帝国大厦共有102层，高381米，再加上后来增修的62米的塔尖，其全高达到了443米。

帝国大厦内部

帝国大厦一度被誉为全球最高的商业大厦，在近40年的时间里，没有一座大楼能超越这个高度，这个纪录直到1972年才被纽约世贸双子塔取代。

这样的高度，是如何建成的？为了积累经验，确保这座建筑能顺利地建造，人们首先完成了一项前期作业——雷诺兹大厦的建造。在帝国大厦动工两年前，负责建造的建筑公司在北卡罗来纳州先行试水，建造了一座缩小版的帝国大厦——雷诺兹大厦。这也是一座非常雄伟的建筑，刺破了温斯顿-塞勒姆市的天际线。雷诺兹大厦高95米，率先尝试了装饰艺术风格的高层建筑设计。完工后，该建筑公司依靠雷诺兹大厦这一项目的出色表现，一举斩获建筑行业的多个知名奖项，最终赢得了纽约市的委托，负责建造帝国大厦。

现在的帝国大厦，已经成为纽约市的地标建筑。可是你知道吗？在还没有修建成功以前，帝国大厦就已声名在外，甚至比建成之后名气更大。因为全世界的人们都在期待这一奇迹的出现。这一项目是在20世纪30年代美国经济大萧条时期开始动工的，一共雇用了3400名工人。这些工人的薪酬优厚，干劲十足，只用了一年多的时间就完成了建设，不但缩短了工期，还节约了预算。只不过，相比于其实际功用，帝国大厦的地标意义更为显著。在最初开放时的喧嚣之后，这座大厦几乎常年空置。纽约人因此曾称其为"空国大厦"。

帝国大厦的结构特别庞大，它是世界上第一座拥有100多层楼的建筑，一共有6500扇窗户和73部电梯，其中的第86层是一个室外观景台，站在这里，可以鸟瞰纽约全市，将纽约州全部的风光尽收眼底。因此，这也吸引着许多游客慕名而来。

每一座建筑，作为文化的一部分，都有自己的历史和辉煌，照亮了那个时代。人也一样。

帝国大厦室外观景台

世界上最长的城墙——长城

长城，又称万里长城，是中国也是世界上修建时间最长、工程量最大的一项古代防御工程，延续不断修筑了 2000 多年。长城非常雄伟，据说在特定的气象条件下，宇航员甚至可以在太空中看到它。可是你知道吗？这样长的一道城墙，这样长久的寿命，很大一部分是在依靠一种相当普通的黏合剂。修建长城的工人们在建造长城时，为了让城墙更加坚固，使用了一种以砂浆和糯米汤混合而成的黏合剂。这种黏合剂的好处在于可以就地取材，比传统砂浆更防水，其将把所有的石块都黏合在一起，赋予了墙体极高的物理强度。

"浴火重生"的
世贸大楼

这座大楼随着恐怖袭击轰然倒塌，
又在人们的期盼中浴火重生。

世界贸易中心大厦，又称世贸大楼，原来位于纽约的曼哈顿岛西南端，是纽约市的标志性建筑。它的主体是两座并立的塔式摩天楼，又被人们称为"双子塔"，曾是世界上最高的双塔。

登上顶层，眺望曼哈顿全景，那蔚蓝色海湾中的自由女神像，那高耸入云的帝国大厦，那横跨河面的大桥……只有站在这里，你才能领略纽约这座世界金融之城的风采。

曼哈顿城市景观

然而，在震惊世界的"9·11"事件中，世界贸易中心两座主楼在恐怖袭击中相继倒塌，将近3000人遇难，这是有史以来最惨烈的恐怖袭击事件。

2001 年 9 月 11 日，恐怖分子劫持了一架飞机，相继撞向美国纽约世贸中心的双子塔。最后，这座塔倒塌了，在曼哈顿下城留下了一个巨大的伤口。伤痛过后，人们几乎立即做出了一个重要的决定，那就是在原址上重建一座新的摩天大楼，证明美国的强大实力和不可战胜性。

"9·11" 事件纪念馆

然而，完成这项任务所花费的时间，远远超出了人们的想象。在接下来的 5 年里，繁杂的程序，设计、安全和融资方面的种种争论，使新大楼的施工计划进展缓慢。2006 年，新大楼终于破土动工了，但几年来，楼体的建设工作仍然只在地面以下进行。公众原本希望看到新大楼像浴火凤凰一样"涅槃重生"，但整个过程却令他们十分沮丧。人们在双子塔的旧址上建成景观纪念馆以纪念此次事件，而新建筑工地的挖掘工作，却变成了名副其实的考古挖掘。几乎毫无悬念，工人们在工地上挖掘地基时，发现了"9·11"事件中遇难者的遗骸，还有一些飞机的残片，他们甚至还在其中发现了一艘18 世纪的费城造货船，以及 19 世纪屠宰场的动物骨头。

2009 年，在大家的期盼中，地上建筑部分终于开工了。随着建筑工人一层层地将大楼搭建起来，一座崭新的摩天大楼正慢慢地伸向天际。新大楼于 2013 年竣工，于 2014 年投入运营。新楼的占地面积与原来的双塔相当，楼体高度 417 米，楼顶塔尖高 124 米，总高度达到 541 米，是西半球最高的建筑。

有些建筑，既是民族的，也是世界的。

新世贸大楼

中国最高
——上海中心大厦

中国最高的上海中心大厦为什么会采取螺旋状的外形设计呢?

1970 年之前,上海还没有 20 层以上的高层建筑。而今天,上海的高楼大厦鳞次栉比。其中,高达 632 米的上海中心大厦是中国目前最高的建筑。

这么雄伟的建筑,其修建的时间将近 8 年——从 2008 年主楼破土动工,到 2016 年建筑总体正式全部完工。2017 年,位于大楼第 118 层的"上海之巅"观光厅正式向公众开放,成了上海热门的游客打卡地。

上海中心大厦是一座巨型高层地标式摩天大楼,建筑主体为地上 127 层、地下 5 层。你是不是在想,这么高的大楼,登上顶层,是不是要耗费不少时间呀?不用担心,上海中心大厦拥有当时世界上速度最快的电梯,能够以 64 千米每小时的速度在楼层之间自由穿梭。也就是说,在一层按了上升键,不到一分钟就可以升到顶楼。

上海中心大厦外观呈螺旋式上升。这种独特的外形设计,不仅避免了普通楼房的单调样式,达到了美观的视觉效果,而且在结构上也

是一种安全保障。大厦的外立面是
螺旋形、不对称的，以固定
角度扭曲。这样的设计
能够削弱风流，减少
侧面受力，使大厦
能够抵御台风的
侵袭。作为一
栋高大的近海
建筑，选择能
够抵御台风侵
袭的外形设计
是必不可少的安
全保障。

从外观看，上海
中心大厦与钢铁森林里
的其他高楼别无二致，都由
冷冰冰的玻璃和钢铁构成，但它的
内部装潢设计看起来却要柔和得多。建筑师

上海中心大厦双层玻璃幕墙

为这座高楼增加了第二层玻璃幕墙，并在两
层幕墙之间构建了9个在垂直方向上互相堆叠的中庭。这些明亮、开
阔的空间，让人回想起上海历史悠久的庭院。处于大厦内，人们即可
享受到游赏花园的乐趣。其中"世界之巅"就是人们可以亲临的功能
体验区，里面有城市展示观看台、小型酒吧、餐厅等设施，甚至还有
一个可以容纳1200人的多功能活动中心。

如今，上海中心大厦主要以办公为主，还附带发展了各种各样的功能，在这里你可以享受到一站式服务。这座摩天大楼不但是一幢综合性超高层建筑，也正在成为国际商业的中心，引领上海向前发展。

命途多舛的
埃菲尔铁塔

你能想象吗，一座完全由钢铁构成的铁塔，能有多高？

埃菲尔铁塔矗立在法国巴黎的战神广场，是世界著名建筑，也是法国的文化象征、巴黎城市地标之一。埃菲尔铁塔塔高 300 米，天线高 24 米，总高 324 米，于 1889 年为巴黎世界博览会而建。设计师的名字叫作古斯塔夫·埃菲尔，这座铁塔也因此而得名。为了纪念这位著名工程师对法国和巴黎做出的重要贡献，人们还特别在塔下为他塑造了一座半身铜像。

埃菲尔铁塔的设计新颖独特，通体带有栅格图案。有趣的是，这样一座地标性建筑，竟然也有人不喜欢，比如法国作家莫泊桑。据说莫泊桑有个习惯，每天都在埃菲尔铁塔下的一个餐厅吃晚餐，因为这里是巴黎唯一一处可以让他看不见这座铁塔的地方。除了这位著名的作家，不喜欢它的巴黎人也不少。法国巴黎一直是世界上有名的浪漫之都，其中的建筑物都是低矮、自然的，而且富有情调。在市中心突然耸立起这个丑陋、突兀的钢铁"庞然大物"，的确让一些巴黎市民难以接受。

他们曾多次想拆除埃菲尔铁塔，认为它影响了巴黎市容，也影响了巴黎特有的浪漫气息，还说这是巴黎最糟糕、最失败的建筑物。

当时，人们计划在20年后将这座铁塔拆除。但是20年的期限到了之后，埃菲尔铁塔却并没有被拆除。这是因为人们发现这座铁塔可以用作无线电天线。第一次世界大战期间，埃菲尔铁塔就被用于传输和拦截无线电信号。

到了第二次世界大战，德国占领巴黎时，埃菲尔铁塔已是世界著名的地标。1940年，希特勒唯一一次访问巴黎时，甚至也无法抗拒在它面前留影的诱惑。尽管曾拍照留念，但在1944年遭受盟军进攻而撤离巴黎时，希特勒还是疯狂地下令，要把巴黎炸成废墟。只是不知道什么原因，希特勒的命令没有被执行，埃菲尔铁塔又一次侥幸逃过一难。同一年，一名美国飞行员

埃菲尔铁塔仰视图

驾驶战斗机，在混战中追击一架德国飞机时，成功地从埃菲尔铁塔下的拱门穿过，这是第二次世界大战尾声中极为生动的一幕，极大地鼓舞了身心疲惫的巴黎民众以及法国抵抗组织战士，使其再度振作起来并最终赢得了胜利。

到了现在，埃菲尔铁塔已经成了法国甚至是全世界最吸金的建筑地标。慕名而来的游客人数有增无减，巴黎人民也逐渐接受了它，并把埃菲尔铁塔当作法国的象征。

经历了百年风雨的埃菲尔铁塔已经有些老化了。20世纪80年代初，人们给它做了一次"大手术"。"手术"之后的铁塔风采依旧，巍然屹立在塞纳河畔。它不仅是全体法国人民的骄傲，而且也是世界的骄傲。

塞纳河畔的埃菲尔铁塔

世界最高
——哈利法塔

包揽多项"世界第一"的哈利法塔有什么魅力？

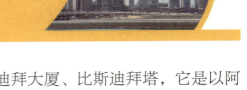

哈利法塔，原名迪拜塔，又叫迪拜大厦、比斯迪拜塔，它是以阿拉伯联合酋长国总统的名字命名的。

哈利法塔是目前世界上最高的建筑，有 828 米高。因此，它也当之无愧地包揽了多项世界第一：人类第一次建造了这么多的楼层——162 层，观景台第一次建在了这么高的高度——125 层，电梯第一次能行驶这么远的距离，人类第一次在这么高的空中工作和生活。除此之外，这还是人类第一次在地质断层线附近建造具备如此规模的"庞然大物"。虽然迪拜不在地震的高风险地区，但是，

迪拜城市景观

如果波斯湾对面的伊朗发生地震，也会波及它。

2010年，在耗时5年的哈利法塔终于揭幕落成时，恰逢迪拜房地产的全面滑坡。于是它的命运也和美国纽约帝国大厦几乎如出一辙——还记得著名的"空国大厦"吗？哈利法塔初落成时也是轰动一时的工程奇迹，受到人们的热捧，紧接着在经济复苏之前的数年之中，一直处于闲置状态，没有一点儿用处。直到今天，这座大厦才做到了全部启用。如今，大厦内设有56部升降电梯，速度最高达17.4米每秒。为了方便游客参观，还设有双层的观光升降机，每次最多可载42人。

虽然世界第一高的哈利法塔屹立在亚洲的中东地区，但西方的建筑师和工程师们也密切参与了它的设计建造过程。

哈利法塔观景台

哈利法塔的设计团队正是设计了纽约世贸中心一号楼的团队，他们的总部位于美国芝加哥。让人值得回味的是，哈利法塔的建筑设计风格和伊利诺伊英里大厦惊人地相似，而后者是一座由美国建筑师弗兰克·劳埃德·赖特在1956年专为芝加哥所设计的摩天大楼，不过最终由于种种原因并没有建成。因此有人猜测，设计者可能是把未建成的那座大厦的设计理念挪到哈利法塔上来了。

从高空俯视哈利法塔这座超高层摩天大楼，可以看到楼面整体呈"Y"形。这栋建筑整体包括三个部分，三者合一汇成了一个核心体。整个楼体是螺旋式上升的，最上方逐渐转换成汇聚成尖塔的造型直冲天际，给人以刺破苍穹的感觉。

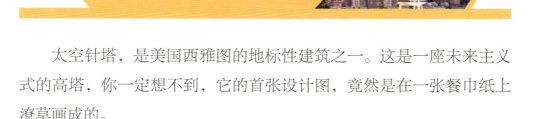

餐巾纸上的设计
——太空针塔

我们永远无法想象，一座超级雄伟壮观的大楼，它最初的设计图纸竟然是一张餐巾纸。

太空针塔，是美国西雅图的地标性建筑之一。这是一座未来主义式的高塔，你一定想不到，它的首张设计图，竟然是在一张餐巾纸上潦草画成的。

德国斯图加特塔

相比于建筑本身的外观设计，设计者们更重视开发它的商业价值。当时，西方国际连锁酒店总裁爱德华·卡尔森正在西雅图筹备 1962 年的世界博览会。他希望设计出一个能体现博览会主题"21 世纪"的建筑，作为世界博览会的纪念物，可是要设计成什么样子的呢？他心里也没有具体的形式，于是在纸上涂涂抹抹，渐渐勾勒出了大楼的模样。最后，他受到德国斯图加特塔的启发，勾勒出一张像棒棒糖一样的设计草图。

这个消息传出来后，著名建筑师约翰·格雷厄姆对他的想法特别感兴趣，主动加入了设计团队。经过一系列的改进和修订，太空针塔的设计渐渐成型了。建筑的整个造型如同一个飞碟，落在高高的塔针上。"飞碟"中设有旋转餐厅，人们可以一边品尝美食，一边在空中欣赏周围的美景。事实上，太空针塔上的旋转餐厅是格雷厄姆设计的第二家旋转餐厅。他十分热衷于设计这种旋转餐厅。他曾为夏威夷阿拉莫阿那酒店设计了美国第一家旋转餐厅。

虽然有了设计图，但是由于时间太紧了，这座建筑的规划和建设工作十分匆忙。展览会马上就要开幕了，建筑商在最后关头才找到了适合的建筑地点。格外值得高兴的是，在展览会开幕前几个月，整体建筑宣告完工，整座大楼的建设时间，只用了一年有余。当然，这座奇特的建筑也不负众望。太空针塔投入使用后，仅仅是当年世博会期间，就迎接了230万游客。坐在旋转餐厅里，游客们可以360度无死角俯视西雅图全景，不管是雄壮的雷尼尔山，还是热闹的奥林匹克国家公园，都能一览无遗。拿起一杯饮料，感受着从附近的普吉湾吹来的凉风，也是无比舒适和自在。

　　太空针塔的设计很巧妙。它的最宽处有 42 米，总重 9550 吨，看起来头重脚轻，好像很不安全，一不小心就会被风吹得倒掉一样。但实际上恰恰相反，这座高塔安全得很。为了固定 9 米深的强大地基，工程师们专门组建了一支由 467 辆卡车组成的车队，一整天连续浇筑混凝土，形成了与高 184 米的塔体一样沉重的地基。塔的重心距地面仅 1.5 米，可抵御 9 级以下的地震。除此之外，塔上还安装了 25 根避雷针。

　　太空针塔充分地说明了一个问题，只要是合理的设计，哪怕是画在餐巾纸上，也同样有效。

冬宫——俄罗斯国立艾尔米塔什博物馆

在讨论巨型建筑时，除了有向上延伸的建筑之外，我们也不应漏掉那些横向铺展的建筑。俄罗斯圣彼得堡的冬宫，也就是国立艾尔米塔什博物馆，是世界上最大的博物馆之一。它包括 6 座建筑物，占地约 23 万平方米，容纳了 300 多万件展品。要看完所有的展品，你必须走完总长约 24 千米的走廊，即使每天参观 8 小时，也要耗去 11 年的时间。

水面上的 彼得罗纽斯石油平台

如果说世界上最高的那些建筑物，都是为了创设景观而建造的，那么彼得罗纽斯石油平台，则纯粹是为了实用性而设计的。

彼得罗纽斯石油平台矗立在墨西哥湾的洋面上。就像一座冰山一样，它的大部分位于水面下，只露出尖尖的一角。平台的垂直高度是610米，只有大约76米露出水面。平台的主体建于20世纪90年代后期，于2000年投入运营，巨大的墩基扎根海底。平台的井架深入地壳达2.4千米，在寻找原油时，还可以侧向伸展几千米。这样的设计，完全是为了采集海底的石油。

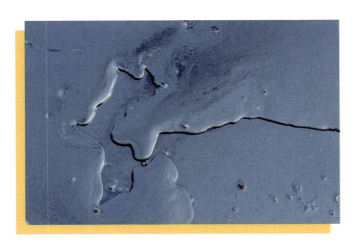

原油

彼得罗纽斯石油平台在水面以上的部分包含阀门、管道、转子和为钻井平台提供动力的发电机等。机器平台发出不间断的巨大轰鸣声，数十名工作人员在海上石油平台上工作和生活，这声音时时刻刻在他们的耳边回响。

为什么说它的修建完全是为了实用性呢？因为石油平台上的工程师们完全不关心它的外观是否具有吸引力。他们的目标是使它达到最大的生产力，而他们在这一方面也确实做得很好。彼得罗纽斯石油平台在满负荷运转时，每天可以输出6万桶石油和283万立方米的天然气。石油平台的巨大产能也带来了潜在的巨大利润，比起来，它的建设成本就显得微乎其微了。仅仅5亿美元的成本，还不到建造迪拜哈利法塔费用的三分之一。如果用中国最古老的发财象征——摇钱树来做类比的话，那么，彼得纽罗斯石油平台就像现实版的抽钱机。那源源不断的石油，不正是源源不断的金钱吗？

彼得罗纽斯石油平台是一个独立的水下结构，它具有巨型地面石油平台所不具备的其他优点。作为一个深水

海上石油平台内部作业

顺应塔式平台，它比地面石油平台的产能更大，也能经受得住更大的摇摆。在波涛汹涌的海洋中，彼得罗纽斯石油平台可以左右移动达7米，但是这丝毫不影响它的工作。

怎么样，建在海洋中、还能赚钱的"高楼大厦"，是不是特别牛?

海上石油平台油气管道

2 防灾工程

　　约前1792年至前1750年，古巴比伦的国王汉穆拉比在法典中设立了世界上最早的建筑规范之一。他规定，建筑师若因建筑不当导致他人死亡，将被判处死刑。虽然在今天，建筑事故的责任后果没那么严重，但是建造新的建筑依然要遵循严格的结构设计标准。一般情况下，建筑物设计要考虑到自然灾害的影响，但这并不是说建筑结构必须在灾难中保持毫发无损，而是要避免建筑物在灾难发生时发生坍塌，至少在每个人都逃出来之前不应坍塌。

　　医生可以掩埋掉他们的错误，而建筑师却不得不与他们的错误一起生活。
——贝聿铭（美籍华人建筑师，1917—2019）

抗震建筑：
抵挡地球的震动

地震的力量足以排山倒海，给人们带来巨大无比的伤害。什么样的建筑才能够抵挡地球的震动呢？

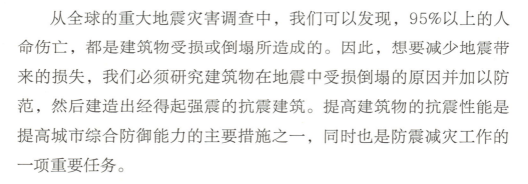

从全球的重大地震灾害调查中，我们可以发现，95%以上的人命伤亡，都是建筑物受损或倒塌所造成的。因此，想要减少地震带来的损失，我们必须研究建筑物在地震中受损倒塌的原因并加以防范，然后建造出经得起强震的抗震建筑。提高建筑物的抗震性能是提高城市综合防御能力的主要措施之一，同时也是防震减灾工作的一项重要任务。

19世纪末，日本和意大利相继发生大地震，1906年美国旧金山也发生了大地震。自此以后，工程师开始在设计新建筑时考虑抵御地震灾害的因素。为了防震，

设计师会采取一些非常基础性的措施，如考虑现场土壤条件、保持建筑物的对称等。20世纪60年代出现了较先进的技术——基础隔震技术。通过这种技术，建筑物能够"漂浮"在隔震弹簧或橡胶支座上。发生地震时，这种支座可吸收地面的震动，而避免将震动转移到建筑物上，以此来稳定建筑物。

台北 101 大厦防震阻尼器

2008年5月12日，中国四川省汶川县发生了历史性的7.9级强震，地震波甚至传到了千里之外的台北市。当天，在509米高的摩天大楼台北101大厦上，游客们目睹了另一种防震技术——质量阻尼器。这是一个悬挂在大厦楼顶、质量高达728吨的巨大摆锤，通过向相反方向轻微摆动来抵消建筑物的晃动。

如今的大型建筑一般采用一体的框架结构防止地震灾害。先用坚硬的钢筋混凝土浇筑成梁柱，组成支撑房体的骨架，再用轻质板材隔墙分户。这样在地震发生时，即使房屋倒塌了，也能够保证倒塌的房屋保持一个整体，不会带来更大的人员伤亡。

在地震面前，人类是多么脆弱和无能为力。有了坚固的房屋，我们的美好生活才能有保障。

抗震房屋构造模型

会"自愈"的混凝土

　　人类自诞生以来就一直进行着建筑活动。在建筑中，混凝土已经被应用了千年之久，但其干燥后在墙上产生裂缝的问题却始终无法解决。现在，经过不懈的努力，科学家终于取得了显著的效果，研发出一种可以"自愈"的混凝土。方法就是将细菌与淀粉一起掺入混凝土中。在混凝土保持初始状态的条件下，细菌一直处于休眠状态。一旦混凝土开裂，空气进入裂缝，细菌就会"苏醒"，开始食用淀粉并繁殖。在这个过程中，细菌会生成方解石。这种矿物质与混凝土结合，最终会填满并密封裂缝，使"愈合"后的混凝土几乎具有与原先相同的强度。

飓风防护网：
给飓风减减压

飓风所到之处，几乎无一物能幸免。高大的建筑、树木，都会受到严重的损毁。如何为气呼呼的飓风减压？你有好主意吗？

在非洲西海岸，常常会形成热带风暴。其实只要这种风暴还在海上，对人们的影响是不太大的。但是，风也在到处流浪，往往会在一个合适的地点登陆。它们在穿越大西洋的过程中，逐渐积聚力量，成长为飓风。美国佛罗里达州，通常是飓风首先登陆的地点之一。1992 年，"安德鲁"飓风横扫巴哈马群岛，然后闯入佛罗里达海岸。其猛烈程度，足以毁坏美国国家飓风中心的全部风力计，以致人们根本无法根据这些风力计来计算风力的大小。"安德鲁"飓风属于五级飓风，也是登陆美国的第三大飓风。飓风所到之处，建筑物大片大片地被夷为平地，最终这场飓风导致 26 人死亡。为了防止飓风的伤害，佛罗里达

飓风风暴

州还专门修改了建筑规范，并加强了对家庭住宅的防护。

大家都知道，风是无孔不入的。只要有一点儿缝隙，它就能钻进来，并把这个缝隙一点点扩大，最终轻易地把房子吹走。面对风速超过160千米每小时的飓风，人们最关心的问题是如何保持房屋完整。只要被吹走一扇窗户，整栋房子就可能都被吹飞。一旦飓风进入室内，它就会寻找一个薄弱点作为出口，而这个出口通常是屋顶。所以，人们经常利用防风夹和护窗板加固屋顶和窗户。

2004年，一位建筑工程师注意到，卡车上的油布能够确保车上货物的安全，使卡车在高速行驶中也不会把货物甩下去。受到这样的启发，这位工程师与一位百叶窗制造商共同提出了一个类似的构想：先用一种高强度的纺织物条捆住房屋，让房子成为一个整体，再用这种纺织物包裹住屋顶，然后把另一端固定在地面上。这样，就相当于给地上的房子安了个腿，让房子能牢牢地站在地面上。一方面可以保护房屋，另一方面能够转移走大半的风力。再结合护窗板和屋顶强化措施，就可以保证房屋在飓风的袭击下仍能安然无恙。

要防止飓风的伤害，就要了解飓风的形成原因，然后对症下药，这样才能更好地保护人类自己。在不久的将来，我们一定会想出更多的好办法，来应对飓风这个"恶魔"。

水泥毯：
防风防火好帮手

当风暴来袭时，人们如果能把自己严严实实地包裹起来，岂不是就能安然无恙了？只不过，这需要一种特殊的毯子。

相较于其他的自然灾害，龙卷风在世界上的影响范围是较小的。因为龙卷风大多出现在近海区域，不会轻易在内地发生。但是，即便是龙卷风易发的国家，通常也没有为此在建筑规范中补充相关要求。这是因为，如果仅仅是为了抵御龙卷风的袭击而去加固每一栋房屋，花费过多，在经济上得不偿失。当龙卷风来袭时，救助居民最有效的方式就是给大家提供最安全的避难所。其实，建在地下的避难所是最安全的，但如果缺少这样的避难所，一些新型建筑材料也可以给人们提供坚实的防护，如水泥毯。

水泥毯，又称混凝土帆布，是一种浸渍过水泥的织物，浸水后盖在坚固的框架结构上，它会立刻硬化，变

龙卷风

水泥毯

成坚固的地堡式保护外壳。这种毯子很薄，和我们平常使用的毯子别无二致，可只要浇上水，它就会在短时间内变得像混凝土一样坚硬，足以抵挡狂风和暴雨的冲击！如果你居住的是移动式房屋，或者你的房屋里没有地下室，那你就可以在飓风来临时使用这种水泥毯，比在壁橱中躲避龙卷风效果好多了。

有的临时避难场所是帐篷和活动板房。不过，帐篷根本不能抗风吹，也不安全；活动板房虽然坚固，但是搭建起来，费时费力。相较而言，施工方便、坚固耐用的水泥毯成了人们更好的选择。使用这种水泥毯时，首先需要搭建好一座房子的框架，然后在上面铺一层水泥毯，把框架包得严严实实的，一定要记得把水泥毯的边缘牢牢地固定好。均匀地洒上水后，你就会发现，水泥毯在40分钟之内就会逐渐凝固成坚硬的混凝土，一座坚固可靠的临时住房就搭成了！你一点儿也不用担心它的坚固性，假如用斧子来砍，用大风吹，用烈火烧，它都会安然无恙。更棒的是，用水泥毯做成的简易房子耐用持久，绝不会像一般的临时住房一样，在灾后要么坏了，要么被拆，它的寿命可长达十余年！灾情过后，居民搬走了，它也能用作半永久的储物库使用。而且，使用水泥毯的成本也比挖掘避难所低多了。

在美国，从得克萨斯州西部延伸到俄克拉何马州和堪萨斯州的部分地区，有一条被称为"龙卷风走廊"的龙卷风易发地带。在那里，人们每年都要遭受龙卷风的袭击。现在，那里的人们开始普遍使用水泥毯，这种防灾材料拯救了不少人的生命。

　　有了这种带有水泥的毯子，不幸受灾的人们，就可以有一个坚固的家，渡过一次次劫难。

温暖、舒适、漂亮的家——鸟巢

　　会筑巢的鸟儿都是聪明的。因为它们在筑巢时，需要考虑很多问题，比如保温性能、伪装效果和舒适度等。澳大利亚的园丁鸟在求爱时，甚至会考虑选择哪些颜色搭配在一起更好看！因为它们要通过打造吸引眼球的巢穴来吸引更多雌鸟。大多数鸟巢都是以细枝、枯枝、干草和稻草等为基础，搭成框架，再用泥土加固，以填补裂缝。至于里面的装潢，大多是柔软的苔藓、树叶，以及动物掉落的毛发等，可以起到保温作用。有黏性的蜘蛛网和毛毛虫吐出的丝等，可以将以上物品黏合在一起，相当于人类建筑世界使用的水泥。对于雄性园丁鸟而言，颜色鲜艳的缎带、镜子和光盘等光亮的物品，是很重要的巢穴装饰物，可以吸引雌鸟前来。看来，爱美是自然的天性。雌性的鸟儿，不也喜欢这种漂亮的装饰吗？

雪崩防护：
对滚动的积雪喊停

雪崩发生时，平日里洁白美丽的积雪仿佛变了脸色，那呼啸而来的威力甚至能摧毁坚固的房屋，危及人类的生命安全。

雪崩是山坡上的积雪在重力的作用下，由于某种原因突然大量出现崩塌的现象，是一种威胁人类生存的自然灾害。雪崩和地震一样，它们发作的时间并不固定，难以预知，还会对人类造成巨大的伤害。如何在毫无预料又威力巨大的雪崩面前更有效地保护自己，把雪崩造成的伤害降低到零呢？这是一个值得人们思考的问题。

阿尔卑斯山是一座著名的雪山，主要分布在瑞士和奥地利境内，是最早的有稠密人口居住的山区之一。由于雪崩的发生具有随机性，人们常常难以应对。有些类型的雪崩几乎每年发生一次，算是有规律可循；但还有一些类型的突发性雪崩，是一系列复杂的气候原因和积雪条件造成的，几个世纪才发生一次，一旦发生，就让人猝不及防，损失惨重。1951年冬季，阿尔卑斯山发生了一场巨大的雪崩，这场灾难导致300多人死亡，许多有500多年历史的房屋被毁。

为了应对雪崩灾害，瑞士和奥地利在保护居民人身和财产安全方面做了大量工作。从历史上看，雪崩防护主要涉及损失控制。一般情况下，人们会在房子朝向雪山的一侧修建土墙，起到分流的作用，让沿着山坡咆哮而下的雪块避开房屋，流向两边。这些土墙就是现代的导雪堤坝的最早版本。直到20世纪初，人们才开始探索在高海拔的雪崩发生地上下功夫，在上方安装坚固的围栏，这便是从源头阻止雪崩的方法。

世界上雪崩多发地区的道路通常采用一种特殊的结构来实现雪崩防护。1869年，落基山脉的铁路工人在轨道上建造了木制长廊，用倾斜的屋顶模拟山坡的形状，从而将崩塌的积雪安全地阻隔在轨道之外。

任何时候，学会保护自己都很重要。

防火工程：
将火焰拒之门外

火给人们带来了光明和热量，让人类彻底告别了茹毛饮血的生活。可是火也是无情的猛兽，一旦使用不当，就能给人们带来毁灭性的灾难。

公元 64 年，古罗马发生了一场巨大的火灾。据说火灾发生时，古罗马皇帝尼禄正在悠闲地拉小提琴。由于火灾给整座城市带来了毁灭性的灾害，火灾过后，尼禄非常重视对于火灾的防范。他下发了命令，规定重新修建的城墙必须能够防火。

一般来说，防火工程总要经过一次又一次地试错。1666 年，伦敦发生大火，这座城市被摧毁了五分之四的区域。因为城市的建筑是木制的，一座房屋着火，在高温的烘烤和风的助力下，大火就连成片，

一燃俱燃。火灾过后，损失惨重的伦敦人没有沉溺于失去家园和亲人的悲痛，决心重建家园。这一次，人们吸取了火灾的教训，借助石头和砖块重建了这座城市。在工业革命期间，

人们更是广泛使用混凝土和钢材，取代易燃的建筑材料，来修建房屋等建筑。在美国，新英格兰纺织厂发生的一次毁灭性大火才让人们开始研究灭火的办法。他们发明了喷水灭火系统，也就是现在的消防系统。如今，在一些人群密集的大型场所，必须保证消防系统的安装与维护。

1871 年的芝加哥大火在给人们造成重大损失的同时，催生了另一种新型的防火材料：赤陶土。这种材料的发现是一个意外。当熊熊大火在整座城市中疯狂肆虐时，芝加哥一家酒店的建筑师，把酒店的设计蓝图埋在了地下室的一层沙子和陶土下面，便匆匆逃出去了。结果，酒店被烧毁了，被埋在陶土和沙子下面的设计蓝图却奇迹般地幸免于难。这也使人们将赤陶土誉为最可靠的防火材料。

当一栋大型建筑起火时，如果能及时地把起火的单元隔绝开来，也会起到抑制火势的作用。那么，隔离火场的重要任务，就交给了防火板和防火门。不同材质的消防材料能在火灾发生时各显身手，通过不同的方式起到隔离火场的作用。例如，有一种木制的窗框，四周全是用石墨制成的密封材料。发生火灾时，石墨受热迅速膨胀，就能够堵住细微的缝隙，就连一丝烟也别想溜进来，所以它的隔离效果非常好。

还有人做过试验，用高强度的烈火来烧这种窗框。尽管烧了十几分钟，但是窗框还是安然无恙。除此之外，还有一种防火隔热的特殊玻璃，适合保存一些贵重的资料和物品。

火灾无情，安全第一，时时刻刻做好防火，才能保证自己的安全。

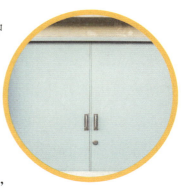

防火门

防火能手——石膏

石膏是一种古老的建筑材料。古埃及人用它建造了金字塔，古希腊人用它来进行室内装饰，而中世纪的伦敦人则把它当成整个城市的阻燃剂。在历史上，石膏的成分发生了多次变化。人们曾将一切用来制作糊状物的材料与石膏混合，如黏土、泥浆、动物毛发，甚至是西班牙寄生藤。如今，石膏有了标准的配方，基本成分简单，包含水以及以某种配比混合的沙子和生石膏或石灰。它通常被用作室内建筑材料，用于装饰墙壁和天花板等。

3 实用建筑

　　如今，我们可以在各种建筑中进行工作、生活、学习、消费、医疗等活动。写字楼、住宅楼、学校、百货公司和医院等建筑都是为满足这些功能而设计的。你知道吗？我们所居住的公寓大楼并不是 20 世纪的产物。第一批公寓大楼建造于公元前 1 世纪，这个事实是不是令你特别惊讶？一般来说，建筑的形式取决于它的实际功用。比如，房地产资源的匮乏会迫使建筑商们建造出更多更高的建筑；但有时情况则恰恰相反——当一个小镇只能建得起一座小小的校舍时，师生们也会适应其中有限的空间。

建筑的实质是空间，空间的本质是为人服务。
　　　　——约翰·波特曼（美国建筑师、设计师，1924—2017）

人们为什么要住在**公寓**里？

人类在诞生之初，主要住在天然的山洞里，后来，才开始一点点建筑房屋。公寓大楼的出现，更是实现了人们的居住自由。

人们建造公寓大楼的原因，多少年来都没有改变。人们想居住在城市中，而城市是有边界的，边界之内就叫作城市，外面叫作乡村。住在城市里的叫市民，住在乡村的叫村民。作为一个发达的国家，古罗马的城市和当时大多数城市一样，都用又高又厚的城墙围绕着，出入都要经过一道城门。后来，出于对便利生活的向往，一些人纷纷来到城市，居住下来。就这样，城市越来越大，人口也越来越多。如果更多的人想要住在城市中，就需搭建出更高的建筑，才能拥有足够的居住空间。但是，在古罗马城市条例中，多年以来，一直有一个特殊的规定，

古罗马岛屋遗迹

就是所有建筑物的高度，不能超过 15 米。古罗马式公寓，也叫岛屋。第一座岛屋的历史，可以追溯至古罗马皇帝图拉真统治时期，它有三层高，是用木材和泥砖修建的，包括 6 到 8 个面向庭院的居住单元，在第一层还设有商店，方便人们的生活。到了 4 世纪，这种岛屋结构的建筑受到了人们的欢迎，数量大大超过了单户住宅的数量，两者的数量比例达到了 25 : 1。也就是说，在 26 座房屋中，岛屋的数量有 25 座，单式住宅的房子仅仅有一座。

旧式公寓

在许多地区，公寓大楼并不是生活的必需品，人们可以选择是否建造公寓楼。可是，工业革命后，这一现状很快被打破了。由于有了更好的能源——电来做动力，许多大型制造业纷纷出现，大量的工厂也应时而生，这就需要大量的劳动力。于是，居住在乡村的人们，成群结队地来到城市。他们在城市里工作、生活，必须要有自己的住宅才行。随后涌现出一大批公共住房，通常是旧式公寓房间，或是连在一起的低矮平房，或是过于拥挤、通风不足，甚至异常危险的公寓楼。这些住宅的类别划分，取决于建筑材料和房间出口的位置。此外，人们还不习惯独自生活，因此大多数人通常会与核心家庭住在一起，或者是一个大家族的人居住在一起。公寓大楼的设想，直到后来才出现。到了19世纪末期，人们开始尝试独居，或者两三个人的合居生活。在欧洲和美国，公寓式住所开始出现，在公寓中生活，通常给人们带来孤单的感受，人们也需要独自做出各种选择。

如今，由于电梯和钢梁建筑的出现，以及日益增加的人口密度，公寓大楼中的居民比以往任何时候都要多，居住范围也更广，甚至在某些乡村，也有了公寓大楼，供村民们居住。

现在，公寓里面的设施越来越多，人们居住的幸福感也越来越强烈。此外，各个公寓区都开始注意美化和绿化，我们的家园也越来越美了。

插在云端的
摩天大楼

现在的城市里，到处是高耸入云的摩天大楼，那么，你知道摩天大楼的标准是什么吗？

摩天大楼最初的含义来源于航海术语，指的是高高的桅杆。随着早期美国城市中多层建筑的出现，人们开始将高楼的高大壮观与帆船相提并论，因为在此之前，高大的帆船一直是大多数城市插入云端的最高点。现在，世界各国对摩天大楼的衡量标准还没有统一。据称，将一座楼称为摩天大楼的标准取决于一个城市或地区其他建筑物的平均高度。

如今，我们会认为外表布满闪耀金属的大楼和表面装有宽大玻璃的摩天大楼，是近期才出现的人类发明。然而，如果对两个不同时期和不同地点的大楼进行简单回顾，我们不难发现，人类一直对这种高耸的建筑有着浓厚的兴趣：一个是位于也门的希巴姆塔楼，它建于16世纪，塔楼有11层高，是为了保护

希巴姆古城

居民不受贝都因人的攻击而建造的；另一个是英国什鲁斯伯里的莫尔廷斯大楼，是金属构造的，建造于1797年。

每一栋大楼都是使用不同的建筑材料，根据不同的创新设计理念建造而成的。但是多种建筑材料和创新设计的首次共同结合，才催生了摩天大楼。美国人乔治·富勒率先尝试使用钢梁结构来建造大楼。他在1889年建造的塔科马大楼，是世界上第一座采用钢结构，而不是外部承重墙来承重的建筑。随后，富勒公司在纽约曼哈顿，建造了第一栋富勒大楼——熨斗大厦，位于百老汇大道和纽约23街的街区上。在此之前，曼哈顿区已经有几座10层至20层的大楼建筑完工。如今，曼哈顿区更是以其鳞次栉比的摩天大楼而闻名。

熨斗大厦

有了这样的摩天大楼，如果步行上去，一般是很难完成的。安全升降机的发明，解决了人们爬楼的难题。1853年，美国发明家伊莱沙·格雷夫斯·奥的斯发明了一种安全升降机。即使在突然停电时，这种升降机也不会从竖井中直接坠落下去，所以人们称它为安全升降机。又因为这种机器是用电力驱动的，所以它也叫电梯。从此，升降机成为人们常见的交通工具之一。对摩天大楼来说，同样重要的一项发明还有输送水的水泵。只有大功率的水泵，才能把自来水送到大楼顶端。这种直通楼顶的管道设备，是摩天大楼中一种安全且有效的现代化设施。

大楼中的直梯

时尚的风向标
——百货商场

在巴黎这样一个世界上最浪漫的地方，各种货物也在引领着世界的潮流。

法国人是最注重时尚的，他们在穿衣打扮方面总是有着独到的眼光，无怪乎世界上第一家百货商场是在法国巴黎成立的。1838 年，阿里斯蒂德·布西科创立了法国乐蓬马歇百货商场。这个商场进行了合理的商品分区，每个区域分别销售衣物配饰、内衣、香水等商品，顾客可以随便挑选，也可以随意地试穿。当然，也会有热情的导购员向你做专门的介绍，或者帮助你找到你喜欢的商品。商场中的商品都是明码标价的，布西科的这一价格制订方式在当时看来颇具开创性。因为那时的人们仍然延续着千百年来的习惯，那就是在购买商品时讨价

美国纽约梅西百货商场

还价。

此后，世界各地的百货商场如雨后春笋般涌现出来，如巴黎的莎玛丽丹百货商场、爱尔兰都柏林的德拉尼商场，以及英国的约翰－路易斯商场等。美国的第一家百货商场是亚历山大·特尼·斯图尔特于纽约开办的"大理石宫"，于1846年开始营业。不久之后，纽约下百老汇大道变成了一条"女士购物街区"，这里有包括梅西百货、罗德与泰勒百货、奥特曼百货在内的众多百货商场。此时工业革命正如火如荼地开展，这些提供大量商品的商场，让制造商们找到了理想的销售场所。但是，在这个时候，一家商场还只卖同一个品牌的产品。到了1876年，约翰·沃纳梅克在费城开办了一家新式商场，并以他的名字来命名，叫作沃纳梅克商场。消费者们长期以来的愿望终于实

哈罗德百货商场

现了：不再需要逛好几家商店才能找到需要的商品，大型商场成了他们的首选地点。当时的人们有一句流行语："在沃纳梅克商场的鹰雕像下见。"这充分说明了人们对大型商场的喜爱和狂热。与此同时，在大西洋对岸，英国伦敦也建造了哈罗德百货商场，那些琳琅满目的奢侈品常常让前来购买的人们目眩神迷。

百货商场这种新型的销售方式从一问世就深得人们喜爱。美国的百货商场以飞快的速度继续发展，可以说是蒸蒸日上。到了20世纪50年代，战后的美国经济出现了空前的繁荣，一些很有远见的城市规划者们，开始设想一种新形式的购物中心。20世纪60年代，这颗构想的种子开始生根发芽。百货商场开始向购物中心转变，但是，比起开放随意的百货商场，购物中心在很大程度上是完全封闭式的。

消费者们仿佛一夜之间又回到了从前，再次开始在不同的商店购物——在一家商店买鞋子，另一家商店买衣服，其他商店购买日用品。

从集市到购物中心

几个世纪以来，世界各地的人们，买卖东西，都是在露天下进行的，类似于今天的路边摊和大排档。当遇到雨雪大风天气，这种集市会被迫停止进行。为了满足消费需要，人们需要带顶棚的购物场所，于是伊朗的伊斯法罕大巴扎集市、德黑兰大巴扎集市和土耳其的伊斯坦布尔大巴扎集市等相继出现。直在现在，还有一些地方的人们，仍在使用这样较老的带顶棚的集市，如伊斯坦布尔大巴扎集市。在西方，英国牛津穹顶市场的历史，可以追溯至1774年。穹顶市场是一种拱廊式建筑，非常实用，可以为人们提供极大的便利性。拱廊内陈列的商品可以免受恶劣天气的影响，同时消费者也能在拱廊内随意浏览各种各样的商品。在美国，室内购物中心始于 1915 年，位于明尼苏达州的德卢斯市。

自动运行的楼梯——自动扶梯

步行楼梯与自动扶梯占用的空间相同，然而自动扶梯能搭载更多的乘客。自动扶梯最初配备的是木质踏板，现在采用的是钢或铝制踏板。世界上最长的自动扶梯长达 126 米，位于莫斯科地铁的胜利公园站。

稻草屋
会被牛群吃掉吗？

你记不记得《三只小猪》里摇摇欲坠、一吹就散的稻草房？实际上，有的人就住在这种稻草屋里。

美国内布拉斯加州有一片沙丘地带，早期的移民来到这里之后，感觉周围的环境很好，就决定在这里定居。可是在建造房子时，却发现周围除了沙子和草地之外，几乎没有材料可以利用。他们只好利用一种不太受欢迎的建筑材料——稻草，来建造房子，这样的房子，当然只能叫稻草屋了。不过，稻草并不是拿来就能用的。19世纪90年代，使用蒸汽做动力的稻草打包机发明出来了，这使稻草成为一种重要的建筑材料。农场主们把稻草打成包，再依次堆叠起来，建造住宅，以

及教堂、商店、办公室和学校等。由于当地木材的匮乏，稻草理所当然便成了替代品。使用现成的稻草包，可以快速地完成建筑物的搭建，而且所建房屋坚固耐用，保温性能良

好，隔音效果也好。厚厚的稻草包，甚至能够隔绝草原上无休无止的风声。人们住进稻草屋后，那种怒吼的风声，再也不会折磨人们的耳膜了。

但是，人们居住在稻草屋中，也会受到威胁。在沙丘上，人们最常见的邻居和好朋友就是成群的牲畜了。不过，这些牲畜一旦饥饿到一定程度，就会啃食掉人们的稻草屋。据说，1902年，饥饿的牛群就吃掉了一栋早期修建的稻草屋，那是一间没被围栏圈起的单间校舍。学校竟然被牛群给吃掉了，听起来是非常滑稽的一件事。设想一下，孩子们早上起来去学校，结果学校不见了，学校哪里去了？

后来，为了降低这方面的威胁，人们开始使用灰泥或石膏涂在稻草墙的外面，就像给原来的稻草房子穿上了一件"外衣"，这样，就能保证房屋不会被牛群吃掉了。进入20世纪，稻草建筑物在沙丘地带仍很常见，但是再也不会有饥饿的牛群来啃食了。

到了20世纪50年代，由于科学技术的飞速发展，商品化生产的建筑材料已变得十分易于获取，用稻草修建房屋的做法越来越罕见了。不过，如今稻草屋又重新流行起来了。现在的人们喜欢稻草屋的原因和当年的移民者差别不大：稻草屋具有良好的保温性能、独特的建筑风格，而且价格低廉，可以就地取材。

在中国的东北地区，这种稻草屋还是很常见的，不过人们只用稻草来做房顶，房屋的墙壁是用掺杂了碎稻草的黄泥砌成的。厚厚的墙，足足有一米厚，住在里面，密不透风，冬天不冷，夏天不热。用厨房里的大铁锅炒起菜来，做什么都特别有味道。每到春节时，人们就会找来旧报纸，或者是白纸，把屋里的墙糊上一层，让屋子里焕然一新，这就是当时的东北特色。

现在，随着旅游业的兴起，东北的一些乡村景区，也开始走复古的路线。一幢幢新建的稻草屋，还是当年的打扮。游客们坐在热乎乎的炕头上，品尝各种各样的农家菜，也别有一番乐趣呢。

别具特色的
谷仓

随着社会生产力的进步，人们剩余的粮食越来越多，所以要有一个专门的地方来存放粮食，这就是谷仓。

在早期，人类追逐着水草丰美的地方居住。所以只会在特定的地方，暂时定居一段时间。在一个区域放牧到一定程度之后，这些游牧民族就会迁徙，去寻找其他的地方。而随着农耕发明的发展，人们依靠种植农作物，收获了许多的粮食，多余的粮食就要有一个地方保存起来。另外，人们仍然需要一个四季都可以稳定提供粮食的方法，所以人们便开始想办法要保存这些季节性的谷物，留下来慢慢食用。这就是谷仓必须出现的理由。

谷仓这个词笔画少，这种建筑的结构也一样简单，只是一个有盖的房子。正因为它这么普通，我们常常会忽略它的存在。其实，这种起源于古代的建筑物也有着丰富多彩的历史。人们猜想，最初的谷仓可能只是一个简陋的畜棚。夜晚的

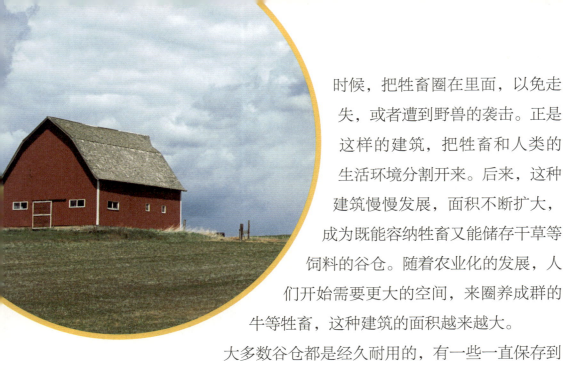

时候，把牲畜圈在里面，以免走失，或者遭到野兽的袭击。正是这样的建筑，把牲畜和人类的生活环境分割开来。后来，这种建筑慢慢发展，面积不断扩大，成为既能容纳牲畜又能储存干草等饲料的谷仓。随着农业化的发展，人们开始需要更大的空间，来圈养成群的牛等牲畜，这种建筑的面积越来越大。

大多数谷仓都是经久耐用的，有一些一直保存到现在。有些谷仓甚至建造于几百年之前，如英国埃塞克斯郡克莱辛圣殿的大麦谷仓。这座谷仓是在 12 世纪由圣殿骑士团建造的，如今依然屹立不倒，是世间公认的最佳木结构谷仓之一。

在美国人眼中，谷仓的形象是这样的：因为含氧化铁的红色颜料廉价易得而被涂成红色的壁板、白色的装饰，以及可储存干草的复折式屋顶。这种普通的谷仓在美国中西部和西部地区十分常见，因此，人们也把它们称作牧场谷仓。在许多常见的插图和照片中都曾出现过这种标志性建筑。

美国还存在许多其他类型的谷仓，包括荷兰式谷仓、圆形谷仓和芬兰式原木谷仓。人们建造哪一种类型的谷仓，不仅仅是由世代相传的生活方式决定的，在一些特殊的地方，地形因素也影响了谷仓的建造方式。例如，斜坡谷仓就巧妙地利用了斜坡的地理优势。人们将这种双层式谷仓建造在山坡上，上下两层可共用一个地面入口。

此外，也有一些谷仓通常是为了储存特定的农作物而建造的，例如苹果谷仓、水稻谷仓和啤酒花谷仓等。这些谷仓内部，有一些锥形筒仓。其中，最具美国特色的是烟草谷仓，有特殊的通风设备和覆盖板，把烟草存放在里边，能够缩短烟草植株宽大叶片的干燥过程。

不同地区的谷仓也有着各自独特的风格。如中国新疆地区有一种专门用来晾干葡萄的谷仓。这种谷仓一般建筑在葡萄沟较高的坡地上，这样吹进房子里的风才会更大更猛些。它的结构特别简单，墙壁全都是用土坯砌成的。不过，它的墙壁上留了许多的孔洞来通风。这种谷仓中最多的就是木架子和木钩，人们把葡萄挂在木钩上，装满整个屋子后把门关严。在从气孔吹出来的干热空气中，葡萄本身的水分就会快速蒸发掉。40 天以后，新鲜的葡萄就变成美味可口的葡萄干了。

晾葡萄干的谷仓

4 庇护居所

    在建造庇护所时，早期人类的选择十分有限。他们需要将手头仅有的材料打造成某种形式的房屋，这需要相当程度的想象力和智慧。草、泥土、洞穴、废弃的结构，都可能被利用。20世纪，交通运输的发展使大多数人可以获得充足的建筑材料，而工业社会的发展则带来大量建造预制住房的浪潮。不过，在一些地方，人们仍然保持着祖先世代流传下来的朴素居住方式，他们选择在原先房屋的基础上进行改善。

建筑，是用结构来表达思想的科学性的艺术。
——弗兰克·劳埃德·赖特（美国建筑师，1867—1959）

隐藏在地下的房子
——洞穴

人类刚开始诞生时，对于住所，并没有选择的权利。天然的山洞，能够遮风挡雨，便是最好的家。

洞穴，作为人类最古老的家，自从人类诞生的那一天起，就成为人们天然的庇护所。在早期人类生活中，饥饿、寒冷和猛兽，都是人们的敌人。人们也一直在寻找一处能够让自己安身立命的地方。在偶然的机会，人们发现了天然的洞穴。人们躲在里面，能够遮风挡雨，也能避免猛兽的伤害，于是，洞穴变成了人类早期的居所之一。

那么，这种天然的洞穴是怎样形成的呢？众所周知，并不是所有地方都有洞穴。能够形成岩溶洞穴的地方，一般要满足两个条件，即水和可溶性的石灰岩。水会渗入岩体，对岩体进行溶蚀，从而在地下形成一些空间。随着时间

的推移，洞里的空间不断扩大，等到上方的岩石无法承重的时候，就会形成塌方，出现很大的空间。坍塌下来的物体随着水流被带出。周而复始，便形成了天然的洞穴。

卡帕多西亚地区位于土耳其安纳托利亚高原的中央地带，拥有无数拔地而起、状如石笋的小山峰，以及常年风化的特殊地貌。这里生活着一代又一代的穴居居民。但是，人们并不住在这些奇特岩层构造之间的土地上，而是住在岩层内部的山洞里。由于史前火山的喷发，形成了一种名叫凝灰岩的软岩，常年不断的流水和风，将其雕琢成一个个蜿蜒曲折的孔道。凝灰岩易受侵蚀的特性，也使得人们可以根据自己的需求将洞穴挖成自己想要的形状，来进行洞穴生活。

卡帕多西亚地区

人们在这片土地上开始穴居生活的历史非常悠久。4世纪，为躲避罗马人的迫害，一些基督教徒来到卡帕多西亚。他们将石山凿空，建造修道院和住所，在卡帕多西亚建立了一个修道社群。

后来，教徒们向下挖得更深，形成了一个地下城镇，保护他们不受阿拉伯入侵者的侵扰。这是一个相当不错的计谋：入

卡帕多西亚地下城

卡帕多西亚的蜂窝状洞穴

侵者来到这里，发现这片区域空无一人，从而以为人们都逃走了。然而这些入侵者不知道的是，他们的目标其实悄悄地藏在地下，生活在地下建筑群里，那里存有足够维持人们生活数周之久的物资。

有些隐秘的地下城市可以容纳数千人，在地下延伸8层，设有通过秘密通道相连的地下生活区、马厩、仓库和教堂等。直到20世纪，这些地下城市仍可提供舒适的居住环境，有不少人依然住在那里。现在，卡帕多西亚的蜂窝状洞穴居所也是联合国评定的世界文化遗产之一。

中国最早的《山海经》和《神农本草经》中也有关于岩溶洞穴的记载，讲述了洞穴成因，说明古代的中国人民早就对洞穴有了深入的研究。在隋唐之前，就有不少洞穴成了游人参观、探险的景点。明代伟大的地理学家、旅行家徐霞客是中国洞穴探险的第一人，他曾探查的岩溶洞穴多达300多个！现在，随着科学技术的高度发展，国内外的洞穴探险活动越来越多，人们成功探测了一批勘查难度很大的巨型洞穴，取得了不少成果。

随着科技的进步，还会有越来越多的岩溶洞穴被发现、探测和开发，前景值得我们期待。

窑洞里的生活

在有些地方，人们还在通过自己开凿岩石，或用废弃的工业矿井改造等方式，建造穴居住宅。自20世纪初以来，澳大利亚南澳大利亚州库伯佩迪的居民，还在一个古老的蛋白石矿洞中建造他们的居所。而在中国，在陕西省境内的黄土高原，人们已经在窑洞里生活了数千年。今天，这些窑洞里仍然居住着数百万人。那里的黄土非常结实，适合开掘山洞，住在里面，冬暖夏凉，十分舒适。

四处移动的 蒙古包

圆圆的房子是什么？答案是蒙古包。

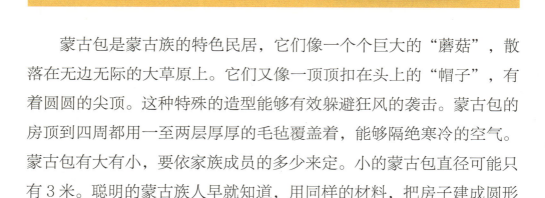

　　蒙古包是蒙古族的特色民居，它们像一个个巨大的"蘑菇"，散落在无边无际的大草原上。它们又像一顶顶扣在头上的"帽子"，有着圆圆的尖顶。这种特殊的造型能够有效躲避狂风的袭击。蒙古包的房顶到四周都用一至两层厚厚的毛毡覆盖着，能够隔绝寒冷的空气。蒙古包有大有小，要依家族成员的多少来定。小的蒙古包直径可能只有3米。聪明的蒙古族人早就知道，用同样的材料，把房子建成圆形

的，里面的空间才最大化。蒙古包看起来外形虽小，但包内使用面积却很大，而且室内空气流通，光线特别好，冬暖夏凉，不怕风吹雨打，非常适合居住。

蒙古族是一个游牧民族，以放牧牛羊为生，他们要随着季节的变化，不断转移草场放牧，逐水草而居。这就意味着，无论是什么季节，他们都需要做好随时迁徙的准备。对于他们来说，搬家是很平常的。蒙古包只需要几个小时就能完成拆卸和重新搭建，且搬家时可以由牦牛、马或驴驮着带走。住在这种房子里，无论一年搬几次家，也不显得麻烦。因此对蒙古族来说，下至普通牧民，上至王公贵族，都以蒙古包为家。几千年来，这种圆柱尖顶形的便携式帐篷，一直是中亚大草原上游牧民族的居所。蒙古包是高效、可移动的简易住所。在搭建时，人们只需要将羊毛毡牢牢地固定在有弹性的木制框架上就完成了。蒙古包上所用毛毡，通常由牧民自己畜养的牲畜的毛编织而成。蒙古包圆柱尖顶形的建筑形制，能帮助人们抵御草原上四面八方、经久不息的大风。

13 世纪初，元太祖成吉思汗在一个蒙古族特有形制的蒙古包中掌控着偌大的蒙古帝国。那个建筑是一个可移动的小型宅邸，由 22 头牛拉着，有骑兵和步兵在一旁日夜守卫，可以说是世界上最简陋的王宫了。

那蒙古包内的布局是什么样的呢？在蒙古包里的中央部位，一般会安放一个半米多高的大火炉，这既是人们烹饪的地方，也能从中心向四周传递热量，为整个蒙古包供暖。目前世界上最大的木质结构无柱蒙古包位于中国的内蒙古自治区。这座蒙古包由多名民间手工艺人联手制作，面积有 346 平方米，能同时容纳 1000 人。

如今在中国，随着游牧习俗的改变，很多蒙古族人不再四处迁徙，而是定居在砖瓦房或楼房里。人们只有在那些旅游区才能见到传统意义上的蒙古包了。

不过，中亚地区，包括哈萨克斯坦和蒙古国的游牧民族仍然离不开这些便携的居所。除此之外，一些西方国家的高端野营用品商店中也会出售一些豪华版的蒙古包，作为探险旅行的装备之一。

无论怎么说，走到哪里，都能带着房子，四海为家，是人们智慧的体现。

蒙古包内部

漂浮的
水上住宅

你能想象住在水面上会是什么感受吗？

在伊拉克，有一个地方居住着马丹人，又称沼泽阿拉伯人，他们已经在水上生活了 5000 多年。沼泽阿拉伯人在底格里斯河和幼发拉底河的汇合处，建造了独特的水上芦苇屋。这些外表像篮子一样的房屋，半是支撑半是漂浮，建造在沼泽中的小岛上。岛上遍地泥泞，长满芦苇样的灯芯草，建筑时，取材特别方便。如果精心打理，这样的芦苇屋可以居住 25 年以上。然而，这些可以长久居住的芦苇屋，却遭到了人为的毁灭性打击。在 19 世纪末期，灌溉系统的修建导致湿地面积缩小，战乱也使得大量芦苇屋被烧毁。20

沼泽阿拉伯人的芦苇屋

世纪后，局势逐渐稳定，一些堤坝也被拆毁，这里的湿地重新获得了河水的滋养。尽管生态系统发生了很大变化，野生动物的种群急剧减少，但还是有一小部分沼泽阿拉伯人回到这里，重新建起芦苇屋。

几个世纪之前，在世界另一端的秘鲁，居住在的的喀喀湖畔的乌鲁人也利用芦苇制造房屋，在湖中定居。由于受到外族入侵的威胁，乌鲁人放弃了原来的湖边居所。在他们认为相对安全的湖心建造了可以居住的水上岛屿。他们将长长的芦苇编织起来，建造了一座座人工浮岛。在接下来的几百年间，他们过着与世隔绝的生活，靠打鱼捕鸟为生。现在，仍有一群乌鲁人居住在湖中的几个浮岛上，并依靠旅游业来赚钱，贴补家用。

水上房屋至今仍然存在，因此算不上是历史遗迹。随着时代的发展，现代船屋也从简朴走向奢华，它既是现代人们猎奇的目标，

荷兰阿姆斯特丹的船屋

也仍然作为一些民族的生活方式保留下来。仅在荷兰的阿姆斯特丹就有至少 2500 艘船屋。

荷兰，作为欧洲的低地国家，受限于地理位置，不得不长年累月地与水共处。于是，荷兰人也积累了丰富的水上建筑经验。荷兰知名

建筑师科恩·奥瑟斯还开办了"水上建筑事务所"，曾设计了水上学校、公园、公路和住房等多种建筑物，并为水上建筑工程的开展扫清了很多技术障碍。

如今的水上住宅已经完全脱离了居住的需要，而是人们一种休闲方式的选择。这些房屋的结构更完整，样式也更多、更加精美。虽然大小不同，名字各异，如独门独院的水上别墅、聚众而成的水上旅馆、容纳全家人的水上休闲度假屋，等等。这些漂浮的水上建筑物极大地满足了人们多样化的旅游需要。只要是有水的地方，常常就有这些水上建筑物的身影。时下，人们对水的亲近是一种对自然的追求，并且水上居住也给人们带来与岸上生活截然不同的另一番感受，所以，有许多人不远千里前来享受水上生活的乐趣。

马来西亚海岛度假水屋酒店

拥抱自然
——草皮房

住在草皮房里，似乎与大自然融为了一体。可不是嘛，这房子还会自然生长呢！

　　1862 年，美国颁布了一项最新的法律——《宅地法》，规定人们只要在一块地皮上建造了自己的房子，就可以拥有房屋周围的土地。这一项规定吸引了许多拓荒者，他们纷纷前往美国西部，想要通过建筑房屋获得一片属于自己的土地。可是来到了这片土地上，人们才知道，要想在这样的地方建筑房屋，可不是容易的事情。

冰岛南部的传统草皮住宅

　　实际上，想在大草原上建造房屋，寻求美好的生活，最大的阻碍就是建筑材料的稀缺。人们也想要动工，可是一望无际的草原中没有一块木材或石材，那该怎么办呢？聪明的人们开始就地取材，决定用手头最丰富的资源建造房屋，那就是草原上的草皮。只不过，麻烦又来了。草原中草皮的根紧紧地连在一起，并不像人们想象的那样脆弱。由于根系发达、紧绷密集，草皮形成了一块极其强劲有力又很灵活的"垫子"。于是，人们花费了很大的力气，先把草皮从地上挖起来，再把这些坚韧的草皮切割成宽大的砖块，并按一定顺序铺设，形成了一堵"草皮墙"，然后再搭建成草皮房。一般来说，草皮房的平面尺寸不超过 4.8 米 ×6 米。

丹麦法罗群岛的草皮屋顶房

而草皮砖内部仍然存活的根系将继续缠绕生长，使墙壁和屋顶的强度持续增强。

当然了，与一些移民者留下的精致的新英格兰隔板墙房子相比，草皮房是相当简陋的。但草皮砖墙却足够厚实，可以在严酷的草原气候下保持室内的干燥舒适，让居民们安然度过寒冬和酷暑。草皮房也有很多缺点，比如经常会落下灰尘，有老鼠和蛇等在墙里打洞，以及屋顶被雨水长时间浸泡后或在冰雪消融期间很容易坍塌。

随着生活越来越富裕，人们开始建造起框架式的住房。不过草皮房仍然保留了下来。现在的人们已经有了成熟的经验，能够很快就搭建成一座草皮房。坚固厚实的草皮房往往会被当作谷仓等使用。一些地区的人们对草皮房十分钟情，现在也喜欢住在草皮房里呢。

稻壳也能盖房子

　　稻米被包裹在坚硬、富含硅质的稻壳中。稻壳是不可食用的，在水稻收割后便被机器去除掉，剩下的稻壳可以用来做饲料，喂养一些牲畜和家禽。日本人将稻壳混合打成糊状，做成砖块，用来建造稻壳房屋。稻壳是一种重要的农副产品，可用于制作绝缘材料、复合建筑材料甚至汽车轮胎。

俄罗斯乡间别墅 ——达恰

在俄罗斯的乡村，随处可见一种叫作"达恰"的小别墅，那里成为当下人们休闲避暑的好地方。

在俄罗斯辽阔的乡间土地上，随处可见一座座造型别致的小木屋：有的装饰豪华，有着很深厚的现代风格；有的非常简陋，仅能遮风挡雨。但无一例外的是，小木屋都独自坐落在一片土地当中，离周围其他人的住宅远远的。这是俄罗斯风格的一种简易的乡间别墅，也是人们夏天避暑的居所，叫作"达恰"。

"达恰"的本意是"给予"。这种建筑的历史，可追溯到俄罗斯帝国皇帝彼得大帝统治时期。当时，彼得大帝把圣彼得堡郊区成片的土地赠予有功劳的大臣。后来，人们就在自己的领地内修建了小别墅，用于避暑，同时，这里也是当时贵族们举办各种聚会的地方。19世纪，达恰的性质发生了改变，成为俄罗斯有钱人的城郊疗养所，也成了一种身

普通的达恰小木屋

71

份和地位的象征。有钱的人们可以在夏天逃离炎热、拥挤的城市，在僻静的乡野环境中度过一段惬意时光。

20世纪50年代，由于战后严重的粮食短缺，苏联政府将小块土地分配给人们，作为他们自给自足的作物园地。人们利用部分土地建起木屋，剩余的地则被用来种植作物。来到这里的人们在土地上辛勤地劳作，以获得足够的食物来抵御漫长的寒冬。这些木屋非常简陋，只是最简单的遮蔽之所，是由人们可以找到的任何木材修建而成的。尽管达恰很简单，却极大激发了人们克服困难、积极生活的勇气。除了是重要的食物来源以外，达恰还曾是莫斯科和圣彼得堡等城市受迫害居民的避难所。

达恰至今仍然是俄罗斯文化中的重要组成部分。现在，由于俄罗斯地广人稀，很多居住在城市中的人们，都在近郊拥有一块地，人们纷纷建起自己喜欢的房子，在院子里栽花种草，种植各种蔬菜和水果，还饲养一些家禽家畜。到了假日，他们就会来到达恰，一边休息，一边从事田间劳作，享受自己的假日生活。据统计，住在大城市的俄罗斯居民，约有60%的家庭都拥有达恰。不过，现在除了传统的木屋形式，人们也开始用重金打造现代别墅，用石块或砖建造大型住宅。住宅区内也不再像过去一样设置用于果腹的菜园，取而代之的是游泳池和草坪等现代化娱乐设施。

古老的
复式公寓

提起复式公寓，你是不是会想到宽敞的窗户和豪华的装潢呢？实际上，最初的复式公寓却是非常简陋的住所。

在每座现代化的大都市里，都林立着许许多多高档的复式公寓。高耸入云的楼房，豪华的室内装修，都给人一种时尚高级的感觉。

如今，人们会觉得时髦的复式公寓很高档，但它最初出现的时候，可跟"繁华"二字沾不上边。早期的复式公寓，不过是废弃工业厂房中一些可以利用的空间而已，既没有人管理，也没有人打扫。一些穷人没有房子住，被逼无奈，来到这里，简单地打扫一下，就可以定居下来。也有些穷困潦倒的艺术家们在成名之前偷偷地来到这里，把这里当作自己的栖居地。这大概是最早的贫民区或者避难所了吧。

在美国，第二次世界大战结束后，人们开始关

废弃的工业厂房

73

注环境保护，尤其是对于污染程度高的大型企业进行治理。一些著名的现代化大工厂，都离开了城市，搬到乡下去了。随着工厂搬到郊区，纽约和其他大城市的制造业开始萎缩，在曼哈顿下城的苏豪区等街区，就留下了一栋栋房门紧闭的大楼。由于这些地段都是老房子，暂时没有被划为住宅用途，但是艺术家们被旧工厂的开放空间和大窗户所吸引，他们搬进来，将厂房内的工具搬了出去，并且将这些空间转变成具有居住和工作功能的工作室。然而，这种行为最初是非法的。因为没有任何人同意他们住在这里，也没有任何法律的约束。当时的地方政府，也没有精力去管理和改造这些老旧的厂房，只好听之任之，让人们随意居住在这里。

废弃厂房内部

如今，这种开放式的极简主义空间的概念紧紧抓住了公众的心。人们也发现了这类空间给居住的人们带来的舒适感受，开始重新修整这些老房子。原房主要将房子收回，或者挪作他用。导致这类地区的房产价格急剧上涨，超出了艺术家的支付能力，他们纷纷被赶了出去。他们的工作室也被一个又一个精品店所取代。还有一些没有人租用的房子，直接被原封不动地改成了复式公寓，租住给更多的人。这种工业厂房向复式公寓的转变，成为整个城区改造的一个重要标志。居住的人口渐渐多了起来，这些老城区渐渐焕发了青春，有了大都市的活力。复式公寓也成为大受欢迎的建筑模式，很多新建的公寓大楼采用了复式架构。然而，人们为了自己的方便，竭尽所能地打造空间的便利性和舒适性，这些公寓却也失去了最初所蕴含的真实性。

5 房屋布局

　　拥有一间属于自己的房子，是一件非常幸福的事。如果这间房子同时满足各种需要，那就再好不过了。房子要有最基础的功能性分区，如厨房、卫生间、卧室等。在世界上不同地区、不同经济水平的社会当中，房子还会带有门廊、车库或阁楼这样的附加设施。更有趣的是，房屋中的某些区域曾在历史上非常重要，却随着时代的发展逐渐失去了原本的意义。例如，人们曾经在前厅处理事务、进行人际交往，然而现在的前厅只具备装饰性和仪式性的作用。

形式由功能而来。
——路易斯·沙利文（美国建筑师，1856—1924）

前厅：
来到这里停一停

在连接门口和里屋的地方，通常都有一个前厅。你知道它都有哪些作用吗？

在中国古代的深宅大院中，都讲究房子有几进，按现代的意思，几进就是有几重院落。对一座宅院来说，从大门开始，第一重是一进，也就是对外的机构。第二重是二进，相当于会客的地方。第三重是三进，这才是人们平时起居的地方。

对于一座房子，也有这样的说法。前厅，即庭院入口，尽管非常不起眼，但是几乎所有的家庭住宅都设有前厅。甚至很多帐篷都拥有一个入口区域，用来穿脱鞋子，防止虫子进入帐篷，并保持帐篷内的温度。一个家庭住宅的前厅是介于入口和内室之间的区域，前厅空间可以

只有门口的擦鞋地垫那么大，也可以更加宽敞。但是无论大小，一般都会存在。

前厅既是一种建筑，同时在不同的文化和传统中，还具有重要的精神内涵。人们认为从外到内的跨越是一种过渡性状态，意味着从孩子到成人、从单身到已婚、从奴隶到自由人、从旁观者到当事人的重大转变。有时，前厅只是一个等候区域，只有人们被邀请前往到另一边时，这种转变或行动才算完成。前厅是开放的，可以直接面向来客开放，让人一目了然，没有任何隐私。

根据不同的需要，不同地方的前厅可大可小，可华丽可朴素。无论如何，它都在向即将进入的人发出信号，表明他们正在进入一个室内空间。私人住宅可能会有一个门厅，供家庭成员放置鞋子、钥匙和背包等物品。而在公共机构中，可能会单独设置一个房间，就在进门的地方，用来陈列奖状、奖杯等，向来客展示自己的最佳面貌，相当于人们脸上的胭脂，给人留下好印象。

有时，住豪宅的人常常会将他们的前厅称为休息室。严格来说，这种叫法并不确切，还有大词小用，往自己脸上贴金的嫌疑。当前厅与书房、客厅或起居室、盥洗室等相连时，称其为休息室才最为恰当。在诸如歌剧院或博物馆这样豪华、开阔的地方，休息室指的是由多个房间组成的综合场所，观众可在此检查随身物品、休息并享用点心。

现在，大多数中国人都把前厅叫作"玄关"，有时还用一个小小的柜子在此处进行隔断，免得一进门来，室内的陈设一览无余。作为居室入口的一个独立区域，专指住宅室内与室外之间的一个过渡空间，也就是进入室内换鞋、更衣或从室内去室外的缓冲空间。在住宅中，玄关虽然面积不大，但使用频率较高，是进出住宅的必经之处。

　　这就是前厅的作用，虽然地方很小，但是作用很大，说法很多，也是不容忽略的地方。

爬上爬下的台阶——楼梯

　　楼梯的存在，为人们跨越垂直距离提供了便利，例如，人们无须使用绳子和滑轮便可往返于住宅中的楼层之间。楼梯通常由脚踏板、支撑物组成，脚踏板之间装有立板，支撑物通常固定在侧边。楼梯的形式多种多样，如螺旋形、交替踏板式以及浮动式楼梯。

家中的办公区
——客厅

我们每个家庭，都会有一个客厅，客厅里的每一个物件，都有着重要的作用。

当人们需要把私人生活和公共生活区分开来时，每一个生活空间就被指定了特定的用途。这种分区的做法，长期以来就一直存在着。在古代文章中，人们曾提到内室和外室，它们有着不同的功能。当你到别人家去做客时，只可以待在外室，一般不是至亲的人，不被邀请时，是不能轻易到内室去的。如果你那样做了，会被视为不礼貌。分区之后，根据自己的需要和区域的主要功能，人们对这些房间进行装饰，还添置了许多必需的家具，让自己生活得更加精致、舒适。

英语的"会客室"（parlor）这个词语来源于法语，意为说话，这正是人们在外室所做的事——与来访的客人交谈，于是会客室也被称

古代中式会客厅

为客厅。有趣的是，在西方，这种房间不是独立的，几乎总是某个建筑物的其中一部分，它是连接其他房间的一个纽带，或者说是一个公共区域。而对于东方人来说，会客室可以是一个完全独立的建筑，即封闭式的。土耳其式的亭子对于西方人来说更像是报刊亭，仅用于获取信息或售卖物品。而在土耳其，这种建筑最初则是一种露台或观景楼，人们可以远离私人空间，在这里进行交谈。

18世纪末和19世纪初期，在英国和法国，客厅变得非常流行。客厅的大小关系于家庭的收入状况，但是无论面积有多小，人们都在客厅接待访客。早期的美国家庭住宅通常不会设置客厅。但是，随着人们生活水平的提高，住宅面积不断扩大，人们对社会礼仪也越发注重起来。一般家庭会在客厅中精心布置一些装饰物，如名贵挂画、精美的针织品、纯银制品等，有的家庭还会摆放一架钢琴。

由于这种房间是封闭性空间，人们将其布置得干净整洁，这里会显得非常正式，所以，当有家人去世后，人们常常会在客厅放置遗体，并举行亲友告别仪式。随着殡仪馆的出现，家庭客厅的功能也发生了一些变化，逐渐演变成供家里人活动的起居室。家人们在客厅中打电话、查看邮件、聊天、看书等，进行各种各样的日常活动，只有需要睡觉时，才会回到自己的卧室。

如今的客厅，既要有沙发和电视等必备用品，还要有一台冷暖空调，来保持客厅的温馨和舒适。

充满烟火气息的
厨房

在家里，你可能不喜欢在厨房里劳动，但是你一定喜欢爸爸妈妈从厨房里端出来的美食吧，那是让你无法抗拒的诱惑。

说到房间，厨房大概称得上是世界上最古老的房间。最初，厨房是人们围绕着火堆烤肉的场所——这个特点从始至终没有改变。在世界各地，厨房都有一个共同特点：人们可以在里面加热食材。人类第一次"修缮房屋"可能就是简单地清理了一下火堆外围的碎屑，然后用石头将其围起来，以便更好地控制火势。这就是最早的厨房，简直不能被称作为"房"！

在古罗马，人们是不允许有自己的厨房的。古罗马人也许在自己的住房里装有取暖炉，但是，除了贵族之外，所有人必须在公共厨房中做饭。在中世纪早期的欧洲，人们在公共厨房中生火做饭，由此产生的烟雾是通过屋顶上的一个洞排放出去的，也就是我们所说的烟囱。这一时期的公共厨房与美国原住民的长屋类似。在早期，人们无论采取何种烹饪方式，都要面临一个问题，那就是如何控制、消除或避免木材燃烧引起的烟雾。由于很多家庭无法将厨房与生活区分隔开，生火做饭所产生的烟雾，常常给人们的生活带来不便。那时，每天做饭时间，人们就过着神仙一样的雾里生活。

人们需要有封闭的炉具，也需要一个封闭的空间，专门生火做饭。19世纪早期，出现了拉姆福德炉、奥伯林炉等炉具，人们用炉子来生火并有效地控制热量传播。先前，厨房里唯一固定的地方就是灶台。灶台可以是开放式的，也可以是用砖瓦围起来。其他的物件如桌子、工作台、碗柜、架子等都是为了方便厨师操作而随意摆放的，可以根据需要进行挪动或移除。

中世纪欧洲厨房

随着封闭式炉具的出现，厨房变得更加干净，人们可以在其中完成更多工作，因此也需要更多的橱柜和抽屉来放置厨房用具。后来，人们开始铺设室内管道，使厨房也具备了专用水槽，人们也为管道包上了外壳。不久之后，家用冰箱出现，人们能够储存更多食材，并对易腐坏食材进行保鲜，因此也需要更多的柜台空间来准备佳肴。这些需求一一实现，造就了我们如今可定制的现代化厨房。整齐的橱柜，与之相搭配的厨房用具，现代化厨房中的一切，都是那么精致而井井有条。

家用冰箱

如果对比一下，你就会发现东西方厨房的一大差异：抽油烟机。西方人烹饪食物，一般使用电烤箱、微波炉等电力炊具，没有明火，油烟少，随便用什么抽油烟机都可将烟吸干净，因此他们的抽油烟机一般是顶吸式的。而按照中国家庭的烹饪习惯，人们大多是开大燃气，大火煎炸，猛火爆炒，会产生大量油烟，所以一般的顶吸式抽油烟机无法满足中国厨房的需要，油烟聚拢效果更好的中式抽油烟机才是人们的首选。

厨房是家中最温馨的地方，因为这里制作出来的每一道饭菜，都带有对家人满满的爱意。

清洁卫生的地方——卫生间

卫生间，是家庭住宅中必备的功能空间。因为人们在生活中，一直离不开吃喝拉撒这几个字。

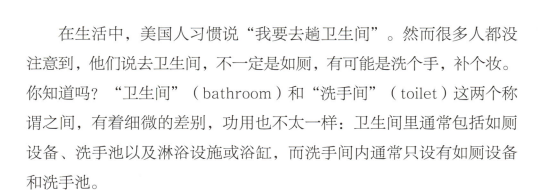

在生活中，美国人习惯说"我要去趟卫生间"。然而很多人都没注意到，他们说去卫生间，不一定是如厕，有可能是洗个手，补个妆。你知道吗？"卫生间"（bathroom）和"洗手间"（toilet）这两个称谓之间，有着细微的差别，功用也不太一样：卫生间里通常包括如厕设备、洗手池以及淋浴设施或浴缸，而洗手间内通常只设有如厕设备和洗手池。

换句话说，卫生间是一处既可以洗澡也可如厕的场所。大多数北美家庭中都设有卫生间，卫生间里设备用具一应俱全。然而，在法国、日本等国家，如厕区域完

古罗马公共浴场

全独立于洗手池和洗澡区域。这样可以隔绝气味和声音，不仅更加卫生，而且也更加文明。

如厕设备是一种固定装置，与建筑物的排污管道相连接，用于排走人体排泄物。在现代西方家庭中，如厕设备通常是由工业陶瓷制成的坐便器，但是在其他一些国家，如厕设备只是相对简陋的蹲坑。

洗澡，往往使人们在清洁了身体后，精神更愉悦。我们常认为古代的欧洲人从不洗澡。实际上，只在文艺复兴时期以及之后的很短一段时期内，欧洲人才不洗澡，这主要是因为人们认为水会传播疾病。这种做法有一定的道理，不过人们很快发现，使用肥皂可以防止疾病的传播，而不是不可以洗澡。然而，由于人们秉持水会传播疾病的理念，这加速了西欧公共浴室的终结，私人浴室从此兴起。在日本和俄罗斯等国家，人们仍然在使用公共浴池。如今在纽约，人们可以光顾俄罗斯浴、土耳其浴、日本浴、韩国浴等各种有民族特色的浴池。在美国，一些零售商通过销售沐浴用品，早已赚了一大笔钱。

隐藏的
地下室

人们在开发利用地面空间的同时，也一直关注着地下的空间。于是，人们将闲置的地下空间开发为地下室。地下室虽然不能住人，但是可以存放大量的物品。

在人类住所中，地窖的使用已有数千年的历史。在中国的东北地区，人们现在还会在冬季用地窖来贮存白菜、土豆和大萝卜。尽管地表温度达到 −30℃以下，可保存在地窖里的蔬菜却不会受到冻害。在美国，"地下室"一词是近些年才出现的。第二次世界大战之后，人们完成了许多新的小城镇建设，如纽约长岛著名的莱维敦郊区城镇。城镇中的房屋，主要由混凝土板建造而成，没有地下室。在这些郊区开发项目中，一些开发项目会更加关注建筑物外表的宏伟壮观，所以，这些新建的房屋，无一例外，都缺乏储藏空间。

后来，在郊区，人们通常使用混凝土

地下室储物架上的罐头食品

板来搭建地下室，这些混凝土板位于用作房屋地基的混凝土板之上。在此之前，美国的一些家庭，也可能会建造出一个地窖，通常是在地下挖一个洞，留出足够的储物空间。在洞顶，用粗大的大梁加固，然后盖上防寒的材料，洞内便可用来储存罐头等食物。它的另一个作用，就是在飓风肆虐的时候，让亲朋好友前来避难。

20世纪，人们开始使用地下室，而且随着战后经济的复苏和文化积累，地下室成了一种价值更大的储藏空间。人们购买自行车、雪橇、运动器材和其他业余爱好需要用到的装备后，以及从亲朋好友那里收到生活物品时，都需要一个足够大的储藏空间。

地下室洗衣房

此外，现代化生活设施不断增加，热水器、暖气、洗衣设备，还有其他大件生活用品都需要占用很大空间。有了地下室，人们就不用担心过多的物品会给他们的日常生活带来任何不便。

然而，人们很快发现，地下室也存在一定问题。由于暖空气上升，地下室通常比住宅的其他部分要更加阴凉，同时也意味着更加潮湿。霉菌在这种阴凉潮湿的环境中能够快速生长，会损坏存放在那里的东西，人们在进入地下室时还会因此出现过敏和呼吸问题。在地下室中，排水故障也时常发生，会导致漏水和下水道反味等问题。

如今的地下室，也有了更新的用途，可以做成地下商场，也可以用来停车， 这都是对土地资源的合理利用。

地下停车场

6 家装元素

　　即使最简陋的土坯房，也会拥有一扇门。为了公共目的，人们统一设计建筑外形，单独定制各个房间，满足个性化需求。在设计房间时，人们很早就发现，房间的空间布局需要与人体协调，否则这个空间就不能被人们很好地利用。门把手可以帮助人们更便利地用手开关门，室内照明设备可以让人们在太阳落山之后也能看清四周，采暖或制冷设备可以使封闭的空间变得更加适合居住。人们不断通过在房子中加入各种家装元素，来提升居住品质。随着室内活动的增多，家装元素也日益影响着人类文明的步伐。

建筑是研究如何浪费空间的艺术。
——菲利普·约翰逊（美国建筑师、建筑理论家，1906—2005）

宽敞明亮的
玻璃窗

想象一下，如果没有玻璃窗户，人类的房屋会是什么样子呢？住在这样的房子里面，从早到晚黑乎乎的，你能忍受得了吗？

在学会制造玻璃之前，人们就已在自然界中发现了天然玻璃。天然玻璃分为两种：一种是细长管状的雷击石，沙子被闪电击中时就会形成这种物质；另一种是黑曜石，这是一种在火山爆发后形成的黑色玻璃。在早期人类的文明中，人们经常使用黑曜石来制作刀具、箭头和珠宝。到现在，人类制造和使用玻璃的历史，长达数千年。

雷击石

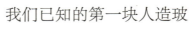

我们已知的第一块人造玻璃的历史可以追溯到公元前 2500 年左右，据说它是由古巴比伦人制造出来的。不过，还有一种说法也广为流传：3000 多年前，一群欧洲腓尼基商人的船搁浅了，船上载着的全是大块大块的晶体矿物"天然苏打"，于是船员们使用几块"天然苏打"在沙滩上支起大锅来做饭。

黑曜石

酒足饭饱准备撤退的时候，他们发现锅下面的沙地上有一些发光发亮的石头！原来，天然苏打在火焰的作用下，与沙滩上的石英砂发生化学反应，就形成了玻璃。后来，腓尼基人运用这个方法制作了许多玻璃球，还靠这个发了一笔大财。这也就是最早的人造玻璃。

公元前50年左右，腓尼基人又发明了玻璃吹制技术。艺术家们可以将玻璃加工成各种形状。几个世纪以来，人们通过玻璃吹制技术创造出了各式各样精美的玻璃器皿。

17世纪，铸造工艺得到发展，玻璃有了更加广泛的应用。不过，人们仍然没有办法制造出一块光滑均匀、薄片状的玻璃窗。那时应用比较普遍的，是彩色玻璃窗，如中世纪的教堂使用的就是彩色玻璃窗，给教堂带来了神秘的感觉。这种玻璃的制作方法相对容易一些，玻璃工人不需要吹制多个玻璃窗格，而是使用较小的玻璃碎片来拼成各种花式图案。

19世纪早期，窗户玻璃被称为"皇冠玻璃"。工人通常会先吹出一个玻璃泡，然后多次旋转，直到表面变得足够平整光滑，用这种方法

教堂里的彩色玻璃窗

制作的玻璃片中间会留下一个皇冠形状的凹槽，所以叫作"皇冠玻璃"。后来，取代皇冠玻璃的是一种圆柱形玻璃，它在被压平后制成玻璃窗。

19世纪40年代，人们通过铸造大量熔融玻璃，制成平板玻璃，待玻璃冷却后，再将两面都进行抛光处理。

到了19世纪后期，人们发明了一种机械化工艺，开始量化生产玻璃，普通百姓也能够用得起玻璃窗了。直到这时，这种宽敞明亮的玻璃，才广泛地应用在房屋中，为人们带来了光明。

现在的玻璃，已经被广泛应用于各种建筑物和交通工具中，用来隔风透光。玻璃属于混合物，人们在制作玻璃的材料中，混入某些金属的氧化物或者盐类，可制作成有色玻璃，而通过物理或者化学方法，可制得钢化玻璃等。人们还会把一种高分子透明材料称作"有机玻璃"。

玻璃幕墙

如今的玻璃家族，有了更多的成员加盟，玻璃的作用也越来越广泛，不久的将来，更多的新型玻璃也会纷纷登场亮相，展现在人们面前。

小发明，大作用
——门把手

如果有人问你，门上最不能缺少的是什么？你一定会脱口而出——门把手。

世界上先有了门，然后才有门把手。换句话说，门把手作为一件不起眼的小配件，其历史是随着人们的生活变化而发展的。早期，开门十分容易，直接用手推开，用钥匙打开。由于当时的门不一样，打开的方式也各不相同。用一根绕在门闩上的短绳，就能从里面把门关上。人们还可以将门折叠起来或滑动到一侧等。

1878年，奥斯本·多尔西"发明"门把手之前，门闩、把手和其他门配件已经在世界范围内使用了好几个世纪。

尽管在殖民地时期，美国人就开始使用圆形或椭圆形的门把手了，但是直到多尔西在美

国申请了门把手专利，才改变了大多数美国人开门、关门的方式。多尔西发明的是一种压缩铸造工艺，利用这种工艺生产出的门把手外观华丽、型号统一，制作过程更加方便快捷。20世纪初，人们将滚珠轴承安装在旋钮手柄上，门把手的转动因此也更加平稳顺滑。

大多数门把手直径约5厘米，由旋钮、手柄和轴承组成。而且大多数门把手里面都安装了锁具，这是自19世纪晚期，引入钢锁机械加工技术以来的又一发明。如今，按钮式门把手是一种常见的锁式门把手，它是通过门把手中心的按钮控制螺栓，进而控制弹簧锁的。

门把手大多样式简单，外观朴素。但是在不同时期，一些精致华丽的门把手也曾风靡一时。19世纪中期，出现了一种玻璃门把手，这种门把手特别精致，是一种非常有趣的收藏品。

外观精致华丽的门把手并不会影响它的功能，同样地，一些外观简单朴素的门把手，也可能易于损坏。相比于外观设计，工程技术对门把手的功能影响更大。门把手采用平稳顺滑的轴承机制和结实耐用的材料，让人们进出门时更加方便，而且门把手不易被破坏的特点，也确保了财物的安全。

如今的门把手，不仅仅是安装在房门上，在各种需要开关的家具、交通工具上，也得到了广泛使用。甚至就连玻璃窗户上，也能看到它们的身影。一句话来说，只要有门的地方，就有门把手。

汽车上的门把手

钥匙和锁

在人类的生活中，锁的存在已达 4000 年之久。人们使用锁来保护财产，如房屋建筑、车辆和各种围护结构等都会用到锁具。1848 年，美国人莱纳斯·耶尔发明了现代锁，这至今仍是一种高质量的锁具，得到了美国大多数家庭的使用。

门上的放大镜
——猫眼

如果你一个人在家里，有人在敲门，你会怎么做呢？是不是通过门上的猫眼，先看看来者是谁呢？

窥视孔，又叫门镜、猫眼，能保护人们的隐私。不过，在历史上，窥视孔最重要的用途之一是保护人们不受他人侵犯。一扇坚固的门形成了一道屏障，对于小家来说，能够防止不法分子进入屋子偷盗财物，或侵害人身安全；对于国家或地区来说，则能防范敌人侵犯我们的主权与领土。当敲门声意外响起时，人们在开门之前，往往需要知道是谁站在门的另一边，然后决定是不是打开房门。

早期的门可能只是由树枝或兽皮组成的一道简单屏障，并没有为人们提供多少安全保障。因此，人类开始尝试制造更加坚固耐用的门。后来，人们用沉重的石头做门，门的顶部和底部装有枢轴，用于开关门。这种石头门，过于沉重，使用起来非常不方便。虽然可以有效地阻止外来的入侵者进入，但是也为自身使用带来不便。后来出现的各种门，都是优劣参半，没有一种是让人们完全满意的。容易打开的门，则很难关上。透光的门，能看见门外的人，也容易暴露门里的自己。

窥视孔的出现，让门不仅可以做到坚固耐用，而且防护性更强。最初，窥视孔可能只是门上的一条裂缝。然而，人们不久便意识到，烟火、毒物、箭矢等危险的东西可能会通过这条缝进入室内，对人们造成伤害。于是，聪明的人们在门上割出了一个可以打开和关闭的小孔，用来窥视外部情况，这个小孔和人眼的位置一样高。可是，如果门外的人确实来者不善的话，当小孔被打开时，屋里的人们依然无法避免遭受伤害。

门上开一扇窗，或许是个好主意。但是，如果人们不想让访客知道门后是否有人，那该怎么做？答案是门上的窥视孔，也就是门镜。通过这种装置，人们可以在不被察觉的前提下，看到是谁在外面按门铃。外面的人即使把眼睛贴在门镜上，也看不见屋里的人。

窥视孔由一块凹透镜和一块凸透镜组成。凹透镜能让室外的人或

凸凹透镜

物形成一个正立缩小的像，这个像经过凸透镜后会变成一个放大的正立的像，此时传到门内人们的眼睛中，就可以将门外的情况看得清清楚楚了。

我们从室内通过门镜向外看时，能看清门外视场角约为120度范围内的所有景象，而从门外通过门镜却无法看到室内的任何东西。如果在自家大门上装上它，那么对于房屋的防盗和安全，能发挥相当大的作用。

装在门上的电话——门铃

长期以来，人们在拜访他人时，常常通过敲击、拍打屋门或晃动铃铛来表示自己到门前了。在不同的地方，人们采取的方式也不一样。1831 年，美国杰出的科学家约瑟夫·亨利研究发明了电动门铃，也就是我们现在所使用的这种门铃。

沙发里面有什么

　　沙发是每一个家庭必备的家居用品。沙发的样式不同、材料各异，但共同的一点是都需要大量的填充物，这样沙发坐起来才会更加舒适。现代沙发内部通常会填充一些合成泡沫、棉絮、羽毛，或三者的混合物。棉絮可以用棉花、羊毛、聚酯纤维或其混合物制成，能防止泡沫滑动引起的沙发变形。人们购买沙发时，都希望沙发坐起来能像羽绒般柔软舒适。但由于羽绒很容易变形，经常需要进一步处理，大多数制造商都会用它来包裹泡沫内芯。在古典家具中，人们经常使用马尾毛和马鬃毛代替羽毛。

为你精准报时
——时钟

在生活中，我们每天都要知道时间，用时间来管理自己的活动。那么，在人们没有发明时钟以前，又是靠什么来了解时间的呢？

时钟，主要用于测量时间，是人类最古老的一项发明。有了时钟以后，人们就开始使用时钟来测量、记录生活中发生的相关事件，如人的生老病死、季节的变化、某一活动或状况的持续时间等。一些事物的发展过程比较简单，很容易被量化，另一些则稍显麻烦，无法精准地记录。早期的人类在面对这些事件时，一直想着要进行理解。例如，人们想要计算从白天到晚上这一变化的具体情况，并提出了这样的疑问：我们是如何从白天来到晚上的呢？如果不使用时间和时间测量相关的术语，将会很难回答这个问题。此时，你会发现时间这个概念，对于人类思维来说有多么重要。

如果想要记录时间的

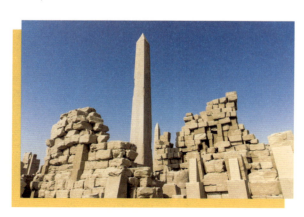

古埃及方尖碑

变化，最古老的工具就是日晷。大约公元前3500年，古埃及人使用了巨大的方尖碑来作为日晷。其晷面是一个排列着线条的圆盘，当阳光照射到碑身上时，人们就可以根据其影子落到哪一线条上来分辨出当时的时间是早上还是上午，中午还是下午。由于这种日晷离不开太阳，只有在阳光灿烂的时候才能够工作，所以到了晚上或其他没有太阳的时候，我们就无法使用

航海天文钟

这种工具来测量时间了。另一个重要的计时工具是古埃及的水钟，也就是漏壶，它会以稳定的速度，不断滴下水滴，人们可以用水量的多少来标记时间推移的长短。与日晷相比，水钟不受昼夜更替和天气的影响，局限性较小。

经过不断的探索，人们在14世纪发明了一种机械时钟，但是早期的机械时钟并不精确。人们发明机械时钟，并不是为了能够准时参加会议这么简单。当时，研制精确的航海天文时钟是一件极其严肃的事情，英国政府为此设置了丰厚的奖项。在航海途中，时钟越精确，人们就越能准确地计算出航船所处的经度位置，进而准确把握航船在地球上的位置，及时调整方向，向着目的地前进。

古人在时间测量方面取得的显著进步和创新成就，直到现在，也没有被后人超越。例如，古希腊人曾将一年分成12个等分时间段，并将其称为"月"。这个词跟月球有关，表示月球经历一段完整的周期性变化所需要的时间。在更早之前，古埃及人和古巴比伦人，就把一天平均分成24个时间段，并称之为"时"。

在中国古代，人们把一昼夜平均分成十二等份，即十二时辰，

每个时辰相当于现在的两个小时。在夜晚，还用"更"来表示时间，一夜共有五更，一更有两个小时。

从晚上七时到九时是一更；九时到十一时，是二更；十一时到凌晨一时，是三更，有一个词叫"半夜三更"指的就是这段时间；凌晨一时到三时，是四更；凌晨三时到五时，是五更，这时，天基本上就亮了。

戴在手腕上的钟表

从 17 世纪起，人们就开始使用钟表。但是，当时的钟表体积很大，是放在口袋中的，并不能佩戴在手腕上。人类历史上第一种专门佩戴在手腕上的手表出现于 1904 年，那是法国一位著名的钟表制造商为他的好朋友设计的，收到礼物的这位幸运儿是一位巴西的航空先驱。这款手表的表盘呈方形，可以用一条皮质的表带固定在手腕上。后来，20 世纪初，第一批具有袖珍机械装置的手表开始大规模生产。

从历史走向今天——时钟的历史

　　我们无法确切地知道，人类是什么时候、用什么方法开始记录时间的，但那应该在很早就开始了。因为地球上日升月落、暑往寒来、生老病死等种种规律变化，定然会引起人们去研究它，并且把它们记录下来。人们对于神秘的大自然一直有着浓厚的兴趣。然而，人们花了数千年的时间，才能做到准确一致地记录时间。这并不是因为人们无法弄清自然界运行的规律，而是因为技术创新无法跟上先前获得的知识。即使是现在，人们最初发明的计时器具，包括水钟和日晷，在一定程度上都是非常精确的计时器。出于提高计时准确性的需求，人们不断改进计时方法，设计出了各种计时工具，使人们在茫茫的大海上航行时，都能够保持时间准确和一致。这样，无论人们处于地球上的哪个位置，都不会迷失方向。后来，人们花费了相当长的时间，不断创新突破，才可以大规模地生产时钟，让时钟成为人们工作和生活中重要的工具。除此之外，通过时钟，我们还可以了解人们记录时间的历史进程。

**史前
棍子的影子**

在晴天里，人们在地上插上一根棍子，并在棍子周围做上标记，通过太阳照射棍子投射下的影子位置，来确定一天中不同的时刻。从日出到中午，棍子的影子逐渐变短，从中午到日落，棍子的影子逐渐变长。

**公元前 2000 年
日晷**

这是一种简单的影子时钟。日晷的指针与地面呈一定角度，提高了计时的准确性。在文艺复兴时期，如图中所示的黄铜日晷广泛应用于欧洲国家。

**1500 年
怀表**

你知道吗？最早的怀表实际上是佩戴在脖子上的。由于体积太大，怀表无法装进口袋。16 世纪末期，人们进行了改进，小巧、有外壳的怀表开始出现。人们携带特别方便，能轻易地揣在怀里，所以叫怀表。

**1800 年
落地式摆钟**

大多数落地式摆钟依靠钟摆的力量来驱动指针持续行走。在每个整点、半点时，钟声都会敲响，几点整就会响几声，半点时响一声。

200 年
沙漏

　　在人类的记载中，使用沙漏的历史始于 1300 年。但是，据说埃及亚历山大城的人们在 3 世纪时就随身携带着小型的沙漏来当作计时器。

1200 年
机械时钟

　　早期的机械时钟依靠水、落锤或齿轮等作为动力来运转。阿拉伯发明家进行了诸多创新改进，部分原因或许是他们需要按时做礼拜。

1980 年
数字时钟

　　现代数字时钟对于有钟表识别障碍的人们来说十分便利，因为无需分辨指针的位置，只需按照正确的顺序读出屏幕上的数字即可。

7 家用电器

    如今，冰箱、洗衣机等家用电器几乎家家都有，是我们生活中不可或缺的一部分。然而，在缺吃少穿、生产力低下的年代，这些电器并不像食物和住所一样是生活中的必需品。本章所介绍的电器具有重大的意义，它们的出现让人们的生活更加便利。在厨房集成灶出现以前，人们在烹饪过程中难以控制火源，常常面临着火灾的威胁。在洗碗机出现以前，人们必须用手清洁餐具，把餐具拿到最近的水源边清洗，甚至还用沙子来擦拭干净。而随着科技的发展，这些电器也在不断改进和升级。

科学的唯一目的，在于减轻人类生存的艰辛。
——布莱希特（民主德国戏剧家、诗人，1898—1956）

冷热自如的
空调

为什么空调既可以吹冷风，又能够吹热风呢？

想象一下，在一个炎热潮湿的夏日，如果没有空调，路上堵车，你被困在车里，仪表盘上并没有雪花标志——你没有空调！这样，你会不会汗如雨下呢？

对于很多人来说，这种情况难以忍受。如今，空调出现在人们生活中的各个地方，在汽车、家里、办公室、学校、超市等各种场所，给人们带来舒适的生活环境。

风塔

那么在空调发明之前，人们又是怎样调节温度的呢？首先，人们修建房屋的方式不同，利用建筑物的独特结构来保温或者散热。在过去，人们修建门廊、高高的屋顶和宽阔的屋檐，可以让低处的热空气上升到高处，最后散发出去。此外，古罗马人会在建筑物墙壁上，设置一种水循环系统，中国人设计了水力风扇轮，波斯人设置了蓄水池和风塔，中世纪的埃及人则依靠通风机来加强空气的流动，继而调节温度。在炎热的天气里，人们总是会想方设法追求凉爽的生活环境。

1820年，英国科学家迈克尔·法拉第发现，压缩的液化氨在蒸发时可以使周围的空气冷却，这一发现加速了人们研究空调的脚步。1842年，在美国佛罗里达州的阿巴拉契科拉，约翰·戈里医生成功根据压缩空气之后膨胀制冷的方法，发明了世界上第一台制冷机，为一个疟疾病房带来了凉风。

"空调"这个词语，是斯图尔特·W.克拉默在1906年创造的。克拉默是美国北卡罗来纳州夏洛特市的纺织品制造商。他在谈论某些生产工序时，总习惯使用"水调节"一词——这也是一种使机器快速冷却的方法。除了冷却和通风，克拉默还想要控制室内空气的湿度，这与空调发明者威利斯·卡里尔的想法如出一辙，这也是迈向现代空调技术的重要一步。随后，汽车空调和家用空调相继出现，彻底改变了人们的生活方式。

一般来说，空调使用的制冷剂是氟利昂。氟利昂由气态变为液态时，释放大量的热量；而由液态转变为气态时，会吸收大量的热量。空调就是根据这个原理而设计的。空调中的空气压缩机能把气态的制冷剂进行压缩，然后送到室外机散热，成为常温高压的液态制冷剂，所以室外机吹出来的是热风，室内机吹出来的是冷风。反过来也一样，室外机吹的是冷风，室内吹的是热风。

　　如今，各式各样的空调被安装在各种公共场所，也进入了寻常百姓家。空调不仅能在炎热的夏季，为人们提供凉爽的环境，也能在天气寒冷的冬季，为人们带来春天般的温暖。

从无到有——空调的历史

　　现代空调的高效制冷功能，要归功于美国工程师威利斯·卡里尔。1902 年，卡里尔专门为美国纽约布鲁克林区的萨克特·威廉斯印刷出版公司，制造了一台空气调节设备（简称空调设备）。这台设备的冷却管可以冷却空气，并将室内湿度降低到 55%。这项新产品一问世，就受到了人们的喜爱，卡里尔的发明获得了巨大的成功。1914 年，空调首次用于家用住宅，被安装在美国明尼苏达州明尼阿波利斯市查尔斯·盖茨的住宅内。1922 年，卡里尔进行了两项改进：使用新的冷却剂替换了管道中的氨，并增设了一台中央压缩机，使整个机组体积更小。当他将空调卖给电影院后，人们纷纷来到电影院躲避暑气，因此电影院更加受人欢迎了。不久之后，空调就迅速普及开来，人们在办公楼、百货公司等许多地方都安装了空调设备。

从抱团取暖到
中央供暖

火坑、煤炉、通风炉……人们为了取暖都进行了哪些努力？

数千年来，"中央供暖"仅仅意味着人们围绕着房子中间的火堆来取暖。擅长发明事物的古罗马人早已发明了导水管并建立了管道系统。公元 100 年，他们又设计出一种火坑供暖系统，使用地板下和墙壁后设置的火炉加热空气，并输送到需要取暖的房间。在同一时期的韩国，人们使用一种叫作"温突"的暖炕来取暖，这是一种中央供暖系统，工作原理如同古罗马人的热炕：利用炉子产生的多余热量来供暖。

18 世纪，欧洲工程师发现水可以用来导热。密封的水循环系统与蒸汽相结合，提供了相当稳定的热量来源，这种方式最早应用于为温室供暖。

在美国，人们在家取暖时，

一直以来主要依靠燃烧木材。直到19世纪末，煤炭成了人们的首选燃料。1885年，美国人戴夫·伦诺克斯发明了通过对流工作的煤炉——通过燃煤烧热地下室里的锅炉，把热水或蒸汽输送进廉价的铸铁散热器。20世纪中期，人们将电风扇添加到整个家庭管道系统中来，使炉子加热的空气可以更高效地传输。

以燃气和燃油为燃料的强制通风炉发明紧随其后，人们因此可以不用再生火、搬运煤块，也不用再将肮脏且占用空间的煤仓放在地下室了。如今，在美国，大多数家庭使用燃气炉来取暖，而少数家庭使用燃油炉取暖。在气候较温暖的地区，热泵是人们的最佳选择——既可用于供暖也可用于制冷。由于燃气炉比其他炉子的效率更高，而且随着人们对家庭供暖和制冷方式、对环境影响的日益关注，越来越多的人开始考虑使用燃气炉。

天然气挂炉

现在，功能强大的中央空调，真正实现了中央供暖供冷的新设想。一机在室，让你冷热随心：想要多凉爽，就有多凉爽；想要多温暖，就有多温暖，真正实现了冷热自由。中央空调还可以四季运行：夏季，制冷机组运行，实现冷调节；冬季，冷机配合热源共同使用，可以实现冬季采暖；在春秋两季可以用新风系统直接送风，不仅节能，而且十分舒适。

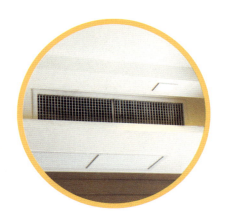

中央空调

集中采暖系统

集中采暖系统，不仅仅是为一个或多个房间供暖，而是为整座房子供暖。从古罗马加热空气的热炕，到俄罗斯的热水供暖系统，再到英国的蒸汽供暖系统，供暖的方式不断发展变化，越来越好。现在，美国的许多家庭，通常会使用热泵供暖。

保鲜好帮手
——冰箱

在中国的北方地区，一到冬天，天地之间就仿佛是一个天然的大冰箱，食物放多久也不会坏掉。可是在夏天呢，就要借助真正的冰箱了。

相对于冷暖空调来说，冰箱的功能就显得弱了一点儿。因为它只能制冷，不能制热。冰箱能为人们提供一个长期低温的空间，让食物保鲜更久。

家用冰箱对人们生活方式的影响之大超出了我们的想象。如果拿走厨房的炉子，人们还可以用烤架直接在火上烹饪食物。如果取走洗碗机，在水池中清洗锅碗瓢盆，人们也还可以接受。但是，如果离开冰箱，人们储存易腐食材的能力将大大下降。没有了冰箱，人们每天都需要采购新鲜食材，或者一次性购买大量不易腐烂的食材，还需要重新学习食品保存的技术，比如罐装、腌制和风干等。在中国很多地方，至今还保存着制作腊肉、腊鱼等腊味的习惯，这是一

种贮存食材的好方法。人们把这些易坏的食材加上盐，腌制得咸咸的，再放到通风处风干，这样食物才能得到长期保存，而不是会变质。

很久以前，为了在天气变热时给食物降温，使其易于保存、保鲜，人们不得不收集和贮存冰雪。储藏冰雪的地方被称为冰室，人们将冰室建在湖泊附近，便于随时取用新鲜的冰块。冰室就是家用冰箱的前身。冰室内通常有中空的金属内衬墙，冰室顶部有一个专门用来放置大冰块的空间。在冰室中，冰块每天都在慢慢融化，融化后的水会汇入一口大锅中。有人专门负责管理冰室，他们需要及时替换冰块，并且清空锅中的水。

在介绍现代机械冰箱的出现之前，有一点值得一提：与大多数食物保存方法不同，储存在冰箱中的食材的味道，并不会发生改变。传统的腌制、风干、熏制、罐装等加工方式，虽然可行，但是也会影响食材本身的口感和味道，而冰箱冷藏后的食材，味道却不会发生变化。尽管如此，冰箱的普及还是经历了很长一段时间，这是因为冰箱的制造成本高昂，并且其中的制冷剂还含有有毒的化学物质。19世纪，第一台冰箱问世，但是主要应用于商业领域，用来保存一些需要低温保存的东西，并没有走入寻常百姓家。20世纪20年代，家用冰箱开始被人们广泛使用。这种冰箱使用二氧化硫或甲酸甲酯作为制冷剂，包含一台圆形的压缩机，位于柜体的上方。到了20世纪30年代，有毒的化学物质已经被氟利昂所取代，冰箱价格也有所下降——新一代的冰箱开始上市。

　　炎炎夏日，回到家里，从冰箱里取出一罐还冒着凉气的冷饮，那种感觉，是不是非常惬意呢？

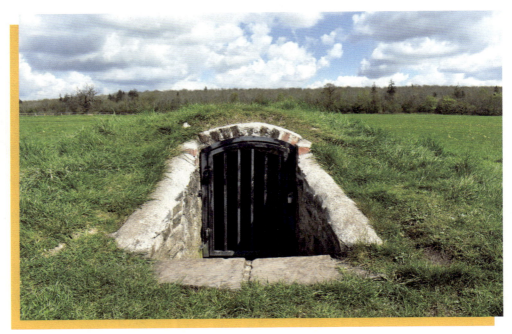

古代冰室

功能强大的 厨房集成灶

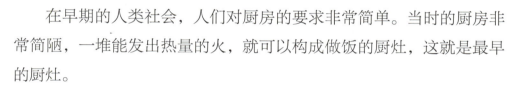

烹饪是一种神奇的魔法，每道菜都有自己的做法，单单一口锅可远远不够。有没有一种设备能包揽所有烹饪呢？

在早期的人类社会，人们对厨房的要求非常简单。当时的厨房非常简陋，一堆能发出热量的火，就可以构成做饭的厨灶，这就是最早的厨灶。

18世纪，由于用炉火做饭会产生大量烟雾，人们感到很苦恼，开始研究并改进炉具，使其更科学合理。同时，人们也发现，建造一个由烟囱通风的半封闭式火炉，远比用风扇扇走呛人的黑烟，要更加实际、有效。于是，人们使用重型铸铁，打造出了半封闭的金属火炉，排烟效果非常好。后来，天然气和电力取代煤炭成为新的烹饪能源，

金属炉具也开始发生一些变化。

发展到现在，厨房设备产品越来越多，分工越来越细，功能也越来越强大。厨房集成灶就是厨房中的巨无霸，它是一个集灶具、烤箱、抽油烟机、橱柜等功能为一体的厨房设备。

顾名思义，厨房集成灶这种设备集成了各种灶具的优点，并且有各种不同的分区，可供人们同时进行不同形式的食物烹饪。在灶台上，人们可以煎炸、炖煮、烹炒食物。在烤箱中，人们可以烘烤食物。一些现代化的厨房集成灶，甚至还包括微波炉。此外，还有一些其他类型的设备，比如英国有一款炉灶，可持续供热：燃气灶始终处于运行状态，不同区域可加热到不同的温度，来烹饪不同的食材。这样，人们就可以在煮茶的同时，烹调其他菜肴。

集成灶的灶具使用燃气或电力作为能源。不过，许多专业厨师在烹饪食材时，更喜欢用燃气灶，而非电焰灶。在过去的几十年中，存在一种有趣的趋势：人们喜欢在自己家中，安装专业级别的厨房集成灶。夸张的是，有些集成灶甚至配有6至8只炉灶，相当于酒店后厨的灶具了。

　　厨房集成灶，在行业里也叫作环保灶或集成环保灶。它一机多能，能有效节省厨房空间，抽油烟效果特别好，还有节能、低耗、环保等优点。一般的集成灶吸油率达到95%。油烟吸净率越高，质量越好。有些知名品牌的集成灶，油烟吸净率达到了99.95%的极限指标。

灰尘克星
——吸尘器

当你扫地时，最头痛的一定不是那些大件垃圾，而是无处不在又四处乱飞的"不听话"的灰尘！

在吸尘器诞生以前，在一些影视剧中，我们可以看到人们通常使用一种自制的"地毯拍打器"——一种用藤条或竹子制作的长柄拍子，来清洁地毯上的灰尘和碎屑。在冬季寒冷的气候条件下，人们往往喜欢在地板上铺上地毯，来保持脚下的温暖。人们可以使用扫帚清扫地板，但是，对于厚厚的羊毛地毯来说，即使是异常结实的扫帚，也无法穿透地毯细小的纤维，对躲藏在里面的灰尘进行细致的清理，把它们一网打尽。

多少年来，人们想了好多办法，来和这些藏在地毯纤维中的"坏家伙"进行战斗。20 世纪早期，人们发明了地毯清洁器，还有工业用的多管吸尘机。但是，这样大型的机器，只能应用于宽大的厂房。随着更多的人家搬入小

20 世纪早期的吸尘器

房子和公寓，人们需要一种更加简单有效的工具来清理地毯中的尘土。后来，经过不断的研究，詹姆斯·默里·斯潘格勒发明出了这样一种工具——小型家用吸尘器。让人惊讶的是，斯潘格勒并不是什么伟大的科学家，他只是一名百货公司的看门人。1907 年，斯潘格勒使用一台旧风扇的马达，一个简易的肥皂箱，还有一把扫帚柄，组装了一台便携式真空吸尘器，这就是人类历史上最早的一台吸尘器。一年后，斯潘格勒对他的设计进行了一系列改进和完善，并最终成功获得专利。此后不久，他将这项专利转让给皮革制品制造商威廉·胡佛。

接下来的故事大家都知道了。在美国，胡佛（Hoover）已成为室内清洁机的知名品牌，胡佛电动吸尘器成了真空吸尘器的代名词。胡佛吸尘器推出的第一款吸尘器型号是"O"型，其最引人瞩目的特点正如它的广告语一样：清扫的同时也在敲打着节拍。

胡佛在最初获得了极高的品牌知名度，但是随后，一系列竞争品牌纷纷出现。品牌竞争意味着，这些真空吸尘器公司每年都需要推出一些新功能、提高功率水平、改进安全机制研发新技术等，来吸引消费者购买最新型号的机器。例如，美国知名机器人公司 iRobot 生产的一款 Roomba 扫地机器人，这是一款自动操作的机器人式电动吸尘器，外观看上去像是一只厚厚的超大尺寸的飞盘。

然而，即便是智能扫地机器人，也不能够抬起地毯或清理高处的蜘蛛网。在短期内，人们还是无法完全脱离手动操作，但是，吸尘器将来一定会实现完全自动化。

古老的扫帚

扫帚是一种古老的清洁工具，底部有着坚硬的簇状刷毛。人们通常用扫帚来清扫木地板或瓷砖地板等平整表面的杂物、灰尘。多少年来，扫帚一直在默默地为人服务，直到《哈利·波特》系列小说风靡世界，给扫帚赋予了新的功能——它成了巫师们最常用的"交通工具"。这真是有趣极了！

厨房里的机器人 ——洗碗机

如果被问到最讨厌的家务是什么，我猜大部分人会选择洗碗。

几千年来，人们都是手动洗碗的。清洗锅碗瓢盆，是厨房所有活计中，最没有技术含量的部分。比起制作美食，洗碗这项工作参与的人越多，完成的速度就越快。

然而，无论是在过去还是现在，人们在清洗碗盘时往往都会显得笨手笨脚，因为这项工作需要人们时刻集中注意力。只要你一不小心，就会打碎这些易碎的瓷器。想想吧，在满是肥皂水、光滑盘子和玻璃杯等的水池中，各种器皿很容易相互碰撞，人们不经意间就可能

会打碎它们。这个问题也困扰着生活在19世纪末期的约瑟芬·加里斯·科克伦。她发现，家里使用的精美的骨质瓷器常常在清洗时被不小心打碎，这简直让她无法忍受。于是，不喜欢洗碗的科

克伦决定发明一台机器来代替人的双手，来完成这项工作。

科克伦有发明家的血统和发明创造的天赋，她是蒸汽船的发明者——约翰·菲奇的外孙女。对工程设计并不陌生的她很快就制作出一台机器的原型。

当碗盘被机器中上下喷射的水柱冲击清洗时，机器中的架子可以将其固定不动。1886年，科克伦获得了该机器的专利。在1893年美国芝加哥哥伦布纪念博览会上，科克伦发明的这种机器惊艳了世人的眼球。科克伦为自己的设备申请了专利，并将设备销售给更多商店。最终，她创办了凯膳怡公司，该公司后来被惠而浦公司收购。

在美国，直到20世纪50年代，家用洗碗机才开始普及。20世纪70年代，大多数家庭都安装了洗碗机。洗碗机的外观，通常是牛油果绿色或金色，来搭配其他家用电器的颜色。

洗碗机已实现了全自动，操作简单方便，只需要发送命令，它就会一丝不苟地按照设定的程序完成全部的任务，而且永不知疲倦。它的问世，为那些不爱洗碗的人提供了很大的方便。有了它，人们的双手就再也不用泡在满是洗洁精的洗碗水里了。

更让人惊喜的是，除了清洗餐具，洗碗机还可以洗蔬菜和水果，甚至还能起到消毒柜的作用呢！

万物有来源

人人都爱的
美容与健康

③

高朗文化　编著

花山文艺出版社

河北·石家庄

目录
Contents

美发
产品

3

4

常见
药品

1 清洁用品

　　从古至今，人类清洁身体都是一件相当重要的事情。我们每天早上起床第一件事就是上厕所，清空身体里的垃圾，然后就是洗脸刷牙、美容化妆。而对男性来说，还有必不可少的刮胡子。由此，我们开启崭新的一天，让自己的每一天都生活得整洁又精致。无论什么时代，人类对身体的照顾一直贯穿着生活的始终，这也体现着人类文明的发展进步。

　　清洁仅次于圣洁。

———弗兰西斯·培根（英国哲学家，1561—1626）

清洁利器
——肥皂

为什么肥皂涂在身上滑溜溜的，
冲洗过后身体反而更加洁净清爽呢？

人类清洁身体或许是出于本能，所以千百年来，一直延续着清洁的习惯。早在公元前 2000 年，小亚细亚半岛的赫梯人就曾用水和肥皂草的草灰来清洁身体。我们无从得知他们这样做的具体原因，或许是古人在洗澡时一不小心，忽然跌倒在草木灰里，弄得满身是灰，急忙冲洗干净后竟然有了意想不到的收获。其实，肥皂草中含有一种叫作皂角苷的天然清洁剂，此外在肥皂草以及其他一些植物燃烧后的草灰中，还含有一种叫作碱的可溶性盐，也同样具有清洁作用。当赫梯人发现这些植物的草灰具有去除污垢的性质之后，便开始把草灰当作清洁剂来清洗身体。

不过，真正的肥皂出现于公元前 600 年左右，这要归功于地中海

地区的航海民族腓尼基人。腓尼基人在不了解化学原理的情况下，把草灰、水和山羊的脂肪混合在一起加热煮沸，并在水蒸发后提取出了一种蜡状物质，这就是最初的肥皂。肥皂就是碳酸钾等碱性物质和脂肪成分在高温下反应所生成的一种乳化物，既有亲水性，又有疏水性。使用时，肥皂分子会附着在任何非水的物质上，比如灰尘。如此一来，灰尘便会不自觉地脱离人的身体或者衣物，悬浮在肥皂水中，继而被冲洗掉。

19 世纪制皂工厂

　　大约在公元 800 年的欧洲，肥皂制造工艺出现，大规模的肥皂生产也成为现实。西班牙便是其中一个知名的肥皂生产地。在这里，制造商的皂化过程与腓尼基人的方法基本相同。不同之处在于，西班牙的制造商除了注重肥皂的实用功能，还开发出新的工艺，向肥皂中添加了各种香味剂和色素。这样肥皂不仅具有清洁功能，同时还有香味，而且色彩斑斓，大大提高了人们的使用体验。可惜，这样的肥皂由于制作成本偏高，只是成为贵族的专宠，并没有被人们大规模使用。18 世纪末，法国化学家路布兰发明了一种从食盐中提取碱性物质的方法，替代了之前用羊脂和草灰煮化的工艺。得益于此，肥皂的价格大幅下跌，成为普通民众可以消费得起的产品，获得大家的喜爱。自此，五花八门的肥皂才源源不断地出现，方便了人们的生活。

美国还有一种象牙漂浮皂，它可以浮在水上，这一奇特性质令其备受欢迎。想想吧，在你洗澡时，身边漂浮着一块肥皂，是多么有趣呀！

可你一定不知道，这项发明源于一个偶然的事件。那是在1879年，美国宝洁公司肥皂厂的一名工人使用搅拌桶时忘记盖盖子，桶内的肥皂原料中混入了大量空气，于是所生产出来的肥皂便产生了空隙，故而不会沉入水中。这个小事故竟使神奇的"漂浮肥皂"意外走红，成了畅销品。漂浮皂的配方也从此作为一种特殊工艺流传至今。

洗涤我们的身体，靠的是肥皂，它可以让我们健康；净化我们的心灵，靠的是学习和教育，它可以让我们成长。

清洁口腔的
牙刷

在人的一生中，牙齿只有两套，特别是换牙以后，保护好牙齿的意义很重大。而帮助我们清洁牙齿的工具，就是牙刷。

现代人已经深深地认识到牙齿与身体健康的重要关系，很早就开始注重牙齿的清洁卫生，以便能够延长牙齿和牙龈的寿命。牙齿健康与否直接影响到我们的饮食习惯、身体健康状况，进而决定我们的生存质量。所以从古至今，讲究牙齿的卫生、维持身体的健康都是一件很重要的事。

早在公元前3500年，人们就开始清洁自己的口腔，只不过古人是"就地取材"，因为当时的他们还不能制造出一种有效的工具。巴比伦人曾使用"嚼木"来擦洗牙齿。在古埃及陵墓中，人们曾发现了公元前3000年的嚼木。嚼木是一

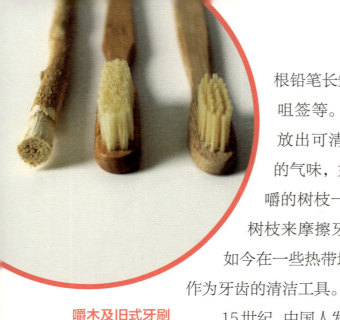

根铅笔长短的树枝，取自可乐树、山柑藤、咀签等。树枝的一端可以被咀嚼，并释放出可清新口气的物质，带有一种芳香的气味，如同我们今天的口香糖。未被咀嚼的树枝一端还可用作牙签。古人用这种树枝来摩擦牙齿，剔除牙齿缝隙中的杂物。如今在一些热带地区，人们仍然在使用这种树枝作为牙齿的清洁工具。

嚼木及旧式牙刷

15世纪，中国人发明了第一支真正意义上的牙刷。刷毛取自西伯利亚猪脖子上的鬃毛，绑在用竹子或骨头制成的把手上。这一利器用来清洁牙齿，别提有多舒服了！因此，猪鬃毛牙刷一经生产，就受到大家的欢迎。大约300年后，猪鬃毛牙刷传到了欧洲。然而，欧洲人使用后却认为这种刷毛太过坚硬，会损伤牙龈。于是他们开始使用较软的马毛牙刷来清洁牙齿，或者只是使用金质或银质牙签来剔剔牙了事。

1728年，法国牙科学先驱皮埃尔·费查出版了一本书。在书中，他建议人们使用天然海绵每天擦拭牙齿和牙龈。这种方法既能很好地清洁牙齿，又不会对牙齿造成伤害。慢慢地，定期清洁牙齿有助于身体健康这种说法开始盛行起来。到了19世纪初，刷牙作为一种生

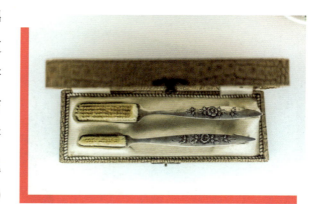

金属柄旧式牙刷

活习惯，已经被人们广泛理解接受。

1938年，美国杜邦公司推出了尼龙牙刷，这又是牙刷发展史上的一项重大突破。这种尼龙刷毛比猪鬃毛更容易固定在刷柄上，不过它依然还是很坚硬。20世纪50年代初，杜邦公司推出了一款更加柔软的尼龙牙刷。

1954年，第一支电动牙刷诞生于瑞士，不过在美国发扬光大。到了1960年，美国市场上开始出现一款叫作"Broxodent"的电动牙刷。

如今的牙刷既有软毛的，也有硬毛的，全凭人们的喜好，你用的是哪一种呢？

电动牙刷

清新芳香的 牙膏

浮石粉、蜗牛壳、蜂蜜、墨鱼，甚至还有尿液……从古至今，清洁口腔的牙膏中还含有什么让我们感到惊奇的物质呢？

人类很早就注意到牙齿对身体的重要性，所以一直在小心翼翼地呵护着牙齿。嚼木产生后不久，人们就发明了原始意义上的牙膏。在发展的历程中，牙膏的材料也在不断进步。

牙粉等清洁用品

公元前2000年，古埃及人就开始把一定量的浮石粉和醋混合在一起，制成柔软的牙膏，并用它来刷牙。虽然浮石可使牙齿变白，但是在刷牙的过程中，浮石也会使坚硬的牙釉质遭受磨损，从而容易导致蛀牙。不过，在接下来的3000年里，这种牙膏也算是足够优秀了，因为人们一直在使用它。

古罗马人曾使用尿液代替牙膏中醋的成分。然而因为尿液中的氨能够达到清洁牙齿的目的，且不会伤害牙齿，现

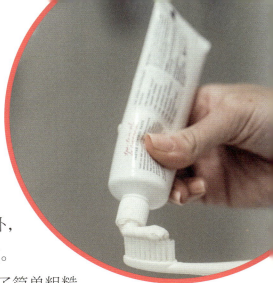

代牙膏中也同样将氨作为主要成分。古罗马人还将尿液当作漱口水，有钱人甚至从葡萄牙进口"漱口水"。除此之外，古希腊人和古罗马人也曾尝试过使用其他物品来作为牙齿清洁剂，比如碎骨粉和贝壳粉。它们的清洁效果也十分明显，此外，在其中添加木炭和树皮粉末还可清新口气。

大约公元1000年，波斯人便意识到了简单粗糙的研磨剂会伤害牙齿。因此，他们把烧过的兽角、压碎的蜗牛壳、松果、燧石，以及蜂蜜按照一定的比例混合起来，制成了柔软的牙膏。中世纪，欧洲理发店的理发师不仅要完成剃须和理发的分内工作，还要承担牙医、外科医生的职责。欧洲人会请理发师将牙齿锉好，并涂上硝酸。硝酸会腐蚀牙釉质，从而达到美白牙齿的功效。不过，经过腐蚀的牙齿的寿命也相当短。后来出现了由砖灰、瓷器和墨鱼等材料制成的牙膏，这种牙膏虽然可以美白牙齿，但是，副作用也很大，同样会影响到牙齿的寿命。

19世纪，英国化学家在牙膏中加入了非研磨性增白剂碳酸氢钠和强化剂锶（sī），副作用大大减轻，于是一种新型牙膏就此问世。这项改进在牙膏的历史上也是一个非常重要的里程碑，这时的牙膏，也就成了人们可以放心使用的好产品。

1802年，意大利那不勒斯的一位医生注意到，虽然有些患者的牙齿上带有污渍，却很少出现蛀牙的情况。于是医生们猜测，这是由于当地水中氟化物浓度过高才导致的结果。一些有识之士也开始对氟进行了深入的研究。到了20世纪40年代，人们彻底了解了氟的特点，开始向饮用水中添加氟化物。1956年，美国宝洁公司首次在牙膏中添加了氟化物，并制作了佳洁士含氟牙膏的广告。

1892年，牙膏开始用软管包装，这是由美国人华盛顿·谢菲尔德博士发明的。而在此之前的牙膏普遍采用罐装的方式。

牙膏和牙刷一样，是牙齿的灵魂伴侣，一直在呵护我们的牙齿。

无微不至的牙线

考古证据显示，史前人类可能使用过牙线。但根据历史资料记载，第一次使用牙线的行为追溯至1815年。当时在美国新奥尔良，牙医利瓦伊·斯皮尔·帕姆利提倡人们使用丝线在牙齿之间摩擦来清洁牙缝。细细的丝线能够穿过狭窄的牙缝，剔除牙缝里的异物，清洗牙齿的作用显而易见。1882年，人们开始大规模生产丝质牙线。20世纪40年代，尼龙牙线问世。

千变万化的
厕纸

厕纸因功能而得名，但实际上并不局限于某一特定类型的纸。从古至今，被当作"厕纸"的物品都有哪些变化？

卫生纸是我们生活中的必需品，可是它的工业化生产之路开启得并不早，对于 150 多年前的人们来说可谓是闻所未闻。纸张用于个人卫生的历史可以追溯到公元 1 世纪。但直到 18 世纪前后，厕纸才开始普及。

在那之前，"厕纸"是被反复使用的。古罗马人将海绵绑在棍子上，用过后放进一桶盐水中洗净，挂起来晾干，就可以再次使用了。而且，这样的工具都是公用的，并没有你我之分。任何趁手的物品都可以被当成"厕纸"，如果有羊毛、棉花或蕾丝带等柔软的东西，那就更好不过了。早期的美国人还会将脱粒后的玉米棒作为如厕道具。虽然又简单又粗糙，可这种如厕道具却被使用了数百年。

脱粒后的玉米棒

事情的转折在于真正的纸张的出现。中国西汉时期，人们已经懂得了用麻造纸。后来，东汉时期的蔡伦大举改进了造纸术，使得纸张生产成本降低，变得更为廉价易得，纸张才真正走进了寻常百姓家。作为中国古代四大发明之一，造纸术极大地促进了人类文明发展的进程，由此产生的纸张不仅在文化传播上功不可没，也对人们的日常生活

旧书纸 产生了重大影响。

随着纸张的广泛普及，人们会在卫生间和户外厕所中备有旧报纸、传单和商品目录等纸张，于是这便成为大量免费的"厕纸"。1857年，美国人约瑟夫·盖耶提发明了首款厕所专用纸，这本应该是大受欢迎的喜事，然而却遭到意外的冷遇。因为有旧报纸、杂志和广告纸等大量的免费厕纸供人们使用，花钱买专用厕纸的这种想法和做法便遭到了大家无情的嘲笑。其实也难怪，当时美国的一些书籍出版商，真的在目录边角处打了许多小孔，正好方便人们挂在厕所当卫生纸，撕下来一点儿都不费力气。当时正是美国家庭卫生的黄金十年，其间诞生的洗碗机和洗衣机把人们从简单的家务劳动中解放出来。与此同时，约瑟夫·盖耶提所倡导的"厕所革命"也同样具有重大的意义。盖耶提还在《科学美国人》发出了一则广告，说自己

发明的厕纸是"这个时代最伟大的发明"。而盖耶提医用纸也成了美国最早的商用卫生纸。

如今，随着生活水平的提高，人们对个人卫生也越来越注重，厕纸成为家庭必备的生活用品。各种各样的厕纸应有尽有，以供不同需求的人们选择使用。

无处不在的
面巾纸

在生活中，面巾纸无处不在，它使我们的生活愈加便利，也给我们无微不至的关怀。

说起面巾纸的发明，你绝对想不到竟然和战争有关。第一次世界大战期间，无情的战火燃烧到大多数国家和地区，危害了人们的生命财产安全。各国人民为了捍卫自己国家的主权，纷纷拿起武器上了战场。每天从战场上抬回的受伤士兵越来越多，医疗用品的需求也越来越大，纱布和绷带更是刚需，在为士兵治疗和包扎伤口中不可或缺。由于当时的纱布和绷带都是棉花制品，这一下子就造成棉花的大量短

医用纱布

缺。为了解决这一问题，人们发明出一种特殊的人造纺织物，叫作纤维棉。它是由木材纤维制成的，吸水能力是棉花的5倍，而且价格便宜得多，为制作外科绷带提供了很大的便利。战争的需要更是拓宽

了纤维棉的市场，许多大公司纷纷开动机器，大量生产这种纤维棉，也赚了一大笔钱。

战争很快结束了，但是许多公司的库房里却还存放着大量的纤维棉。这些材料成了废品，似乎一无用处。美国制造商金佰利公司就是遭遇此困境的公司之一。这该怎么办呢？如果以正常的渠道去销售是没有市场的，必须走出一条不寻常的路。于是，金佰利公司第一次尝试进行重新包装，生产出了一种叫作"舒洁牌手帕纸"的卫生型方巾。纸巾问世后，他们花了大量的钱来宣传产品。在广告中，为其代言的明星会使用这款魅力产品进行面部卸妆，看起来轻松有效，简单方便。经过广告的宣传和商家的引领，人们开始意识到，与其在一段时间内重复使用一条老式毛巾，还不如花65美分来购买一包100张的"面巾纸"来得划算。毕竟这种一次性的纸巾使用特别方便，而且随用随扔，不像毛巾一样，还得定期清洗消毒，否则就会滋生病菌。同时，面巾纸还能被用作一次性手帕。就这样，金佰利公司的面巾纸供不应求，库存的大量纤维棉很快就销售一空。

有了成功的第一步，金佰利公司也在不断研究和改进这种新产品。1921年，金佰利公司将面巾纸装入抽纸盒中进行销售，更易于携带和使用。1930年，公司还为此专门举办了一次大型的试销活动。活动证实，消费者更喜欢使用这种纸巾来擦拭鼻涕。金佰利公司于是进行了新的广告宣传，面巾纸的销售额翻了一倍，公司又大赚了一笔。之后的面巾纸又有了各种各样的新形式、新用途。从包装上看，有大包的，适合家居使用；还有小包的，女士小小的手包就能装下；除了干燥的纸巾，还有湿巾，满足人们的不同需求。

如今，面巾纸的风格和种类也越来越多，从而更好地为人们的生活服务。

婴儿专属湿巾

无纺布一次性湿巾诞生于 20 世纪 70 年代末期。很快，这种湿纸巾便作为一种婴儿清洁用品被推向市场。美国金佰利公司（"舒洁"牌纸巾和"好奇"婴儿纸尿裤的生产商）和宝洁公司（"帮宝适"婴儿纸尿裤的生产商）率先生产出婴儿湿巾产品。随着成本的降低，其他品牌也陆续开始参与这项产品的竞争。

男性离不开的
剃须刀

胡子，既是男性的特质，也是他们的麻烦。因为每天都要剃一遍，要不然，是无法出门见人的。

从古到今，剃胡子一直是男性要面临的问题。尽管有时胡子可以让男性看起来加英俊潇洒，可长时间不去打理的话，就会显得特别邋遢，有失风度。史前时期的壁画和一些考古证据都表明，大约 3 万年前，人类就开始使用锋利的贝壳、燧石、火山玻璃，甚至鲨鱼的牙齿等来剃胡须。想象一下，用这样的硬家伙来刮胡子，会不会有很大的痛苦呢？

其实，在崇尚胡须的时代，胡子也有存在的必要，甚至还会成为男人的骄傲。几千年以来，关于蓄胡须、剃胡须的风尚一直在兴衰交替着。在古埃及文化中，一张光滑干净的脸是身份地位的象征。很明显，那时的人们是不喜欢留

胡子的。在不同的地域和不同的年代中，剃须刀的制作材料也有不同。其他文化中，剃须刀由铜或金制成。古埃及贵族的陪葬品中通常也包括青铜剃须刀。古希腊人和古罗马人还曾将铁矿石锤炼成锋利的剃须工具。这说明，当时，人们是崇尚剃胡须的。公元前6世纪，为了保持士兵的威严形象，古罗马军队规定，所有的士兵必须定期刮胡须。有的女性也拥有自己的剃须刀。不过她们是为了美容。古罗马的女性曾使用剃须刀、镊子或浮石等来去除面部多余的毛发。数百年之后，人们才养成日常剃须的习惯。

一开始，古希腊人和古罗马人对于剃须刀的设计不谋而合——直式剃须刀。这说明文化的确是相通的，连物体的实用功能都是一样的。这种带握柄的单面长剃须刀一直被沿用到19世纪晚期。不过直式剃须刀使用起来比较危险。除非是技术高超的理发师，否则一不小心，很有可能会在皮肤上留下划痕甚至发生割伤。直到18世纪，法国人开始尝试使用安全剃须刀。最初，安全剃须刀带有护套，能够把刀片和人的脸隔离开，有了一段安全距离，可防止皮肤深度割伤。但是，这种带护套的剃须刀不太实用，因为人们需要拆除护套来定期打磨刀刃，以保证刀片锋利。这样太麻烦了。于是人们想出了一个解决办法：缩小刀片尺寸，制作成一次性刀片，用完随手就扔了，省去磨刀片的麻烦。1847年，一位英国人将剃须刀的手柄设计成"T"形，它是所有手柄设计中最简单易用的。这样，人们就可以像使用锄头一样，用剃须刀在脸上拖来拖去刮掉胡须。

在经历了数年的发展后，1903年，美国保险剃须刀发明人和制造商吉列推出了一次性刀片产品，剃须刀的发展由此达到了顶峰。

1910年，电动剃须刀出现并取得不小的成功。1923年，美国陆军军官雅各布·希克设计出一款新型的电动剃须刀。8年后，希克对自己的发明进行了改良调整。改良后的电动剃须刀在市场上销售并取得盈利。1937年，希克去世。那时，他的电动剃须刀已经售出150多万台。

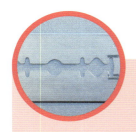

吉列剃须刀

19世纪末期，在美国，有一位名叫金·坎普·吉列的旅行推销员。有一天，他向一位朋友请教发财之道。他的朋友威廉·佩因特曾发明出一种一次性瓶盖，因此，佩因特建议吉列开发出一些需要经常更换的产品。此后多年，吉列到处推销他的一次性剃须刀的创意。后来，麻省理工学院的一位教授同意帮助吉列，利用技术生产出一种廉价、轻薄的一次性钢制刀片。吉列的坚持终于得到了回报。1903年，一次性剃须刀刀片首次问世。到了第一次世界大战时期，吉列的一次性刀片开始流行起来。美国政府与他签订了合同，让其为军队提供剃须刀产品。吉列剃须刀也因此成为世界知名的品牌。

剃须刀伴侣
——剃须膏

对于剃须来说，为什么有了剃须刀还不够，还需要剃须膏的帮忙呢？

剃须刀被发明出来并被广泛使用以后，人们都意识到了一件事实，那就是胡须无法被完全剃干净！早期，古罗马最有经验的理发师都知道，只使用剃须刀是无法完美剃须的。因为人体面部的毛发十分刚硬，要想在不引起疼痛的情况下剃掉它们，需要先有一个打湿和润滑的过程。几百年来，人们使用肥皂和水来完成这项工作。使用肥皂和水可以产生丰富的泡沫，将其涂抹到面部，就能达到保湿效果，还可以让剃须刀在皮肤上移动得更顺滑，便于剃须。

到了19世纪初，专门用于剃须的香皂开始在市场上销售。1840年，弗罗姆和福勒的核桃油军用剃须皂受到人们广泛欢

迎。这种可发泡的皂片有着良好的泡沫黏度和保湿性能，将其放在一个加了水的杯子中，用刷子反复摩擦剃须皂，就能产生丰富的泡沫，把泡沫涂抹在面部就可以开始剃须了。作为剃须刀的黄金搭档，这种剃须皂必须要配一个专用的盒子，走到哪儿带到哪儿，而且它的使用也离不开水。有这么多的限制，剃须皂使用起来很不方便。生活就是这样，有了不方便，人们就会去寻找方便。因此，人们一直在寻找一种更合适的东西。

20世纪初，缅甸剃须膏（Burma-Shave）成功问世，这也是世界上第一款无刷剃须膏，直接用手把剃须膏涂抹在面部就可以了，在使用上给人们带来了极大的便利。20世纪20—60年代，缅甸剃须膏成为家喻户晓的产品，它的广告宣传功不可没。一系列的广告牌矗立在高速公路旁，上面依次印刷了几句朗朗上口的广告词："罪恶的山谷充满着劳碌／你的头发日益光秃／下巴上却布满须胡——请用／缅甸剃须膏。"来来往往的车辆都能看得清清楚楚，也把这种新产品带到四面八方，引起了全世界的关注。

第二次世界大战期间，气溶胶喷雾罐首次出现，并应用在杀虫剂喷洒领域。这个发明引起了人们的思考。于是，1950年，第一只罐装剃须喷雾剂出现了，让人眼前一亮。在这种加压起泡式剃须膏中，大约80%的成分是水，还包括一些肥皂用脂肪，如硬脂酸和甘油等，喷到面部就会立刻形成浓浓的泡沫。简单的操作和良好的效果使其刚一出现，就成了最受欢迎的剃须产品。可是，从20世纪80年代起，人们开始担心气溶胶悬浮微粒会对大气造成污染，因此剃须皂和手工涂抹的剃须膏又再度回归。与气雾泡沫相比，剃须皂产生的泡沫更容易润湿胡须。此外，剃须皂可令剃须过程更加顺滑，剃须效果也更加干净彻底。

世界上的一切发明，都是没有最好，只有更好。剃须膏也一样。

2 美妆产品

　　如今，我们在现代生活中所使用的大多数美容产品，都能在古埃及人、古巴比伦人、古希腊人以及古罗马人的生活中找到一些影子。一般来说，早期的化妆品都含有有毒成分，例如，粉底中的铅和胭脂中的汞都会对人体健康产生危害。因此，早期的化妆师也在努力寻找安全的天然美容产品，而且也进行了许多创意十足的应用。读了这一章的故事，你应该也会好奇，比起今天的无菌化合物眼影，孔雀石粉末和彩虹甲虫壳制成的眼影究竟会有多么生动？

人并不是因为美丽才可爱，而是因为可爱才美丽。
——列夫·尼古拉耶维奇·托尔斯泰（俄国作家，1828—1910）

五彩斑斓的 眼影

涂上了眼影，一双眼睛就像会说话一样，一下子就亮起来了。

千百年来，不管是男性还是女性，无论出于战争、宗教仪式还是美化自身的目的，人们都会使用化妆品来突出自己的形体容貌，或者遮盖身体上的不足之处。

最初，石器时代的男性在狩猎和战斗时，会给自己的身体上涂抹颜色作为伪装，使自己融入周围的环境中，从而不易被敌人或者猎物发现。古埃及的陵墓可以说是人类早期文明实践最为丰富的博物馆，为现在的考古研究呈现出一幅幅真实的历史画卷，帮助人们还原古时候人类生活的事实真相。考古学家从陵墓中发现了古埃及人用的调色板，这个调色板可以用于眼部彩绘涂料和扑面粉末的研磨和调和。这或许是历史上最早的调色板，

古埃及鱼形调色板

可追溯到公元前 6000 年，距今已经有 8000 多年的历史。

在接下来的 2000 年中，化妆成了一门精致的艺术，也有了专门的从业人员。当然，这些专业人士的服务只有贵族才能享受到。眼部作为面部最突出的五官之一，它的修饰尤为重要。人们会画上浓重的眼影以突出眼睛的轮廓。当时的眼影都是由孔雀石粉制成的，绿色的眼影粉最受人们青睐。除了在上下眼皮上涂抹眼影粉，人们还喜欢用眼影粉为睫毛和眉毛染色。这种眼影粉是一种黑色膏状物，由方铅矿、银色的锑（tī）粉、烧焦的杏仁、黏土、赭（zhě）石，以及铜、铁、锰等金属的氧化物混合制成。这么复杂的成分大多数都产自本地，只有金属锑很可能是从古代的波斯和小亚细亚半岛进口而来的，所以尤其昂贵。在储存方面，当时的人们会把这些干燥的化妆品小心存放在雪花石膏制成的小瓶中。

化妆一直是一件精细复杂的工作。过去，女性化妆的复杂程度跟现在相比可以说是有过之而无不及，不仅一点儿也没有简化，甚至更加麻烦。因为那时没有现成的化妆品，人们往往一边制作，一边化妆。先用唾液和动物脂肪湿润化妆品，调和成一定的湿度，再用木制或象牙制的小棒蘸取一点点，均匀地涂抹在面部，然后用手掌轻轻地揉开。古埃及和古希腊的女性会用眼线笔将两条眉毛连在一起，形成一字眉的效果。你可能会觉得眼部发光亮片装饰是现代兴起的新玩意儿，实际上，它可以追溯到古埃及的文化。古埃及人会将彩色的甲虫壳碾碎，制成亮片，并与眼影相搭配使用。怎么样，古人的审美和创意是否令你大吃一惊呢?

当然了,随着时代更迭,化妆品的变化也日新月异。但不管如何演变,人类对美丽的追求亘古不变。

放大双眼的眼影粉

公元前 4000 年,古埃及人曾使用一种叫作"化妆墨"的黑色眼影粉。他们将"化妆墨"刷在睫毛和眉毛上,还会在眼睛周围画上椭圆形的黑色线条,从而使眼睛显得更大。不过除了美观,他们使用眼影也是为了辟邪和保护眼睛。因为古埃及人生活在沙漠环境中,阳光强烈,涂上眼影可以免受眩光困扰。这和如今的运动员在眼睛下方涂抹油彩的目的是一样的。古埃及儿童也会使用眼影粉来防治眼部疾病。

埃及艳后

　　埃及托勒密王朝的最后一位统治者克利奥帕特拉七世被人们称为"埃及艳后"。她出生于公元前 69 年，于公元前 51 年至公元前 30 年间在位执政。克利奥帕特拉七世以独特的个人魅力向我们展示了当时埃及的时尚巅峰。我们可以从克利奥帕特拉七世的画像中看出，她那描绘着浓浓眼线、厚厚眼影的双眼，引人注目的黑色假发以及涂着鲜艳色彩的双唇，都在展现着这位身处高位的女性不仅拥有极大权势，同样拥有着无与伦比的美丽和优雅。在她去世后的几个世纪中，世界各地的女性都在模仿她那华丽的妆容。眼线笔、睫毛膏、腮红、口红和粉底等现代产品的出现都得益于埃及的化妆品生产业。克利奥帕特拉七世的妆容和风格引领了长达数百年的时尚趋势。

水润多彩的
唇膏

在五官中，嘴巴是与外界物质接触最多的了，我们吃饭和说话都离不了它。唇膏的出现，既保护了唇部，又能够为它添彩。

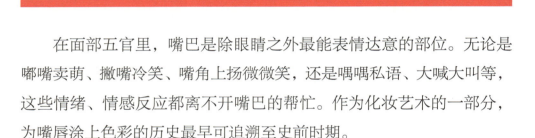

在面部五官里，嘴巴是除眼睛之外最能表情达意的部位。无论是嘟嘴卖萌、撇嘴冷笑、嘴角上扬微微笑，还是喁喁私语、大喊大叫等，这些情绪、情感反应都离不开嘴巴的帮忙。作为化妆艺术的一部分，为嘴唇涂上色彩的历史最早可追溯至史前时期。

最早的唇色颜料之一可能是散沫花。这是一种红色染料，在各个文明古国中都十分常见，也很容易获得。目前出土的最古老的唇膏大概要数来自古巴比伦乌尔城的一种唇彩。这种唇彩由白铅粉制成，它的历史可以追溯至公元前3500年。大约在同一时期，古埃及人使用混有油脂的红赭石来给嘴唇染色。然而，相比于前两者，古希腊人在化妆方面显得节制多了，这大概是因为他们

更加崇尚纯洁朴素的自然躯体审美。

随着意大利文艺复兴运动的兴起，人们使用化妆品也进入了新时代。伊丽莎白时期（1558—1603），英国的女性开始广泛使用粉底、腮红和唇彩等基础化妆品。英国女王伊丽莎白一世以身示范，给自己的嘴唇涂上唇彩并使用蛋清上釉。到了18世纪中期，欧洲人对化妆品的消费已经达到了奢侈的顶峰。人们涂抹嘴唇首选由雌性胭脂虫制成的鲜红色染料和由研碎的熟石膏制成的彩色唇膏。到了维多利亚时期（1837—1901），人们开始抵制涂脂抹粉，化妆品的发展一度停滞不前。直到21世纪前后，演员化妆的现象，重新引起人们对化妆品的关注。

伊丽莎白一世

过去，欧洲的唇膏是装在纸筒中出售的，这种包装容易变形，也不方便携带。1915年左右，人们开始使用金属盒包装唇膏，比起原来的包装有了一些进步。20世纪20年代，法国巴黎人

重新引领起浓艳亮丽的唇色时尚。对于欧美地区日益独立的年轻女性来说，唇膏成了最受青睐的化妆用品。人们的嘴唇一天到晚裸露在外面，时时刻刻在工作也得不到休息，因此更需要水分的滋润和长久的保养，唇膏能长时间地停留在嘴唇表面，还不会渗透进皮下，其中含有的主要成分能够保证唇部皮肤的特殊需要，为双唇紧紧地锁住水分。

现在，市场上的新型唇妆产品包含唇彩、染唇膏或唇部啫喱等，林林总总，纷繁复杂。不过，对于世界各地的女性来说，传统的管状唇膏仍然是化妆品盒里的主打化妆品。

红润的
胭脂

胭脂是一种神奇的化妆品，有了它，再疲惫的脸色也能立刻容光焕发起来。

　　胭脂是人们最早使用的一种化妆品。我们现在提起胭脂，总觉得是女性专属的脂粉产品，可是古时候，胭脂并不是女人的专利，也深受男人的喜爱。古希腊的男性就非常懂得使用化妆品来使自己的脸颊显得红润有光泽。

　　胭脂可以像唇膏一样，涂抹在嘴唇上，也可以当作腮红、粉饼来使用，涂抹在面颊上，特别是脸颊两侧。胭脂的颜色一般都是偏红色的暖色调，能使脸部红润，看起来更加健康，充满活力。胭脂通常由

桑葚、海藻或其他植物制成，并加入红色硫化汞，还用朱砂上色。可是当时的人们并不知道，把胭脂涂抹在嘴唇上时，朱砂可以随之进入体内。具有毒性的朱砂会因此损害使用者的健康。所以那

胭脂树

时候，很多长期化妆的人身体都不太健康，甚至还会出现非自然死亡的现象。当时的人们或许没有想到这与化妆有关系，或许对美的追求更甚于其他，所以，在相当长的时间里，人们对胭脂的使用仍然毫不松懈，胭脂也十分流行。

后来，人们开始使用毒性较低的原料来制作胭脂，只不过不同的国家使用的替代品也各不相同。例如，古希腊人使用的是一种叫作"polderos"的草根。它的外形看起来很像朱草。于是，这种草根也像朱草和散沫花一样，作为从植物中提取的天然红色染料，成为当时为数不多的化妆用品之一。而古罗马人更喜欢使用红赭石或酒渣制成染料，涂抹在脸颊和嘴唇上。

中世纪，由于崇尚自然，人们开始不再热衷化妆，不管男女老少，都是一样的素颜，回归了一种自然美。直到文艺复兴带动了面部修饰艺术的热潮。在伊丽莎白一世时期，化妆的流行风尚慢慢传到了英国。1773年，英国的《女性》杂志中曾写道："只有完美无瑕的胭脂，才能衬托完美的脸色。"20世纪初，随着美国好莱坞偶像的崛起以及两次世界大战带来的变化，胭脂再度回归。这时的人们常常使用胭脂来制造出自然的腮红效果。

如今的胭脂已经成为女性化妆的首选。相信每个女人的香包里，都会藏着自己喜欢的胭脂，无论走到哪里，都会随时拿出来，照着小镜子给自己补补妆。

遮掩瑕疵的
粉底霜

有些人会将女性化妆时涂抹粉底霜比喻成刷墙，虽说有些不太恰当，但是粉底霜真的与颜料有关。

从某种程度上说，粉底霜是妆容的基础。人们化妆的第一步总是为自己的脸涂一层粉底霜，当作外层修饰的基石。有了这层粉底，脸上的肌肤才会显得轻柔自然，为之后的步骤奠定良好的基础。

古希腊女性是最早使用粉底的群体之一。那时的粉底霜和现在的作用相同，都是为了遮盖脸上的瑕疵。和现代人一样，她们将粉底涂在脸上作为基础底妆，再在底妆上面涂抹其他的化妆品。由于粉底霜打底可以衬托出胭脂的美容效果，让皮肤显出均匀的色调，所以深受人们的喜爱。

早期粉底的主要成分是铅白粉，除此之外，还有一种由雪花石膏粉、白垩粉或淀粉制成的、带有香味的白色粉末也深受人们的青睐。

粉底霜纹理质地

铅白粉最初是画家用的颜料，涂抹在画面上能快速干燥，覆盖力特别强，由此表现出来的画面富有层次感，且明亮清晰。也正是因为有这些优点，铅白粉才进入了美妆界，供人们使用。不仅可用于面部，还可涂抹在颈部和胸部使皮肤增白。

不过长期使用含铅化妆品会破坏面部皮肤组织，使皮肤越来越差。不仅如此，铅物质还会进入人体血液，从而危害人体健康。只不过由于这种伤害是渐进式的，经历的过程比较长，变化又非常缓慢，起初的症状并不明显，所以人们都没有意识到。因此，在欧洲地区，使用铅白粉作为粉底霜的化妆手段一直流行到文艺复兴时期。到了英国伊丽莎白一世时期，铅白粉的替代品出现了。其中既有相当昂贵的熊脂，也有价格低廉的猪油、蜂

淀粉

蜜和蜂蜡。这些原料相对无害，都可以用来制作软膏和粉底。

在英国维多利亚时代，朴素自然的妆容回归。欧洲地区的白色粉末化妆品与胭脂、唇膏等化妆品一样，几乎都一起消失了。直到 20 世

纪初才再度回到人们的生活之中。1937 年，波兰化妆品经理蜜丝佛陀先生推出了一款粉饼式粉底，其主要成分为滑石粉和矿物油——也就是现代粉底霜的成分。第二次世界大战期间，英国女性通常使用植物油来调和面部粉底，对人体也是无害的。战后，各个公司开始销售适合不同肤色的粉底霜。

从有毒到无害，从纯白到自然，粉底霜也在向前不断发展，帮助人们追求美丽。

装在粉盒里的"脸部补丁"

许多女性都追求脸部的光洁无瑕。可是，历史上有一段时间，人们偏偏喜欢在脸上贴些小玩意儿。

现代的粉盒是由贴片盒发展得来的。两者大小相似，作用却是完全不同。17世纪和18世纪，欧洲人通常使用饰颜片或点痣来掩盖因天花而形成的面部瑕疵。饰颜片是一些小而精致的星星、月牙和心形的丝绒片，其中一面涂有甘油、鱼胶和明胶，可以粘贴。平时，它们被藏在小盒子里，盒盖上还带有一面小镜子。使用时，才被从盒子里请出来，派上用场。

其实，这种类似的粉盒早就出现了。古希腊人认为脸上有痣能改变命运，于是，他们开始故意在脸上粘贴一点儿小东西，来使自己的脸上"有痣"。这些人为的痣通常都被贴在他们自己喜欢的部位，而且特别显眼，目的就是为了让大家看到，真是没"痣"找"痣"。

到了17世纪，法国宫廷贵族里的男男女女都开始往脸上贴痣。这个时尚就像恶作剧一样，但当时的人们却很认真，甚至一度

脸部贴痣的女性

扩展到社会的各个阶层，在17世纪、18世纪风靡一时。这些痣的材料一般是皮革、塔夫绸或天鹅绒。贴痣的时尚传到世界各国后，有了不同的名称。在最先兴起的法国，人们叫它"苍蝇"。英国人更干脆，直接把它们叫作"补丁"。

脸部补丁最初就像胶布一样，作用就是来遮盖脸上的疤痕和瑕疵。18世纪，画家乔舒亚·雷诺兹在画中展示了这样的补丁。这是一幅描绘英国军人查尔斯·卡思卡特的英雄画像，画中主角脸上的黑色补丁像手指一样大，来遮盖在战场上得到的伤口。这时的脸部补丁正面由天鹅绒制成，背部是树脂做成的黏合剂，可以直接粘在脸上。补丁的形状大部分就是简单的圆点，还有些被切成星星、钻石和月牙的形状。最开始，这种装饰只在法国形成一股潮流。但到了16世纪至17世纪，随着法国在时装、化妆方面逐渐成为欧洲的风向标，在脸上粘贴补丁的时尚也蔓延到其他国家。于是，许多国家的男男女女也纷纷往脸上粘贴黑点。

人们用精美的盒子来盛放这些精致的补丁，并且随身携带。为了大量推销脸部补丁，商家还专门创作了一些歌谣来广而告之："我们的补丁可掩盖你的粉刺和疤痕，它们是游动的星球，是不移的星辰，只要将它们粘贴，那么不用天空，不用星星，你便可以得知自己的命运。"

因为补丁的价钱便宜，所以在 17 世纪和 18 世纪，普通大众都能负担得起这种装饰。当时的杂志也提到贴补丁的审美标准，如女士脸上不能有两个补丁，补丁也不能贴近嘴巴等。直到现在，有些调皮的小女生，也会往脸上贴补丁呢。

面部的痣及其寓意

37

耀眼夺目的 指甲油

现在的指甲油虽然漂亮，却常常伴有刺鼻的味道。那么在过去，从自然中撷取的指甲染色剂是否更加健康美丽呢？

人类涂抹指甲油的历史由来已久。早在公元前 3000 年，中国人就发明了指甲染料。这种染料最初是由蜂蜡、蛋清和植物染料混合在一起制成的，有时，也会在其中添加明胶和阿拉伯树胶。大约公元前 600 年，只有王室和贵族成员才有资格涂染金色和银色的指甲，而普通人是不能使用这两种颜色的。后来，红色和黑色取代了金色和银色，成了指甲油的专属颜色。

古埃及人也曾经使用散沫花和其他天然植物来给指甲染色，不过，

他们的指甲颜色也是尊卑有别的。在古埃及，只有最高阶层的人才能将指甲染成鲜红色。普通人如果敢偷偷地在指甲上涂上红色，会被判刑的。公元前 14 世纪，埃及法老阿肯纳顿的王

后是纳芙蒂蒂，她也是埃及史上最著名的王后之一。传说她不但是古埃及历史中最有权力的女性之一，还拥有令人惊艳的绝世美貌，而她的手指甲和脚指甲则全部都染成了亮闪闪的红宝石色。公元前1世纪，"埃及艳后"克利奥帕特拉七世更加钟情于深红色指甲。受到贵族的影响，当时的普通民众也有涂染指甲的习惯，不过他们的指甲染料颜色都比较浅。

在古巴比伦南部乌尔城的一处王室陵墓中，曾出土了一套公元前2000年的金质修甲工具。这说明在当时，人们也喜欢给自己的指甲做个美容妆饰。另外，在古代的一些国家中，还有一项不成文的规定，也许会令你意想不到。那就是军官们在战斗前，往往要花费很长一段时间来化妆。他们会把自己的头发卷起来，还要在指甲和嘴唇上涂抹搭配的颜色，来达到恐吓敌人的目的。

埃及纳芙蒂蒂王后

19世纪30年代，欧洲化学家发明了硝基纤维素，也就是许多传统指甲油中的必要成分，用处是在指甲表面形成一层薄膜。不过最开始，人们用硝基纤维素是来制作炸药的。当植物纤维中的纤维素与硝酸混合，能够生成一种高度可燃的物质，因此化学家们会用其制作火药棉或者无烟火药。后来，人们又用硝基纤维素制成赛璐珞，在电影胶片和各种硬塑料的制作中发挥着作用。20世纪初期出现的一项创新发明为指甲颜料带来了革命性变化。第一次世界大战后，由于汽车工业的蓬勃发展，人们开发出了多种颜色的硝基漆，用来喷涂各式汽车，增加美观度。硝基漆的出现为现代指甲油的诞生提供了物质准备。20世纪30年代初期，现代指甲油终于诞生了。如今，人们可以选择五颜六色的指甲油，为指甲涂上一层明亮光滑的漆膜。纤长的十指，恰到好处地配上指甲油，就这样变得亮丽生动起来。

小小的指甲，也要美化一下，这说明，人类对美的追求无处不在。

万能的
凡士林

如果罗伯特·切斯堡还活着的话,一定会说:"我早就告诉过你们,凡士林是万能药。"

凡士林原来是石油钻探的副产品之一。后来,有一位名为罗伯特·A.切斯堡的科学家把这些胶状物成功地分离出来,将之命名为凡士林。说起凡士林的发现,还有一个故事呢!

在美国宾夕法尼亚州,有一个木材小镇叫泰特斯维尔。这里的居民很早就知道,他们的小镇地下蕴藏着石油资源。人们喜欢把气味刺鼻的石油装在瓶子中,作为药物使用。也有实验证明,石油还是一种非常容易燃烧的燃料。但是当时,由于科学技术的限制,人们还没有能力从地下开采石油。

1857年,人们使用一台钻井机进行石油开采工作。经过了两年的时间,当这台机器挖掘至地下20多

石油开采

米深时，石油才开始涌出。石油的出现，引起了很大的轰动，切斯堡就是其中受影响的一位。他是一位美国化学家，擅长从鲸鱼脂肪里提取鲸油，而在当时，鲸油是照明用油的主要原料，用途非常广泛。石油的发现并成功开采，让切斯堡失业了。他不甘心失败，也跟着跑到油田去，想看看神奇的石油到底是什么玩意儿。在这里，他很快就发现，有一种被工人们叫作"抽油杆蜡"的东西，就是钻井台边上常见的一种黑乎乎的凝胶。工人们喜欢收集并且把它抹在受伤的皮肤上，据说能加快伤口愈合的速度。切斯堡明显感觉到，这不起眼的东西里面一定藏着一种神秘的物质。他拿了一点儿回去化验，发现这是一种高分子碳氢化合物，在石油里有很多。只要能找到这种物质，就是一项重大的发明。经过试验，切斯堡把它提纯后，得到了一种无色透明的胶状物质，无味，还不溶于水，所有常见的化学物质都不会和它发生化学反应。他故意在自己的手指上划了一刀，然后把这玩意儿抹在伤口上，结果和工人们说的一样，伤口很快愈合了。

切斯堡将德语中表示水的词汇和希腊语中表示橄榄油的词汇结合在一起，把这种产品叫作"凡士林"。1870年，切斯堡向美国专利局申请了专利，并注册了商标。他还成立了一家公司，开始向美国公众销售这种神奇的凝胶。可是，由于没人相信这东西真的有效，根本就没有人愿意买。在没有办法的情况下，作为科学家的切斯堡，带着自己的产品，走街串巷当起了小贩。那时美国大街上有很多卖蛇油的小贩，切斯堡采取了同样的办法，每到一处都亲自表演"真功夫"，就是当着大家的面用刀把自己弄伤，然后涂上凡士林，并向围观群众展示愈合的几天前弄伤的伤口。这个方法果然很有效，凡士林迅速风靡全美国。到了 19 世纪 80 年代末期，凡士林在美国的年销量超过了 50 万罐。

就像切斯堡所推崇的那样，凡士林具有很好的保护皮肤的效果。它近似于蜡，它不会被皮肤吸收，还能在肌肤表面形成一道保护膜，使皮肤的水分不易蒸发散失。而且它极不溶于水，也不会被皮肤吸收，可以长久附着在皮肤上，因此具有很好的保湿效果，十分适合干燥肌肤使用。现在的人们经常把它用作护唇膏和护手霜，并时刻带在身边。

沁人心脾的 香水

如今的香水或芬芳，或浓郁，在时尚界占领了一席之地。可是曾经的人们使用香水却有着各式各样的理由。

香水的英文来自于拉丁文，意思是"穿透烟雾"。不过这个均价十分昂贵的商品，平均每年在美国创造10亿美元交易额的商品，却是起源于8000多年前宗教仪式上的焚香。那时的人们需要定期举行仪式，来祭拜天地和祖先，祈求作物丰收和生活幸福。在仪式上，人们常常要杀死猪、马、牛、羊等牲畜，来献给神灵。同时，人们还会焚烧一些香气浓郁的树胶树脂和木头，以此掩盖动物祭品的气味，用香味来祛除异味。

到了公元前3000年，美索不达米亚的埃及人和苏美尔人用芳香油来防止食物腐烂，还会将其添加到沐浴用品中。人们将萃取的鸢尾、茉莉、风信子、金银花和豆蔻等花的精油，封存在动物油脂或植物油当中，以便

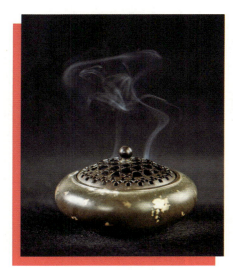

香炉焚香

44

随时取用。这种芳香油的消耗量相当大。当时的埃及北部城市门德斯就是一个重要的香水制造中心。而当地无法生产的一些香水，则从中东地区和希腊岛屿进口。

早在公元前1500年，香水在埃及就已经使用非常普遍了，赫赫有名的艳后克利奥帕特拉七世经常始用15种不同气味的香水洗澡。在她的时代，在公共场所不涂香水是违法的，这也可能是最早把香水纳入法律程序中的女王了。

芳香油

古希腊人追求自然。人们不喜欢化妆，却非常喜欢使用香水。古希腊女性使用的香水种类已经异常丰富。公元前4世纪，一位名叫提奥夫拉斯图斯的古希腊哲学家就记载过香水，在他的著作中有详细的描述："玫瑰香水和紫罗兰香水就是由其对应的花朵制成的。有一种香水叫作苏丝侬，也就是百合香水。这类香水的原料还包括佛手柑薄荷、簇生百里香，以及番红花。"由此可见，当时香水的使用非常普遍，种类也特别多。

古罗马人是从古希腊人那里学会使用香水的。罗马帝国灭亡后，香水在欧洲彻底绝迹了。直到13世纪初，十字军士兵从中东地区把香水重新带回到欧洲大陆，才渐渐发展起来。到了19世纪晚期，人们早已经发现，除了树胶树脂，自然界里有许多天然的香料，乳香、没药、甘松和肉桂是很常见的芳香原料。

后来，人们开始用人造原料自行制造香水。这对喜马拉雅山脉和阿特拉斯山脉中的鹿群，以及分泌龙涎香的抹香鲸来说，真是一件可喜可贺的事情。因为，人们再也不必从动物身上提取香水，而屠杀大量的野生动物了。

17世纪是法国香水与香料产业的巅峰期，当时的人们对香水的需求特别大。这个时代的巴黎设施非常落后，没有上下水道，人们也没有沐浴的习惯，而常常把庭院的角落当作方便的场所，因此贵妇们必须用香水来掩盖身上的气味。到了18世纪，移居德国科隆的意大利人法里纳制造的古龙水一时席卷了整个欧洲，彻底改变了人们的生活。作为一种酒精混合物，一般的淡香水中25%的成分是香精，而古龙水则含有3%的香精。

生活中，时时刻刻拥有香香的味道，是多么令人神清气爽呀！

经典的男士
古龙水

在人们的印象中，古龙水总是与有魅力的男士紧密相连。经典的男士古龙水都有哪些魅力？

古龙水也叫科隆之水，起源于德国西部的一个小镇——科隆。公元50年，罗马皇帝之妹在此出生，于是以其命名为克隆尼亚，简称科隆。后来，这座位于莱茵河畔的小城镇发展成为一个美丽迷人的城市，还拥有欧洲北部最大的哥特式大教堂科隆大教堂。

复古式古龙水

1709年，定居于科隆的意大利理发师让·巴蒂斯特·法里纳设计了一款香水产品，正是这款清淡的酒精香水令这座因大教堂而出名的城市闻名世界。这款香水是用苦橙、柠檬酒和佛手柑精油混合制成的。法里纳将其命名为科隆水，中文名字就是"古龙水"。这种新产品的销量相当可观。它之所以得到欧洲的男士们的认可，是因为大家特别喜欢古龙水的香气，更喜欢在洗澡后往身上喷洒这种清新爽快、价格又不太高的"香水"，来给自己增加愉悦的感觉。因此，早期的古龙水被看作是"男士专用香水"，是不加定香剂的，所以不能留香。七年战争期间（1756—1763），驻扎在科隆的法国士兵对这种香水赞不绝口。不久之后，它的名声就传扬开来。后来，法里纳一家搬到了巴黎，在那里开了一家古龙香水店，店铺的生意十分兴隆。

古龙水在法国受到男士的追捧，还与法国皇帝拿破仑有关。拿破仑对古龙香水有一种特殊的情结，他本人特别爱用，所以男士也都纷纷效仿。古龙香水在中国也特别受欢迎。因为讲究含蓄，避免张扬，一些人会选择味道不太浓郁的香水。古龙水的香精含量在所有香水中位列倒数第二，味道非常清新淡雅，所以也成了中国最初那批接受香水文化的人的首选。

1851年，在伦敦举行的世界博览会上，各种香水陈列在展台上，宾客们尽赏来自中东的异域风情和来自巴黎的馥郁芬芳。其中最引起轰动的当然要数古龙水，它的香气弥漫在会场的每一个角落，令无数宾客流连忘返。

喷洒古龙香水的方式不一而足，不过有些男士的手法很优雅。由于早期的古龙水装在瓶中，没有喷头，所以他们使用时会把香水倒在手中，两手轻轻拍打均匀后，再拍打在颈部或者身上。这个手势至今还在一些法国男士中流行，这些人认为男士用香应该低调，因此会区别于女士握着复古香水瓶上的喷头张扬地喷洒。

　　古龙水，恰好印证了中国的那句古话"爱美之心，人皆有之"，不分男女，因为美是共同的。

3 美发产品

　　爱美之心，人皆有之。为了装扮自己，人们常常煞费苦心，如何打理头发也成了日常生活中非常重要的事情。从古时候起，人们就开始从自然中寻找清洁头发的产品。古希腊人和古罗马人会为头发染色，黑色是当时人们最偏爱的颜色。而生活在沙漠地带的古埃及人则为了躲避高温风沙环境，通常会剃光头发，佩戴各式假发。发展到今天，为头发设计各式造型仍然是日常生活的一大主题。

> 心灵之爱真理，有过于眼睛之爱美丽。
> ——洛克（英国哲学家、医生，1632—1704）

呵护头皮的
洗发水

人们为什么不能用肥皂洗头，而要
发明出专门的洗发水？

作为卫生洗涤用品，清洁头发的用品几乎和肥皂同时出现。也许古人同我们一样清楚地知道，肥皂只能洗衣服，并不能用来清洗头发。这个问题不在于肥皂能不能去除污垢，而在于它能不能去除头上的皮脂。答案当然是不能的。因为由皮肤腺体分泌的油脂根本不同于一般

的污垢。肥皂对皮脂的清洁作用过强，反而会刺激头皮，不利于头皮健康。而且使用肥皂清洗后，头发上面会留下残留物，头发会变得暗淡无光。

早期的埃及人想出了一种有效的办法。他们使用柑橘汁和少许肥皂的混合物来清洗头发，这应该是最早最简单的洗发水。这样，两种东西各自发挥不同的作用，肥皂负责清除其他污垢，柑橘汁中的柠檬酸能够去除特有的皮脂。到

了中世纪，人们开发出一种更加精致的洗发用品，这种洗发水是由肥皂和苏打（碳酸钠）或碳酸钾混合而成的。

18世纪晚期，英国的一些高级理发店为顾客提供一种名为"shampoo"的洗发按摩服务。"shampoo"这个词源于印地语，有按摩的意思。发展到后来，"shampoo"的含义扩大化，开始指代所有洗发用品。据说，在英国布莱顿有一家店铺名为"穆罕默德印度蒸气浴"。那里就有人专门为顾客提供医疗按摩或洗发按摩服务。到了20世纪末，这种提供洗发按摩的理发店已是司空见惯了。发型师通常会使用一种由茉莉和檀香等芳香植物一同熬煮而制成的剃须皂来为客人服务。

19世纪末，德国化学家发明出一种无皂式合成表面活性剂，也称为清洁剂。这种清洁剂比起之前的产品又有了新的进步，在使用中不会出现肥皂残留物。而直到第一次世界大战之后，温和又不刺激头皮，还可以进行商业化生产的洗发剂才出现，为了使用方便，制造商将其装入瓶中出售。

如今，市面上的洗发水有各种各样的香味和配方。走进超市，五花八门的洗发水让人挑花了眼。现在的洗发水更加个性化，针对不同的发质，具备不同的功能。然而，所有的洗发水都不是万能的，如果想要头发柔顺，就会略微油腻；如果选择头发清爽，就会粗糙一些。

　　不管如何，洗发水还是要选择适合自己的。只有合适的，才是最好的。

铁器时代的发胶

　　大概在公元前 4 世纪，人类就开始使用发胶了。人们曾经从泥炭沼泽中发现了一具保存完好的尸体。科学家研究后，证明这是一位生活在铁器时代、来自爱尔兰中部地区的男子。他的头发经过精心的打理，可以看出，他曾使用植物油脂和松木树脂作为发胶来整理头发，也可能是为了弥补发量不足的缺憾。这些松木树脂来自西班牙和法国西南部生长的一种树木。

五光十色的
染发剂

猜猜看，从古至今最受青睐的发色是什么颜色？

染发剂能改变头发的颜色。对于亚洲人来说，人们一开始染发可能只是想把变白的头发染成自然的黑色，因此，早期染发剂的颜色也比较单调。不过到了现在，染发剂的颜色变得多种多样。欧美人习惯先把头发漂浅或漂白，然后再染成金色、黄色、亚麻色、红棕色、紫罗兰色等，所以染发剂的花色品种也更多。

其实，染发以及身体彩绘很可能起源于原始文化。在早期的人类文明中——大约公元前1500年，居住在如今伊拉克北部地区的亚述人

是一群颇有造诣的发型师，给头发染色是他们重要的艺术表现形式之一。几百年后，古希腊人对头发也有了类似的品位。他们喜欢长长的浅色鬈发。但最初，由于条件所限，金发是没有办法

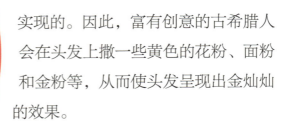

实现的。因此，富有创意的古希腊人会在头发上撒一些黄色的花粉、面粉和金粉等，从而使头发呈现出金灿灿的效果。

当时为头发脱色有一种流行的做法，那就是通过阳光照射，让头发颜色变浅。公元前4世纪，雅典剧作家米南德注意到，有一些男性会使用一种特殊的药膏洗头，然后光着头坐在阳光下好几个小时，等待着头发变成漂亮的金黄色。这种方法看起来很原始，却颇有成效。

大约在同一时期，古罗马男性开始钟情于深色头发。为了实现黑发的梦想，当时的人们用青蒜和核桃壳熬制发明出了一种黑色染发剂。到了公元1世纪，在女性群体中，头发的时尚趋势发生了一些变化。她们并不喜欢黑色的头发，反而会使用山毛榉木灰和山羊脂制成的肥皂，将头发漂白成像高卢人（法国人）一样的亚麻色。但是当时的人们还没有意识到，这种简单粗暴的染发方式过于残酷，时间长了往往会导致大面积脱发。

除了常见的黑色、金色、亚麻色等，其他地区的人们还会偏爱一些不寻常的发色。比如，撒克逊人有时会将头发染成亮红色、绿色、橙色或天蓝色。而古罗马人无比羡慕的高卢人呢？他们其实对自己的天然发色并不满意，反而常常将黄色的头发染成淡红色。

16 世纪，英国女王伊丽莎白一世以一头自然的红发开创了一种新的发色潮流。而在意大利，金黄色头发的时尚趋势在宫廷中流行开来，这种颜色是由一种植物染料染成的。

现代染发剂给头发护理带来了一场彻底的变革。20 世纪 60 年代之前，只有 7% 的女性染发。如今，这个数字达到了 75%。染发剂的颜色也是多种多样。人们的选择越来越多，既可以去美发店里，请美发师帮助完成染发的愿望，也可以自行购买一瓶染发剂，在家里就可以轻轻松松地完成。

但是，需要注意的是，染发对发质总归是有伤害的。在追求美丽的道路上，只有自然的，才是最好的。

绅士染发指南

想知道英国绅士对于外表有多么关注吗？看看这份伊丽莎白时代的染发配方吧："如何在半小时内将头发或胡须染成栗色？取一份用硫黄煅烧过的铅以及一份生石灰，用水调和。将合剂涂抹在头发上并轻揉，风干大约15分钟，再用清水洗几次，将合剂洗去。最后，用肥皂和水清洗头发。这时，头发就染好了，颜色也非常自然。合剂在头发上停留的时间越长，栗棕色就越明显。"

化蓬乱为整齐的 梳子

拿起一把梳子，看看它长得像什么？你能猜到梳子的起源吗？

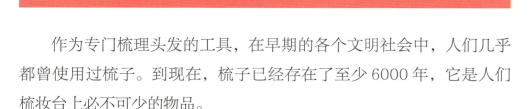

作为专门梳理头发的工具，在早期的各个文明社会中，人们几乎都曾使用过梳子。到现在，梳子已经存在了至少6000年，它是人们梳妆台上必不可少的物品。

最早的梳子可能是风干的鱼骨，后来，人们才照着鱼类脊骨的形状发明出了专用的梳子。即使到了现在，非洲部分地区仍然有人在使用这种鱼骨梳。有资料证明，古埃及人曾使用梳子梳理和固定头发。在古埃及陵墓出土的文物中，人们发现了公元前4000年左右的梳子。

这些梳子有的只有一排梳齿，有的有两排梳齿。后来，人们还在梳子上设计出两排不同的梳齿，一排梳齿长而厚，另一排梳齿短而薄，这种创造性的变化使得梳子更适合头发较长或发质较硬的

人，这体现了人们越来越关注个性化需求。

其实，梳子鱼骨形的设计从古至今鲜有变化。梳子的英文源于希腊语，本意是牙齿，这个词也恰好说明了梳子的外观设计特点。不过，并不是所有人都喜欢使用梳子梳理乱发，英国人就是一个例外。不知道为什么，不列颠群岛的沿海居民

象牙梳子

就非常喜欢蓬乱的头发，并不觉得一头乱发有什么不妥。公元1世纪到5世纪时，罗马侵略者来到不列颠群岛。虽然他们对发型艺术十分欣赏，但他们的出现并没有给英国人的糟糕发型带来任何改变。公元9世纪时，丹麦人入侵，带来了梳理头发的观念，这下英国人才开始用梳子改变自己的形象。还有一首古老的水手歌谣也展现了这种精神："姑娘们没有梳子哟！用力拉！用力拉！她们用鳕（xuě）鱼骨梳头发！"

到了14世纪，梳子已经成了日常用品，而且还有了装饰性作用。法国人曾制作出双面象牙梳子，上面刻着情侣在花园中嬉戏的画面。这种梳子的一侧梳齿密，一侧梳齿疏，可以将头发梳理得更加细致整齐。

如今，梳子的材质多种多样，但是在样式上仍然没有脱离鱼骨的形状。可见，只要是实用的东西，就能流传久远。

从实用到时尚的
假发

如果天生没有良好的发质，没有喜爱的发色，不用担心，假发可以帮你实现愿望。

假发是通过人工技术制造而成的头发，目的是装饰头部。一般来说，假发是秃头或头发稀少人群的"必需品"，它也可以是一种道具，比如用于演戏，还可以用在某些特殊职业的人身上，比如过去的法官。

早在公元前3000年，假发就已经出现了。当时的埃及人为了抵御高温和尼罗河附近传播的疾病，习惯将头发剪短并剃光体毛。人们会使用人的头发、羊毛、棕榈纤维和亚麻等制成精美的假发。有的假发被编成了长长的辫子，有的假发被高高地盘起来，耸立在头顶，还会用蜂蜡来固定形状。富人们有时还会在假发上佩戴珠宝，层层叠叠，高耸华丽，但是这些

假发会让人有头重脚轻的感觉。

在法国的传统文化中，头发占据着重要的地位。古代的高卢人（法国人的祖先）认为，不论男女，拥有一头长发是自由和荣耀的象征。进入王政时代，头发又成为血统的象征，头发的长短与等级的高低直接挂钩，仅看头发，就能知道一个人的身份和地位。

公元前 1 世纪，金色假发在古罗马人中风行一时。金发的高卢人囚犯成了这种假发的材料源。有好多假发都是用从囚犯头上剪下来的真发制成的。为了使假发看上去更加逼真，人们会使用卷发棒给假发定型，还用大量丝带、鲜花或珠宝来进行装饰。

据说在 1562 年，英国女王伊丽莎白一世得了一场病。这场病不仅让她脱发，还让她多了许多白发。29 岁的伊丽莎白正是青春靓丽的时候，作为一个帝国的最高统治者，这些头发问题让她颇为苦恼，对于一个国家的形象代表而言，稀疏发白的头发更是令人难以接受。为了掩饰自己糟糕的头发状况，伊丽莎白让工匠制作了古罗马风格的赤褐色假发，配上她华丽的礼服，瞬间引领了时尚潮流，也由此带来了一股假发风潮。在一年的时间内，女王先后购买了 6 顶普通假发、12 顶鬈发假发，以及其他 100 件假发制品。17 世纪男性假发风潮的第一个引领者是法国国王路易十三，他是为了遮蔽头上的伤疤而佩戴假发的，但这一装饰很快就被大臣们纷纷效仿。

18世纪，人们更加喜爱假发，以至于质量最好、最昂贵的假发往往会成为窃贼们的目标。他们甚至会大摇大摆地从戴假发者的头上抢走假发！20世纪，美国开发了新型人造假发技术，使假发的价格更加亲民，再加上潮流文化兴起，假发也越来越流行起来。

法国国王路易十三

假发，虽然是假的，可是被人们认可了，也就成了美的象征。

假发商人大罢工

在18世纪中期的英国，假发的销售量达到巅峰后逐渐开始呈下降趋势。假发商人们的收入受到了严重的影响，因此他们开始在伦敦街头游行，并向国王乔治三世请求财政救济。然而，在长长的游行队伍里，商人们却并没有佩戴假发。旁观者们先是被逗得哈哈大笑，而后竟然开始愤怒起来。他们认为自己被欺骗了，并且受到了侮辱。骚乱因此而爆发。在暴乱中，许多假发商人被怒气冲冲的众人剪去了头发。事后，他们便不得不戴上自己亲手生产的假发了。

为什么英国律师戴着假发

假发是 17 世纪的遗留物，英国国王查理二世曾利用假发来区分律师的专业身份。如今到了 21 世纪，英国法院已不再将佩戴假发作为官方要求，但有些司法人员仍然保留着戴假发的习惯，尤其是在高等法院和刑事案件中。他们通常佩戴由马鬃制成的灰色假发，用于展现法庭礼仪。假发的成本从数百到数千美元不等。如今，在全世界范围内，英国的许多前殖民地的律师和法官仍被要求戴假发。

发型设计大赏

几千年来，人们都喜欢装点自己的头发。我们如今所流行的发型设计——不管是哪种剪裁、色彩和风格，都早已被前人体验采用过。不过，这并不意味着古人不讲究实用。你知道吗？古埃及人为了在炎热的天气中求得一丝凉爽，甚至常常剃光头。而在正式场合时，他们则会戴上又重又精致的假发。

虽然古希腊人和古罗马人会追求留短发和剃胡须的时尚，

但是男性发型的变化几乎和女性一样混乱，毫无规律可循。发型可能代表着社会阶层，比如，一个古罗马人头发上编织着一个金属丝框，就象征着此人经济富裕。发型也可以表现出政治忠诚，如中国清朝男子从小留的发辫。

在 18 世纪的英国，"发塔"有时比宫廷礼服还要精致。在美国，吉布森女郎们都拥有一头浓密的长发，有的还在头顶堆成一个完美的蓬松发髻，并搭配着华丽的帽子——这个形象出现在后来的各种美人画像中，广为流传。有些发型始终代表着庄严，如长发绺、士兵的平头发式。另一些发型起初有着严肃的来历，后来却看上去十分滑稽，例如，20 世纪四五十年代流行的长而油腻的鸭尾式发型，也称蓬帕杜尔发型。鸭尾式发型本来意味着，留此发型的男性具有叛逆精神，但他们往往没有什么正当理由来解释留这种发型的意义，因此这种张扬的风格成了一种滑稽的"小流氓"象征。同样，第一批把头发向上梳成蓬松状或蜂房状的女性，大概也认为自己的造型显得相当成熟。至于更为夸张的类似于火箭炸弹的蓬松发型（该发型因此得名"B-52"）有时则带来更多惊吓甚于惊艳。

比火箭发型还要极端的是从美洲原住民那里流行开来的莫西干发型，以及另一种尖刺状发型。20 世纪七八十年代的朋克和新浪潮狂热分子最喜爱这些发型。和早期的鸭尾发型、蓬松发型一样，朋克发型需要大量的发胶、喷雾和润发油来定型维护，有时甚至还会用到胶水。

公元前 1000 年
埃及假发

在古埃及，无论男女都可佩戴假发。不过，男性还是更倾向于以光头的形象出现在公共场合。假发的款式多种多样。对于剃光了所有体毛的神职人员来说，假发是必不可少的。

公元前 500 年
希腊式卷发

古希腊男性喜欢留满头的卷发。为了设计出统一的发型，他们经常使用一种需在火焰上加热的原始卷发钳来卷头发。

1900 年
吉布森女郎发型

对于发量并不浓密的女性来说，想要拥有吉布森女郎那样的发型，需要将头发倒梳，使用发网和大量的别针——这真是对于这种被吹捧为"自然"发型的讽刺。

1950 年
鸭尾式发型

这种发型需要用油脂来定型和维护。因此，发型的主人通常会在口袋中放一把梳子，以便频繁地对发型进行修饰。

1600 年
中国长辫

这种剃光前额的发型是清政府对汉人统治的外在标志，同时也象征着顺从和屈服——汉人此前根本没有剪发或者剃发的传统。

1700 年
塔式发型

发塔以马毛作为填充物，通常需要两位理发师共同协作才能完成发型的制作。有些发塔上甚至装饰有船只、鸟儿、小房子和其他物品。

1960 年
蓬松发型

这种发型的名字源自法语，意为使其蓬松，人们还称其为蜂房发型、B-52 发型，或者更简单的称谓——"爆炸头"。

1980 年
莫西干发型

这种发型需剃掉头部两侧的头发，只留出中间的头发。有时头发歪向一边。不过，现代的莫西干发型通常是头发挑衅一样地直立着。

快速烘干的 吹风机

用一根连着煤气炉的"烟囱"吹头发，把吹风机当吸尘器，这是怎么一回事？

吹风机的结构很简单，由一组电热丝和一个高转速小风扇组合而成。通电时，电热丝会产生热量，风扇吹出的风经过电热丝，就变成热风，能快速吹干头发。而当电热丝不工作，只有小风扇转动时，吹出来的就不是热风，而是凉风了。

法国巴黎发明家亚历山大·戈德弗鲁瓦是最初尝试制造人工吹风机的发明家之一。19世纪80年代末，他发明了一种理发店用的烘干机。这种机器结构特别简单，基本上就是一根大烟囱。一根管子连接煤气炉，向烟囱中输送热空气，从而快速烘干头发。这个大家伙虽然有点儿笨重，但是效果却很好。所以直到20世纪30年代，人们还在使用这种煤气烘干机。只不过，在吹干的过程中，

许多顾客都对烘干机产生的呛人烟气极为不满。

电力的问世为机器提供了更佳的动力能源。早期的电器因为具有多重功能而备受追捧。吹风机通上电，还可以有多种用途。例如，第一批吹风机还曾被当作吸尘器出售。吹风机气流强大，用于吹走灰尘也是绰绰有余。后来，人们又将真空排气装置排出的热空气导入一个手持设备，逐渐向如今的手持吹风机样式靠近。有一则广告是这样的：一位女士坐在梳妆台前，用一根软管吹干头发。软管连接的是真空排气装置，能排出一股清新的空气。这种多用途电器直到20世纪20年代末还在售卖。

1899 年，第一台电动吹风机引入德国。但是真正的手持式吹风机还要花上 20 多年的时间才能成为现实，因为要用上小巧玲珑的手持吹风机，必须有一台小型而高效的发动机。1920 年，在美国威斯康星州的拉辛市，小型马达问世。当时，发明家们正在研究如何制造出电动搅拌机，来代替工人完成搅拌泥沙的繁重工作。

相比于搅拌机而言，单单使用马达吹出热空气要容易得多。因此，吹风机的发明比搅拌机早了两年。第一批手持式吹风机终于诞生了，不过设计上还不够完善。机型不但又重又笨，金属外壳还会过热，甚至偶尔烫到使用的人。20 世纪三四十年代，人们才发明出了塑料外壳和可调节温度的吹风机。20 世纪 60 年代末期，男士蓄长发成为一种流行趋势，吹风机开始受到更多人的欢迎。

20 世纪 70 年代，小型便携式吹风机首次出现。如今，健身俱乐部、酒店和家居中随处可见这种小型电器。在吹风机的帮助下，人们设计出了各种吹发造型——不用卷发器卷烫，而是使用吹风机吹出的热风以及发刷使其成型。不过，由于吹风机吹出来的风属于干风，如果使用时间过长，很容易会造成水分的流失，使头发发质受损。因此在使用时，最好先用毛巾拍干头发上的水分，用手轻轻梳顺头发，然后再用吹风机烘干。

烫发

如果人们厌倦了直发，想让直发变卷发，就会选择烫发。1906年，在伦敦，人们就发明出一种可使头发保持波浪卷的方法。这种发型需要近1千克重的黄铜滚轮和硼砂膏等物品，在美发沙龙中花费6个小时来制作，虽然费时费力，可还是受到人们的喜爱。如果想把卷发拉直，又该怎么办呢？所以大约在同一时期的美国，C. J. 沃克夫人发明了一种拉直卷发的方法，她也因此成为早期的黑人女性百万富翁之一。

4 常见药品

　　人类求医问药的历史非常悠久。18世纪时，让水手闻之色变的坏血病，靠着一筐筐柑橘和柠檬便能轻松解决，这离不开人们对问题的执着研究和探索。只要用心钻研，就总有解决的办法。英国医生通过观察发现挤牛奶的工人不会感染天花，最终发明了牛痘接种方法，进而开启了人类通过疫苗对抗疾病的历史进程。人类医药学上取得的每一次进步，都离不开人们的智慧探索和努力钻研。

我是没有财产的，我所有的一切只是健康、勇气和我的工作。
——巴斯德（法国微生物学家、化学家，1822—1895）

清洁肠道的
泻药

肠道不通畅，应该排泄的废物排泄不出去，别提让人多难受了。有了泻药，就能减轻痛苦。

泻药是一种比较特殊的药物，它通过增加肠内的水分，促进肠壁肌肉的蠕动，从而润滑肠道促进排便。泻药的发明，可以说是便秘患者的福音。

人吃五谷杂粮，在新陈代谢的过程中，难免会产生不适。所以，自从人类诞生那天起，各种疾病就如影随形地跟在人类身边，驱之不去。吃进肚子里的东西排泄不出去，长期积累下来，就成了疾病。肠道便

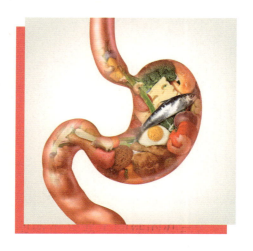

秘一直以来都在困扰着人类，人们也不断在寻求一种有效的泻药来减轻自己的痛苦。人类学研究表明，早期的人类食用采集的树根、浆果和谷物，还有瘦肉等高纤维食物，很少会出现便秘的症状。到了农业社会，人们开始大量食用畜禽肉类和乳类等高脂肪的食物，因此他们

患腹胀和便秘的概率也远远大于狩
猎采集时代的人们。

公元前 3000 年，人们开始将
手伸进大自然的药箱中，试图找到一
种解药，将自己从痛苦中解脱出来。
经过长期不断的探索和研究，埃及人和
苏美尔人人都曾经使用过一种天然有效的泻
药——蓖（bì）麻油。甚至直到几十年以前，这种
药物还十分流行。这种浅色的黏稠油状物既能润滑肠道内壁，

让肠道里的废物顺畅地排泄出来，又因为顺滑，也被用作润肤露以及
滚轮的润滑剂。不过，蓖麻籽是有毒的，过量使用蓖麻油会使便秘更
加严重。

公元前 2000 年，亚述人已经非常精通泻药科学。他们不但会使
用麸皮之类的膨胀剂来帮助排便，还会在肠道中灌下大量盐水溶液，
使粪便更加疏松膨胀，甚至还会服用一些肠动力药物来促进肠道收缩，
废物就更容易排出消化系统。如今，类似的方法仍然被使用，例如，

食用绿色蔬菜和谷
物，服用盐类泻药以
及肠动力药物等。

20 世纪初，匈
牙利裔美国移民马克
斯·基什首先发明了
化学泻药。基什曾试
验将巧克力和酚酞

（一种葡萄酒中的添加剂）结合用作泻药。酚酞口服后在肠道内与碱性肠液相遇，发生反应后能形成一种可溶性钠盐，可以促进肠蠕动。有了这种泻药，蓖麻油治疗便秘的方法很快就遭到了淘汰。

除了利用药物排便和绿色饮食，其实还有一种治疗便秘的方法，这个方法久经考验、十分简单，那就是多喝水。你今天多喝水了吗？

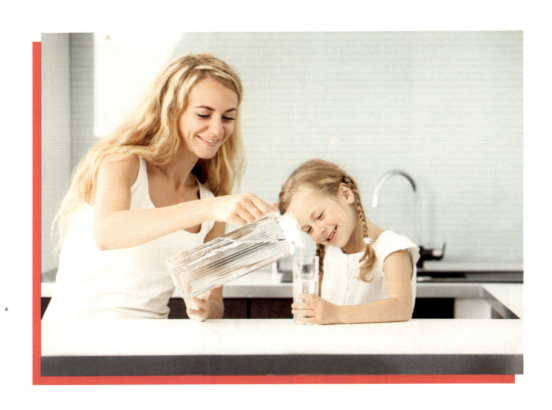

无处不在的
维生素

如果从字面解释，就很好理解了，
维持生命所必需的元素——维生素。

　　维生素是一系列有机化合物的统称，它在人体内的含量很少，但不可或缺。从古至今，人类以及其他动物都会有意无意地摄入维生素，从而保证自己的身体健康。维生素是身体新陈代谢所必需的物质，既可以从食物中获取，也可以在人体内自行产生。当人的身体缺乏维生素时，人体对它的需求就会通过外在症状表现出来，提醒人们及时进行补充。

　　18 世纪 40 年代，在水手中流行着一种可怕的疾病——坏血病。

得了这种病的人会牙龈萎缩、皮肤出血，严重者会死亡。这种病非常可怕，短短的时间里，因患病而死亡的人数甚至超过了在战争中死亡的人数。英格兰医生詹姆斯·林德对坏

血病进行了详细的研究。在观察分析了数千个案例，并研究了16世纪荷兰水手们的生活习惯后，林德医生建议他们，在长途航行中要喝柠檬水，吃柑橘等水果。水手们采纳了医生的建议，一段时间后，坏血病竟然神奇地消失了。人们病好以后，只知道是这几种水果救了自己的命，至于水果为什么能治病，他们仍然一无所知。

实际上，在那个时候，维生素这种物质还不为人所知。林德医生也只知道自己战胜了这种可怕的疾病，却也不知道治愈坏血病的根源。其实这是因为柑橘提供了一种稀少却尤为重要的物质——抗坏血酸，也就是维生素C。

1882年，日本医生高木兼宽通过让人们补充肉类和蔬菜等食物，治好了水手们的脚气病。脚气病是由于缺乏维生素B_1引起的。1897年，荷兰病理学家克里斯蒂安·艾克曼证明，糙米也可以防治脚气病。1912年，波兰生物化学家卡西米尔·冯克还曾尝试过从稻谷壳中分离这种物质，然而没有成功。冯克称这种物质为"维生素"，意为一种对生命至关重要的胺类有机化合物。

长期以来，科学家们一直在尝试分离维生素，然而维生素并不存在于脂肪、糖类、蛋白质、

糙米

矿物质和水这些基本营养物质中。起初，人们认为只存在两种维生素，一种是水溶性的，另一种是脂溶性的。1926年，人们分离提纯出来第一种维生素——硫胺素，也就是维生素B_1。目前，人们已经识别出13种维生素，最新发现的维生素是1948年发现的维生素B_{12}。

有趣的是，各种维生素存在于不同的食物中，为了获取它们，在饮食上必须做到不挑食、不厌食，多吃蔬菜水果。

如何获取维生素 B_{12}？

钴胺素，也就是维生素B_{12}，直到1948年才被人们分离出来。在此之前，美国医学科学家 W. B. 卡斯尔曾经观察到，正常人的胃分泌物中有一些"内源因子"，但在恶性贫血患者的胃分泌物中却未能发现这种物质。他还注意到，食用大量动物肝脏后，贫血患者的病情会有所改善。这种奇怪的现象吸引他做了进一步的研究，终于发现有一种"外部因子"会通过某些途径从人体外部进入肝脏。原来，一些有益细菌被人们吃进肚子里后，与胃液相互作用，合成了一种有助于消化的蛋白质物质。这些细菌中就含有这种"外部因子"，也就是如今我们所知的维生素B_{12}。

莱纳斯·鲍林与维生素C

1970年，诺贝尔奖得主莱纳斯·卡尔·鲍林出版了一本书——《维生素C与普通感冒》。在书里，他分析了维生素C对人体的重要作用，提醒人们要注意补充。后来，鲍林将维生素C推广为一种抗癌物质，并推荐人们以每日建议剂量（60毫克）的200倍服用。他写道，人类的祖先失去了制造维生素C的能力，因此需要从外部来源获取维生素C。维生素C有助于胶原蛋白的合成，能够使皮肤和血管更加强韧，以达到预防疾病的效果。

止咳片：
咳，停下来

咳嗽，是人体的一种自然反应，有时是好事，但有时候一旦咳起来，却很难停住，这就会对身体造成伤害。如何才能止咳呢？

为什么说咳嗽有时候是好事呢？因为咳嗽是人体的一种自我保护行为，通过咳嗽，能排出外界进入呼吸道中的异物和呼吸道自身的分泌物，能够防御呼吸道感染。但另一方面，我们不可忽略的一点就是：咳嗽也是有害的。一旦咳起来，呼吸道里的感染源就会扩散，咳嗽时人体胸部被压迫，心脏负担加重，因此剧烈的咳嗽也会对人体造成伤害。

长期以来，为了保护自己的身体，人们一直在和咳嗽作斗争。公元前1200年，古埃及人开始服用药物，通过放松喉咙肌肉来抑制咳嗽。

说是药物，其实更像是一种硬糖，有榆树皮味、柑橘味等口味。

直到19世纪中期，我们所熟知的止咳片才被人们研制出来。美国纽约波基普西的史密斯兄弟是最

止咳片

早生产含片糖果的生产商之一。在公司内部流传着这样一个故事：史密斯兄弟的父亲是一名糖果商，叫作詹姆斯·史密斯。有一天，他在街上遇到一个人在叫卖止咳片的配方，路上的行人都说他是一个骗子。可詹姆斯·史密斯却半信半疑，最后，他还是购买了这个配方。回到家后，他迫不及待地在厨房中忙碌起来，手工做成了一批止咳片。他将止咳片拿到市场去售卖，不一会儿就卖完了，史密斯一举获得了成功。1852年，他开始通过媒体打广告，他的儿子们则负责运送产品。由于止咳片太过畅销，到了1872年，甚至出现了大量止咳片的仿制品。为了保证自己的权益不受侵犯，史密斯兄弟还特别推出了一款印有二人肖像的标志性包装，来保证自己的独家专利。几年之后，美国宾夕法尼亚州雷丁市出现了LUDEN'S止咳片，这种止咳片是用有蜡纸内衬的盒子包装的，其中含有薄荷醇，而薄荷醇具有轻微的麻醉作用。

19世纪早期，人们又从鸦片中提炼出有麻醉效果的吗啡；19世纪末，又从吗啡中提炼出海洛因。这两种麻醉品被添加在止咳片中，在市场上销售了很多年。后来人们渐渐了解到麻醉品的上瘾特性，这种止咳片才停止售卖。

虽然咳嗽是忍不住的，但是有了止咳片，就能大大缓解咳嗽带来的痛苦。不过引起咳嗽的原因多种多样，在选择药品时，一定要对症下药。

控制血糖的
胰岛素

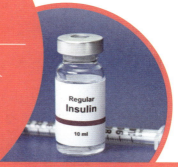

糖类甜甜的味道总是诱惑着无数人的味蕾。可是，人体内的糖分如果过多，就会危害健康。控制血糖的最好药物，就是胰岛素。

胰岛素属于蛋白质类激素，可以控制人体的血糖水平。在人体内的十二指肠旁边，有一个长条形的器官，就是胰腺。胰腺中散布着许许多多的细胞群，叫作胰岛，它们会不断地分泌胰岛素。

1921年胰岛素被发现之前，人们如果患上自身免疫缺陷1型糖尿病，将会面临着惨淡的未来。如果没有适当的胰岛素平衡，糖尿病患者就会出现口渴、尿频、瘙痒、饥饿、虚弱和体重下降等症状。由于身体无法正常代谢碳水化合物，患者就会日益消瘦，同时虚弱乏力，经历恶心、呕吐、头晕、昏迷，最终走向死亡。

1889 年，德国医生奥斯卡·闵可夫斯基和约瑟夫·冯·梅林通过对狗做实验，发现胰腺能分泌出一种调

弗雷德里克·F.G. 班廷

83

节血液成分的物质。1921年，加拿大安大略省有一位年轻的整形外科医生叫作F.G.班廷，他将对胰腺里的朗格汉斯细胞产生了兴趣，并开始了细致的研究。在实验中，班廷和他的学生C.H.贝斯特切除了狗的胰腺，使它们患上糖尿病。接着，他们成功地分离出一种胰腺提取物，并将其注射到患病狗的体内，他们惊喜地发现这种物质可以降低狗的血糖水平。由于这种胰腺提取物是由胰岛分泌出来的，所以被命名为"胰岛素"。从1922年开始，胰岛素就正式开始应用在病人身上，把无数的糖尿病患者从死亡的边缘拉了回来。1923年，班廷获得了诺贝尔奖。

2型糖尿病是一种胰岛素抵抗性疾病，也被称为成人发病型糖尿病，在生活中更为常见。因此，研究人员又开始寻找一种能够使胰岛素在血液中缓慢释放的方法。1936年，人们发现了鱼精蛋白，也就是鱼精子中含有的一种蛋白质。将鱼精蛋白添加在胰岛素中，就能延缓胰岛素的释放。在接下来的数十年中，人们又进行了各种实验改进。直到20世纪80年代初期，糖尿病患者一直都在使用从牛和猪身上提取的胰岛素。

20世纪50年代中期，科学家终于破译了人胰岛素的化学结构。接着，他们将胰岛素基因定位在11号染色体的顶端。1977年，研究人员通过将老鼠的基因移接到一种生产胰岛素的细菌中，从而形成了人胰岛素。5年后，美国礼来公司制造出了第一个基因工程药物胰岛素产品。

"以毒攻毒"的 疫苗

疫苗就是将一种疾病病毒注射到一个健康人的体内，从而作为对这种疾病的防御手段。

一直以来，人们都明白一个道理：对于疾病，预防比治疗更重要。天花病毒的肆虐让人们更加意识到，当一场致命的灾难来袭时，我们总是束手无策的。但是，比起坐以待毙，有一种冒险的方法等待着人类去尝试。接种疫苗这种以毒攻毒的想法，是医学理念的飞跃，也是预防疾病的有效手段之一。

据推断，早在7000年前，美索不达米亚就出现了由天花病毒所引起的天花。人们在埃及法老拉美西斯五世的木乃伊上发现了脓疱，和天花患者身上的脓疱十分相似。到了16世纪，天花成为欧洲地区异常可怕的瘟疫疾病，仅次于鼠疫。由于它具有高度的传染性，一

天花患病女孩

旦有一人感染，病毒就像洪水猛兽般迅速蔓延，甚至可以摧毁整座城市。感染天花的人一般会有严重的头痛、身体发热、皮肤出现红疹等症状。红疹经过时间变化，还会在皮肤上留下深刻的疤痕，可怕极了。据统计，有40%的天花病毒感染者最终慢慢走向死亡，令人触目惊心。

英国医生爱德华·琴纳

1796年，英国医生爱德华·琴纳发现了一个奇怪的现象。当时，牛奶工人们因为朝夕和牛相处，常常会感染上一种叫作牛痘的疾病。不过牛痘相对无害，它是由引起天花的病毒近亲所致，比起天花来要温和得多。琴纳发现，感染过牛痘的牛奶工人似乎对天花病毒有天然的免疫力，不会再受天花的侵扰。于是，他将从一位患有牛痘的牛奶工身上的脓胞中提取出来的物质注射到一个小男孩的两个手臂上。等他从牛痘轻微感染中痊愈后，琴纳便给他注射了天花病毒。结果让人很惊喜——男孩没有不良反应！可怕的天花病毒终于有了克星。基于这一发现，琴纳以表示母牛的拉丁语词汇"vacca"为基础，创造了疫苗的对应英文单词"vaccine"。

不过，疫苗出现之后并没有得到快速推广。之后又过了87年，新的疫苗才被研制成功，帮助人们对抗瘟疫和狂犬病。20世纪，人们在免疫领域稳步发展，成功研制出了治疗霍乱、伤寒、破伤风、脊髓灰质炎、麻疹和甲型肝炎等疾病的疫苗。

疫苗的研发是一个漫长而复杂的过程，需要投入大量的人力和物力。不同疫苗的生产时间也各不相同，有的疫苗可能需要 22 个月才能完成一个生产周期。有了免疫接种，全世界每年大约能避免 200 万至 300 万例因白喉、破伤风、百日咳和麻疹导致的死亡。在全球范围内，儿童疫苗的接种率一直保持着稳定的数量。从积极的意义上说，接种疫苗是预防和控制传染病最有效的方法，也是降低疾病感染率、减少医疗费用的有效手段。

不同的疫苗预防不同的疾病，也有不同的接种时间。只要按照规定的时间去接种，这些疫苗就能为我们的健康保驾护航。

小女孩接种疫苗

狂犬病疫苗

　　1796年，爱德华·琴纳研制出具有划时代意义的天花疫苗。89年后的1885年，狂犬病疫苗出现，实现了免疫接种的又一大突破。取得这个成就的科学家是法国微生物学创始人路易斯·巴斯德。巴斯德多年来一直在进行各种动物疾病的开创性研究工作，其中就包括致命疾病狂犬病。在对犬类进行试验期间，他发现使用受感染犬的干燥组织能够分离出毒性弱化的病毒。1885年，一名9岁男孩被一只患有狂犬病的狗咬伤，生命危在旦夕。巴斯德将提取出的病毒注入男孩体内，幸运的是，男孩痊愈了。

脊髓灰质炎

　　脊髓灰质炎是一种神经系统传染病，曾给全世界的人们带来恐惧。20世纪四五十年代爆发的脊髓灰质炎疫情曾导致许多儿童不幸瘫痪。两种疫苗——1955年由乔纳斯·索尔克研制的脊髓灰质炎灭活疫苗和1960年阿尔伯特·沙宾所研制的脊髓灰质炎口服疫苗的问世使这种流行病迅速中止。

万物有有来源

有益身心的娱乐与运动

④

高朗文化　编著

花山文艺出版社

河北·石家庄

目录
录
Contents

3 游乐设施

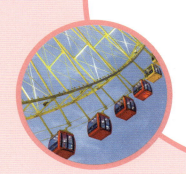

4 声声入耳

视听盛宴 **5**

6 体育运动

1 经典玩具

　　爱玩是每个孩子的天性，从古到今，还有什么比弹珠更简单、更好玩的玩具呢？人们发现，在一处有着5000年历史的儿童墓葬中，竟保存着一些弹珠。由此可见，古人小时候也爱玩玩具！更有趣的是，早期的这些玩具和游戏，有一些是人们用来占卜的道具。看来，过去的人们和现在一样，当大人们不在身边时，小孩子们会因为好奇心而偷偷拿大人们的东西，当成自己的玩具。后来，大概是在这些物品不再用于占卜之后，人们才开始制作专门属于孩子们的玩具。

有趣的就是好的。
——苏斯博士（美国儿童文学家、教育学家，1904—1991）

奇妙的射击
——弹珠

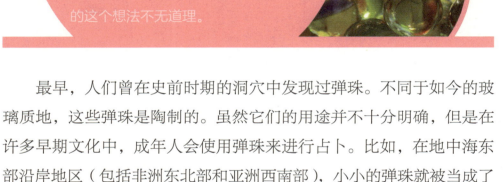

看着晶莹剔透、色彩斑斓的弹珠，你是否也曾陷入过无尽的遐想，认为里面仿佛藏着神秘的宝藏？其实，你的这个想法不无道理。

最早，人们曾在史前时期的洞穴中发现过弹珠。不同于如今的玻璃质地，这些弹珠是陶制的。虽然它们的用途并不十分明确，但是在许多早期文化中，成年人会使用弹珠来进行占卜。比如，在地中海东部沿岸地区（包括非洲东北部和亚洲西南部），小小的弹珠就被当成了占卜的道具。

随着时间的推移，弹珠渐渐从占卜道具演变为儿童玩具。在埃及

的一座约公元前3000年建造的坟墓中，人们发现了这种古老的玩具的身影，它们被用作儿童的陪葬品。虽然弹珠的发现有迹可循，可是在不同地方发现的弹珠，它们的材料却是不一样

的。在希腊的克里特岛上，米诺斯人的弹珠是用光亮的碧玉和玛瑙制成的。而罗马人的弹珠则是使用透明玻璃，也就是由二氧化硅和火山灰制成的。还有的弹珠是用被海水冲刷过的鹅卵石，甚至是用一种圆形的橡树树瘤制成的。我们并不知道他们用这些弹珠玩什么游戏，遵循什么游戏规则。不过，我们知道的是，就连罗马皇帝外出看见人们玩弹珠时，也会从轿子上下来，和年轻人一起在街道上射弹珠玩。

在其他地方的文化中，弹珠的材料往往更加简单。凯尔特人、撒克逊人和非洲的部落中有许多种类的弹珠，它们通常是由容易成型的天然物品制成的，如橄榄、栗子、榛子和一些水果的果核。美洲印第安人的墓葬中曾出土过一些有刻纹的弹珠，一看就是经过加工制成的。这些原始文明将弹珠用作玩具可不是现代人凭空想象的，早期的移民者们可以做证。据说，他们曾亲眼看到印第安儿童玩打弹珠的游戏。在 17 世纪英国流行的一种弹珠游戏中，如果弹珠落地，游戏者必须从落地的位置将弹珠捡起来，然后再进行下一轮弹射。在游戏过程中，他们常常需要用手指关节作为支撑。一根手指发力，其他手指配合，才能打得又准又稳。这种弹珠游戏对人体是有很多好处的，不但能够锻炼人们手部的肌肉，还能锻炼人们的眼力和判断能力。

因为，要想使弹珠准确命中目标，必须要预测弹珠的路线，控制弹射力量的大小，然后再弹射出去。

现在的弹珠游戏也有很多花样。孩子们可以一个人玩，用各种物品搭建成一个个小洞，让弹珠从一个小洞进入另一个小洞，穿过所有的小洞，也就完成了任务。当然了，两个人或者多个人一起玩的弹珠游戏更加刺激，因为可以开启攻击模式，多方互相竞争。如果你打中了别人的弹珠，那么那个人就被淘汰了，幸存到最后的人获得游戏胜利。

听完弹珠的有趣玩法，你是不是已经按捺不住兴奋，拿出家中的弹珠跃跃欲试了呢？你还玩过其他的弹珠游戏吗？快来说说吧。

跳绳花样多

古埃及人曾经用藤条制成封闭的滚环，将其用作跳绳。跳绳的起源很难追寻。不过，原始社会的人们一直很喜欢这项运动。第二次世界大战之后，荷兰式交互跳绳游戏在非洲裔美国女孩中流行起来。她们将单一的跳绳游戏发展成为复杂的多人运动。将两根绳子互相朝着相反方向甩动，跳绳者即兴表演一系列的双腿跳、单腿跳和其他技巧性动作。在跳绳的同时，人们通常还会大声吟唱一些押韵的歌曲，还编创了一些专门用于跳绳时吟唱的歌谣。一些技艺高超的跳绳者，还会在跳绳的同时拍起皮球，或者在绳子从身下掠过的间隙里做一些翻滚动作。

速度与美感并存的
陀螺

陀螺的速度、美感、造型和技巧，
最让你沉迷的是哪一个？

陀螺，这种圆锥形的小玩具，一旦转起来仿佛永远都停不下来，深受大人和小孩的喜爱。第一种被当作陀螺旋转把玩的物品很有可能是圆圆的橡子或坚果。在乌尔古城，也就是今天的伊拉克，人们发现了用黏土制成的陀螺。转陀螺的历史可以追溯至公元前 3500 年左右。这些陀螺上还有美丽的装饰，刻着许多动物和人类的图案，旋转起来也更加好看。由于陀螺出土在儿童墓穴中，因此，人们才推断它很有可能是一种玩具。

公元前 1250 年，中国人发明了一种可以使用小鞭子抽打、使其一直旋转不停

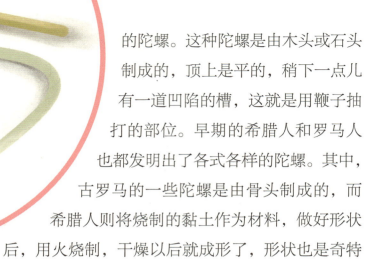

的陀螺。这种陀螺是由木头或石头制成的，顶上是平的，稍下一点儿有一道凹陷的槽，这就是用鞭子抽打的部位。早期的希腊人和罗马人也都发明出了各式各样的陀螺。其中，古罗马的一些陀螺是由骨头制成的，而希腊人则将烧制的黏土作为材料，做好形状后，用火烧制，干燥以后就成形了，形状也是奇特不一。在史书中，还有人用陀螺来作比喻，第一个用陀螺作比喻的是古希腊诗人荷马。大约公元前9世纪，他在作品《伊利亚特》中写道："……就像陀螺一样摇摇晃晃，直到转完最后一圈。"他讲述的是特洛伊城的陷落，用陀螺来形容战争的失败、城池的毁灭。

几个世纪以来，日本的孩童们都在玩一种绘有复杂图案的黏土陀螺。其中一些陀螺的边缘还带有小孔，这些小孔在快速旋转的时候进入空气，能发出口哨声或嗡嗡声。新西兰的毛利人也曾用葫芦制作出一种嗡嗡作响的陀螺，这种陀螺常常用于悼念仪式。

从14世纪到16世纪，欧洲城镇的广场上往往会有一只不停旋转的大陀螺，这只陀螺被人们称为"村庄陀螺"或"教区陀螺"。一种中国传统的儿童玩具"竹蜻蜓"被西方人称为"中国飞陀螺"，

古希腊诗人荷马

曾在18世纪的欧洲风靡一时。

如今的陀螺更是花样百出，竟然还有十分庞大的家伙，是用金属制成的，足足有5千克那么重。一些老年人在广场上用鞭子抽动着它们旋转，用来锻炼自己的臂力、腰力和手腕的力量。

你喜欢陀螺吗？快动起来吧！

呼啦圈
和草裙舞有关吗?

你玩过呼啦圈吗? 会多少花样呢?

生活在公元前 1000 年的古埃及人, 很有可能是最早玩"呼啦圈"的人, 他们的"呼啦圈"是一种使用干燥的葡萄藤制作的封闭圈环。古埃及人曾将这种多功能的玩具用棍子钩着在地上滚来滚去, 类似我们小时候用铁丝推动的铁圈。他们也会像现代玩呼啦圈那样, 把圈环绕在腰间, 用腰部旋转的力量, 来让呼啦圈打转。后来, 古希腊和古罗马的孩童也开始喜欢玩这种游戏。

14 世纪时, 英国掀起了一股呼啦圈热潮。无论是成年人还是小朋友, 都热衷于这种金属或木制的圆环, 一有时间就会玩起来。当时, 人们常常遭受诸如背部损伤、心脏病以及其他各种各样的病痛侵扰，而医生们将这些病痛都归咎于这种玩具，呼吁人们不要继续玩了。当时的医疗机构甚至宣称"呼啦圈有害健康"，号召人们不要去玩。

19世纪初期，前往夏威夷群岛的英国水手们发现呼啦圈和草裙舞有着相似之处。人们在转圈时，欢快地扭转身体，甚至做出各种动作，仿佛在跳草裙舞！于是这种玩具也因草裙舞而得名，音译成中文则叫作"呼啦圈"。

现在，呼啦圈有了各种各样的玩法。比如，人们可以一边用腰部转动呼啦圈，一边用手臂做出各种动作；还可以一边转，一边移动，或者同时转动身体，改变方向。还有的人用脖子来转动它，那也是十分好玩的。至于用一条腿来转动，还可以快速地跑动呢，这也常常被当作简单的比赛项目，在娱乐活动中出现。技艺更高的人，甚至先用肚子转动，再在运动中把它转移到腰和臀部上来，最后转移到脚上，只要呼啦圈不落地就行。也有挑战者同时转动几十个呼啦圈，那场面就更壮观了，就连看的人都替表演者捏一把汗。

你玩呼啦圈时能转几圈呢？快来挑战一下自己吧！

花式繁多的悠悠球

圆盘、独轮车、王子财宝……你知道悠悠球的这些奇葩名字都有什么样的来历吗?

　　有一些研究显示,悠悠球这种在绳子上旋转圆盘的古老玩具可能起源于中国,但是没有找到充分的资料来证明。翻看历史,可查证的最早记录来自公元前5世纪的古希腊。在一只当时的花瓶上,描绘着一个玩悠悠球的小孩子的形象,看起来欢快极了。

　　悠悠球起初的名字很简单,叫作"圆盘"。人们制作圆盘的材料大多是木头、金属或上了色的赤陶土。到了18世纪末期,法国贵族开始使用玻璃或象牙来制作悠悠球。这些贵族在革命期间逃离法国后,沦落成移民,而他们带来的这种旋转玩具也因此被人们称作"移民者的玩具"。

　　在战争时期,法国士兵们还曾通过玩悠悠球来缓解军队生活的压力,他们称这种玩具为"诺曼底的悠悠"。"悠悠"在法语中就是玩具的意思,这也许就是"悠悠球"这一名称的由来了。

　　除了这个说法,"悠悠球"这个名称还有另一种可信度更高的来源,它来自菲律宾的他加禄语。17世纪,菲律宾人经常使用一种叫作

"悠悠"的武器。这种武器是一种用绳子连着圆盘的装置，猎人们可将圆盘砸向猎物，远距离攻击猎物，然后再用手上的绳子将圆盘收回，发起下一轮攻击。这样做既保护了自己的安全，又实现了攻击目标的目的。这也说明，有一些玩具，本身也是一种生产工具。

18世纪初，悠悠球开始了它的世界传播之旅，也有了五花八门的名字。在日本，年轻人非常喜欢这种玩具，把它形象地叫作"独轮车"或"钱轮"。在欧洲，英国人称之为"王子财宝"，而法国称之为"诺尔曼悠悠"。从它的名字中也可以看出，"悠悠球"与"金银财宝"似乎有着某种联系，在欧洲的上流社会非常受欢迎，被视作一种极其时髦的游戏。

到了19世纪，不但越来越多的欧洲人和美国人成为悠悠球的狂热爱好者，东南亚的菲律宾人也慢慢成为雕刻和使用悠悠球的好手。在20世纪，一位名叫佩德罗·弗洛里斯的菲律宾人在美国加利福尼亚州开办了一家悠悠球公司。这种绕着线轴旋转的玩具在他的开发和销售下，出现了许多新的玩法，彻底改变了人们的消遣方式。

20世纪八九十年代，经过各个历史阶段演变和发展的悠悠球，逐渐风靡欧美、日本和菲律宾等国家，无论男女老少皆能玩出一些令人拍手叫绝的动作。美国、日本各地还先后成立了悠悠协会俱乐部，悠悠爱好者们可以汇集在一起练习技术或交流经验，各种级别的悠悠球比赛活动更是精彩纷呈。

悠悠球无疑将成为一种时尚热门的运动。

实用又美观的
风筝

你喜欢放风筝吗？原来，五彩斑斓的风筝除了消遣娱乐，还可以在这些领域给人类帮这么大的忙！

在中国古代的版画和木刻上，生动地描绘着孩子们放风筝的画面。这些精心制作的风筝，尾巴又长又大，与现在的风筝造型已经十分相似。如今的风筝主要用于娱乐休闲，作为人们陶冶情操、锻炼身体、娱乐生活的玩具。其实，它们在军事、宗教、科学和工业等领域都有着悠久的历史。

战时军人利用风筝升空

风筝可能起源于3000多年前的中国。在春秋战国时期（前770—前221），风筝最初被用作一种传递军事信息的工具。人们将风筝放上天空，通过不同的颜色、图案和飞行动作，就可以向附近的部队传送不同的信息。为了不让敌人识破，每种动作和图案都代表了一定的暗语，只有自己人才能了解这些暗语的内容。在汉代（前206—公元220），人们还在风筝上装上了竹管，当它们飞过敌人的上空时会发出可怕的口哨声，以达到惊吓和扰乱敌人心思的目的。古代的中国人还曾使用竹子和纸制作出又大又轻盈的风筝，这些风筝能把人带到半空中来监视敌人。是不是听起来就很危险？

　　风筝作为一种非常实用的工具，制作简单，操作方便。从中国传到印度、日本和欧洲后，风筝被广泛应用在科研方面和军事装备方面。公元前4世纪，古希腊科学家阿基塔斯在塔兰托用风筝做过实验。古罗马人曾将风向袋（如今在机场用于指示风向）作为军服标配之一。公元700年左右，佛教僧侣把风筝带到了日本。最初，风筝在日本主要被用在宗教仪式上，也曾经在战争中被用来侦察地理情况。后来，日本人还把风筝用作一种运输工具，通过风筝将材料运送至高处，相当于现在的运输飞机。

　　大约从12世纪开始，欧洲的孩子们开始玩放风筝的游戏。他们的风筝上设计了一些孔洞，风筝飞在空中时会发出"唰唰"的声音。你知道吗？竟然还有一种玩法叫作"斗风筝"。这项运动起源于东亚、东南亚一带。参赛者的风筝线上固定有玻璃和陶器的碎片，选手们争相切断他人的风筝线来放飞对手的风筝。游戏结束后，谁的风筝还飞在天上谁就是胜利者。不过，这样的操作可是有一定难度的，不要轻易

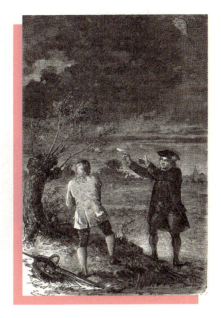

本杰明·富兰克林和风筝实验

尝试哟。

但是到了 13 世纪，风筝才被欧洲人民所熟知。相传，旅行家马可·波罗曾看到中国人用风筝将人从船上放飞。从那时起，欧洲人民才开始广泛了解风筝这一事物，并开始学习制作和利用风筝。

风筝还被广泛地应用于科学研究领域。意大利自然科学家达·芬奇在 15 世纪时提出一项理论，论述了风筝在桥梁建设中的作用。1749 年，苏格兰气象学家亚历山大·威尔逊曾使用风筝将温度计带上天空，从而测量了高空的温度。而 1752 年，美国科学家本杰明·富兰克林的风筝引雷实验则证明了雷电也是一种电流。

疯狂的腻子
——橡皮泥

你知道吗？那么好玩的橡皮泥，它的诞生竟然和可恶的战争有关。

第二次世界大战期间，美国战时生产委员会要求通用电气公司生产出一种廉价的合成通用橡胶。他们希望这种橡胶能够大规模投入生产，并用于吉普车、飞机轮胎、防毒面具以及其他军用设备的制造。通用公司将这项工作交给了工程师詹姆斯·赖特。

于是，在康涅狄格州纽黑文市的一间实验室中，赖特开始了他的实验。他发现，硼酸和硅油混合在一起，具有可以跟橡胶媲美的黏度和其他独特的特性。这样做出来的黏性物质，弹性比一只橡皮球还要高出 25%。不仅如此，它的延展性更高，能够尽可能拉伸，也不会断裂，而且非常易于保存，不会发霉或腐烂，就算加热或冷却也不会改变它的特性。最不可思议的是，将这种材料压平在一张有印刷内容的纸上，然后再将其撕掉后，材料面上竟然能够印出纸张上的图像。

尽管赖特发明的这种合成橡胶并不完全符合战时生产委员会的期望，但是这种趣味性十足的物质却赢得了

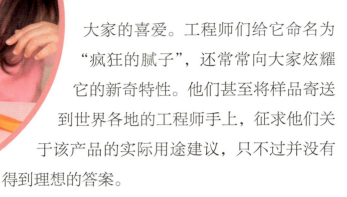

大家的喜爱。工程师们给它命名为"疯狂的腻子"，还常常向大家炫耀它的新奇特性。他们甚至将样品寄送到世界各地的工程师手上，征求他们关于该产品的实际用途建议，只不过并没有得到理想的答案。

在一次聚会中，有人拿出了一些"疯狂的腻子"。其中一位客人叫保罗·霍奇森，是个广告文案商兼玩具店老板。他迷上了这堆神奇的小玩意儿。他发现，这些黏黏的东西竟然能够让人把玩上好几个小时，也不觉得乏味。后来，霍奇森找到通用电气公司，花了147美元买了一小块"疯狂的腻子"。然后，他和一名耶鲁大学的学生将这些材料分成许多小块，分别制作包装成彩色的小球。1949年，霍奇森的商店开始出售这种橡皮泥小球。到了年底，它的销量已经超过了店里其他所有商品。1961年，在迪士尼的热门电影《飞天老爷车》中，出现了一种更加神奇的橡皮泥，叫作"会飞的橡皮"，又被人们称为"飞天法宝"。每当它撞击到坚硬的表面时，就能获得能量。用它制作的鞋子，还可以跳出惊人的高度，令人惊叹不已。

橡皮泥的故事是不是离奇又有趣呢？你喜欢这么"疯狂的腻子"吗？你能捏出什么图案来呢？

伴你身边的
玩偶娃娃

木板娃娃、布娃娃、塑料娃娃、瓷娃娃……你最爱的是哪一款？

对很多孩子来说，拥有一个娃娃就好像拥有了陪伴。古时候的人也这么想。在数万年的历史中，人类一直在塑造与自身形象相似的事物，来陪伴自己。现今已知最古老的玩偶是古埃及的桨形娃娃。它是用一块木板制作而成的，木板上简单地雕刻出人的躯干和脖子，身体部分绘有珠宝和各种图案。桨形娃娃的历史可以追溯至公元前3000年至公元前2000年期间，到现在已经有5000多年的历史了。

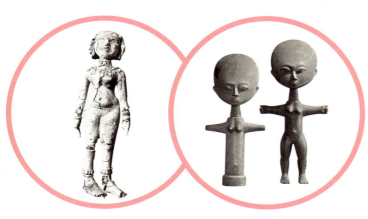

古埃及墓葬木制娃娃　　　加纳生育娃娃

到了公元前500年左右，古希腊人和古罗马人制作出了木制和陶制的玩偶。还有一些更精致的，是由骨头或象牙制成的。这些玩偶的腿部和胳膊都可以活动，它们的关节用大头

17

针连接在一起，因此活动起来不受阻碍。

而我们现在最常见的布玩偶，则最早出现于 6 世纪和 7 世纪期间，人们在埃及科普特人的坟墓中发现了这种玩偶。除此之外，能够从中世纪时期保存到现在的玩偶娃娃就屈指可数了。

直到文艺复兴时期，玩偶娃娃才再度兴起。15 世纪初期，德国纽

**1820 年
德国瓷娃娃**

19 世纪早期，由釉面瓷器或未烧制的陶瓷制成的玩偶开始流行，但是这种瓷娃娃非常容易破碎，孩子玩起来也容易受伤。

**1890 年
俄罗斯套娃**

俄罗斯套娃并不是什么古老的手工制品，它们最早出现于 19 世纪末期，那时正是俄罗斯民间传说复兴时期，因此人们才制作出这种玩偶。

伦堡出现了玩偶制造商，轰动了全世界，纽伦堡也成了整个 18 世纪欧洲玩偶制造的中心。在此期间，巴黎地区也出现了一流的玩偶制造商。作为时尚之都的巴黎，他们制造出的玩偶通常穿有当时最潮流的时装。

　　与陀螺或飞盘等其他玩具不同的是，玩偶娃娃不仅能够带来乐趣，还可以凭借极其逼真的外形和面孔，模拟生活中的各个场景，比如吃饭、睡觉、工作等，也许这就是我们小时候都爱的"过家家"游戏。有些娃娃还被当作模特，给它们穿上高端工艺精制而成的服装，就可以用来展示服装店的新品。

　　几个世纪以来，欧洲最流行、制作最精良的玩偶都是木制玩偶。

1983 年
椰菜娃娃

1991 年
美国女孩

　　共同发明者泽维尔·罗伯茨和黛比·穆尔黑德从来不把他们的毛绒玩具称为玩偶。椰菜娃娃的外形各不相同，它们是个性独特的个体。"收养"椰菜娃娃时的"出生证明"就是它的其中一种与众不同之处。

　　美国女孩玩偶是由普莱曾特·T. 罗兰创办的公司制作的。其中一些玩偶代表着美国不同时代的故事，比如殖民地时期的威廉斯堡。一些玩偶可以定制头发的颜色和眼睛的颜色。

尽管木头可以被加工成许多不同的形状，但是，对于雕刻家来说，想要制作一个栩栩如生的玩偶，需要花费很多的时间和资金成本。合成材质的玩偶是由纸浆、木屑和胶水制成的。相比而言，更加常见的原材料是纸糊：将纸切割成条状，浸在液化石膏中，然后塞在模具周围晾干。由于成本低廉，形态优美逼真，用这种方式制作玩偶变得流行起来。之后，人们也开始用破布、蔬菜、塑料等各种各样的材料制作玩偶。再后来，蜡质玩偶和瓷娃娃也成为流行趋势。最早的婴儿玩偶就是用蜡制成的。

　　而如今，随着时代的发展，许多高端玩偶通常都是由复合材料制成的。不断大规模的生产使玩偶的数量和种类也随之成倍增加。来看看玩偶娃娃的发展热潮吧！

芭比和肯是谁?

　　20 世纪 50 年代初,洛杉矶派拉蒙制片厂的一位秘书叫作露丝·汉德勒,她发现自己年幼的女儿不太喜欢玩偶娃娃,反而更喜欢玩十几岁孩子玩的、样子更成熟的纸娃娃,这一发现激发了她的灵感。汉德勒女士的丈夫是美泰玩具公司的创始人之一,她向该公司提出建议,应当设计一种带有服装和配饰的成年玩偶。起初公司众人并不支持这个提议,但在汉德勒女士的坚持下,该公司终于在 1959 年推出一款新产品——芭比娃娃,这款新产品就是以汉德勒女士女儿的名字命名的。

　　很快,大获成功的芭比娃娃家族又有了新成员。1961 年,美泰公司再次推出一款新产品——一名叫作"肯"的男性玩偶,肯是芭比的男朋友。肯的名字则来自汉德勒女士儿子的名字。瞧,一名女孩正跟着一张唱片哼唱着《芭比歌曲合集》中的歌曲,而芭比和肯则站在一旁。芭比娃娃的确深受孩子们的喜爱。

2 棋牌桌游

　　这一章介绍的是近现代最流行的几款游戏以及它们的由来。大富翁游戏起源于美国经济大萧条时期（1929—1933），这或许并不令人意外，因为这时人人都在渴望成为富翁。不过，关于游戏的发明人是如何机智推销这款游戏的，想必大多数人都没有听说过。纵横字谜是一款字母语言巧妙排列的益智游戏，儿童和成人均可参与。此外，扑克牌等纸牌游戏也经历过许多演变，无论在城市还是乡村，在农人还是士兵中都广受欢迎。

儿童游戏中常寓有深刻的思想。
　　　　　　　　　　　　——席勒（德国剧作家、诗人，1759—1805）

人们共同的梦想
——大富翁

你也想成为大富翁吗？来看看《大富翁》的成功秘诀吧！

　　《大富翁》是人类历史上最畅销的棋类游戏，现今已有 37 种语言版本，销售于 103 个国家。自 1935 年推出以来，该游戏已累计售出 2 亿多套，可见这款游戏非常受人欢迎。

　　在《大富翁》发行前的几十年中，人们就已发明了许多类似的游戏。1904 年，一位名叫莉齐·玛吉的女士根据美国政治经济学家亨利·乔治的理论，设计出了一款《地主游戏》，并申请了专利。不过，她设计游戏的初衷可不是为了玩，而是为了揭露房东以牺牲租户权益为代价来获取利益的不良行径。可惜的是，这款游戏的生产数量很少，根

《大富翁》的发明者查尔斯·B. 达罗

24

本无法满足人们的需要。当时的大学生和其他一些游戏爱好者们甚至还自制出一些衍生版本的新游戏，作为这款游戏的补充内容。

1933 年，查尔斯·B. 达罗在《地主游戏》的基础上进行了改良，推出了一款叫作《大富翁》的游戏。达罗是美国宾夕法尼亚州日耳曼敦的一名失业工程师，他是桌面游戏的疯狂爱好者，曾玩过不少以高风险房地产投资为主题的游戏。在花费了数不清的时间、积累了很多经验后，他十分清楚消费者需要的是什么。于是，他根据现实中人们的需要，不断地完善着这种游戏。20 世纪 30 年代，美国正值经济大萧条时期，报纸上充斥着各种丧失抵押品赎回权、破产和抵押贷款的新闻。于是，达罗在游戏中也加入了这些元素，还结合了他在新泽西州大西洋城所了解的度假村的契约名称，大大丰富了游戏的设计。

1934 年，达罗向马萨诸塞州的帕克兄弟游戏公司推荐了自己创作的游戏。他对自己的完美创意十分自信，非常期待自己的成功。然而，该公司却拒绝了，他们认为这款游戏设计失误、规则复杂、节奏缓慢。虽然碰了钉子，但达罗并没有放弃，反而借钱印制了 5000 套《大富翁》游戏，并将它们送到了费城的一家百货公司。在那里，这批游戏很快就被抢售一空。因为大萧条时期的人们喜欢通过掷骰（tóu）子和耍小聪明来在游戏中实现赚大钱的愿望，而这款游戏正好满足了人们的心理需要。

终于，帕克兄弟公司看到了这款游戏的潜力，对它产生了兴趣，并于 1935 年为其申请了版权。为了避免版权出现问题，该公司还用 500 美元买下了玛吉女士《地主游戏》的专利，以及一款名为《金融》的类似游戏。达罗十分精明，他同游戏公司签署了一项版税协议，并最终靠着这款《大富翁》成了一名真正的百万富翁，实现了自己的富翁梦想。

看来，要成为"大富翁"，不仅要善于观察、结合实际，还要有胆识、有远见，不怕碰壁、坚持不懈。你知道"大富翁"的秘密了吗？

千变万化的
扑克牌

扑克牌和"扑克脸"有什么渊源？

扑克牌游戏最初起源于欧洲地区，后来进入了美洲，在美国经历了一系列改进和发展，又重新回到了大西洋对岸。

类似扑克的纸牌游戏兴起于16世纪20年代。在西班牙的3张纸牌游戏中，人们用高价押注来赌纸牌的花色。随意抽取3张扑克牌，3张纸牌花色相同的人获胜，赢得他人的筹码。这种游戏玩法简单，全凭运气，几乎没有什么技术含量，所有的人都可以玩。

到了1700年，出现了许多5张牌的纸牌游戏。在游戏中，人们为了增加胜面，玩起了心理博弈。他们常常在抽到一手不好的牌时虚张声势，以此来欺骗对方让他们放手或弃牌。英国、德国和法国都有这样一个基本套路：玩家不仅需要计算出自己手中牌的大小，还要识别出对方是否在虚张声势，既要知道自己的实力，还要判断对方的真伪，这样才能实现自己的胜利。"扑克"一词来源于法语，而其本身又是德语词汇的变体，这个词义为"虚张声势"。为了保留自己的神秘感，不让对家识破自己的底线，聪明的玩家会摆出一张面无表情的"扑克脸"，或制造出难以辨别的行为来掩饰自己的牌局，不暴露自己的虚实。

法国殖民者将扑克牌带到了路易斯安那州，从此这种游戏开始从新奥尔良向密西西比河流域传播。1829年，一位进行巡回演出的英国演员首次提到扑克牌。1861年至1865年，美国爆发内战，这场战争意外地对扑克牌的流行和传播做出了不小的贡献。士兵们在紧张的战斗和孤寂的营地生活中，常常通过打扑克来得到片刻的解脱。

1870年，美国驻英国大使雅各布·申克上校向维多利亚女王的宫廷成员传授了扑克牌的玩法。女王本人立刻对这个游戏产生了浓厚的兴趣。因此，申克专门为女王编写了一套规则。直到第一次世界大战后，欧洲其他国家才开始了解这项由美国士兵引进的游戏。此时扑克牌游戏已经发展出2种主要玩法——抽牌（全部纸牌正面朝下，保持神秘感）和发牌（一部分纸牌正面朝上，保留一半，露出一半）。

自从互联网出现以后，扑克牌游戏在网上也得以风行起来。无论是专业选手还是业余玩家，网民们都可以在全球实时竞赛中进行虚拟化的比赛。

看似简单的扑克牌背后还藏有许多秘密。扑克牌的设计十分巧妙，它是根据历法而设计的。一副牌中，大小王是特殊的牌，去掉它们，就有 52 张，代表一年有 52 个星期。扑克牌中的红桃、方块、梅花、黑桃 4 种花色象征着一年有春、夏、秋、冬 4 个季节。每种花色都有 13 张牌，这表示一个季节里有 13 个星期。再试试看把 54 张牌的点数全部加起来呢？你还会发现更深的秘密。如果我们按照从 A 到 10 的顺序数下去，把"J"当作 11 点，"Q"就是 12 点，"K"是 13 点，大、小王各当作半点。然后，我们把 54 张扑克牌的点数进行相加，加起来的点数恰巧是全年的总天数——365 天。闰年的话，大小王各代表一点，就是 366 天。另外，大王代表着太阳，小王代表着月亮。一副牌还有黑色和红色的区别，因为红色表示白天，而黑色则表示夜晚。

小小的扑克牌中也有这么多值得探索的地方，的确很有趣，但我们也不要过度沉迷于纸牌游戏哟。

纸牌的起源可能在中国

纸牌可能是在 7 世纪到 10 世纪时期从中国传出的。早期，中国人就将带有符号的卡片用作占卜工具，这大概已有数百年的历史。人们推测在 13 世纪时期，纸牌通过著名的父子旅行家尼科洛·波罗和马可·波罗之手，才从中国经由威尼斯传到了欧洲地区。

藏在格子里的谜语
——纵横字谜

你猜过字谜吗？基于字母文字和汉字而设计的字谜会有什么不同呢？

报纸上的猜字谜游戏深受大家喜欢，它的历史可追溯至1913年12月21日。当时，第一款字谜游戏刊登在《纽约世界报》周日增刊中，这就是纵横字谜。顾名思义，纵横字谜的答案有的是竖着排列的，有的是横着排列的，在横竖交叉之处的字母是公用的。这样便拼凑出了可以横看、可以竖看的单词阵列，非常有趣。

这种奇妙的字谜棋盘格是记者阿瑟·温发明的。阿瑟·温在维多利亚时代（1837—1901）的英国长大，当时的许多儿童益智书籍和刊物中，都印刷有正方形的单词队列——一组一组的单词排列在一起，从水平方向或垂直方向上读起来都一样。这种游戏能考验人们的思维能力和联想能力，用当下的话来说，非常烧脑。

summer：夏天；camp：露营

温的祖父曾向他展示过一个非常

基本的字谜——幻方。这种字谜会提供一些完成谜题所需要的关键单词，然后需要玩家进行联想，找到答案，并填充进空白栏里。温则针对这种字谜进行了一些改进。在他设计的纵横字谜中，完成字谜所需的单词需要一些线索提示才能得出答案。

第一款纵横字谜最大的特色就是提供一些熟悉单词的简单线索，这个新的游戏和其他几款思维训练游戏一同面向公众推出。这种游戏一经面世，就受到人们的热情追捧，到了20世纪20年代初，几乎所有的主流报纸都在刊登这种字谜游戏。于是，纵横字谜开始变得越来越复杂，难度越来越高，也更加激发了大家揭开谜底的兴趣。1924年，纵横字谜书籍占据了美国全国畅销书排行榜的前四位。随之而来的，字典的销量也比以往任何时候都要可观，大多数都是被喜欢这项游戏的读者买去了。

纵横字谜的风潮在20世纪20年代中期又回到了英国，继而几乎蔓延到其他所有以字母为语言基础的文化中。20世纪30年代的女性时装甚至还常常以字谜游戏设计为特色。

在中国，这种填字游戏相对容易一些，因为中国人用的是方块字。每个格是一个完整的汉字，而不是一个字母。经常练习这种字谜游戏，能开发我们的联想能力，你记得哪些印象深刻的字谜呢？

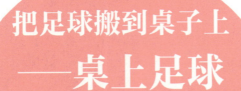

把足球搬到桌子上
——桌上足球

什么？把足球搬到桌子上"踢"？
那会是什么感觉呢？

桌上足球发源于欧洲。几十年的时间便迅速风靡了全球，现在有许多足球发达国家和地区都成立了桌上足球协会，每年都会举办全球性的桌上足球比赛和联赛，还会评选桌上足球赛年度总冠军。发展至今，桌上足球游戏已演化成全球性的体育活动。比起传统的足球来说，桌上足球不受场地和年龄的限制，不仅能让人看到精彩刺激的比赛，还能让人亲自上手体验，令无数球迷乐在其中。

要问是谁发明了这个奇妙的游戏，有3个人贡献都不小。他们分别是：法国工程师吕西安·罗森加特；西班牙的亚历杭德罗·菲尼斯特雷，他声称受到乒乓球的启发而发明了这款游戏；还有英国的哈罗德·瑟尔斯·桑顿，他是第一个将球员人偶连接到杆子上并申请专利的人。桑顿的叔叔路易斯非常喜欢侄子的设计，并将桌上足球游戏带到了美国，并于1927年在美国另行申请了专利。

桌上足球的发明者不少，游戏变体则更多。

桌上足球的游戏规则与它的历史一样模糊不清。世界各地球桌的构造各不相同，有些使用塑料人偶，有些使用硬木人偶。此外，不同的球桌还采用了不同的场地划分方法。20世纪50年代，最早的桌上足球联赛在比利时兴起，这标志着这类比赛越来越受人们欢迎。20世纪六七十年代，桌上足球成为美国各地酒吧和游戏厅中不可或缺的游戏项目，并在1978年成为美国最受欢迎的游戏之一。顶级玩家在桌上足球比赛中可以夺得百万美元奖金。不过，后来街机游戏出现，对桌上足球产生了不小的冲击。尽管如此，忠诚的粉丝们仍然坚持举办桌上足球世界锦标赛。虽然人们无法统一这项游戏的正式规则，但是在同一地区，这些规则还是一致的，否则也没有办法参加比赛了。

尽管桌上足球有点儿"纸上谈兵"的意味，可它新颖、惊险、刺激，能给人参与真正体育竞赛一样的感觉，不信，你也去试试吧！

3 游乐设施

来吧！这里有一张入场券，带领你去往世界各地主题公园，了解那些疯狂的游乐项目背后鲜为人知的故事。坐一坐旋转木马，了解它是如何从骑马竞技变为骑乘木马的；再跳上摩天轮，了解它曾如何与埃菲尔铁塔一较高下；然后试试看你是否足够勇敢，来上一次"激流勇进"。多年来，这些游乐项目经受住了时间的考验，一直为人们带来惊险刺激、无比欢乐的体验。让我们来看看它们是如何起源的，又为什么会这样经久不衰。

游戏是小孩子的"工作"。

——莎士比亚（英国剧作家、诗人，1564—1616）

原地转圈的马
——旋转木马

马儿通常奔跑在辽阔的草原上，你见过只会在原地转圈的马吗？答案是旋转木马。

最初的旋转木马形象出现在公元 500 年。在拜占庭帝国的一幅蚀刻版画中，描绘着这样的画面：人们坐在篮子里，围绕着中间的一根大柱子，快速转圈摇摆。12 世纪，意大利和西班牙的十字军战士发现阿拉伯骑兵们喜欢玩一种游戏：他们用黏土球装满香水互相投掷，被砸中的人身上的香味会持续好几天。意大利人把这种游戏叫作"小小战争"。由于惊险刺激，这种游戏快速地传到了欧洲地区。法国人则把这种游戏变成了一场盛大的马术比赛。在比赛中，骑手们全速前进，并用长矛刺穿悬垂的圆环来获取得分。

17 世纪晚期，年轻的骑士们有时会用一种机械装置来练习比赛。这种机械装置的中间是一根竖立的杆子，人们将一匹木马拴在从中间柱子上伸出来的一只横臂上，并由骡子或仆人拉动木马。从此，这些早期的旋转木马开始受到妇女儿童的欢迎。

到了 19 世纪中叶，这种装置已经发展成一种手摇操作的机器。从旋转中心的柱子伸出的横臂上固定着各种木制的动物坐骑（qí），它们通常带有轮子或把手，让上面的人稳住自己的身体。人们骑在木制动物上，可以伸手去抓一枚圆环，而不是像过去那样用长矛将其刺穿。这种装置的出现为旋转木马的设计突破奠定了基础。

1870 年，英国工程师兼制造商弗雷德里克·萨维奇发明了一种利用蒸汽动力来转动旋转木马的方法。从此，骡子拉动和手摇操作的简陋旋转木马都成了历史。几年后，另一位英国人发明了一种装置，可以让木马在旋转的同时上下移动，增加了骑马的难度，好像真正骑在马背上奔跑。不久，人们就设计出可以容纳 2—3 排动物的传送带。于是，在集市、游乐园和海滨等地方，开始出现各种经过精心雕刻和绘制的旋转木马，它们的转动还伴随着欢乐的乐队演奏和蒸汽笛风琴的旋律。

19 世纪后期是大西洋两岸制作旋转木马的黄金时代。两位移民木匠——德国的古斯塔夫·丹泽尔和丹麦人查尔斯·洛夫，在东海岸制造了许多旋转木马。这些木马以五彩缤纷的动物设计为特色，非常优雅精致，既美观，又给人真正骑马的感受。

如今的旋转木马，早已不是简单的木制了，已经有了各种各样的形状，骑上去也给人不一样的感觉。

飞一样的感觉
——过山车

乘坐过山车时，人们往往会有忽上忽下、飞一样的感觉，你喜欢还是讨厌这种感觉呢？

    现代游乐园中最受欢迎的游乐设施就是过山车了，那种飞起来的感觉，想起来就让人心惊肉跳。这种游乐设施起源于 16 世纪到 17 世纪俄罗斯建造的冰滑梯。这座巨大的冰滑梯高达 21 米，陡峭的木制滑梯上结满了冰，游玩者可从木头或冰块上直直地滑下来，最后落在沙滩上。

    到了 1817 年，法国人发明出了带有两个轮子的过山车。这驾早期的过山车被称为"俄罗斯贝尔维尔山"，上面有几节车厢，车轴恰好嵌入轨道上的凹槽中，能防止车厢飞出去，因此保证了乘客的安全。1846 年左右，巴黎人对这

驾过山车进行了改造,使其变成了一驾环形过山车,它的直径是 3.9 米,超过了之前英国 1.9 米直径的过山车。

在美国,过山车的前身是窄轨铁路,人们曾经利用这种设施将煤炭从山区中运输出来。最早的铁路之一是位于宾夕法尼亚州的铁路,这条铁路曾被改造成可搭载游客进行风景观光的线路,一趟旅程只需花费 1 美元,这只算是过山车的雏形。第一驾真正的美国过山车,是1884 年在纽约市科尼艾兰海滩上建造而成的。乘客只需花 5 美分,走上一架 15 米高的楼梯,就可以乘坐过山车。他们会沿着一条平缓起伏的轨道向下滑行 182 米,直到过山车渐渐停止。

到了 20 世纪 20 年代,北美地区大约已有 2000 驾过山车。在经历了经济大萧条之后,这一数字大幅下降。但在 20 世纪 70 年代和 80 年代,设计建造过山车的潮流又开始复苏。过山车在建造时用上了钢管,既坚硬又牢固,能做出许多惊险的动作,给人们带来了扭转、急降和其他令人大声尖叫的新体验。

现存最古老的过山车来自 1902 年,它是由爱德华·乔伊·莫里斯的公司为美国宾夕法尼亚州阿尔图纳的莱克蒙特公园专门设计和建造的。1999 年维修之后,这座国家历史地标性的"8"字形游乐设施摇身一变，成为一辆以橡树小径为特色的过山车，上下的坡度不超过2.7 米。

现代过山车最高时速可超过 190 千米，人坐上去，真的感觉像飞起来一样。相比之下，古老的过山车平均 16 千米每小时的速度就显得有些慢了，常常让人回想起过去那段美好的旧时光。

当然，过山车追求的是速度和刺激，慢悠悠的，也就没有那种感觉了。

游乐园的巨人
——摩天轮

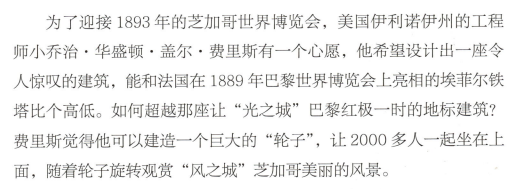

来到游乐场，最先吸引你眼球的是哪个游乐设施呢？我猜，一定是壮观亮眼的它！

　　为了迎接1893年的芝加哥世界博览会，美国伊利诺伊州的工程师小乔治·华盛顿·盖尔·费里斯有一个心愿，他希望设计出一座令人惊叹的建筑，能和法国在1889年巴黎世界博览会上亮相的埃菲尔铁塔比个高低。如何超越那座让"光之城"巴黎红极一时的地标建筑？费里斯觉得他可以建造一个巨大的"轮子"，让2000多人一起坐在上面，随着轮子旋转观赏"风之城"芝加哥美丽的风景。

　　建成后的摩天轮约有25层楼高，耗资高达30万美元（相当于今天的800万美元）。游客每乘坐一次只需付费50美分。它共有36个轿厢，旋转一周需要10分钟，等到世博会结束，大约有 150 万名乘客体验了摩天轮的魅力。在那之后，摩天轮被搬迁到芝加哥市的北部，希望能得到更多的人喜欢。但是没有想到，运营商在那里苦苦支撑了 10 年，始终未能吸引到足够的乘客来玩，所以没有办法平衡运营成本。1903 年，圣路易斯市买走了这座摩天轮，希望能在本地得到大家的喜爱，但摩天轮在当地同样无法赚到钱。最终，它在 1906 年被拆除。但出人意料的是，它在海上重获了新生。从这座摩天轮身上拆下的钢铁，被用于建造了参与第一次世界大战的"伊利诺伊"号战列舰。

"伊利诺伊"号战列舰

虽然芝加哥这座摩天轮的维护和运行成本超过了它的收入，不过，通过设计上的改进（如更小的轿厢和更开阔的视野），建造成投入少、能赚钱的摩天轮还是有可能的。在接下来的一个多世纪中，摩天轮作为狂欢节的主要元素之一，吸引了数百万人乘坐体验。

在摩天轮理念的带领下，数十种惊险刺激的游乐设施应运而生，现在的城市观景摩天轮，也是汲取了摩天轮的灵感，费里斯最初的简单设计仍是不可超越的经典。

如今的摩天轮，在各国各地的游乐场所成了最受人们欢迎的游乐设施，不管是大人还是小朋友都特别喜欢，相信未来的摩天轮会越来越有趣，也越来越安全。

碰撞的狂欢
——碰碰车

要问在哪里开车能肆意碰撞、不计后果，还能留下串串笑声，那一定是在这儿了！

比较特别的是，碰碰车的历史很是曲折，而这一切要从确定它的发明人姓甚名谁开始。碰碰车的发明人有可能是一位名叫威廉·瑟斯顿的男子，他领导的公司负责制造狂欢节用的游乐设施。在这家公司里，凡是能给人们带来快乐的器具都非常受欢迎，而且是越刺激越好。除了威廉，碰碰车还有可能是通用电气公司的员工维克托·利万德发明的。由于没有准确的资料，我们很难确定到底是谁发明了碰碰车。虽然碰碰车的历史起源不太清楚，但我们可以认定的是，碰碰车正式出现于 1919 年。而马克斯·施托雷尔与亨利·施托雷尔开发的另一款碰碰车也是在这一年首次出现在马萨诸塞州。

尽管开起来特别费劲，但碰碰车很快就找到了自己的"粉丝"——那些喜欢在碰撞中寻找快乐的狂欢者。最开始的碰碰车是用汽油做动力的，直到 20

世纪70年代，来自费城的一对堂兄弟约瑟夫·卢斯和罗伯特·卢斯开发了电动碰碰车，通过电力发动。电动碰碰车通常在金属地板上驾驶和控制，一根金属杆会从车顶伸出，连接着金属天花板，如此连通电路后为车内的电机供电。

现在的人们都喜欢这种操作灵活、碰撞猛烈的感觉，所以碰碰车在游乐场很受小朋友的喜爱。由于有了各种保护措施，人们的身体一般不会受到伤害，但是由于激烈的冲撞，周围一定要有栏杆围上，隔离观众才行。你喜欢玩碰碰车吗？

激流直降的
滑道漂流

你玩过那惊险的滑道漂流吗？那令人心跳加速的感觉，够刺激吧！

滑道漂流的起源可以追溯到20世纪初流行的水滑道，可以利用纯天然的陡峭地形，有水就可以了。参与游戏的乘客坐在平底小船中沿着斜坡滑入下方的水池，一路上水花四溅，也让人惊心动魄。但是，这个游戏的灵感似乎要回溯到更久远的时代。

旧时候的伐木工人让砍伐下来的原木顺着山间溪流而下，一直漂流到锯木厂，免得用人工搬运费时费力。1884年，J. P. 纽伯格根据这一启发，在美国伊利诺伊州罗克艾兰的瞭望塔公园设计建造了滑道漂流项目，让人们像木头一样，在人工的滑道上漂流而下，从而获得乐趣。这个项目刚一推出，立刻受到

了人们的热烈欢迎，其他公园也纷纷效仿，包括美国第一座现代化的游乐园——芝加哥的保罗·博伊顿的水滑道乐园。从那以后，各地公园也都纷纷开发了这一项目。

然而，水滑道的主要缺点是路程短暂，它们只能让游客快速下降一次，所提供的刺激感非常有限，而且通常不太安全，因为人们有可能冲出滑道。人们一直在期待体验更新颖、更安全又更刺激的漂流。直到1963年，巴德·赫尔伯特在得克萨斯州六面旗公园设计并修建了仿真的"锯木厂"，整个游戏项目模拟顺流而下的原木，滑行结束时会溅起巨大的水花，淹没游客。这种真实的感觉和巨大的刺激非常吸引人，游客们排起长长的队伍等待乘坐这种游乐设施，希望体验水花扑面的刺激感。赫尔伯特最大的成就，是在1968年为诺氏百乐坊乐园设计了经典的"木材山"，这为他赢得了"滑道漂流之王"的称号。

世界上最高的原木滑道之一位于美国印第安纳州的假日世界和飞溅水道探险主题公园。在这里，乘客要沿45度角的斜坡从40米高的地方滑落，滑行时速最高可达80千米。

如今的滑道漂流更是花样百出，不仅在路程上延长了许多，道路中也增设了许多急转弯，让人漂起来更加刺激，更加疯狂。甚至有的地方，小艇明明漂在流水上，却无法弄湿你的衣服。漂在水上而不湿衣，让你一年四季，想漂就漂。

直冲而下的水上滑梯

从历史上看，水上滑梯几乎与高架渠一样古老，高架渠是让水从低处流到高处，水上滑梯是让水从高处流向低处。世界上第一台用于公共娱乐的水上滑梯是亨利·塞尔纳设计的"水上平底雪橇"滑梯，它由塞尔纳于 1923 年在其家乡美国明尼苏达州用木头制成。当乘客跳进滑梯顶部的木橇时，木橇开始向下滑动，一段激动人心的旅程就此开始：乘客在水面上滑行30 多米远，在尖叫声中，一直冲向滑道的底部。塞尔纳提出了许多将成为未来水上乐园游乐设施雏形的想法，其中一些游乐设施在他构想的基础上更进一步，比如改变滑道的方向，加设了弯道、环路乃至水弹炮等设计。

水上滑梯分为几个种类：一种允许游客自己不借助任何装备，随着水流滑下；而管道滑道或雪橇滑道则为游客提供了滑行工具，就像塞尔纳的第一台水上木橇滑梯一样；高速滑梯的加速度令人心悸，那种瞬间呼啸而下的感觉，太爽了；蛇形滑梯的曲线滑道忽左忽右的摇摆，则让人兴奋不已。

如今，水上滑梯的滑道路程不断加长，道路不断变弯变险，不但小朋友们喜欢，也有许多成年人勇敢地挑战自己，要"滑"一下，找回童年的感觉。

4 声声入耳

　　"假如音乐是爱情的食粮，那么奏下去吧。"英国大文豪莎士比亚在《第十二夜》中这样写道。当我们听到自己喜爱的旋律时，心中会涌出同样喜悦的感受。"随身携带音乐设备，无论身在何处"。在一系列的技术突破之后，人们又设法将音乐存储在计算机上，并且发明了新的音乐播放设备。

　　音乐，有人将它比作花朵，因为它铺满在人生的道路上，散发出不绝的芬芳，把生活装饰得更美。
　　　　　　　　　　　　　　——贝多芬（德意志钢琴家、作曲家，1770—1827）

乐器之王
——钢琴

乐器之王是谁？钢琴以其庞大的身躯、复杂的音律、浓厚的音域，成为当之无愧的乐器之王。

钢琴的发明要归功于几种先驱乐器，它本身具有几种乐器的特点。

首先是扬琴。扬琴是一种使用锤子演奏的弦乐器，最早可能起源于古代的中东地区。到了15世纪，欧洲人开始使用一种叫作击弦古钢琴的乐器。这种乐器的琴键上有一种叫作切弦的金属刀片，可以用来敲击琴弦。这和击打钢琴琴键的道理是相同的。还有一种更加常见的是叫作羽管键琴的乐器，它出现于14世纪，并一直流行到18世纪。在羽管键琴上，用一枚叫作弦拨的皮质拨片可以拨动琴弦，从而发出音量均匀的微小声音。

18世纪的前10年中，意大利有一位羽管键琴制

扬琴

50

造者叫作巴尔托洛梅奥·克里斯托福里，他发明了一种全新的羽管键琴。这是一种由演奏者控制音量的乐器设备，人们可以通过加大力度敲击琴键，来发出更加响亮的音调。当敲击出音调后，琴键的小锤会自动弹回，这样就可以立即再次敲击琴键。最终，键盘的出现让演奏者可以任意进行音乐演奏，这应该是最初的钢琴样式。

18 世纪末和 19 世纪初，随着精细化工业的进一步发展，人们对钢琴进行了一些改进。这时人们生产的钢琴装上了键盘，其中包含着数千个部件，这样一来，钢琴就能发出更饱满、更丰富的声音了，实现了本质的飞跃。那时，世界上大多数优秀的作曲家都在创作钢琴曲作品，人们对音乐的欣赏也进入了钢琴时代。美国最著名的钢琴演奏家亨利·恩格尔哈特·施坦威（1797—1871）是从德国移民至美国的，他创办了一家公司，开始运用高科技生产大批高质量的钢琴。施坦威生产的钢琴在外观上使用了大型铸铁框架和斜向的低音琴弦，而这种外形也一直被使用到现在。

1900 年，在巴黎国际博览会上，美国制造的钢琴赢得了更多人的赞叹。鲍德温钢琴成为第一个赢得评委会大奖的乐器。从此以后，钢琴在美国的社会文化中都发挥着重大作用，在一些大型场合，都会听到钢琴的声音，温柔或者雄壮。在一般的乐器演奏时，如弦乐器

施坦威大三角钢琴

或木管乐器，都需要不停地调试才能顺利奏出声音，但是钢琴的琴键并不需要在演奏中频繁调整。因为钢琴本身结构是稳定的，声音也不容易发生变化，是一种理想的家庭乐器。当然，一架钢琴的琴弦，被用毛毡覆盖的锤子一遍又一遍地敲击后，确实也需要不时地进行调音。不过这是一项只有专业钢琴调音师才能完成的任务，一般人很少能掌握这种技巧。

人们认为钢琴是一种适合年轻女性学习的乐器，它的出现和演奏过程也达到了娱乐消遣的目的。从 18 世纪开始到 20 世纪初期，广播、电视和互联网还没有进入千家万户，钢琴作为一种娱乐设施备受西方家庭的欢迎。多名学习钢琴演奏的人还可以同时使用一架钢琴。随着不断的学习和进步，他们慢慢地可以演奏一些赞美诗、流行歌曲和许多其他音乐作品。

电钢琴

第一台"电动"钢琴，是在 20 世纪 40 年代由哈罗德·罗兹制造而成的，"电子钢琴"的名字也是他取的。罗兹经营着一家钢琴连锁店，拥有 40 间工作室，赚了不少钱。第二次世界大战期间，他还教他的战友们学习弹奏钢琴。他甚至还为美国劳军联合组织组装了一架局部电动的钢琴。由此产生的电钢琴成为 20 世纪晚期音乐创作的重要组成部分，包括爵士乐、摇滚乐和放克音乐等。

就现在而言，钢琴已经成为美国家居的标准配置。钢琴的弹奏技巧虽然难以掌握，但它在音乐界的确是一种无与伦比的乐器。它用行云流水般的音符，演绎出让人如痴如醉的旋律，是当之无愧的"乐器之王"。

口琴：麻雀虽小五脏俱全

如果说钢琴是琴类大家庭中的巨无霸，那口琴就是这个大家族中的小兄弟。

口琴是将簧片固定在簧板上的自由簧乐器。经过调音，当空气穿过琴孔，带动簧片振动时，口琴就会发出高低不同的声音。大多数口琴在外部盖板下装有两个黄铜簧片，一个在演奏者呼气时发声，另一个在演奏者吸气时发声。琴格可由塑料、木材或金属制成，夹在吹簧和拉簧之间。琴格规定了口琴的孔数并将各孔分隔，琴孔通常为 10 个或 16 个，每个孔对应一个音符。

最古老的乐器
——长笛

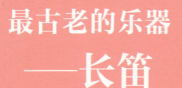

你能想象吗，一支4万年前的长笛居然还能吹奏出美好的曲调。

音乐无处不在，有人的地方，就有音乐。尽管居住在洞穴里，可欧洲早期居民的生活比人们想象的要复杂得多。在一些洞穴中，考古学家发掘出了长笛，这是迄今为止发现的最古老的乐器，它竟然是用兽骨制成的。一位斯洛文尼亚人发现洞穴里有熊的股骨碎片，上面刺有4个孔，因而判断出这应该是一件乐器。这块碎片已经有超过4万年的历史，它可能属于一个精通音律的尼安德特人。同一时期，德国南部也出土了一根有4万年历史的秃鹰骨长笛。发现它的人对之前熊股骨碎片提出了质疑，说自己发现的这支秃鹰骨长笛才是第一根真正

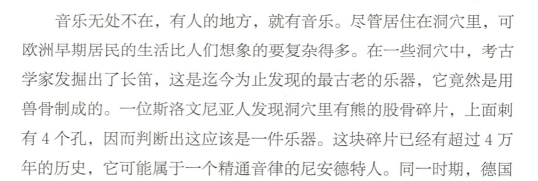

德国南部出土的秃鹰骨长笛

的长笛。这支秃鹰骨长笛形状细长，有"V"形吹嘴和5个指孔，被发掘后，清洗干净仍然可以吹奏。

长笛属于高音乐器，能吹出嘹亮的声音。它的外形看起来像一根

铁管子，上面开有数个音孔。早期的长笛是木质的，因为它们不容易变形。现代都使用金属来制作。不同的材质有不同的吹奏效果，音色也不一样。传统的木质长笛声音更圆润、更温和细腻，而金属制成的长笛音色就比较明亮宽广。

随着长笛逐渐受到人们的喜爱，为了方便吹奏，长笛的演变根据人们的不同爱好逐渐向两种主要形式发展。一是竖直吹奏型，吹孔位于笛子的一端，如竖笛；另一种是横向吹奏型，吹孔在笛子的侧面，如现代音乐会上的长笛。今天的长笛是分段制造的，带有可以产生多种音符的按键，每个键可以单独成音，也可以和其他的键合成一个音，变化多了，演奏的内容也更丰富了，比石器时代的长笛更加实用。

人类学家推测，创作音乐可能有助于早期人类的交流，即使是不同的人们，无法用语言沟通，但是只要听到音乐，就能从中了解吹奏人的心情，才能形成更紧密的社会关系，因为——音乐是无国界的。

六根弦的琴——吉他

这种乐器源自中世纪一种叫作吉坦的乐器，与吉他发音相近。大约 16 世纪，西班牙人开始制作现代吉他乐器。早期的吉他琴箱更深，琴颈更短，只有两根琴弦。到了 18 世纪，吉他已经发展成为六弦形式，与如今的音质也基本相似。

走到哪唱到哪
——便携式唱机

音乐，离开了会场和家庭，就听不见了，怎么才能走到哪儿唱到哪儿呢？别急，便携式唱机来了。

多年来，人们一直想把最美的声音留下来，想听就听，想唱就唱。可是，时代的步子有点儿慢，爱迪生发明留声机，帮助人们留下了声音，实现了美好的愿望。直到40年后，一家公司才制造出便携式唱机。可你绝对想不到吧，这种唱机竟然是军用的。这种小型手摇唱机由英国公司迪卡生产，当时是第一次世界大战期间的军用装备。这些唱机看起来像带有把手的小手提箱，分量也不重，可以拎起来就走。

后来，因为这种模样特别"帅"，现代唱机仍然延续这种复古的设计，给人们的生活增添色彩。1924年，瑞典人发明的迷你型唱机改变了这种帅气的模样。因为这种迷你型唱机可以折叠成非常小的尺寸，但使用时，需要重新加以组装，而且未配备扬声器，在美观度和音量上也大打折扣，比不上原来的家伙。

接下来，更多的便携式设备出现了，包括1935年的"胜利"牌K型唱机。便携式设备大大改变了人们的生活方式，尤其是青少年。20世纪50年代，美国青少年不管走到哪里，只要唱机放出音乐，他们就随着流行的音乐跳起来，唱起来。当时，英国丹赛特唱机也是最时髦的唱机，青少年只要一听见播放的音乐，随时就能摇摆起来。

后来，晶体管技术的加盟使得唱机和收音机变得更加便携。第一款便携式音响来自亨利·克洛斯于1962年生产的KLH-11型唱机，包含一个放大器和两个扬声器。那声音大极了，隔几条街道都能听得清清楚楚。但在同一年，小型盒式磁带的发明，标志着便携式唱机的终结——直至21世纪黑胶唱片再度复兴，唱机们才又重回人们的视线。

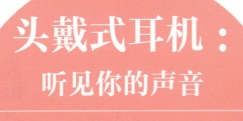

头戴式耳机：
听见你的声音

如何在公共场合既能放心地听音乐，又不打扰别人的生活呢？当然是用头戴式耳机。

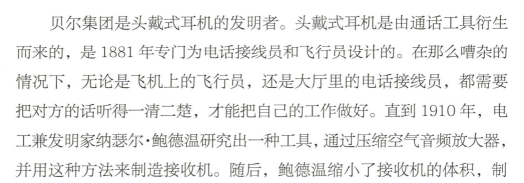

　　贝尔集团是头戴式耳机的发明者。头戴式耳机是由通话工具衍生而来的，是 1881 年专门为电话接线员和飞行员设计的。在那么嘈杂的情况下，无论是飞机上的飞行员，还是大厅里的电话接线员，都需要把对方的话听得一清二楚，才能把自己的工作做好。直到 1910 年，电工兼发明家纳瑟尔·鲍德温研究出一种工具，通过压缩空气音频放大器，并用这种方法来制造接收机。随后，鲍德温缩小了接收机的体积，制

造出一款双耳悬挂式耳机。鲍德温向美国海军出售了 100 部耳机，供其在第一次世界大战中使用。

　　美国商人约翰·C.科斯在 1958 年发明了现代耳机，但他并没有满足，因为他看不起这小小的耳机，更希望自己借助其他产品出名。左思右想之后，科斯决定设计一种可

以播放立体声的新型便携式留声机。为了突出立体声的效果，科斯和工程师马丁·兰格在留声机中加入了一项创新：SP3立体声耳机。在此之前，耳机一直是一种笨重的装置。

科斯发明的耳机体积更小，重量更轻、立体声的效果更好。只要将立体声耳机插入留声机，人们无论在哪里，都可以在私下里尽情地聆听各种音乐。遗憾的是，科斯的留声机在商业上遭遇了失败，而他发明的立体声耳机却红极一时，真是让人哭笑不得。不过，也正是因为如此，我们才得以拥有更好的头戴式耳机产品，并且为日后的耳塞式耳机的生产，打下基础。

这种头戴式耳机，能在不影响别人的情况下，让人们尽情享受音乐带来的乐趣。不管有多少人，不管是在什么环境下，都能让你沉迷音乐，并乐在其中。

无处不在的音乐享受
——随身听

随着便携式唱机和头戴式耳机的发明，一种更轻更小的随身听，也就顺势而生，且越来越受到年轻人的喜爱。

便携式唱机越来越流行，它的统治地位也越来越稳固。一些新式汽车上，开始装置八轨磁带播放器，人们可以一边驾驶，一边欣赏自己喜欢的音乐。后来，便携式磁带播放器应时而生，人们充分实现了音乐自由，不管在干什么，只要拥有了便携式唱机，你就可以想听就听，尽情享受音乐带来的快乐。实际上，便携式磁带播放器在便携式唱机发明几年后就已经出现，但是形状和样式都不是最完美的。最完美的随身听，在1979年7月1日首次亮相，它的特别之处在于，它的体积比之前任何一种音乐播放器都要小，而且携带更方便，装在兜里就行，走到哪儿听到哪儿。

当时，索尼公司联

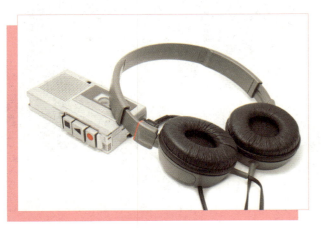

合创始人井深大，要求他当时的副手——后来的索尼总裁大贺典雄，设计一款仅使用耳机的磁带播放器。经过他们团队的努力，结合各种先进的唱机和耳机的长处，成功研制出一种迷你型音乐播放器，于是随身听诞生了。产品出现了，接下来的任务，就是为这个新产品选择一个合适的名字。在听取了大家的建议后，索尼最终选择了"随身听"这个名字，表示这是一款可以随身携带、想听就听的新产品。

人们都喜欢随身听纯正的音质，产品一出厂，大家就纷纷抢购，很快就帮它贡献了数百万台的销量。随身听有两个耳机插孔，可以同时供两位听众使用，还不会影响别人。在它问世后，盒式磁带的销量也随之猛增。在盒式磁带已经过时的年代里，随身听凭借能够播放 MP3 文件和 DVD 文件，以及兼具部分手机的功能，仍然散发着强大的生命力。

一张小小的磁带，一部小小的机器，就能让你尽享音乐的快乐，这是随身听最受人欢迎的地方。

统治全网的
MP3 音频格式

为什么是 MP3 呢？因为之前还有 MP1 和 MP2，轮到它，只能是 MP3 了，这是毫无疑问的。

MP3 的出现要归功于两种截然不同的事物：用通信公司的百年通信技术做支撑，以及用苏珊·薇格的清唱歌曲《汤姆的晚餐》做尝试。

大约从 1910 年开始，电话公司就对人类听觉的极限进行了广泛深入的研究，重点关注人耳可听到的频率的上限和下限，能听到最高的声音是多少分贝，最低的声音是多少分贝，从而根据人耳的能力，确定通话时音量的大小。分贝是声音的单位，声音越高，分贝越大，声音越低，分贝越小。我们平时听到巨大的声音很刺耳，那就是分贝太大；听不见的声音，就是分贝太小了。1988 年，数学家兼音频工程师卡尔海因茨·勃兰登堡利用这项研究的数据，创建了一种将音乐压缩成小型计算机文件的方法，并着手进行研究。勃兰登堡认为，由于我们的耳朵在既定的时间内，只能听到和处理一定数量的声音，因此有大量暂时被我们忽略的音频是可以被压缩的。在他的研究基础上，他们率先推出了 MP1 和 MP2，并受到了人们的欢迎。但是当他听到薇格的清唱歌声时，他意识到自己的技术对于质感丰富的声音似乎不太有效。因为这种清唱，只有一种声音，而没有被忽略的其他声音，压缩之后，这种声音不可避免地发生了变化，于是他开始改变研究的思路。

　　勃兰登堡是"动态图像专家组"的成员之一。由于薇格的这首歌，该团队改变了算法，创建出 MP3 这种压缩格式。这个建立 MP3 标准的团队为他们的这项技术发明设定了生日：1995 年 7 月 14 日。它之前的两个版本——MP1 和 MP2，被称为"有损"版本，是不完美的，因为这两个版本在压缩文件时损失了很多的声音细节。MP3 则提供了一种减少声音损失的解决方案，而且它的问世恰逢互联网开始在家庭用户中普及，正好赶上了千家万户都需要的时候。凭借高音质、小体积的特点，MP3 顺势成为互联网音乐的主流音频格式。

　　一切新发明的事物，都是从不完美到完美变化的。MP3 的研发过程，就说明了这个道理。

便携式的多媒体播放器

随着 MP3 音频压缩技术的普及，人们需要一种更好的播放器，能播放这种被压缩后的音频。2000 年，苹果公司首次推出一款软件，它可以管理 MP3 文件并充当虚拟点唱机，在各大城市非常流行。虽然当时大多数便携式播放器已经能够播放数字文件了，但怀有雄心壮志的乔布斯还是希望苹果公司能够完成一次飞跃。2001 年，苹果公司推出了一款便携式多媒体播放器，这就是第一代 iPod，其存储容量为 5GB。它的特点是体积小，但是容量大，能存储 1000 首歌曲。不过，直到 2002 年 7 月第二代 iPod 发布时，这台小设备才开始展现它的潜力，存储容量跃升为 10GB 和 20GB。2003 年，苹果公司发布了另一版新款 iPod。随着技术的成熟，一系列新产品纷纷登场亮相，而且越来越完美。iPod 的销量在当时已突破 100 万台，一年后达到 1000 万台，时至今日总销量已近 5 亿台。从起初的一代、二代，iPod 发展到了六代、七代，还出现了许多其他的系列新产品。

不过早期的 iPod 现在已经很少见了，从收藏家手中收购的话需要花费数百美元。2022 年 5 月，苹果公司宣布 iPod 停产，它 21 年的"寿命"也迎来了终结。确实，旧的、落后的东西早晚会被淘汰，我们需要的，永远是最新最好的东西。

5 视听盛宴

  灯光暗下来，帷幕缓缓拉开，故事开始。影视剧为我们带来极大的视听享受，然而影像技术的发展经历了很长时间，才实现了声、光、影的完美结合。影视行业在技术上实现了重大的跨越式发展，从无声电影发展到有声电影，由黑白影像变为彩色影像，继而推出令人兴奋的三维巨幕电影。音乐录像使我们发现观看音乐视频可以像听音乐一样有趣，而摄像机的普及则带动人们自己动手拍摄视频短片。

任何试图区分教育和娱乐的人，都根本不懂这二者的精义。
——麦克卢汉（加拿大传播学家，1911—1980）

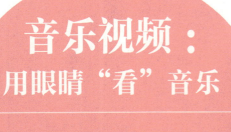

音乐视频：
用眼睛"看"音乐

将声音和影像同时记录下来，会不会使音乐展现更大的魅力呢？

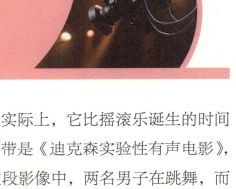

　　音乐视频是什么时候出现的呢？实际上，它比摇滚乐诞生的时间还早。现在所公认的最早的音乐录影带是《迪克森实验性有声电影》，它出现于 19 世纪 90 年代中期。在这段影像中，两名男子在跳舞，而发明家威廉·迪克森则在一旁拉小提琴。当然，这段小小的音乐视频不可能达到今天大多数人所习惯的那种顶级音乐视频制作的效果。但是作为人类历史上的第一次，也是很不容易的。

　　20 世纪初期，人们发明了配有一帧帧活页插图的音乐幻灯片，将其在杂耍表演的间隙播放，同时借此推销活页乐谱。由于音乐是独立录制的，而且这些幻灯片从未

公开发行，因此人们通常把这些配有插图的歌曲看成是现代音乐视频的前身。1925 年，动画界的先驱弗莱舍兄弟受此启发，采用"跟着弹跳球一起唱"的技术，制作了音乐视频，它可以说是音乐视频重要的发展阶段。

美国动画先驱：马克思·弗莱舍

20 世纪 40 年代，"声片"问世，这是一种拍摄人物舞蹈并带有音乐伴奏的短视频，在世界各地的酒吧和餐馆中大受欢迎。10 年后，传奇人物"重拳手"J. P. 理查森有了一个奇思妙想，那就是将这种视频短片与流行音乐进行组合后推出。他特意拍摄了 3 首歌曲的视频，包括 1958 年的《尚蒂伊蕾丝》。理查森预言，视频和音乐将会共同创造一种现代艺术形式。"音乐视频"一词就是他于 1959 年创造的，音乐指的是声音，视频指的是影像。果然，音乐视频的形式大火，受到了全世界乐迷们的疯狂追捧。

遗憾的是，理查森于同年在一次飞机失事中遇难，未能亲自看到预言的实现。从 20 世纪 50 年代末开始，瑞奇·尼尔森、甲壳虫乐队、滚石乐队等艺术家及乐队开始利用视频推广他们的歌曲，而专门播放音乐视频的节目形式——音乐电视则在 1981 年诞生了。

现在，音乐视频，也就是我们所说的 MV，仍然活跃在音乐领域，是人们喜闻乐见的一种欣赏音乐的形式。毕竟，能够用眼睛来"看"音乐，的确是一种不可多得的享受。

无声电影：
沉默的震撼

当电影失去了色彩，失去了声音，
它还会带给你震撼吗？答案毋庸置疑。

无声电影时代始于 19 世纪 70 年代的单场景影片，如埃德沃德·迈布里奇于 1878 年拍摄的《飞驰中的萨利·加德纳》。该片仅由 20 多幅静止图像组成，拍摄了一匹奔跑中的马的姿态。实际上，这就和我们看的幻灯片一样。同样的例子还有 1888 年拍摄的、长度仅为两秒钟的《朗德海花园场景》。它是由路易斯·普林斯制作的，拍摄了一群人在花园里走来走去的场景。这部电影通常被看作是最早的一部叙事电影，尽管非常简短，但是开始有了情节。

1902 年，13 分钟长的《月球旅行记》标志着更长的无声电影出现。无声电影时代的巨星有巴斯特·基顿、D. W. 格里菲斯、查理·卓别林和谢尔盖·爱森斯坦。

查理·卓别林

爱森斯坦于 1925 年制作了无声史诗电影《战舰波将金号》。片中呈现了乌克兰敖德萨阶梯大屠杀，塑造了电影史上最震撼人心的画面之一。

　　无声电影的真正乐趣是可以使人体会到低成本的刺激娱乐。如1923 年的电影《安全至下》讲述了一名百货公司的店员为了商业宣传，表演从楼下爬到大楼屋顶的绝技的故事。由于没有声音的加持，哈罗德·劳埃德演出了几乎不顾性命的特技效果。之后他继续拍摄电影，作品数量是同时代著名演员基顿和卓别林的两倍。在最早的一批有声电影中，由艾尔·乔尔森主演的《爵士歌王》

哈罗德·劳埃德出演《安全至下》

于 1927 年上映。之后的几年里，虽然人们继续拍摄无声电影，但有声电影的出现已经在宣告无声时代的结束。1936 年，卓别林制作了最后一部无声电影《摩登时代》。在无声电影时代，美国制作了近 1.1 万部电影，但只有不到三分之一保存了下来，其他的都在时间的洪流中湮灭了。

　　一个时代有一个时代的特点，没有有声电影的时代，无声电影为人们带去了诸多欢乐和反思。随着时代向前发展，我们身边的事物也在发生着变化。电影也是一样，一切美好都值得期待。

恢宏的
巨幕电影

巨幕电影，想想都让人震撼，如果你没看过，一起来领略一下它的独特风采吧。

这种巨大的白色银幕诞生于加拿大。1967年，日本富士集团向加拿大电影制片人格雷姆·弗格森、罗曼·克罗伊托尔和罗伯特·克尔提出了一个破天荒的要求：为1970年在大阪举办的世界博览会创造一次恢宏刺激的戏剧体验。其实，在1967年的蒙特利尔世博会上，电影制作人就已经尝试过大屏幕电影，具有了相当成熟的经验。而大阪的世界博览会则创造出了更惊人的纪录，通过超级大的屏幕，呈现出了前所未有的视觉效果。

电影制片人重任在肩。他们首先放弃了传统的35毫米底片标准，选用了一台用65毫米底片进行拍摄的特制摄像机。这种摄像机拍摄的画幅面积比较大，能在

大银幕上放映。而现在的巨幕电影，大多是用 70 毫米底片的摄像机拍摄的。

实际上，巨幕技术无须使用多台投影仪在大屏幕上播放电影，只需一台就足够了。为了呈现出最佳的效果，他们还邀请了一位老朋友——工程师威廉·C.肖帮忙。就这样，巨幕电影按照计划顺利完成，并于 1970 年在日本大阪举行的世界博览会上首次亮相。当时放映的电影名字是《虎之子》。第一批体验巨幕技术的观影者们坐在一个穿越剧场的旋转平台上观看了这部电影，亲身体验着那种最激动人心的感觉。大阪世博会上的巨幕电影获得了极大的成功，1970 年世博会闭幕后，这台具有历史意义的投影机被安置在了加拿大多伦多安大略广场的球状影院中。

不过，从那以后，由于制作和放映成本较高以及运输困难，巨幕电影一直未能普及开来。直到 20 世纪 90 年代后期巨幕电影的娱乐风潮掀起，《霸王龙：重返白垩纪》等巨幕电影的出现极大地推动了巨幕电影的发展。经过近 40 年的发展，巨幕电影已经成为世界影迷公认的最具震撼效果的电影体验。因为电影画面越大，所容纳的内容就越多，图像也就越清晰，这也是巨幕电影能带给观众更逼真更刺激的主要原因。许多人来到电影院，就是为了体验这种惊险刺激的感觉。

不过，为了获得更佳的观影体验，在电影院中选择一个合适的座位也是非常重要的。由于屏幕巨大，如果座位太靠前，我们需要很长时间都抬头观看，不但脖子会疼，也容易觉得晕。要观看巨幕电影，中间靠前一点儿的位置最好，如果座位太靠后了的话，我们的眼睛就有可能装不下巨幕

电影的大银幕，也对观影效果有影响。

下次看巨幕电影时，可要记得选好位置哟。

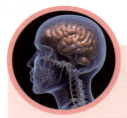

神奇的视觉暂留

电影画面是由一系列连续快速显示的静止图像组成的，但我们为何会认为它们"运动"起来了呢？这就要提到电影制作人经常谈的"视觉暂留"理论。在视网膜捕获图像后，我们的大脑会为它保留几分之一秒钟的印象。此外，心理学家还认为似动现象是一种视觉错觉。发生这种错觉时，大脑会将图像之间的空白区域自动填充起来。本来是一连串的相片播放出来，我们看起来，就是一些连续起来的动作了。

如果你翻动相册的速度够快，也能达到电影的效果。你可以试一下哟。

立体的重现——三维眼镜

世界上第一部完整无剪辑的三维电影《爱的力量》于 1922 年发布。当这部影片中的内容出现时，你看到的是整个物体的长、宽和高，它们就如同立在你眼前一样。三维成像原理是以人眼的解剖结构为基础而实现的。人的两眼瞳孔间隔约 5 厘米，因此看到的物体的角度也不同。以三维手法拍摄的电影，以及观影所需的三维眼镜，正是利用了这一特点。让两台相距约 5 厘米的摄像机同时进行拍摄，当它们将图像同时投影到电影屏幕上时，观众佩戴的三维眼镜会为每只眼睛过滤掉另一侧的图像，从而产生单一三维视图的视觉效果。以往的三维电影混用红、蓝、绿 3 种色光来创建三维效果，但这种方法有损于电影本身的色彩呈现，因此人们找到了一种新的方法。现代三维投影仪使用偏振滤光片，在两个胶片卷轴前各放一片，这两卷胶片摄录的图像略有差别。观影眼镜采用塑料的偏光镜片，可以反转图像并将它们进行组合，从而使我们的大脑产生并沉浸于一个三维世界的假象中。

无所不能的特效
——绿幕

许多大片都以惊人的效果著称，电影中的人能完成生活中做不到的事情，多酷呀！可你知道，这些内容大多是用绿幕拍摄出来的吗？

在特效世界中，绿幕可谓是一匹新出现的黑马，一问世就创造了惊人的业绩。不过，好莱坞那些会"魔法"的制片人们非常聪明，早已掌握了利用各种色彩相互作用的特点来制作特效的方法。1898 年，法国电影制片人乔治·梅里爱用黑色遮光罩遮掩住一部分镜头，然后再把胶片倒回去，用拍摄另一场景的方式来"填补空白"。1933 年，《隐形人》一片的拍摄者就借助移动黑色遮光罩，让"隐形人"成功离开了观众的视线，达到了隐形的效果。

同样在 1933 年，电影《金刚》首次应用了邓宁蓝幕技术。镜头下的金刚被塑造得栩栩如生。拍摄者先用蓝色和黄色分离出背景和前景，然后再用黑白胶片进行常规的拍摄。不过邓宁蓝幕技术只能在黑白影片中运用。1940 年，彩色电影《巴格达窃贼》首次运用了色度键技术，也就是"升级"了的蓝幕技术，其中包括绿色、蓝色和红色 3 种颜色的镜头，实现了电影特效发展的巨大飞跃。

蓝幕的使用，可以使人物、事物等前景在不同的背景下反复出现并进行加工，随意删除或者增加，继而创造出令人惊叹的特效。后来，好莱坞还尝试了用黄色幕布和紫外线遮罩，但是这种方法不经常使用。

今天，绿幕在拍摄场地中占据了统治地位。绿色是一种很明亮的颜色，能与它周围的各种颜色形成强烈的反差。比起蓝幕，它可以更有效地与数码摄像机配合，捕捉细节更丰富的画面。更重要的是，在户外场景的拍摄中，使用绿幕可以减少在蓝天背景下拍摄的难度，弥补了色彩相似的蓝幕的不足。而对于现代特效技术而言，在绿幕中实现自动抠图是最容易的。因此，用数字绿幕技术不仅能够减少人工成本而且节约时间，打造最好的特效体验。

在如今的许多影视作品中，特效是必不可少的灵魂，特别是像《星际穿越》《阿凡达》《权力的游戏》等科幻作品或战争作品。如果这些影视作品没有了绿幕技术加持，必然逊色许多。

音效诞生地
——拟音坑

电影最吸引人的地方，不单单是美丽的画面，还有让人身临其境的音效。你知道吗？有许多音效，都是用不为人知的工具模拟出来的。

拟音坑，就是制作出这些音响特效的"魔术师"。电影中大多数声音效果都是在这里制作完成的。拟音坑是令电影具有魔术效果的独特配音工艺，英文直译为"福利坑"，是以杰克·福利的名字命名的。杰克·福利是将日常声音添加到电影中的先驱，他希望自己的技艺完全融入影片的背景，因此他的全名从未出现在任何电影作品中。虽然他是"默默无闻"的风格，但如今的拟音艺术家们通常会以自己的名义参与配音工作，帮助电影达到音画合一的完美境界。

你是否念念不忘带给我们巨大冲击的爆炸声？

那其实是声音效果团队的工作。拟音艺术家创造的声音往往容易被观众所忽视，因为他们所展示的都是日常生活中我们常见的各种声音，如轻轻的脚步声、关门声、碰杯声、车钥匙叮叮当当的声音，也许还有骨头碎裂的声音。这些声音虽然微小到难以耳闻，却是电影不可或缺的一部分。

拟音艺术家创造这些声音的工具就是拟音坑。他们在拟音坑中根据需要创造出各种各样的声音，将声音记录下来并同步到适当的电影场景中。拟音坑可大可小，通常使用木质、混凝土等几种材质的地板，用于模仿脚步声。然而，拟音坑并不能模拟演员脚下踩过的所有材料，如雪和草就很难长久保存。这些局限性要求拟音艺术家们时刻进行创新。例如，为了模拟雪在脚底下发出的嘎吱嘎吱的声音，他们可能会选择玉米淀粉等材料。除此之外，拟音艺术家们会使用无数的道具制造出各种各样的声音，像面料的沙沙声、铰链的吱吱声等。创造出这些声音的工

具五花八门，甚至让你想也想不到。有些日常的生活用品，破烂的盆、碗，哪怕是一把蔬菜，到了他们的手里，也能创造出美妙的声音来。这种根据生活中的常见声音来进行创造的声音，不正是最真实、最完美的声音吗？

拟音艺术家们的工作听起来似乎不起眼，但却是必不可少的。因为在电视剧或其他电视节目拍摄过程中，大多数声音在当时的拍摄条件下无法录制完成，所以需要后期制作时添加进去。又或者因为剧情所需必须"无中生有"创造出来某些特殊的声音，像神话片中仙女下凡的场景、外星球上的神秘未知的环境，各种各样的情节、剧情都要求拟音师将生活的声音融入艺术，并通过技术手段，模拟出与艺术作品相符的声音效果，给人以生活一样逼真的感觉。

现在你知道这些奇妙音效的来源了吧！

6 体育运动

通过常见体育运动的历史起源，我们得以一窥早期社会的休闲生活。古希腊的奥林匹克运动会刚兴起时仅有一项比赛项目——竞走。而发展到今天，奥林匹克运动会已成为一项世界性的体育盛会，比赛项目达到上百种，蔚为壮观。中世纪的英国人曾沉迷于一种类似足球的早期运动，掀起一场多人运动的狂欢。这项运动危险而刺激，甚至一度遭到封杀。再到15世纪的苏格兰高尔夫球，你会发现这项运动屡禁不止而日益发展壮大。再说现代最重要的运动之一——篮球，它的历史已经超过100年，而它的出现则归功于一位富有想象力的体育老师。

运动是一切生命的源泉。
——达·芬奇（意大利画家、自然科学家、工程师，1452—1519）

奥运会：
拼搏精神的象征

奥运会，代表的是一种精神，是人类永无止境的追求，没有最好，只有更好。今天，我们来了解一下奥运会的前世今生。

奥林匹克运动会发源于 2000 多年前的古希腊，因举办地在奥林匹亚而得名。当时的古希腊人有四大泛希腊赛会。奥林匹亚赛会，也就是今天的奥运会，是其中最重要的一项活动。有史记载的第一届古代奥运会在公元前 776 年举行。当时的比赛很奇特，所有参赛者以裸体形式参加比赛。而且，只有一个比赛项目：210 码（约 192 米）冲刺赛。这个比赛由来自古希腊城邦埃利斯的一位厨师科罗伊波斯赢得

了最终胜利。从那以后，奥林匹亚赛会每 4 年举办一次，最终发展成了现代的奥林匹克运动会。

公元前 708 年，运动会中增加了摔跤的项目，包括跑步、跳跃、摔跤、铁饼和标枪的五项全能运动也成为比赛项目之一。公元 393 年，罗马入侵古希腊后，宣布废除古代奥运会活动，奥运会的脚步也停了下来。古代奥林匹克运动会停办了 1500 年之后，到了 19 世纪 70 年代，人们发掘出旧体育场和奥林匹亚神庙，一场复兴比赛活动的运动就此开始。法国人顾拜旦提出举办现代奥林匹克运动会的倡议，虽然有人反对，但是却得到了大多数人的支持。1894 年，国际奥委会成立；1896 年，第一届现代奥林匹克运动会在希腊雅典举行。

奥运会的内容逐渐丰富起来，我们来看一下奥运会史的几个第一次吧：1924 年举办了首届冬奥会，1960 年举办了首届残奥会，1976 年举办首届冬季残奥会，2010 年举办了首届青奥会，2012 年举办了首届冬青奥会。

奥运会发展到今天，已经有将近 3000 年的历史了，而且经久不衰，越来越受到全世界人民的关注。奥林匹克格言中"更快、更高、更强、更团结"，是人们永远在追求的，也是人类永远的目标。

现代奥林匹克运动发起人顾拜旦

体育精神的象征——奥运火炬

奥运火炬所到的地方，都宣示和传递了人类的拼搏精神。奥运火炬到过北极，也曾潜入过澳大利亚的水下，还由空间站的宇航员携带出舱进入过太空。将火炬从希腊奥林匹亚传递到奥运会举办地点的想法是由柏林奥运会奥组委在1936年提出的。

1936年，抛光的不锈钢火炬被奥林匹亚的圣火点燃，从此它成了奥运会的象征。每个奥运会的东道国通常都会设计自己的火炬，有时还会设计两把：一把用于接力，另一把用于最后点燃主会场的圣火。大多数火炬由金属制成，使用气体燃料（1956年，有一把火炬使用了明亮的金属燃料，结果烧伤了接力者）。以前的火炬通常由手柄和燃料碗组成，但近年来呈现出的是流线型、弯曲的外观，如1994年一名跳台滑雪运动员手持的1.5米长的火炬。

许多东道国都收藏了各种火炬，瑞士洛桑的奥林匹克官方博物馆中全面展示了火炬的演变过程。

荣誉的象征——奥运金牌

奥运金牌是无价的，奥运会参赛运动员当然不会用金牌的含金量来衡量它的价值。这相对来说是件好事，因为金牌并不是纯金的。1896 年，奥运会开启了颁发奖牌的传统，分别授予冠亚军银牌和铜牌。从 1904 年到 1908 年，奥运冠军确实获得了实打实的金牌。但从那以后，"金牌"就变成了镀金的银牌。今天，奥委会要求银牌应至少含有 92.5% 的银，而金牌应至少镀有 6 克黄金。

体育运动的领导者——国际奥委会

根据《奥林匹克宪章》，国际奥委会成员应"忠于并促进国际奥委会和奥林匹克运动的发展"。国际奥委会成立于 1894 年，也是现代奥运会的元年，其作用是确保每 4 年顺利举办一次奥运会（现在夏季奥运会和冬季奥运会的时间间隔为两年）。国际奥委会虽然乐于推广联合国发起的"体育促进发展与和平国际日"等活动，但更多的时候它以确保运动员的安全和保持比赛独立性为原则而远离政治。

身体的艺术美学
——体操

我们天天做课间操，可是你知道吗？这也是一种艺术形式呀！

和其他现代运动一样，体操也起源于古代的奥运会项目。公元前13世纪，古希腊人有举办公共体育比赛的习俗，后来这种习俗成了宗教节日的一部分。体操最初是竞技体育的训练项目，难度较高，运动员有风险。后来，在早期的希腊奥运会中，逐渐发展出一种原始的体操形式，只是展现美的一种形式。

随着4世纪古代奥运会的结束，所有的体育运动都进入了一个较长的衰退期。人们仍然会在节假日举办一些地方性体育赛事，但是为了安全，国家制定了一些法律禁止人们进行体育活动。直到19世纪，有组织的体育运动才开始大规模地重现。体操作为一种系统的有规律的身体训练，是最早出现的体育项目之一，目的是展现人们强健的身体，来诠释动作本身包含的美感。

随着体操的普及，体操协会在德意志和波希米亚地区先后兴起，然后是法国和瑞士。其中，瑞士创建了一种团体表演的集体体操，也就是现在的团体操。一些社团还专门开发了儿童体操课程，让5岁以上的儿童参加训练，因此体操成为为数不多的男女老少都可参加的一项早期运动。

到了19世纪中叶，瑞典已经发展出一套自由体操体系，并于1879年传入英国。19世纪80年代，一股移民浪潮将体操运动带到了美国，为了锻炼学生的身体，这项运动开始在学校中蓬勃发展。与此同时，德国正在创造各种强调力量的器械练习，这就是现在的器械体操。

直到20世纪20年代，体操界才开始将瑞典式体操的流畅性和德国体操的静态动作相结合，最后形成了一种新的体操类型。

现在的体操可以大致分为基本体操和竞技性体操。前者比较简单，主要用来强身健体、培养体态，如我们所做的广播体操等；后者则是

为了在赛场上获得优异成绩、争夺奖牌。这类体操动作难度大，还有一定的危险性，如果没有经受过专业训练，很容易受到伤害。

体操的美，只有在实践中才能发现，认真做操，才能体会得到。

飞一般的感受
——滑雪

你玩过雪吗？堆雪人，打雪仗，都没有滑雪来得刺激吧！

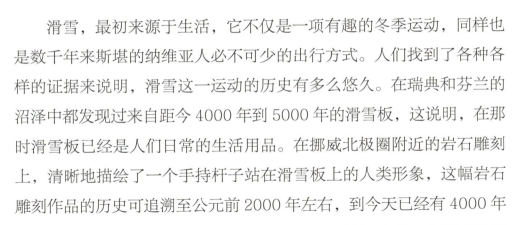

　　滑雪，最初来源于生活，它不仅是一项有趣的冬季运动，同样也是数千年来斯堪的纳维亚人必不可少的出行方式。人们找到了各种各样的证据来说明，滑雪这一运动的历史有多么悠久。在瑞典和芬兰的沼泽中都发现过来自距今 4000 年到 5000 年的滑雪板，这说明，在那时滑雪板已经是人们日常的生活用品。在挪威北极圈附近的岩石雕刻上，清晰地描绘了一个手持杆子站在滑雪板上的人类形象，这幅岩石雕刻作品的历史可追溯至公元前 2000 年左右，到今天已经有 4000 年的历史了。在挪威神话中，雷神托尔的继子乌勒尔就以非凡的滑雪本领而著称。

　　滑雪不仅和人们的生活有关，还和战争有关系。滑雪板使人们能

够在白雪覆盖的地面上轻松快速地移动，这种工具自然也得到军方的喜爱，各个国家纷纷组建滑雪部队。至少从1200年起，挪威人与维京人进行战争时，挪威、瑞典、芬兰、波兰和俄罗斯就曾多次派遣滑雪部队参战。第二次世界大战期间，芬兰的滑雪巡逻队曾阻止过敌军的入侵。美国陆军第十山地师还曾在意大利阿尔卑斯山脉使用雪橇对抗过纳粹分子的进攻。

飞一般的速度，矫健的身影，这是力量与美的组合呈现，只有滑雪，才能感受得到。

冰上行走——滑冰

人们曾在瑞士的一个湖底发现过一双冰鞋，其历史可以追溯至公元前3000年左右。这双冰鞋是已知的最古老的冰鞋，是用动物骨头制成的，鞋面上还有孔洞，用来穿系绳索，绑在人们脚上。14世纪时，荷兰人使用扁平的铁底木屐在冰面上行走。一个世纪之后，人们在冰鞋上安装了狭窄的双刃金属刀片，从此，即使在滑冰时脱离了手杖的支撑，人们也能够依靠冰鞋来保持平衡。

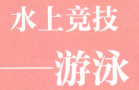

水上竞技
——游泳

你会游泳吗？在水中像鱼一样自由活动，是多么有趣呀！

水是生命之源，可是水也会给人们带来伤害。在迫不得已的状况下，大多数哺乳动物——即使是猫——都会一些游泳的本领。由此可见，游泳是有些动物的本能之一。事实上，在水中运动要比在陆地上缓慢很多，但这并没能阻止早期人类探索如何在水中安全和舒适地运动的好奇心。

早期的埃及人、亚述人、希腊人和罗马人都熟知游泳运动的价值所在，并开始研究游泳。古代的士兵们通常在水中磨炼体力和耐力，还有专门在水上战斗的水军。日本早在公元前 36 年的崇神天皇时期，就举办过游泳比赛。在中世纪，游泳成为最不受欢迎的运动之一，因为人

们普遍认为水是许多疾病传播的主要途径。但是，到了19世纪中期，水上运动重新受到了人们的欢迎，一些有组织的游泳比赛也在各个国家开始举行。

当时，人们最主要的泳姿就是蛙泳。早在1696年，法国作家泰弗诺在《游泳的艺术》一书中就对蛙泳进行了详细的描述。直到19世纪末期，自由泳运动才发展起来。南太平洋岛屿的居民大概使用过这种要求更高、速度也更快的游泳方式。1893年左右，自由泳被引入澳大利亚。实际上，自由泳是一种侧泳的变化方式，速度比蛙泳更快，因为一只手臂可以伸出水面，从而减少了水对人体的阻力。后来，游泳者做了改良，尝试采用双臂侧游姿势，游动过程中身体会左右摆动。

自由泳出现后不久，就因为速度比较快，成为最受欢迎的泳姿。1896年，男子游泳成为第一届现代奥运会的9项比赛项目之一，与自行车、击剑、体操、草地网球、射击、田径、举重和摔跤并列。1912年的奥运会中还增加了女子游泳比赛项目。2008年，美国游泳运动员菲尔普斯赢得了8枚金牌，并打破了多项奥运会纪录，刷新了个人单届奥运会获金牌数最多的纪录。

游泳，需要的不仅是体力，还有耐力，更能激发人的潜能。游泳，还能带给人不一样的快乐，只要行动起来，在游泳馆里，就能实现你的梦想。

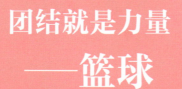

团结就是力量
——篮球

篮球竟然是一名体育老师发明出来的，你知道他是谁吗？

1891 年 12 月，29 岁的詹姆斯·奈史密斯，在美国马萨诸塞州的国际基督教青年会培训学校担任体育教练。当时的体育项目只有健美操和印度俱乐部的投掷运动，十分单调无趣，而他所带的班级学生也

感到十分厌倦。为了调动那些叛逆年轻人的积极性，他发明了一个新颖的游戏。

奈史密斯将两个桃子筐分别安装在体育场两侧高达 3 米的高台上，随便拿来一个足球作为活动道具，并制定了一些基本规则。只要把足球投到对方的桃子筐里，就算己方得分。比赛结束，看双方投中的数量多少决定胜负。这项室内运动融合了足球、橄榄球和曲棍球的元素。他将学生们分成两队，每队有9名队员，这样可以使班上的每个人都能参与进来。第一场比赛最终以1：0结束，体育馆的看门人不得不爬上梯子到高台上去捡球。

这种篮球运动很快就普及开来，受到了人们的欢迎。尽管奈史密斯规定禁止身体接触，但是早期的比赛还是会常常爆发激烈的打斗事件。最主要的原因是参与者的数量发生了变化。为了让尽可能多的人参加到游戏当中，一场篮球游戏甚至可以有100位参赛者参加，由于人数太多，以至于学校不得不禁止这项运动。

但是，篮球已经成为球员和观众都非常喜爱的运动，仅仅5年内，篮球就成为一项大学运动和职业化运动。奈史密斯所制定的原始规则大部分都得以保留，尽管球场的大小没有变化，但新的规则却规定每队只能有5名队员。投球的筐子也逐渐演变成吊床式的篮球框，可以用链条打开底部来取球。1913年左右，无底式篮球筐最终成为比赛标准。

1892年初，就在篮球运动发明之后的几个月，美国马萨诸塞州北安普顿史密斯学院成立了历史上第一支女子篮球队。早期的女子比赛由固定的后卫和前锋组成，每队有6名球员。在1896年的第一场校际女篮比赛当中，斯坦福大学的队伍最终以2比1击败了加州大学伯克利分校，这是世界上第一场女篮比赛。

　　篮球，既考验了个人的技术能力，也考验团队的合作精神，一个人的能力再强，也必须依靠集体的力量才行。只有合作，才能共赢。

小小足球
动人心

小小足球，受到了世界上千万人的喜爱，因为这种运动象征着力量与激情，还有团结合作的精神。

　　一场艰苦的球赛长达 90 分钟，需要身体强健的运动员，同样也需要一个结实的球，足球就是一种经久耐用的球。足球运动是起源于中国的，只不过形式不太一样。早在中国的汉朝，某种形式的"足球"（蹴鞠）就已存在，并且得到贵族的喜爱。这种游戏的规则是双方派出

中国古代蹴鞠运动场景

94

同样多的人员参加比赛，既要防止对方把球踢进自己的球门，还要争取把球踢进对方的球门。玩家只要把皮球踢进对方的球门，就算得分。比赛结束后，统计得分，分出胜负。只不过这种"中式足球"，里面填满了轻盈的毛发和羽毛。英国足球的内里是充气的猪膀胱，外皮是缝制的皮革条带。足球比赛在不列颠群岛尤为盛行，甚至成为一项混战运动，整个村庄的人都可以一拥而上。有时，踢着踢着就会发生身体碰撞，从而引起纠纷，还曾发生伤害人命的事件。

足球运动具有这样强大的破坏性，以致许多英国君主试图扼杀它。1424年苏格兰国王詹姆斯一世甚至发布了一条法令，把踢足球当成一项违法活动，法令公开称"任何人不得踢足球"。但是由于喜爱这项运动的人数太多，法令并没有对足球运动起到什么影响。詹姆斯的直系后裔——苏格兰女王玛丽一世，还曾在杂志上谈起过童年踢足球的往事。事实上，20世纪70年代，考察队在苏格兰斯特灵城堡的挖掘工程中，在玛丽女王的卧室天花板上面发现了一个足球，这可能是人们发现的世界上最古老的足球。这只小足球是用牛皮包裹猪膀胱缝合制成的，形状非常完好，至少可追溯到16世纪40年代。历史学家并不确定它是否属于年轻的玛丽，但他们认为可能有个年轻人把这个球踢到了天花板上面，并且不敢去取走它，以至于这个球一直待在那里，直到被人们发现。

到了 19 世纪，足球的制作变得更加科学合理。橡皮囊取代了猪膀胱作为球的充气内芯，但直到 20 世纪 80 年代，球的外表仍然用皮革覆盖，无论是头撞还是脚踢都感觉很坚硬。为了发明出最好的足球，人们一直在努力。发展到最后，合成皮革最终取代了牛皮，黑色和白色贴片的新设计既节省了材料，又让足球在电视上特别醒目。很快，这种经典的新式足球外观，在世界各地都得到了认可。

足球，给我们带来的是速度与激情的体验，充满了快乐和刺激，所以深得人们的喜爱。

猪膀胱

皮革制成的足球和球鞋

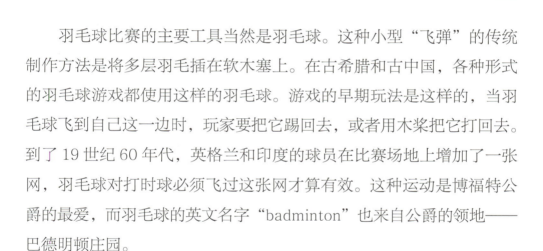

小型"飞弹"
——羽毛球

你更喜欢塑料羽毛球还是传统羽毛球？两者之间有什么优劣吗？

羽毛球比赛的主要工具当然是羽毛球。这种小型"飞弹"的传统制作方法是将多层羽毛插在软木塞上。在古希腊和古中国，各种形式的羽毛球游戏都使用这样的羽毛球。游戏的早期玩法是这样的，当羽毛球飞到自己这一边时，玩家要把它踢回去，或者用木桨把它打回去。到了 19 世纪 60 年代，英格兰和印度的球员在比赛场地上增加了一张网，羽毛球对打时球必须飞过这张网才算有效。这种运动是博福特公爵的最爱，而羽毛球的英文名字"badminton"也来自公爵的领地——巴德明顿庄园。

而羽毛球为什么叫作"羽毛球"，非常明显，很有可能是因为它们身上有羽毛，而且飞来飞去来回运动的特点。它们就像织机的梭子一样飞来飞去，而身上的羽毛可以产生空气阻力，需要用力击打，才能飞得更远，更让对手无法接住。塑料羽毛球比传统羽毛制作的羽毛球更耐用，所以平时也有人喜欢。但专业球员更喜欢传统羽毛球，因为传统羽毛球起飞十分迅速，打击力量也更大。现代羽毛球借助球拍的弹力，可以以320千米的时速从球拍击出，给对手施加强大的打击力量。

现代羽毛球运动形成于英国。1893年，英国成立了第一个羽毛球协会，对场地和运动标准做出了规定。如今，英国国家羽毛球中心位于英格兰米尔顿凯恩斯。在那里，游客可以浏览世界上最全面的羽毛球文物、档案和纪念品。

始于掌心的
网球

网球是大家喜欢的小球类运动，可是你一定没有想到，它竟然起源于人的手掌心。

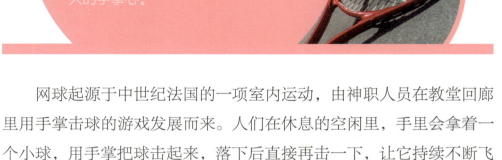

网球起源于中世纪法国的一项室内运动，由神职人员在教堂回廊里用手掌击球的游戏发展而来。人们在休息的空闲里，手里会拿着一个小球，用手掌把球击起来，落下后直接再击一下，让它持续不断飞在空中，不能落地。

早期的网球大多是用羊毛填充在里面，外面覆盖着羊皮，并把接头的地方缝合起来。由于这种球类活动深受人们喜爱，对于网球的需要量特别大，到了1292年，巴黎拥有了至少13家网球制造商。16世纪中期，用球拍击球取代了用手掌击球，同时，游戏中所用的球加重变硬，增

加了运动的难度。这时，人们通常把湿抹布揉成一团，用绳子捆成坚实的球状，并用白布将其包裹起来，用这样的方法制作网球。

网球运动越来越受人们欢迎，成为法国宫廷中最流行的消遣方式。法国国王弗朗索瓦一世非常热爱这项运动，他还在一艘船上建造了一座球场。只不过，这艘船最终不幸沉没。

16世纪和17世纪，网球从法国传入欧洲各地，在英国站稳了脚跟，并且发展得特别快。1873年，来自威尔士的少校沃尔特·克洛普顿·温菲尔德发明了一种户外运动，并称之为"草地网球"。于是，网球运动从室内被搬到了室外的草地上。大约在同一时间，橡胶球开始应用于网球比赛中。这种球可以从草地表面反弹至半空中，更加适合草地的比赛环境。到了1875年，草地网球成为一项备受欢迎的运动，全英槌球俱乐部还在温布尔登专门开辟了一处网球场。第二年，这个俱乐部把名字改为全英草地网球和槌球俱乐部。1877年，第一届温布尔登网球锦标赛就在该俱乐部的网球场中举行。以亨利·琼为首的裁判委员会草拟的比赛规则是现代网球比赛规则的基础，其中的许多规则一直用到现在。同年，首届温布尔登网球公开赛在伦敦西郊温布尔登总部燃起战火，至今已有百余年的历史，是现代网

温布尔登全英草地网球
和槌球俱乐部场馆

球史上最早的网球比赛。

如今的网球计分制的历史可追溯至中世纪时期。当时，人们曾使用一个时钟来记录得分。每得一分就将时钟转动四分之一，因此要想赢得比赛的最终胜利就需要得 4 个点，分别对应时钟 60 个刻度的第 15、30、40（45 的简化计法）和 60 刻度。0 分被标记为"love"（意思为"爱"）。比如 15-0 就是"fifteen-love"，30-0 就是"thirty-love"，一局中对手一分未得就叫"love game"。是不是很有趣？其实，这是个与法语有关的小误读。因为在法文中，"0"读作"l'oeuf"，它的发音听起来非常像英文的"love"。因此，英国人在网球计分时也就把"0"读作"love"，并沿用至今。

下次你在观看网球比赛的时候，如果听到了"love"，并且看到了周围人疑惑的神情，就可以跟他们骄傲地解释啦！

迷人的
高尔夫球

我们都知道高尔夫球号称"最绅士的运动"，你知道吗？就连王室都抵挡不住它的魅力！

先来说说高尔夫球的起源吧。至少有三个地方，曾经有过类似高尔夫球的活动出现。大约公元 40 年到 4 世纪早期，罗马人在占领英国期间，曾玩过这样的游戏：用一根弯曲的棍子，击打一个用羽毛填充

的皮球，让它进入事先指定的一个小洞里。这种街头游戏叫"帕加尼卡"，与高尔夫球十分相像。比利时人也玩过类似的游戏，他们称其为"克洛伊"。在这种游戏中，游戏者会比拼谁能用最少的次数把球击到指定地点。而这款游戏在荷兰又有了不同的名字——考尔夫，通常在一座有围墙的球场中进行。

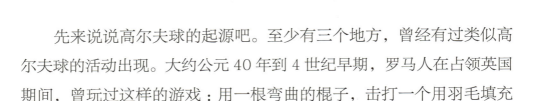

真正的高尔夫运动，出现在 15 世纪左右的苏格兰。1457 年，苏格兰国王詹姆斯二世发出禁令，首次提到了这项运动，明令禁止人们再去玩这项活动。实际上，这是因为高尔夫球妨碍了人们进行射箭练习。因此，国王下令禁止人们玩足球和打高尔夫球。然而，高尔夫球并没有消失在公众的生活当中，只是偷偷地转入了地下，人们在国王看不到的地方继续玩。而数十年后，詹姆斯四世仍在发出命令，试图禁止人们参与这项运动。可见，高尔夫球是深受人们喜爱的，所以才屡禁不止。

詹姆斯四世很奇怪，人们为什么这样喜欢这种运动呢？于是，他决定自己尝试一下，看看高尔夫球有什么迷人之处。这一试不要紧，他体会到了这项运动给人们带来的快乐，意识到颁发的禁令是多么错误和多余。所以，他立刻下令废除了原来的禁令，告诉人们可以自由地玩耍。更让人没想到的是，国王詹姆斯四世后来竟然成为一名专业的高尔夫球手！他甚至还专门抽出一笔资金用来支付高尔夫俱乐部维护球场和买球杆的费用。沉迷于高尔夫球的王室成员不止他一个。1565 年，人们发现苏格兰女王玛丽一世也喜欢玩高尔夫球。她甚至还在丈夫刚去世后，就迫不及待地去球场打高尔夫球。毕竟这项运动的魅力实在是难以抗拒。后来，她成了历史上第一位高尔夫球女选手。

苏格兰女王玛丽一世

1744 年，几位精通高尔夫运动的绅士在爱丁堡郊外的利斯球场组织了一场锦标赛，这便是世界上的第一次正式的高尔夫球比赛。而第一个高尔夫球俱乐部也由此诞生，它就是如今的爱丁堡高尔夫球手荣誉公司。

1867 年，在苏格兰的圣安德鲁斯，人们首次建造了一座规模较小的女子球场——喜马拉雅球场。人们规定女士们不得将高尔夫球杆举过肩膀，这正是高尔夫球魅力的一种高雅体现。后来，几位绅士着手建造了一些其他的小型高尔夫球场，供女士使用。20 世纪 20 年代，加尼特·卡特建立了风靡全美的"大拇指汤姆"高尔夫帝国。由此，女子高尔夫球运动也兴盛起来。

高尔夫曾在 1900 年和 1904 年成为奥运会正式项目，但由于种种原因，1908 年的伦敦奥运会上的高尔夫比赛被迫取消，高尔夫自此也从奥运会正式项目中"消失"了。直到 2016 年的伦敦奥运会，高尔夫再次成为奥运会正式项目。

虽然曾经遭遇禁止，也曾离开过奥运会，但是，这仍然挡不住人们对于这项优雅运动的喜爱之情。

万物有源

万物有来源

丰富多彩的文化与习俗

⑤

高朗文化　编著

花山文艺出版社

河北·石家庄

目录
Contents

手势
动作

3

4

奇妙
符号

1 多彩节日

　　自有史记载以来，人们就用季节性的节假日，来纪念地球绕太阳旋转的旅程。地球每转到一个特殊的地方，就有一个节日在等着我们。每一个节日都是一个特别的日子，都有一些值得庆祝的东西。即便是看起来毫无意义的愚人节，也向我们预示着春天即将到来。在世界各地庆祝的数千个节日中，我们挑选了中外常见且通用的几个代表性例子，来为大家讲解一下它们的来历。

如果一年到头都是节假日，岂不像连日工作那样疲乏？
——威廉·莎士比亚（英国剧作家、诗人，1564—1616）

3、2、1，
新年快乐！

不同的国家和民族有不同的新年习俗，甚至连新年的日期也不一样。大家是怎样庆祝新年的呢？

　　新年意味着辞旧迎新，它是有史记载的最古老的庆祝活动之一。早在4000多年前，人们就已经开始举办各种庆祝活动，喜气洋洋地迎接新年的到来。对腓（féi）尼基人和波斯人来说，新年开始于秋分（公历9月23日前后），而古希腊人的新年却开始于冬至（公历12月22日前后）。新年当天，人们举行庆祝仪式，不仅是为了送别逝去的岁月，而且也表达了对新的一年万物复苏的喜悦，更承载了人们对未来美好生活的希望。

　　在古代，人们进行的各类新年庆祝活

动中，以古巴比伦为期 11 天的新年仪式最为著名。在这 11 天里，古巴比伦人每天都会举行不同的庆祝仪式，精彩的戏剧演出和游行活动此起彼伏。当新年仪式结束后，古巴比伦人就会从欢庆活动中走出来，继续辛勤地进行新一年的农业耕作。

公元前 46 年，古罗马的恺撒大帝创立了儒略历，这就是我们现在所用的"公历"的前身。在儒略历中，新年是从 1 月 1 日开始的。随着 476 年西罗马帝国的覆灭，欧洲进入了中世纪，1 月 1 日也不再被视为新年。那时候，欧洲国家通常在 12 月中旬至次年 3 月下旬期间来举行新年庆祝活动。直到 18 世纪，大多数国家及地区才重新将新年定在 1 月 1 日。

大航海时代，来自欧洲的殖民者们占领了美洲新大陆，使用武力驱逐了原住民印第安人。在庆祝新年的方式上，殖民者和原住民截然不同，殖民者们通过鸣枪和参加教堂活动的方式来庆祝新年，而原住民印第安人则通过举行驱逐邪恶灵魂的仪式来迎接新年的到来。

如今，很多国家都将新年这一天确定为法定节假日，并举行各种庆祝活动。比如，美国人会在新年当天举行橄榄球比赛，唱响新年颂歌（如脍炙人口的《友谊地久天长》），以及制作各类节日美食。

中国人的新年习俗和西方国家不同，我们更重视的"新年"是农历春节。1月1日元旦节期间，我们一般不会举办过多的庆祝活动，而会把主要庆典放在农历春节前后。除夕夜，也就是大年三十的晚上，我们会一家人团聚在一起，穿上喜庆的新衣、吃团圆饭、放爆竹，还会进行"守岁"——熬夜跨年。可以说，除夕是中国人一年来最重要也是最热闹的一个夜晚，家家户户的欢笑声、大街小巷的爆竹声，交织成除夕夜欢快的乐章，也奏响了新年里幸福生活的序幕。

爱情的象征
——情人节

爱情是世界上最美好的感情之一，古往今来，可歌可泣的爱情故事层出不穷，让人唏嘘落泪，感叹不已。为了纪念这些动人的情感故事，人们创立了情人节。那么情人节都有哪些庆祝活动呢？

在中国，牛郎织女的爱情故事流传已久，千百年来一直是人们心中坚贞爱情的象征。而在国际上，也有一个知名度很高的爱情节日，如今已经成为全世界追求爱情的人们的专属。节日当天，人们会赠送鲜花和糖果给心上人，还会举行各种各样的庆祝仪式。这个风靡全球的节日就叫作"圣瓦伦丁节"，也就是我们所说的"情人节"。

这个节日起源于古罗马的牧神节（每年的2月15日）。牧神节庆典中，最受人们欢迎的是"抽纸条"活动——写有年轻女子名字的纸条被放在盒子内，年轻男子轮流上前抽取。一位男子抽到写有某位女孩名字的纸条，他便可牵了这名女孩的手，和女孩成为情侣。由此看来，最初的牧神节，也包含爱情的含义。

牛郎织女的故事

到了公元5世纪，人们开始以一位圣徒的名字来命名这个节日——圣瓦伦丁节（Saint Valentine's Day）。传说公元3世纪，曾有两位叫作瓦伦丁（Valentine）的牧师。其中一位曾违抗皇帝命令秘密为新人主持婚礼，他为了成全爱情中的青年男女而牺牲了自己。另一位瓦伦丁因帮助受到迫害的教徒们而被捕入狱。在狱中，他以坦诚之心打动了典狱长的女儿，也赢得了她的爱情。尽管两个人的事迹不一样，可是结局是一样的，都在牧神节的前一天，也就是2月14日被执行了死刑。后来，为了铭记他们，人们将牧神节的庆祝日期提前了一天。圣瓦伦丁节当天，年轻的男子不再执着于恋人的名字，写有瓦伦丁名字的纸条更受追捧。这样一个以纪念英雄为主题的节日受到了大众的欢迎，但教会对这种挑战统治权威的庆祝活动心怀不满，害怕影响了自己的统治地位，并加以干涉。因此，在中世纪的意大利和19世纪的法国等地，圣瓦伦丁节的庆祝习俗渐渐消失也是意料之中的事。

然而在英国，这一传统得到了两位文学大家——乔叟和莎士比亚的助力传播，他们二人的作品，都提到了圣瓦伦丁节中比翼双飞的鸟儿，使得爱情的美好意象深入人心。圣瓦伦丁节的庆祝活动仍在继续，并且一直延续下来，越来越流行，受到年轻人的追捧。

对于文具商、巧克力制造商和花店老板来说，情人节则意味着滚滚而来的财源，他们对这一节日更是极力追捧。

教堂中的圣瓦伦丁塑像

商家们纷纷鼓励消费者为爱人、父母、孩子、朋友甚至同事去购买礼物。因此有些人拒绝寄送节日贺卡，他们认为这太过于商业化。但也有一些人认为，情人节并不仅仅是为了庆祝爱情，也可以感恩友情以及表达其他形式的爱意。因为，情人包含的意义更加广泛，人们互相之间凡是有深厚情谊的，都可以看成是"情人"。

今天，人们早已淡忘情人节背后那些沉重的传说，而更注重于向爱恋之人表达自己的情感。在各种情思的烘托之下，让正处于寒冬的这一天显得格外温暖而柔情。

最美的情书——情人节贺卡

大约在1415年，被囚禁在伦敦塔的奥尔良公爵查尔斯曾给他的妻子写了一封信，信中称她为"我最温柔的情人"（My very gentle Valentine），这便是已知的第一封情人节情书。在那个年代，"Valentine"成了"心上人"的代名词。后来，这个词也有了情人节贺卡的含义。到了维多利亚时代（1837—1901），人们对庆祝情人节更加热情，装饰着蕾丝、爱心和爱神丘比特像的贺卡大受欢迎。

愚人节：
春天特有的幽默

据说，这一天到来的时候，人们似乎进入了一个谎话王国，一不小心，就会中了别人的圈套。

过节是一种地域性很强的活动，世界各地的国家都有自己不同的节日。过节也是人民群众喜闻乐见的一件事情，喜气洋洋的氛围，各种应时应景的装饰和打扮，再加上令人喜爱的美食和无所禁忌的玩乐，这些在我们的印象里，都是节日的固有标签。但是有一个节日比较特殊，或许不是所有人都喜欢。因为在这个日子里，你一不小心，就会中了别人的圈套。

April Fools' Day：愚人节

每年的4月1日，很多人都不太愿意别人来找自己说话，因为在这一天，来找你的人很可能会来骗你。哪怕是最好的朋友和最亲近的家人，你也要保持警惕，不能完全相信。虽然这些"谎言"并没有恶意，但是谁会愿意被耍呢？最无奈的是，你还不能为此感到生气，不然就是坏了规矩。这一天叫作"愚人节"，一个专门捉弄"愚人"的节日。稍微不注意，你就会变成别人眼里的"愚人"。

为什么大家要在4月的第一天，对朋友和家人搞恶作剧呢？或者，换个角度想：为什么在这一天我们要原谅那些欺骗自己的人呢？这当然是有来历的。

每个节日的起源都有很多种说法，愚人节自然也不例外。其中最可信的一种要追溯到16世纪的法国。16世纪末，法国人采用了新历法格里历（即公历），将新年从4月1日调整到了1月1日。但由于多少年传承下来的习惯，人们还是会在3月底举办为期一周的欢庆活动来庆祝旧历新年，并在公历4月1日迎来欢庆的最后一天。

法国的年轻人会很快记住并适应新的日历，但是，有些守旧的人很难记住新年日期的调整，因此他们常常受到他人恶作剧的戏弄。人们会假借庆祝的名头，邀请他们参加并不存在的聚会，还会送给他们一些荒唐可笑的礼物。而这些人则轻信了谎言，被哄骗着去做"傻事"了。18世纪的时候，愚弄他人的习俗跨越英吉利海峡传到了英国，英国人称之为

挪亚迎回鸽子

"万愚节"。

愚人节还有一些更为久远的起源故事，如我们所知的关于挪亚方舟的传说：史前大洪水过后，挪亚放出一只鸽子，试图寻找洪水消退后的大陆。然而一切都是徒劳的，此时根本没有陆地可寻。所以后人认为，去做一件毫无意义的事，就好像这只鸽子一样无功而返。

古罗马人会在四月举办一场名为蔓姜会的活动，在一年的蔓姜会上，谷物女神色列斯的女儿和冥王哈得斯一见钟情，二人返回冥界时，哈得斯差使冥界众神发出吃吃之笑声，循声而来的色列斯果然被被愚弄，来到了错误的方向——这无疑又是白费力气的举动。

无论愚人节的传统由何而来，这都是一场只属于春天的仪式，是一个意味着愚弄与被愚弄的幽默节日。在春暖花开、花香鸟语之际，开一些无伤大雅的玩笑，和家人朋友一起欢乐一番，也是对新年伊始的一份美好期盼。

还有一种智慧叫大智若愚，能够让大家开心一笑，做一回愚人，又能怎么样呢？

罗马神话中的谷物女神色列斯

清明节：
追思亲人的日子

我们早已习惯了各种节日里的欢乐祥和，可是有一个节日，我们是不能对别人说"祝你节日快乐"的。因为那是我们中华民族追思逝去亲人的特殊日子，它就是清明节。

　　清明节不仅是中华民族几千年来的文化习俗，而且也符合二十四节气的自然特点。所以，它是一个特殊的节日，具有多重含义。

　　清明节时，天气转暖，人们纷纷走出家门，赶到自家祖先的墓前，或者献上一束鲜花，或者摆上几样供品，和逝去的亲人说说家里的变化，说说自己家族高兴的事情，祈求祖先保佑家族成员办事顺顺利利，身体健健康康，同时也让祖先知道，后人永远不会忘记他们，一直在深深地怀念他们。扫墓祭祀、缅怀祖先，自古以来就是中华民族的优良传统，把这种节日形式坚守下来，不仅有利于家族成员团结，也有告诫子女孝顺传家的意思。

　　踏青是清明节里比较独特的习俗之一，清明时节也是春天来临的

坟墓祭拜

重要标志。春暖花开，万象更新，正是人们亲近自然、踏青游玩、享受春天乐趣的日子。清明前后，春雨淅淅沥沥，种植树苗成活率高，生长快。因此，中国自古以来就有清明植树的习惯，有人还把清明节叫作"植树节"。清明节还有放风筝的习俗。人们把风筝放上天后，便剪断牵线，任凭风筝在空中飘远直至不见，据说这样能把疾病和厄运也一并带走，为自己带来好运。

除了这些习俗，清明节还和"吃"有关。我国南方部分地区，清明节时有吃青团的风俗，青团又称清明饼、艾叶粑粑等。青团的历史非常悠久，最初人们把它用作祭祀品，后来逐渐发展成为一种时令小吃。制作青团的主要材料是糯米粉、艾草汁和豆沙馅。青团外观滚圆青绿，捏在手上软软的，咬下一口，口感糯糯的，散发着香甜的气息。此外青团不仅吃起来美味，同时还有驱寒除湿、消食降火的功效。

清明也是二十四节气之一，提示着人们对农活的安排。有句谚语是这样说的：清明忙种麦，谷雨种大田。清明时节，无论在北方还是南方，人们都忙着播种，种下小麦、稻子等，农田里一派春耕的景象。

清明节是人文思想与自然景物的和谐统一，体现出人与自然的和谐之道，这也是中华优秀传统文化博大精深的重要体现之一。

青团

劳动节：
向工人致敬

给劳动人民带来片刻放松的劳动节，它的来历却并不像如今一样悠闲自在。它是怎么诞生的呢？

19世纪中期，第二次工业革命在美国兴起，人们进入了电气时代。电力带动了经济的飞速增长，也大大改善了人们的生活。资本家们为了榨取更多的剩余价值，赚到更多的钱，不断增加工人的劳动时间，提高劳动强度。当时，无论是工厂、商店还是其他机构，工人加班加点、干累活重活的场景早就见怪不怪。工作场所过于拥挤，往往几十人挤在一间狭小的屋子里工作，空气沉闷污浊，灰尘漫天，严重危害工人的身体健康。甚至还有厂家雇佣未成年人，无底线地剥削他们。各种丑恶的现象早已屡见不鲜，但是，由于许多员工害怕失去现有的工作，并不敢多加抱怨，所以只能忍气吞声，继续日复一日地遭受这种非人的折磨。那时，勤劳的劳动

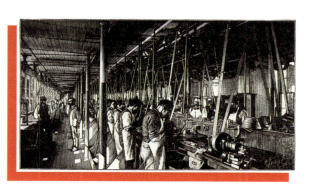

美国一家工厂中工人工作的场景

13

者们，多么希望有一天能改变自己的这种遭遇呀！

直到 1882 年，纽约中央工会终于关注到了劳动人民的辛苦，向全市发出倡议，决定设立一个向工人致敬的节日。同年 9 月 5 日，中央工会在纽约市举办了首次劳动节庆祝活动。一万名工人从市政厅出发，游行到纽约联合广场，这也是有史以来第一次劳动节大游行。这是一个没有薪水的休息日，是为了向所有工人致敬——特别是那些从未向雇主发过声的工人。从那以后，他们在工作方面遇到的各种问题都受到了越来越高的关注。

纽约州庆祝劳动节的倡议，得到了美国各个城市、各州以及联邦各级政府的支持。1886 年 5 月 1 日，人们以美国芝加哥为中心，举行了更大规模的罢工和示威游行，约 35 万人参加了这次游行。为了纪念这次壮观的游行，1889 年，第二国际在法国巴黎宣告成立，并宣布将每年的 5 月 1 日定为国际劳动节。

但是，最先提出劳动节倡议的美国情况不同。1894 年，美国国会通过法案，将 9 月的第一个星期一作为法定假日。劳动节从此成为一个全国性的节日，一直延续到今天，美国的劳动节依然是 9 月的第一个星期一。这一天，美国人并没有太多的庆祝活动。因为如前所述，劳动节最初其实是一场严肃的集会。人们会组织一系列的演讲和游行活动，来向社会展示工人的辛劳，让更多的人了解劳动者对社会的贡献。直到今天，美国人民始终遵循着最初的劳动节日期，以表示对奋力争取自身权益的劳动者们的尊重。

随着工会组织日益完善，人们对劳工问题也投入了更多关注。在经过一番大刀阔斧的改革之后，我们才拥有现在更加安全、更富人性的工作环境。因此，如今的劳动节早已褪去了严肃的外衣，演变成了一个能够让劳动者们摆脱繁重的劳动，使身心得以充分休息的假日。然而我们始终都应该牢记，这一份悠闲时光的背后，曾经有一段沉重的历史。

没有劳动者的辛勤劳动，就没有这个无比美好的世界。所以，我们要向所有的劳动者致敬：你们辛苦了！

母亲节：
献给最爱的妈妈

爱要大声说出来，特别是在母亲节这一天，更要将心中满满的爱表达给妈妈。但是母亲节这个节日，可不是由妈妈们给自己制定的。

母亲节是一位美国女士为了纪念自己的母亲最先提出的。

1870 年，美国社会改革家朱莉亚·沃德·豪首次提出建议，要选择一个特定的日子设立母亲节。有人开了头，就有人响应。接下来的数十年里，还有一些人也不断提出各种倡议，尝试激起人们定期庆祝母亲节的兴趣。但母亲节最终成为全国性的节日，要归功于一名叫作安娜·玛丽·贾维斯的教师。

1864 年，贾维斯出生于美国西弗吉尼亚州一个叫作格拉夫顿的城市。她和母亲的关系十分亲密。尽管贾维斯对母亲的关爱无微不至，她却认为这些仍不足够回报母亲的爱，并为此愧疚不已。于是，她决定争取设立一个全国性的母亲节，

并为此四处奔波。贾维斯向全国各地的知名人士发出了信件，说明了设立这样一个日子的重要性，意在推动这个节日的立法进程。

1908年5月10日，贾维斯为纪念逝去的母亲，在她的家乡——格拉夫顿的教堂里，举办了一场母亲节的庆祝仪式。在仪式上，贾维斯向母亲献上了她生前最爱的康乃馨。在贾维斯女士的努力争取下，美国国会通过了设立母亲节的法案。1914年，威尔逊总统宣布每年5月的第二个星期日为母亲节。

1948年，膝下无子、生活贫困的贾维斯在一家疗养院中离世了。但令人欣慰的是，这位将自己一生都奉献给母亲的女士，由她发起设立的母亲节，至今已经影响到世界上的许多国家，特别是作为发源地的美国。母亲节当天，人们纷纷计划自己喜欢的活动为自己的母亲庆祝节日。

如今，全世界超过100个国家都有庆祝母亲节的习俗，庆祝方式也都大同小异。在印度、日本、芬兰、巴基斯坦以及其他许多国家，每当母亲节来临之时，母亲们通常都会收到一份特制的蛋糕、一顿美味大餐，当然还少不了一束如母亲般美丽的鲜花。在这一天，大家都会把心中最美好的祝愿，献给自己最爱的女士。

母爱如水，无微不至，呵护我们成长。羊羔跪乳，乌鸦反哺，禽兽都懂得回报父母，何况我们人类呢？父母陪我们慢慢长大，我们也要陪着父母慢慢变老。

爸爸们的专属节日——父亲节

既然妈妈们都有自己的节日，那爸爸们呢？专属于爸爸的节日当然也有，但下面的说法可能会让各位父亲不太开心了：父亲节的重要性大概不及母亲节——父亲节的日期排在母亲节后面，人们寄给父亲的贺卡数量也越来越少，甚至很多时候，大家都想不起来还有这么一个节日。

1909 年，当人们四处宣扬将庆祝母亲节作为一项传统活动时，美国华盛顿州斯波坎市的索诺拉·多德提出了庆祝父亲节的想法。她的父亲在妻子去世后艰难地抚养了六个孩子，在家中排行老三的多德认为，人们也同样应当对父亲表示尊敬和爱戴。第二年，斯波坎市的人们举办了第一场父亲节庆祝活动。但直到 1972 年，每年 6 月的第三个星期日才成为美国的一个法定节日——父亲节。

当然了，不管是父亲节还是母亲节，都是儿女们对父母无微不至的关爱表达感恩的节日。无论是不是在节日里，孩子们都要时刻保持对爸爸妈妈的尊敬和爱戴。因为他们，永远是世界上最爱、最爱你们的人。

端午节：
和一个人有关

每年农历的五月初五，就是端午节。这个节日最广为人知的起源与一位诗人有关，据说战国时期楚国的爱国诗人屈原在这一天跳入了汨（mì）罗江，为了纪念他，人们设立了这个节日。

端午节的来源是有史可考的。从字义上来说，端，就是开端、开始的意思。五月，也叫午月。节在午月，又是一个开端，所以叫端午节。

端午节和爱国有关，是因为一个人——屈原，他是战国时期的楚国人。屈原是一个聪明能干的官员，为了自己的国家能够强大起来，提出了好多管理国家的办法，是楚怀王手下的得力干将。可是他的聪明能干，不仅没有为他带来大显身手的好机会，反而使他遭到了一些小人的嫉妒。他们联合起来，在楚怀王耳边进谗言，说屈原有造反的嫌疑。几次三番，弄得楚怀王也不再信任他，罢了他的官，将他撵出了都城，流放到偏远的地方。在流放过程中，屈原先后写下了许多著名的爱国

屈原

诗篇，如《离骚》《天问》《九歌》等，至今仍然广为流传。后来，屈原眼看自己的祖国被侵略，心如刀割，在农历五月初五那天，写下了绝笔《怀沙》，投身到汨罗江中自尽了，用自己的生命谱写了一曲壮丽的爱国主义乐章。后人为了纪念他，才有了这个节日。

赛龙舟是端午节习俗里的重头戏，也是端午节最重要的节日民俗活动之一。赛龙舟活动在中国南方地区普遍存在，在北方靠近河湖的城市也有。赛龙舟作为一种水上运动，既是一个团队精诚合作的重要体现，又是速度与力量的充分展现。进行比赛时，鼓乐震天响，不管是参与比赛的选手，还是岸上的观众，都激动万分。

插艾草、菖蒲是一项重要的端午习俗。许多地方都有清晨采艾的习俗，在天亮之前出发，挑选最具人形的艾草带回去插在门上、窗户上。端午期间，时近夏至，正是寒气暑气交互转换之时，蚊蝇滋生，有了艾草、菖蒲，可以驱避蚊蝇，人在屋子里不会受到困扰。

戴香包、系五色线也是重要的端午节仪式。大人还要趁小孩子在睡梦中，偷偷给他们戴上香包，还要在脖子

端午节香包

上、手腕上、脚踝上，都系上五彩线。这样，能保证孩子平安顺利，健康成长，不会生病。

在中国，无论南方北方，人们都会在端午节吃粽子。传说人们知道屈原投江后，纷纷自发地赶到江边，把一些米团投入江中，去喂江里的鱼虾，希望它们吃饱了，就不会去吃屈原的遗体，于是留下了这样的习俗。后来，人们怕扔到江里的米团散开，就用粽叶把米包得严严实实的，再用细线绑紧，这就是粽子最初的来历。除了粽子，在有些地方，人们还会煮一些鸡蛋给小孩子吃，尤其是五月初一的鸡蛋，给小孩子煮着吃了，可以防止肚子疼。

现在，只要是中国人居住的地方，就有端午节的习俗存在。

包粽子

团圆的象征
——中秋节

提起圆圆的月饼，各种香香甜甜的美味水果，你一定知道，这里说的，就是中秋节，也是团圆的日子。

中秋节起源于古人们对天象的崇拜，早在上古时期，人们就有秋夕祭月的习俗，也就是在秋天的晚上对月祭拜，二十四节气里的秋分时节，就是祭月节。后来，祭月从严肃的祭祀仪式，渐渐演变成赏月、颂月等活动。而这个节日的日期，也是早就固定下来的，在每年农历的八月十五，由于八月为秋季的第二个月，而十五又是月中，所以这个节日又叫中秋节、八月节、八月半等。

中秋节起初只是在小范围内传播，汉代才开始传到全国各地。到了唐代，中秋节成为官方认定的全国性节日，到了这天，全国人民同时过节，共庆团圆。中秋赏月的习俗此时已经在唐代都城长安一带盛行起来，许多诗人的名篇中都有咏月的诗句。人们还把中秋与嫦娥奔月、吴刚伐桂、玉兔捣药、杨贵妃变月神、唐明皇游月宫等神话故事结合在一起，使中秋节

充满浪漫色彩，赏月的风俗更加丰富。唐代是传统中秋节习俗糅合定型的重要时期，一些主要的中秋习俗，到了今天还流行着。

中秋节的名字正式确定是在北宋时期，这时的文学作品中也出现了"小饼如嚼月，中有酥和饴"的节令食品，这就是最初的月饼形象，从文字中能看出来，是圆圆的，还有酥和饴做馅料。

明清时期，各种节日风俗开始丰富起来，充满了节日的情趣。为赏月活动准备的水果和各种饼一定是圆的，别的形状不行。赏月时，各家都要准确判定月亮的位置，面向月出的方向行礼。

发展到今天，吃月饼已经是我国各地过中秋节的必备仪式。月饼象征着大团圆，人们把它当作节日食品，用它祭月、赠送亲友。中秋节的夜晚，云稀雾少，月光皎洁明亮，全家人围坐在一起，一边欣赏圆圆的月亮，一边品尝美味的月饼，享受合家团圆的欢乐时光。此外，人们还会在月亮下举行吃甜薯、提灯笼、舞草龙等一系列的节庆活动。

最初的月饼，仅仅是五仁馅的，形式单一，花纹单一。如今的月饼，馅料五花八门，形状更是层出不穷，大的大，小的小，各有各的含义。不管形式如何多样，馅料如何丰富，但唯一不变的，就是它对团圆的象征。

月饼

正如宋代大诗人苏轼所说，"但愿人长久，千里共婵娟"，团圆一直是人们追求的主题。不分古今，也不论中外。

万圣节
里的狂欢

对于中国人来说，"万圣节"是个比较陌生的词汇。但对于美国人来说，这是仅次于圣诞节的隆重节日。万圣节有什么来历呢？

　　万圣节又叫诸圣节，在每年的 11 月 1 日，是西方的传统节日，而万圣节前夜的 10 月 31 日则更为热闹。在中文里，人们常常把万圣节前夜（Halloween）当成万圣节（All Saints' Day）。因为在万圣节的前一夜，人们会举行热烈的庆祝活动迎接节日的到来。

　　人们庆祝万圣节前夜的习俗已经有超过 2000 年的历史。对现在的人们来说，万圣节前夜是一个狂欢之夜。但对生活在爱尔兰的凯尔特人来说，这个夜晚具有特殊的意义，人们会举行一场严肃的神圣仪式，以表达对神灵萨温的尊敬，所以这个节日也被称为萨温节。

　　古时的凯尔特人相信，在 10 月 31 日的夜晚，所有隐藏起来的灵魂们会一齐来到人世，这时，灵

魂的世界最接近人类的世界。当然，就像人类有好有坏一样，并非所有的灵魂都是善良的，有些邪恶的灵魂可能会趁机占据人的身体进而危害他人。为了防止自己的身体被邪恶的灵魂识别出来，人们将自己打扮成恶魔和精灵的模样，身穿兽皮、头顶兽首，让这些邪恶的灵魂无法识别自己，也就能保证自己不会受到它们的伤害。在仪式上，专业的祭司们用神圣的橡木搭起巨大的篝火，这些打扮怪异的人们则大声喧闹地围着篝火行走，作为节日的一种游行活动。但无论是举行热闹的游行，还是燃起熊熊的篝火，人们的目的都是为了驱赶那些企图占据他人身体的灵魂。

公元 1 世纪，凯尔特人被罗马人所征服。罗马传教士试图打压消除这种被他们视为异教的鬼怪观念，强迫凯尔特人接受自己的宗教。但公元 601 年，罗马教皇格列高利一世颁布了一项法令，这项法令与民族信仰和习俗有关，他希望传教士们不要抹杀那些本土信仰，而应对其加以利用。因此，萨温节的一些习俗才得以流传下来。公元 9 世纪，教会用 11 月 1 日的万圣节取代了过度关注超自然事物的萨温节。

最初，罗马人这样做是为了降低凯尔特神灵的重要性，以便于实行文化和思想统治。不过，这个新的神圣之日反而引出了另一个庆祝活动：将之前庆祝萨温节的习俗沿袭到万圣节，变成了万圣节前夜。到了19世纪，随着爱尔兰和苏格兰移民涌入美国，这个节日已经摇身一变，成为一个乐趣十足的"恶作剧之夜"。

这是一个以恐怖为主题的化装舞会之夜，因为惊恐刺激，成为最受年轻人喜爱和追捧的节日，风靡西方国家。在这个夜晚，大家穿起奇装异服，打扮成各种妖魔鬼怪，聚集在一起，尽情欢乐。人们会玩咬苹果的游戏，孩子们则喊着"不给糖就捣蛋"的口号，挨家挨户地索要糖果，结果理所当然地获得了自己满意的收获。

每个节日都有独特的起源故事，发展到今天，节日背后所蕴含的意义逐渐模糊，而节日带给人们的欢乐却日益增多。

西方的春节
——圣诞节

在中国，最隆重的传统节日当然是春节。可是在西方国家，最隆重的节日则是圣诞节。

"叮叮当，叮叮当，铃儿响叮当……"愉快的歌声响起，提示着人们圣诞节的来临。当雪花开始飘落之时，就预示着又一个圣诞节即将到来。人们在仲冬之际举办庆祝活动的习俗，已经延续了数千年。因为冬日的时光漫长而黑暗，没有温暖，只有寒冷，人们渴望着温暖、光明和陪伴。

圣诞节的起源离不开一个节日——古罗马的农神节。为了纪念农业之神萨图尔努斯，罗马人会在冬至前后举行为期一周的农神节。农神节时，政府部门和学校放假，人们举行各种派对和狂欢活动，参加公共宴会，到广场上领取礼物。而平时辛苦劳作、需要遵守很多规矩的奴隶，此时也可以获得暂时的解放。据说，农神节时，奴隶主和奴隶会互换身份，奴隶主需要服侍他们的奴隶。

最初，圣诞节的庆祝活动并没有规定在12月25日举行。公元4世纪，罗马教皇尤利乌斯一世选择这一天作为教会的节日，很大程度上是为了给农神节的庆祝活动赋予某种宗教色彩。这个习俗在公元432年传到了埃及，在公元6世纪末期传到了英国。

在美国，庆祝圣诞节的习俗出现得相对较晚。由于受到提倡宗教改革的英国政府影响，早期的信徒移民者并不会庆祝圣诞节。直到19世纪末期，美国人才开始庆祝圣诞节。1870年，美国国会宣布圣诞节为联邦法定假日。

圣诞节的流行和随之而来的商业化现象，与宗教的狂热并无关联，而是与人们日益转变的文化态度密切相关。在美国和欧洲，人们寄予家庭和孩子的感情越来越丰富。这个现象的出现要归于几个因素，包括收入的提高、业余自由时间的增加，以及商品的极度丰富——这些都是工业革命所带来的影响。

圣诞节也有很多独特的装饰，例如圣诞袜、圣诞帽、圣诞树等。圣诞袜最早以前是一对红色的袜子，用来装礼物，小朋友们在睡前会将自己的袜子挂在床边，在梦中期待第二天早上收获满满。圣诞帽，和圣诞袜一样，也是红色的，也可以用来装礼物。圣诞树，通常是一棵常绿植物，如松树，人们在圣诞节前后将圣诞树放到房子里或者放在户外，用圣诞彩灯和装饰物装饰，并把一个天使或星星置于树顶。圣诞树上以及周围的地面上满是礼物，等待小朋友们拆封。

如今，圣诞节已传遍世界的各个角落，成为一个仅次于新年的冬季盛典。

圣诞老人

圣诞老人是小孩子们最喜欢的形象，他活泼欢乐、大方慷慨，给孩子们带来了无穷的快乐。应该说，圣诞老人是最受世界儿童喜爱的卡通形象之一。可是你知道吗？他原来的生活并没有这么快乐。

从前，有一位贫穷的落魄贵族，他有三个待嫁的女儿。女儿们都有了意中人，可是这位落魄的父亲却因负担不起女儿们的嫁妆，导致一个女儿也嫁不出去。妻子埋怨他，女儿们也怪罪他，他苦恼不已。听闻他的困境之后，一位土耳其慈善家圣·尼古拉斯找到他的家，可是又没有办法把钱直接交给一个没落的贵族。这位慈善家只好趁半夜，借着一架梯子，偷偷爬上贵族家的房顶，把三袋金币从贫穷贵族家的烟囱口扔了下去，金币恰好掉进了女孩们挂在炉边准备晾干的袜子里，给一家人带来了意外的惊喜。从那时起，每到圣诞节时，孩子们纷纷在壁炉架或房间中的其他地方挂上自己的长筒袜，期望能够收到来自圣诞老人的礼物。这个慈善家圣·尼古拉斯就是圣诞老人的原型。

1822年，纽约的一位教授为女儿们写了一首诗，诗中详细地描述了一位身材魁梧、具有神奇能力的圣诞老人。1881年，一名漫画家根据这首诗歌创作出一幅关于圣诞老人的漫画。漫画中的圣诞老人身材圆胖，表情欢乐，留着大胡子，穿着一套有毛边修饰的鲜红色衣服，手里拿着一个装满玩具的袋子。这可能就是圣诞老人形象最初的由来。

2 习俗仪式

　　我们对生活中各种仪式和习俗早已习以为常。正是有了它们，我们才能够有条不紊地生活。21世纪，人类的生活似乎变得越来越复杂，习俗和仪式的重要性也随之提升——它们给予我们情感的安慰，提醒着我们无论世事怎样变化，有些事情始终如一，多少年来，也不会改变。这些习俗和仪式，将我们同过去的几代人联系起来，指引我们顺利解决人生中大大小小的事情。

习俗也许不如法律来得明智，然而它们向来比法律更受人欢迎。
——本杰明·迪斯累里（英国政治家，1804—1881）

性别色彩
大揭秘

如果要你只在粉色和蓝色里选，你觉得男孩和女孩，分别应该配哪种颜色？

　　如今，大家常常将粉色作为女孩的代表色，将蓝色作为男孩的代表色。但20世纪40年代之前，恰恰相反，粉色才是男孩的颜色，蓝色则是女孩的颜色。因为那时候的潮流人士认为，粉色更加"果断而明确"，更适合男宝宝；而蓝色更加优雅，更适合女宝宝。

　　这种变化是因何而起，我们无从得知。无论是什么原因，从20世纪50年代开始，美国人就给女孩准备粉色衣服，而给男孩准备蓝色的。如果不确定婴儿的性别，就准备一些淡黄色或淡绿色的衣服。这种现代化的自然选择，也得到了现代市场营销策略的支持：从毯子到婴儿床再到婴儿车，成千上万种婴儿用品的颜色都是按照性别来划分的。

　　一些研究表明，人们存在一种基于性别的颜色偏见，导致粉色女性化而蓝色男性化。英国研

究人员进行了一项对比实验。为了消除文化偏见造成的影响，他们还特意将一些华裔人士纳入实验对象来进行比较。研究结果表明，不管出身于什么种族和文化背景，女性群体似乎都更加喜欢光谱中较为温暖的红色。科学家们认为，这是因为女性的眼睛对这些偏红的颜色可能更加敏感。从生存进化的角度看，长时间的发展使她们学会了如何辨别成熟的浆果，她们还懂得将脸红作为儿童患病的征兆。

　　不过依据最新的流行趋势，父母们喜好为婴儿和儿童穿颜色更加鲜艳的衣服。虽然其中的性别界限并不明显，但是观察得知，男孩的衣服中蓝色和绿色居多，而女孩的衣服则是红色或紫色更为常见。

　　也许，性别色彩并不是孩子们自己的选择，只是父母的偏好。可是不管如何，这种选择一代一代流传下来，形成了一种独特的文化色彩。从中国的传统文化上来看，男性顶天立地，是力量的象征，有着山一样的厚重；而女性温柔如水，是母性的代名词，有着水一样的柔情。蓝色代表坚强和稳重，象征着美与力量；而温柔和浪漫的粉色，也是代表母性的一种色彩。

LOVE：爱

　　不过，这些都是有着传统渊源的固有认知了。在当下多元和开放的文化世界，如果自己喜欢，变化一下是完全可以的。

五花八门的
起名传统

你的名字叫什么？你知道爸爸妈妈给你起的名字有什么含义吗？

名字是一个人最为直接的标志符号，给新生儿起一个好听又有意义的名字，在世界各国都是一个喜庆又严肃的仪式。新生儿父母和其他家人们聚在一起，认真思考一个婴儿名字的活动，是婴儿进入这个世界的重要标志。

在不同地域的文化里，名字的意义千差万别。美洲的原住民纳瓦霍人认为，名字有着强大的力量，因此在日常交谈中，他们并不提及彼此的名字。但过去的中国人会先给婴儿取个

图中便利贴上文字为英文名字

34

乳名来驱邪避祸。这些名字很多是如石头、狗子、铁柱一类的土名字，是希望孩子在成长的过程中敦实健壮。还有的按照从大到小的顺序，叫大丫、二丫、三丫等。如果是男孩子，就叫大小子、二小子、小小子等。直到孩子健康地长大、上学以后，父母才会取一个固定性的名字。而印度的小孩儿则有"两个名字"，一个是被父母和兄弟姐妹呼唤的"小名"，而另一个在学校和课外生活中使用，是更加庄重文雅的名字。

不同的地方，命名的规则也各有特点。在西班牙，直到现在人们还遵循着某种起名的规则：大女儿的名字来自父亲的母亲，大儿子则得名于父亲的父亲，等等。这样的名字有个特点，只要懂得了命名的规则，就可以从一个人的名字中看出这个人的血统和家族。在法国人的名字中，会有加在姓和名之间的"中间名"。女孩儿的中间名通常是祖母或外祖母的名字，而男孩儿的中间名通常是祖父或外祖父的名字。不同于中国人把姓放在前面、名字放在后面的习惯，西方国家正好相反，他们是将姓氏放在后面，而自己的名字放在前面。

名字的选择还跟宗教传统有关。美洲的清教徒喜欢把一些表示美德的词语作为孩子的名字，例如 Mercy（仁慈）、Honor（荣耀）、Prudence（谨慎）等。有趣的是，这些象征着美好寓意的名词，往往都是女孩儿的名字。德系犹太人经常用已经去世的亲人的名字为婴儿命名，但是从来不使用还在世的亲属的名字。相反，西班牙系犹太人则习惯将在世亲属的名字作为新生儿的名字，从来不考虑已故亲人的名字。用过世亲人的名字来命名，一方面显示了对先人的怀念，一方面也有感恩传承的意味。在不同的国家和地区，甚至不同的民族，人们给婴儿命名的时间也各不相同。比如日本人会在婴儿出生7天后举行御七夜仪式，在这个仪式上，孩子的亲人会为婴儿取名字。

中国人的习惯则是庆祝"满月"。有的父母会依照传统习俗，在满月时给孩子起乳名。在"满月酒"上，中国人会分享红鸡蛋来作为对孩子降生的庆祝。至于过去的中国人，更是有自己家的家谱，那是由祖先请人事先排好的顺序，一代一代传下来。如果是兄弟好几个，有家谱的人家，前两个字是相同的：第一个是姓，无法改变；第二个是序，事先排好的；只有第三个，才是自己的名字。有的家庭，女孩儿也要排中间那个字，有的就不用排了。

但无论是哪一种命名方式，父母给我们的名字都寄托着他们的殷切希望，希望我们平安快乐、健健康康地成长。

生日蛋糕
的奥秘

你想过吗？过生日时为什么要吹蜡烛、吃蛋糕呢？

各国的文化中都有一个悠久的传统：给过生日的人赠送生日蛋糕。

在具有悠久文明历史的古希腊，人们曾经烘烤出一种圆形或月亮形状的蜂蜜饼，在狩猎女神阿耳忒弥斯一年一度的生日庆典上，人们总要在祭坛上供放蜂蜜饼和很多点亮的蜡烛，形成一片神圣的气氛，表示对她的崇敬之情。后来随着时间的推移，由于对孩子的关心和疼爱，古希腊人在庆祝他们孩子的生日时，也总爱在餐桌上摆上糕饼等物，上面放上许多点亮的小蜡烛，并且加进一项新的活动——一口气吹灭这些燃亮的蜡烛。他们相信燃亮着的蜡烛具有神秘的力量，如果这时让过

生日的孩子在心中许下一个愿望，然后一口气吹灭所有蜡烛的话，那么这个孩子的美好愿望就一定能够实现。于是吹蜡烛成为生日宴上有着吉庆意义的小节目，一直延续到现在。如今，不论是孩子还是成人甚至老年人，在他们的生日晚会或宴会上，都会有吹蜡烛这个有趣的活动。

古罗马人的生日习俗中就有送生日蛋糕这种行为。每逢生日，他们会在城市或寺庙举行规模可大可小的私人庆祝活动。其中，50 岁生日的蛋糕在配料上比较讲究，它是由小麦粉、橄榄油、蜂蜜和磨碎的奶酪制作而成的。

中古时期的欧洲人认为，生日是一个人诞生的日子，因此生日那天，人的身体就像刚出生的人一样，特别虚弱，所以生日也是灵魂最容易被恶魔入侵的日子。于是生日当天，亲人朋友都会齐聚在过生日的人身边给予祝福，并且送蛋糕以带来好运、驱逐恶魔。流传至今，

不论是大人或小孩，都可以在生日时买个漂亮的蛋糕，享受众人给予的祝福。

　　现代的生日蛋糕有可能起源于中世纪的德国。那时的人们通常会为小孩子举行一场叫作"孩子们的聚会"的生日庆祝活动。在活动当天的清晨，过生日的孩子会得到一块插着蜡烛的蛋糕。白天，蜡烛会一直燃烧，如果快要烧尽则会更换一支新的蜡烛；晚饭之后，孩子们就可以享用这块蛋糕了。蛋糕上蜡烛的数目通常要比孩子的年龄数多一支。这支多出的蜡烛，被德国人称作"生命之光"，中国人会将其视作"添寿"。吃蛋糕前，孩子会一口气吹灭所有蜡烛。因为这样，他们悄悄许下的愿望才能得以实现。吹灭蜡烛后，大家才开始拿起刀叉，分享眼前的美味。

　　但无论哪个国家，生日宴会上的生日蛋糕都必不可少，因为它寄寓了美好而甜蜜的愿望。

毕业证书：
证明你的学识

在生活中，如何才能知道一个人有多高的知识水平和能力呢？要看他的毕业证书。可是，有些时候，毕业证书只能证明一个人的学识，并不代表一个人的能力。

在英文里，"毕业证书"这个词来源于希腊语，意思是折叠的纸、对折的纸。可是你知道吗？它们最初竟然不是纸，而是由羊皮制成的。所用的语言也不是希腊语，而是拉丁语。直到现在，还有一些大学至今仍然使用拉丁文来作为毕业证书内容的专用语言。

一所教育机构的毕业生，在学校规定时间内，学习完相应的课程内容，并且通过考试，在达到毕业要求后，将带着一份证明文件离开那里。这种文件叫作毕业证书。在过去某一段特定的时间里，毕业文凭这个词特指任何美国官方的红头文件或国家宪章。在过去400年的某个时期，这个词语还表示授予荣誉或特权的加盖文章的文件；后来，该词才逐渐专指人们在高中或大学毕业典礼上收到的文件，也就是专指教育机构或者学校给学生颁发的证明材料。

毕业证书曾经被称为羊皮书，这种说法至今仍然被人们沿用。因为，最初的毕业证书实际上是由非常薄而纹理细密的羊皮制成的，上面手写着证明某人在某所学校完成学习内容后准予毕业的信息，并用丝带捆扎起来。可是，在那个科技并不发达的时代，羊皮毕竟是昂贵的商业材料，给每个学生都颁发这样的毕业证书，价格也很高。后来，有人就开发出一种羊皮纸，也是毕业证书的另一种材质。这是一种类似羊皮的半透明纸张。后来，在纸张供应普及后，使用羊皮纸印发毕业证书成为一种规范。到了 20 世纪初，大概是为了模仿过去的羊皮证书，让毕业证书的外观更加正式，人们开始用皮面装订毕业证书。这个时

期的毕业证书有时还被称为推荐书，意思是向用人单位证明这个人的学识水平。目前，这一术语至今仍应用于英国地区。

如今，有的大学还会提供不同材质的毕业证书，既可以选择传统的羊皮证书，也可以选择使用质量上乘的棉质纸张印制的毕业证书。

至于那些获得更高学位的人，也将得到相应的证书。还有一些证明医学或法律学位的证书，人们会将这些证书裱装起来挂在办公室中，作为受过良好教育的证明。不管怎么说，毕业证书只代表人的学识，要想你的学识和能力相符，或者能力超过学识，你就必须努力学习才好。

没有形成能力的学识，只是纸上谈兵。

羊皮纸毕业证书

结婚戒指
的特殊寓意

在婚礼现场，我们常常看到男女双方互换结婚戒指，你知道这有什么含义吗？

从古到今，戒指的形状和种类都有很多，金的、银的，还有镶着钻石的。现在，戒指主要用于结婚双方交换信物，因为戒指代表的是两个人爱的承诺。虽然现如今，情侣们会更加看重订婚戒指，但在过去，结婚戒指才是人们优先考虑的爱情信物。

有的历史学家认为，最早的结婚戒指是一根绑在女人手指上的草，

象征着在男女不平等的时期，男人抓住一个女人后把她捆绑在身边，成为自己的私有物，不允许别人占有。在古埃及和古罗马的历史记载中，婚戒的首次出现是作为爱情的信物，它象征着男人对女人的所有权。女人一旦戴上了这枚戒指，就是向世人宣布，自己已经是有

丈夫的人了。有趣的是，古罗马人的妻子通常拥有两枚戒指，一枚是在公共场合佩戴的金戒指，戴出门去，金光闪闪的，显示着自己有着优越的生活条件，过得很幸福；另一枚则是在家佩戴的铁戒指，干起家务更方便，也不用精心护理。

你是否留意过爸爸妈妈通常将戒指戴在哪根手指上呢？对，就是左手的无名指。这个习惯是有渊源的。过去，古埃及人和古罗马人普遍认为，左手的无名指是直接通向心脏的"爱情之脉"，所以他们都将结婚戒指佩戴在这根手指上。

结婚戒指的仪式感从古至今都是人们非常看重的。12世纪时，教皇英诺森三世颁布了一项法令，规定所有婚礼都必须在教堂举行，并且新郎必须为新娘准备一枚戒指。这等于是官方的命令，也说明当时的人们非常重视婚姻和婚戒的意义。为了保证婚姻的甜蜜，英诺森三世还宣布将订婚和结婚之间的时间延长，让一对恋人相互之间有了足够的了解，再步入婚姻的殿堂。从那以后，订婚戒指逐渐风靡全球，戒指所代表的甜蜜感和仪式感也逐渐成了人们的追求。

当时的贵族们喜欢佩戴宝石戒指。1477年，奥地利大公马克西米

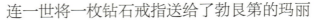

连一世将一枚钻石戒指送给了勃艮第的玛丽公主，来表明自己的爱慕之心，这就是有历史记载的第一枚钻石订婚戒指。当时，用来制作订婚戒指的宝石种类繁多，钻石只是其中的一种。

到了20世纪中期，戴比尔斯钻石矿业公司开始向公众推广钻石产品，并且打出了一则"钻石恒久远，一颗永流传"的广告。自此以后，钻石逐渐成为订婚戒指的首选宝石，受到了广大消费者的追捧。如今，结婚戒指上也常常镶有钻石，来为戒指增光添彩。

小小的戒指，不仅承载着人们的爱情，也承载着人类对幸福美好的追求。

西式婚礼
二三事

婚礼的隆重与喜悦，让每一个在场的人都感觉喜气洋洋；婚礼上的每一项仪式，都有着重要的意义。

婚礼，是一场幸福而神圣的仪式。现如今，婚礼上的某些习俗、服装和道具，都是从古代流传下来的，有着美好的寓意。例如，抛花束就是婚礼上一项必不可少的活动。当新人在台上宣誓完毕后，新娘一般背对着人群，将花束高高举起向后方抛去，寓意将自己的幸福传递给下一个人。如果哪个未婚的姑娘抢到了这束花，就意味着她的爱情之花马上要绽开了。因此婚礼上，单身的女性们总是聚集在一起，等待着新娘将花束扔向她们。当然，若新娘心中自有打算，将花束直接扔给某位特别的好姐妹也是可以的。

婚礼时，新郎仪表堂堂，新娘端庄大方。在他们的胸前，都别着一朵小花，向参加婚礼的人们宣告自己今天的特殊身份。但你是否注意过，新娘往往都要戴着面纱入场。其实，面纱并非仅仅是婚礼上用的装饰品，还有许多别的用途。从古至今，西方女性一直有佩戴面纱的习惯，这通常是贵族女性隐藏身份、尽显端庄的一种方式。那时，女性出门在外，是不可以让人看见自己的真面目的，而面纱正好满足了她们的这一需要。还有一些历史学家认为，女性佩戴面纱是为了隐藏她们的美貌，以免引起歹徒的注意。在古代的婚礼上，为了驱赶那些想要干扰婚礼的恶灵，古罗马的新娘会佩戴饰有火焰图案的火红色面纱警告那些恶灵，不可随意打扰一对新人的幸福。

隆重的婚礼当然少不了乐曲的陪衬。许多文化中都有专门的婚礼音乐，但有两首世界著名的曲子，可以说是全球通用的婚礼进行曲：一首来自理查德·瓦格纳的《婚礼合唱》，也被称为《新娘来了》；一首是费利克斯·门德尔松的《婚礼进行曲》，出自其为莎士比亚的戏剧《仲夏夜之梦》创作的音乐作品。这两首婚礼乐曲均诞生于 19 世纪，至今一直担任着婚礼现场的主角乐曲，不断地被循环播放。

1858 年 1 月 25 日，英国王室公主维多利亚将这两首音乐选为她与普鲁士王储的婚礼曲目。通常，婚礼开始的时候会以《新娘来了》作为新人的入场曲，而门德尔松的《婚礼进行曲》则经常作为婚礼退场时的赞美歌来演奏。当然，如今许多新娘认为《新娘来了》这首曲子不够新潮时尚，会选择一首自己喜欢的歌曲作为婚礼音乐。当下的新婚庆典，也少不了专门的化妆师、灯光师、配乐师们的功劳。他们通力合作，携手为整个婚礼现场营造浪漫温馨幸福的场面。

如今的婚礼程序在各个地区都有独属于当地的特色，但是宣读结婚证书是一项必不可少的程序。这是从法律上宣布，一对新人从此牵手步入了婚姻的殿堂，开启爱情的新篇章，让无数未婚男女憧憬、渴望成为下一对新人。

蜜月
跟蜂蜜有关系吗?

蜜月，就是甜蜜的一个月。一对爱人步入婚姻殿堂后，共同度过的第一个月的时光，就是蜜月。

婚礼之后的蜜月时间，是一对新人最甜蜜的时光，除了举行特定的仪式，今天很多人都会选择蜜月旅行。但是你知道吗，在很久以前，蜜月其实是一段新娘和新郎逃离一切人间烟火的旅行，专门用来享受温馨的二人世界。

在古挪威，蜜月是指新郎将绑架来的新娘藏匿起来的这段时间。把新娘藏起来是为了让她的家人放弃寻找。当新娘的家人离开之后，这对"幸福夫妇"便可以随新郎的部落开始新的生活。这种说法虽然有点儿离谱，但是也说明了古时候的人们还有抢亲的习俗。但是抢亲这个词，看起来实在是跟"蜜"没什么关系。原来，在藏匿新娘的这段时间，为了促进二人的和谐关系，新郎和新娘每天都会得到一杯蜂蜜酒。新人连续饮下蜂蜜酒的这 30 天，被人们称为"蜜月"。这便是"蜜月"的来历了。

在爱尔兰岛也有关于"蜜月"起源的说法。据说，那里有个凯尔特部落，他们有一种民族风俗，就是在男女的新婚之夜，由本部落族内的首领举行赐酒仪式。酒是以蜂蜜为主要原料酿制成的。由于蜜蜂象征勤劳、团结，因此用这个寓意，希望两个人像蜜蜂一样，通过勤奋的劳动，在未来获得美好的生活。而蜂蜜甘美甜润，又象征着新婚男女今后生活美满幸福。新人在新婚之夜喝了长辈赐给的蜂蜜酒后，还会继续喝一种用蜂蜜制成的饮料，连续不断地喝满30天，这恰巧是一个月的时间，因而被称作"蜜月"。

历经文艺复兴之后，人们的观念变得更加开放。"蜜月"早已突破起初的定义，婚后蜜月期成了一种时尚的潮流。在蜜月旅行中，新婚夫妇可以在承担新的身份责任之前，通过这一个月的磨合，将两人的关系变得更加亲密。而蜜月旅行的概念起源于 19 世纪维多利亚时代的英国。工业革命兴起后，交通条件的改善给新婚夫妇们的蜜月之旅带来了便利的条件。他们可以一同登上火车或豪华轮船，去探索未知的新旅程，享受甜蜜的二人世界。

如今，蜜月旅行的方式日新月异，尤其是随着航空旅行的普及，越来越多的情侣都加入蜜月旅行的行列中来。现代情侣很少会需要像过去那样的独处和逃离。因此，他们的蜜月旅行可能还有朋友和家人的参与，活动方式也多种多样，从品酒之夜到海上皮划艇探险，无一不充满刺激和趣味。

　　由此看来，蜜月的最初来源，确实和蜂蜜有关。但是到了现在，这个词就更多地用来代表人们对甜蜜婚后生活的向往和期待了。

最后的旅程
——葬礼

人生就像是一次旅行，有开始的喜庆，也有结束的悲伤。生命是美好的，庆祝生日是喜庆的，生命结束的时候，葬礼也同样表达了生者对逝者的怀念与祝福。

在不同的地区和文化中，人们对待死亡也有不同的习俗。不过，这其中有一些共同之处。

首先，在一个人死亡之后，几乎每一种文化都有某种仪式，来为遗体完成最后的旅程。在古埃及，人们会把尸体通过某种特定的加工，处理成木乃伊，然后为其配备食物、娱乐用品、衣服等死亡之旅需要的物品。现代的殡仪馆和防腐技术同过去相比可能存在一些差异，但万变不离其宗。其中瞻仰逝者遗容，和逝者告别的仪式，对于逝者的家人和朋友来说，始终是一件意义重大的事。在这个过程中，人们都怀着无比悲痛的心情，和逝者见上最后一面。

其次，遗体的埋葬或处理，通常也是伴随着某种仪式来进行的。这些仪式有礼拜告别仪式，也有墓地埋葬仪式，例如印度的火葬坛和北欧国家的火葬船。

最后，在以各种形式埋葬或处理遗体后，人们通常会准备一些祭奠逝者的食物，让逝者来享用，借此表达对逝者的深厚情感。当然这一餐，同时也是为活着的人准备的，以免那些同逝者关系最亲近的人们，因过度悲伤而身体虚弱。有的葬礼餐简单方便，例如比利时人会准备一些咖啡、涂有黄油的面包卷和巧克力，而有的葬礼餐则是精心准备的宴席。

归根结底，葬礼的仪式是受到社会条件制约的。各个地区演变出了形形色色的葬礼风俗：有的葬礼盛大隆重，参加的人特别多；有的简易朴素，只是简单地走完固定的流程；有的充满了宗教色彩；有的科学而又卫生。地理、宗教和社会结构都深深地影响着葬礼的形式，阶级身份更是决定性因素。在葬礼的形式上，世界各民族中有土葬、海葬、火葬、水葬、天葬、洞葬、树葬、悬棺葬、壁橱葬等多种形式。

守灵之夜

如今，人们通常在葬礼的前一天晚上在殡仪馆举行守灵仪式。一些亲朋好友整夜不睡，守护在逝者身边。在某些文化中，守灵仪式的气氛相当严肃的。而对于爱尔兰人来说，守灵仪式是一个充满爱和活力的逝者追忆会。在守灵仪式上，爱尔兰人通常会讲故事，说笑话，并欢声歌唱——当然这一切的主题都与逝者生前的点点滴滴密切相关。中国人一般要守灵两个晚上，直到出殡。

安葬的习俗

人类埋葬同类的历史已经延续了千万年。历史学家们一致认为，迄今发现的最早的墓葬在以色列的卡夫泽洞穴。而在具有至少 13 万年历史的斯胡尔洞穴遗址内发现了红色黏土的涂鸦痕迹，这表明人类需要某种形式的死亡认知。

埋葬的原因不一而足：防止疾病传播，防止污染，尊重逝者，让家人和朋友最后可以看一眼逝者的遗容，遵从宗教仪式和文

**公元前 4000 年
古墓**

如今的坟墓通常是分散独立的。但是，古代的贵族人家，由于成员众多，本着家族观念，会将家族成员埋葬在一起，形成壮观的古墓群。

**公元前 3300 年
木乃伊**

古埃及人所制作的木乃伊会因逝者的地位和花费成本而有所不同。这种制作技术费时费力，而且需要花费大量的金钱。因为越是昂贵的技术，越能够让尸体看上去更加美观。

**公元前 1000 年
骨灰瓮**

古时的人们使用骨灰瓮来盛放逝者的骨灰，并密封好，埋在地下。最初，骨灰瓮由黏土制成；而今，骨灰瓮可由许多不同的材料制成。

**公元前 350 年
陵墓**

陵墓的英文单词"Mausoleum"源于古代卡里亚一位统治者的名字摩索拉斯（Mausolus）。摩索拉斯陵墓被称为古代世界七大奇迹之一。

1 世纪
骨灰龛（kān）

1 世纪和 2 世纪，古罗马人使用骨灰龛来存放多个骨灰瓮（wèng）。因为堆积起来的骨灰瓮就像叠放的鸽子笼，所以骨灰龛也有"鸽舍"之意。

900 年
维京人的古墓

在维京人的葬礼仪式上，人们会让被选作祭品的奴隶喝下大量的烈酒，然后开始祭祀活动。维京人的坟墓是用石头垒成的船形坟墓。

1000 年
棺材

最初的棺材非常简单、朴素。不过，人们很快就开始依据自身的资源和经济状况，在棺材上雕刻、涂漆和饰以花彩。

2000 年
生物箱

生物箱由可生物降解的纸或其他纤维制成，人们可以自由定制。不过，材质决定了它们只能用在自然分解的"绿色"墓地。

化习俗，等等。在许多文化中，一种对于来世的信仰，深深影响着人们的埋葬技术。为了确保逝者在下一个世界能够安然生活，人们通常将衣物、工艺品、生活用品、武器甚至食物和饮料都作为逝者的随葬品一同埋葬，供逝者在另一个世界使用。

人们的身份和对社会等级的态度，自然而然会影响到丧葬的习俗。从埃及的法老到欧洲的君主再到现代的亿万富翁，当权者常常想方设法，试图让他们的世俗地位在死后得以继续体现。如今最著名的陵墓大概要数位于印度阿格拉的泰姬陵，当中保存着蒙塔兹·玛哈尔的遗体，她是莫卧儿王朝的国王沙·贾汗最喜爱的妻子。此外，中国的秦始皇陵也在"世界十大著名古墓"中位居前列。秦陵四周分布着大量形制不同、内涵各异的陪葬坑和墓葬，其中包括被称为"世界第八大奇迹"的兵马俑坑。图坦卡蒙国王的坟墓里堆满了各种黄金器物，而英国王室则更喜欢将墓地建立在繁华的黄金地段。在土地紧缺的日本，政府强制推行火葬。随着西方人环保意识的增强，他们开始参考日本人的殡葬方式，同时，还发明出一些更加环保的殡葬用品，例如可降解的棺材——"生态箱"。陵墓，是逝者死后的"家"，所以人们非常重视这个"家"的修建和装饰，活着的人都希望逝者在另一个世界里也能幸福如意，不受外界的打扰。

3 手势动作

  从史前时代起，人们就时常面临着来自现实和想象世界的双重危险，开放式的肢体语言便成为人们展现积极态度的一种方式。随着历史的进展，尤其是涉及手的肢体语言——手势演变出了丰富的形式，以一种"无声胜有声"的方式，表达着各种无法用语言精确阐述的微妙含义。当你在异国他乡、语言不通的情况下，手势的意义更是举足轻重。如今，肢体语言已经形成一种礼仪，在世界各地的不同场合都有其独特且深刻的含义。

> 不懂礼貌的人，任何优点都弥补不了。
> ——富兰克林（美国科学家、政治家，1706—1790）

赞同
用手势怎么表示？

你见过会说话的手吗？那有趣的手语，也是很有意思的，最简单的动作，就是赞同。

对，就是这样，大拇指高高地竖起来，其他四根手指握成拳头，指尖向内，这就表示喜欢和赞成。在生活中，喜欢对方今天的穿着，赞赏同学的精彩发言，预祝朋友在比赛中获得成功……在这些情况下，

你都可以竖起你的大拇指。竖起大拇指的手势在很多国家都十分流行。现在网上流行的点赞，更是应用了这一独特并且标准的手势，全网通用。

这种手势可以追溯到公元前4世纪，在伊特鲁里亚进行的角（jué）斗比赛。当观众想要处死被打败的勇士时，他们就会大喊大叫，并向下伸出大拇指。当然，如果战败的角斗士在比赛中表现出色，勇敢无畏，那么观众将会向上竖起大拇指，表示他们希望胜利者能够饶恕战败者的性命。因为在那残酷的角斗中，胜利者有权处死失败者，这是法律许可的。

表示肯定还有另一个手势，那就是用拇指和食指捏成一个圈，其他三个手指向上伸展。这个手势代表"OK"的意思。"OK"也是世界通用的肯定用语，当你不方便明说，或是难以用准确语言来表达的时候，用这个手势人们也很容易理解。

细细说来，这个手势的含义有很多种：比如最广泛的赞成，可以理解成"我同意"；最流行的鼓励和

认可，它的含义是"你真棒"，或者"你真行"；甚至在有关战争的影片中，用这个手势可以传达自己的命令，意思是"可以行动"，或者"一切安好"。

不好的"OK"

"OK"手势是一种非常常见的手势，一直被人们所接受。在大部分国家，这个手势常被用来表示"一切都好"。但是在一些特殊的国家，也有特别的例子存在。比如，美国第 34 任副总统理查德·尼克松在 20 世纪 50 年代，对拉美进行友好了访问。飞机落地后，尼克松走下舷梯，用食指碰了碰大拇指，同时向上竖起另外三根手指，向拉美人民做出了一个"OK"的手势，表示问候。然而他却迎来了大家的一片嘘声——原来这个手势对于拉丁美洲的人们来说，是一个侮辱性的手势。可见，即便是广为人知的习俗，但在少数地区依然有着不同的含义。

握手
是怎么来的?

"找呀找呀找朋友,找到一个好朋友,敬个礼,握握手,你是我的好朋友。"大家小的时候都学过这首儿歌吧。但你们有没有想过,好朋友之间要握手,这个礼仪是怎么来的呢?

相传在古巴比伦王国,统治者即位时,通常会握着一尊神圣雕像的手,这个举动象征着神的权力转移到人类手中。而国王就是行使这项权力的人,代表着神的旨意。当然,对于我们现代人来说,握手的目的简单而明确,就是为了在两个人之间传达开放而友善的问候。但是更早的时候,握手其实是为了保护双方的安全。

握手最早发生在人类"刀耕火种(zhòng)"的年代。那时,在狩猎和战争时,人们手上经常拿着石块或棍棒等武器,以便随时攻击敌人,保护自己。他们遇见陌生人时,如果大家都没有恶意,就要放下手中的东西,并伸开手掌,让对方抚摸手掌心,表示手中没有武器。这种习惯逐渐演变成今天的握手礼节。

数百年前的英国，社会还比较动荡，很多刺客伪装成彬彬有礼的样子，接近目标后，突然亮出武器刺杀对方。为了防止这种现象的发生，人们会主动伸开手掌并且朝向对方，向对方表明自己手里没有携带武器，可以放心进行近距离接触。

握手时，人们通过直接接触建立了信任和平等的关系。有时，为了表示诚意，还要用力把对方的手摇一摇，表示亲热。这种亲密的身体接触仪式，表达的是信任和诚恳。

因为当时的刺客们经常把武器藏在左边袖子里，所以在那时人们多用左手握手。但随着时间的推移，人们逐渐改用右手来握手了。这是因为在西方文化里，右手是骑士们握剑的手。用右手握手，代表着放下武器，收起敌意，真正地表达自己的诚意。

过去，握手一般被看作男性之间的问候。或许是由于女性携带武器会受到很大的限制，所以女士们不需要通过握手来表明自己的清白，这也就没有成为女性之间常见的问候方式。

早期的握手，实际上只是手腕相扣，后来才演化成手掌相握的方式。如今，握手表示着尊重的含义，然而并不是所有人都接受这个象征。比如乔治·华盛顿就认为，握手是普通百姓的表达方式，身为一位总统，他更喜欢通过鞠躬来表示问候。

无论使用哪种方式，人们都在表示友好、尊敬、理解和信任。这些礼貌的姿势和动作，也伴随着我们共同推动人类文明的不断进步。

耸肩
代表什么意思？

摊开双手的同时耸肩大概是人类最古老，也是最本能、最普遍的一种手势。你通常会在什么时候做这个动作呢？

最近，有研究者将掌心朝上摊开并耸肩的动作与黑猩猩的某种类似手势联系了起来。对比来看，这个动作对黑猩猩来说表示"给我一些东西"——可能是索取食物，也可能是需要帮助。

人类学家戴维·吉文斯称，耸肩是一种脊椎动物传递了数亿年的"手势副产品"。古代爬行动物压低脊椎，通过降低自己的身高来表示服从。同样，当灵长类动物抬起肩膀时，它们也会顺势低下头来保护自己，避免对其他动物构成威胁。反过来，如果灵长类动物想要显示其统治地位，就会挺直脊柱，抬高头部，同时胸部向外挺起，而手掌则会向下翻转。

而在人类社会中，耸肩的动作通常表达出无助的含义。一般来说，耸肩意味着"我不知道"的意思。耸

肩的同时，再加上扬起的眉毛和翘起的嘴唇，则表示"要不要再考虑一下"的意思。对于一些困难或者烦恼，一个简单的耸肩表示"无所谓"或"我不在乎"。如果是自己耽误了某些事情，还会伴随一些道歉或辩解的话语，例如："我迷路了，所以迟到了"——说话的同时做出耸肩和举起手掌的动作，仿佛在说："我很抱歉，请再给我一次机会吧！"

因此，耸起的肩膀一般传递出一种无助的信息，或者是发出无可奈何的信号，抑或是面对困局选择退却的信号，这是一种幽默的表现方式。达尔文用"无意识对比原则"解释了这一动作。他说，一个愤怒的人，当他准备为荣誉而战时，会昂首挺胸，握紧拳头，具有极大的攻击性。相反，当一个人觉得无能为力或不确定时，就会采取与此相反的动作：耸起双肩，把头一斜，掌心向上，两手一摊。有意思的是，耸起肩还能起到降低头部相对高度的明显效果，这个动作很自然会让人联想到海龟把头缩进龟壳的画面。因此，人类耸肩和海龟缩头的含义是相同的，那就是"对我来说，这实在无法解决"。

总而言之，当一个人做出这个动作时，对方常常会体会到他背后的苦衷，也就很难再继续迁怒或者责怪于他了。

鞠躬和行屈膝礼

当人们想要礼貌地问候他人，还有什么方式和动作呢？答案是鞠躬和行屈膝礼。鞠躬时，需低头或俯下上半身。鞠躬的角度取决于见面的正式程度，越是庄重的场合，鞠躬的角度越大。如果是平时，稍微低下头，弯下腰就可以了。行屈膝礼，则要微微点头，同时膝盖弯曲。这个动作就如同古代女子的"万福"礼，膝盖稍微弯一下，以示尊敬对方。

鼓掌与喝彩：
太棒了！

鼓掌为什么是最隆重的表达赞成的肢体语言呢？因为这是我们的身体能轻易做出的最有声势的动作。

我们在生活中会经常使用鼓掌这个动作。例如鼓掌欢迎新同学，在演唱会上为颇具才华的年轻歌手举起手臂喝彩，在运动场上为出类拔萃的运动员拍手称赞……这样的例子太多了。

常见的鼓掌是双手用力互相拍打来发出声音。鼓掌的标准礼仪是：双手置于胸前，用右手掌轻击左手掌，通常不少于 10 次，表示鼓励或欢迎。掌声的时间越长，就表示越热情越欢迎。而你越用力，响声也就越大。但年轻的女性鼓起掌来通常更加淑女：一只手要稳稳当当地举在空中，保持不动，另一只手轻轻拍上去。这似乎比两只手一起用力拍打更加优雅一些。

除了鼓掌，我们还可以用声音来表达自己的赞美，这就是另一种带动气氛的方式：喝彩。这种大声喊叫的方式，本来就是人们表达自己情绪的正常反应。

在美国，歌剧观众在欣赏完一段动人的咏叹调后，会大声喝彩，来表达自己心中的喜悦之情。你在中国有这样的经历吗？当然了！当听完一段出色的演唱或者演奏后，大家也会情绪高昂地大喊"再来一个！再来一个！"，以此表达出对演出的喜爱。此外，美国观众还会用吹口哨的方式表示对节目的称赞，那尖锐的口哨声，穿透力特别强。即使是再喧闹的场所，也能传出好远。不过，在另一些国家，口哨声相当于喝倒彩的嘘声。

英国议会机构中则出现了一种与众不同的喝彩方式。那些赞成演说者演讲的人们往往会大声喊道："听他讲！"这句话是为了提醒那些没有全神贯注听讲的人，后来便出现了缩略形式："嘘——听！"如今，他们仍会使用"嘘——听！"来为演讲中的精彩部分喝彩。

学会适时地鼓掌，为别人点赞，能让我们更好地融入一个集体，更受人们的欢迎。

帮人扶门：
有礼貌的小细节

无论是在热闹的商场还是超市，都有人来人往的时候。当前面的人帮你扶了一下门，你的心里是什么感受呢？是不是感觉特别温暖？那么你愿意帮别人扶门吗？

从古到今，礼仪一直随着时代潮流的发展而不断改变。在这个过程中，一些旧的、过时的礼节，会慢慢退出历史的舞台。一些新的礼节，也会随着一些新事物的到来，而不断产生、发展下去，并流传开来。在过去的一个世纪中，有一项传统发生了巨大转变，那就是帮女士扶门。曾经，为女士打开房门、建筑物的门或交通工具的门，一度成为男性的职责，而如今早已时过境迁。

这项传统的转变，很大程度上是由于人们实际的生活条件变化引起的。几个世纪以来，女性身着华丽厚重的服装和配饰，让她们很难完全依靠自己的力量去行动。如果手里再提着一个沉沉的包，要想推开厚重的门，就会显得更加吃力。所以，帮助女性开门，是男性细致友善、充满爱心、乐于助人的重要表现。而现在，女性的着装也和男性一样，讲究简单、实用，因此在肢体行动上便少了很多困难，也就不再需要男士来扶门了。相反，还有一些女士会随手为跟在后面的男士扶一下门。

　　如今无论性别如何，为需要帮助的人开门，都是一种彬彬有礼的行为。当我们走过一扇门时，也应该顺手将打开的门板或者掀起的门帘扶住。这是一个很细小却又很重要的礼仪。越是细小的地方，越能展现出一个人的道德品质，这也是一个人是不是拥有爱心的表现。生活中，我们有许多需要别人帮助的地方，一旦得到别人的帮助，我们会心怀感激。可是，也有许多人需要我们的帮助，尤其是老人和更小的孩童，如果我们能在他们需要的时候伸出援手，也会得到别人的感激。

　　当然，不仅仅是扶门这么简单，生活中随处可见的小事，我们都可以帮上一把。当我们不断注意去帮助别人时，我们在周围人心目中的形象也会提升，并得到他人的尊重。

敬礼！
礼毕！

阅兵仪式上，士兵雄赳赳、气昂昂的姿态、整齐划一的敬礼动作，是不是给你留下了深刻的印象？你知道士兵们为什么要敬军礼吗？

我们都知道，一个干脆利落的军礼，象征着尊重和礼貌。那么这种行礼方式究竟从何而来？什么场合要行军礼？如何行一个标准的军礼？

现代的敬礼方式，很可能要追溯至古罗马帝国晚期。那时，社会还不稳定，各种暗杀事件层出不穷。因此，普通公民在接近官员时，必须举起自己摊开的手掌，表示自己没有携带武器。古罗马帝国的骑士们在相遇时，有掀开脸上面甲的传统，据说这是为了表示敬意和骑士精神。同时，还可向同伴显示面部，以免被误杀。到中世纪，西欧

的武士都丢掉了面甲，举起面甲的传统也就演变为脱下头盔或帽子。英国资产阶级革命以后，军队为简便起见，正式把脱帽敬礼的传统，改为用手接触帽檐。如果没有戴帽子，也可以直接用右手触摸一下自己的头发。

还有一种说法是这样的。有一次，英国军队奋力击败了西班牙的无敌舰队后，女王为凯旋的将士举行了一次壮观的庆祝大会。在会上，英国女王伊丽莎白一世亲自为有功的将士颁发奖品。当时，为了维护女王的尊严，特别规定将士领奖时，要用手遮蔽眼部，不得对女王平视。这一动作逐渐演变成了今天的军礼。

　　19世纪早期，英国军队规定，当军事人员遇到高级军官时，要鼓掌致意。到了20世纪中叶，掌心朝外用手触摸帽檐的动作，取代了之前的行礼方式。英国海军规定，在敬礼时要掌心朝下，以免上级看到自己沾满油污的手。

　　在美国，军礼与此类似：右手触碰前额，掌心向下，前臂呈45度角，且目视长官。当长官在30步以内6步开外的距离时，士兵应当向其敬礼。关于敬礼，还有许多形形色色的特殊要求呢。比如，船上的水手只在每天第一次会议上向船长敬礼，军衔高的长官要向下级回敬军礼，囚犯不得敬礼。在唱国歌和进行某些仪式时人们也有敬礼的惯例。

　　国际上常见的举手礼，标准动作是右手五指并拢、手掌伸平，举到右眉或右太阳穴附近位置，然后放下。美国和俄罗斯等国军队中，行举手礼时手掌的方向通常为向下，英国却是手心向前。大多数国家规定，军人在戴军帽时才可行举手礼，但是美国陆军等军队规定，在穿军服、不戴军帽的场合，也可以行举手礼。波兰陆军的敬礼方式为右手食指和中指并拢，其他三指握拳。

　　军礼，既象征了军人的威严，同时也保持了军人独特的气质，威风凛凛的同时，又有一种英姿飒爽的感觉。

一起干杯吧！

"干杯！"每逢佳节聚餐时，人们都会举起酒杯，欢呼着碰在一起，然后一饮而尽。

"干杯"已经是世界通用的酒桌礼仪。在向某人敬酒时，我们会为他举起酒杯，并发表几句祝酒词。这个传统可以追溯至古希腊和古罗马时期。

传说古希腊人曾注意到这样一件奇怪的事实，就是在喝酒时，人的五官大都可以感觉到喝酒的乐趣：鼻子可以嗅到酒的香气，眼睛可以看到酒的颜色，舌头可以尝到酒的味道，而只有耳朵被排除在这一享受之外。这怎么办呢？聪明的古希腊人想出一个办法：在喝酒之前，互相碰一下杯子，杯子发出的清脆响声传到耳朵中，这样耳朵也和其他"四官"一样，可以享受到喝酒的乐趣了。

还有一种说法是，古代的罗马崇尚武力，常常进行"角力"竞技。竞技前选手们习惯通过饮酒的方式勉励对手。由于酒是事先准备好的，为了防止心术不正的人在给对方喝的酒中偷放毒药，人们想出了一种防范的方法：在角力前，双方通过碰杯，可以把自己的酒向对方的杯中倾倒一些，这样就不怕自己的酒中有毒了。直到现在，碰杯便逐渐发展成为一种礼仪。

干杯的英文单词是"toast"，这个词起源于16世纪的爱尔兰，原意是"吐司面包"。作为友谊的象征，古罗马人会将一片香料烤吐司放入举起的第一杯酒中。事实证明，这种吐司不仅增加了葡萄酒的甜度，其中的碳水化合物还会降低酒的酸度，使其风味更佳。古罗马人当然无法理解这种化学反应，不过，葡萄酒配上吐司的醇厚口感，无疑令他们情有独钟。

中国是世界上酿酒最早的国家之一，是酒的故乡，也是酒文化的发祥地。在中国数千年的文明发展史中，酒与文化的发展基本上是同步进行的。唐代大诗人李白，不但诗写得好，酒量也是超级棒，后人尊称他是"诗仙"，同时，也是"酒仙"。传说他喝酒之后，诗兴更是井喷一样抑制不住，所以在杜甫的《饮中八仙歌》中有"李白斗酒诗百篇"的说法。自古以来，不少文人墨客都以酒抒怀，李白有"举杯邀明月，对影成三人"的孤独；苏轼有"明月几时有，把酒问青天"的豪爽；欧阳修有"醉翁之意不在酒"的感慨；曹操有"对酒当歌，人生几何"的无奈；杜甫有"白日放歌须纵酒，青春作伴好还乡"的潇洒……你还能想到哪些关于酒的诗词呢？

如今，酒文化已经深入人心，各种酒席上，都离不开干杯的画面。"干杯""碰杯"的含义也更加深刻，它为人们的喜庆佳节、亲朋团聚，增添了不少的喜乐趣味。

4 奇妙符号

　　在人类语言诞生之前，符号是最普遍而有效的信息传递方式。从古至今，符号也在变迁。其中有一些标志的含义沿用至今，有的有了更多的意义，还有的发生了较大的变化。这些符号和标记，不仅能让我们了解到一些趣闻和历史，也是现代和过去之间的联系纽带。

符号和标记是大自然的语言。

——惠蒂埃（美国诗人，1807—1892）

骷髅标志
有什么象征？

看过《加勒比海盗》的小伙伴们，一定会记得海盗船上那醒目的骷髅旗帜，似乎骷髅和海盗是密不可分的整体。真的是这样吗？

在《加勒比海盗》中，那高高飘扬的骷髅旗帜就是海盗的独家标配，一看就让人胆战心惊。因为在茫茫的大海上，遇到他们，就像是遇到了死神。他们不但抢劫货物，还会伤害人命。他们行动迅速，来无影，去无踪，再加上凶狠和歹毒，让人毛骨悚然，可怕极了。时间发展到现在，这个标志仍然表示可怕的意思，给人一种触目惊心的感觉，看到它就会心生警惕，做事小心翼翼。它在多数时候表达的是提防毒药、炸药或其他危险事物。

这个惯例是从 19 世纪中期前后开始流传开来的。骷髅标志一般以一个头骨和一对交叉的长骨构成，这个符号本身似乎起源于 14 世纪。14 世纪中期流行一种叫作黑死病的

鼠疫，这种可怕的传染病横扫欧洲大陆，令欧洲丧失了四分之一的人口。当时，由于死的人太多了，一时来不及掩埋，大街小巷遍地都是未得到妥善处理的尸骨，昭示了当时的灾难有多么深重。

此后，头骨便开始出现在各种艺术品和装饰图案中。艺术中出现的头骨常常象征着人类堕落的本性，提醒人们祈祷、悔改和放弃一些世俗的丑恶的东西，放弃身体上的欲望，更加关注高尚的灵魂追求。在文艺复兴和巴洛克时期的艺术作品中，这个符号的出现更加普遍，它象征着时间、永恒和智慧。在莎士比亚于 1601 年前后所著的戏剧《哈姆雷特》中，主人公哈姆雷特拿着小丑约里克的头骨进行哲学思考。于是，学者和其他专业人士也开始纷纷效仿，将头骨放在桌子上，作为一种哲学象征。

尽管骷髅头骨有形形色色的内涵，但最为人所广知的还是它作为危险物品的警示标志。这个标志常常被标在易燃易爆等危险物品上，所以，当你看见这个标志时，一定要提高警惕，小心为上。

海盗旗

与人们的普遍认知不同，海盗们一开始并没有把骷髅旗作为自己的标志，"海盗旗"才是最先出现的称呼，后来才换用的"骷髅旗"。在英语中，"海盗旗"最早被称为"Jolly Roger"。巴塞洛缪·罗伯茨在1721年，弗朗西斯·斯普里格斯在1723年，都将他们的旗帜称为"Jolly Roger"，此后这个词才被人们渐渐熟知。当然，他们的旗帜上并没有骷髅头，也没有交叉的骨头。后来，爱德华·英格兰、约翰·泰勒、萨姆·贝拉米和约翰·马特尔等知名海盗也先后悬挂了饰有骷髅图案的黑旗，骷髅图案的海盗旗才逐渐成为海盗的标志。

性别符号有什么特征？

不写汉字，如果让你用最简单快捷的书面方式来代表男女，你会怎么表示？

虽然我们可以单纯地用"男""女"来称呼人们的性别，但在一些刊物上，或者是在科学界，我们经常会看到标志性别的符号。比如在生物课本的插图上，雄性果蝇被标记为一个带有右上方箭头的圆圈（♂）；而雌性果蝇则被标记为一个下方缀有十字形的圆圈（♀）。这种性别符号，如今广泛应用于各种领域。说起它们的起源，我们还要追溯至中世纪的罗马神话。

中世纪有一些天文学家（其实对他们更准确的称呼是占星家），他们在写下自己的预言和观察结论时，常常会用特定的符号来指代行星。其中，火星的符号用的就是我们如今所说的男性符号，而金星用的则是女性的符号。火星的英文"Mars"源自罗马神话中的战神马尔斯。传说中战神马尔斯勇猛过人，善使长矛与盾牌。因此在圆圈上添加一个指向右

罗马神话中的战神马尔斯

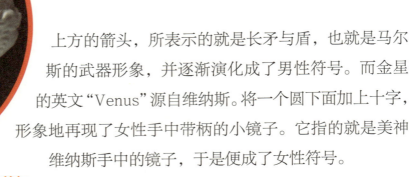

上方的箭头，所表示的就是长矛与盾，也就是马尔斯的武器形象，并逐渐演化成了男性符号。而金星的英文"Venus"源自维纳斯。将一个圆下面加上十字，形象地再现了女性手中带柄的小镜子。它指的就是美神维纳斯手中的镜子，于是便成了女性符号。

现代天文学仍然使用这两种符号来指代火星和金星。除此之外，这两种符号还被用于化学和冶金行业，分别代表铁（♂）和铜（♀）。因为在生活中，战士们的武器通常由铁打制而成，而女神维纳斯的诞生之地塞浦路斯，同时也是赫赫有名的产铜中心。这两种符号更被广泛地运用在生物学中。自卡尔·冯·林奈使用"♂""♀"代表雄性植物和雌性植物之后，其他植物学家也开始使用这些符号。此后，其他领域比如动物遗传学、人类遗传学的科学家们，也纷纷效仿，用"♂"表示雄性，用"♀"表示雌性。

除了世界通用的这两种性别符号，在不同的文化中，也有别具特色的符号用以区分性别。例如，中国的"阴"和"阳"分别代表了女性和男性的能量，而印度的米特纳神像则以一对缠绕在一起的夫妇为代表，象征着男女性别的不同。

这些小小的符号，不但有着广泛的实际作用，它们的背后蕴藏丰富的文化内涵。了解它们，不得不说是一件十分有趣的事情。

"阴"和"阳"

交通信号灯
颜色的来历

"红灯停，绿灯行"这句口诀大家已经耳熟能详，这个简单的过马路法则在全世界都通用。这种不谋而合的交通信号通行规则是如何形成的？

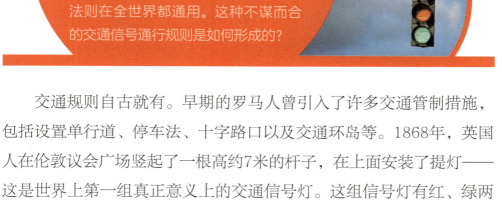

交通规则自古就有。早期的罗马人曾引入了许多交通管制措施，包括设置单行道、停车法、十字路口以及交通环岛等。1868年，英国人在伦敦议会广场竖起了一根高约7米的杆子，在上面安装了提灯——这是世界上第一组真正意义上的交通信号灯。这组信号灯有红、绿两种颜色，依靠站在灯下手持长杆的警察来手动切换颜色。然而好景不长，安装之后不久，这组信号灯就发生了爆炸，还伤及了操作该装置的警察。

在汽车问世后，城市交通开始迅速发展。在繁忙的十字路口，汽车、马车、自行车等多样的交通工具和行人都必须同时做出判断，来确保自身能够安全地通过路口。然而，没有规则的协助，这么复杂的判断可不好做。因此，当时的交通事故相当多。一位叫作加勒特·摩根的年轻人在目睹了一起事故之后，发明了一种自动式电动交通信号灯。1918年前后，这种信号灯装置开始应用于摩根的家乡——美国俄亥俄州的克利夫兰。它包括红色灯、绿色灯以及一个蜂鸣器，蜂鸣器在灯

变亮之前会发出声音提示。

不久之后，底特律和纽约开始出现了红、黄、绿三种颜色的交通信号灯。这些颜色很可能来源于 19 世纪 30 年代以来使用的铁路信号灯。但当时的铁路信号并不是我们熟知的红灯停、绿灯行，而是红灯停、白灯行，而绿灯则表示还要"再等一等"的警告信号。但是在 20 世纪初的时候，一位火车列车员将一个坏掉的镂空的红色镜头误认为是白光的通行信号，在应该停车的时候长驱直进，导致了撞车事故。此后人们更换了颜色含义，把绿色作为"可以通行"的信号，而黄色灯则成了警告信号灯。

究竟为什么人们会选择红、黄、绿这三种颜色设计信号灯呢？其实，这与人们的视觉结构和心理反应有关。人的视网膜含有杆状和三种锥状的感光细胞。其中，杆状细胞对黄色的光特别敏感，三种锥状细胞则分别对红光、绿光及蓝光最敏感。由于这种视觉结构的作用，人最容易分辨红色与绿色。虽然黄色与蓝色也容易分辨，但因为眼球对蓝光敏感的感光细胞较少，所以分辨颜色时，还是以红、绿色为佳。除了科学的视觉结构辅助，在心理学上，颜色通常能表达出一些特定的含意。例如，要表达热或剧烈的话，最强的是红色，其次是黄色。绿色则有较冷及平静的意味。因此，人们常以红色代表危险，黄色代表警示，绿色代表安全。

由此可见，交通信号灯的三种颜色是人们依据科学道理选择出来的，绝不是随意使用的。

美元标志符号"$"的来历

如果有人问你，一个大写的英文字母"S"，沿中间部位插入一条竖线，就是这样"$"，代表什么呢？你一定会说，是钱吧！你的答案对了一半，正确答案是美元。

作为"金钱"的简写符号，美元的独家符号"$"，曾经出现在各种场合，从波普艺术到抽奖比赛再到贪婪滑稽的卡通人物的星星眼里，美元符号无处不在。"$"通常用来表示美元，即该符号前面的数字代表的是美元金额。这个符号的起源可以追溯到15世纪的西班牙。

1492年，阿拉贡国王斐迪南二世将摩尔人赶出西班牙时，他在自己的盾形纹章上增加了两根华丽的圆柱，来代表赫拉克勒斯之柱。这是因为，在夺取伊比利亚半岛的过程中，斐迪南二世也占据了直布罗陀海峡。这片海峡的最东端，在希腊神话中被称为赫拉克勒斯之柱。据说，这位希腊英雄曾在欧洲的直布罗陀岩和非洲的西奈山完成了他的12项任务，因此在这两个地

哥伦布到达美洲大陆

方竖起了石柱，被称为赫拉克勒斯之柱。斐迪南二世还在纹章的柱子图案上添加了一根丝带，上面写着拉丁语格言"Plus ultra"（永无止境），而在同一年，哥伦布发现了新大陆。哥伦布发现新大陆后，强大的西班牙王国马上投入到开发新大陆的进程中，这一过程，让这个原本就十分强大的国家更是如虎添翼，国家的黄金和白银占有量迅速膨胀起来，贸易也越做越大。西班牙的货币符号也流通到美洲、欧洲和亚洲等地，被越来越多的国家认可和接受。

西班牙探险家从新大陆带回了黄金与白银之后，新铸造的硬币上就印有纹章图案——两根柱子和一条缠绕的丝带。这个符号与西班牙比索有着密切的关联。美元于1794年首次被铸造为白银硬币，并效仿了西班牙比索的重量和价值。最终，穿过美元符号"S"的两条竖线逐渐演变成一条。不过，有时人们仍然使用带有两条竖线的标志符号来表示美元。

带有西班牙纹章的银币

不过，我们需要注意的是，这只是美元的一种标志符号，并不是美元的单位，我们在书写时，一定要把这个符号放在前面，数值写在后面，这才是正确有效的写法。切不可把它当成单位，写在后面。

任何一种主流货币，都是有标志符号的。比如中国人民币的标志符号，就是"¥"。

人民币标志符号

欧元标志符号的来历

自1999年以来，欧元一直是欧盟的基本货币单位。根据欧洲委员会的说法，欧元的符号"€"代表一个希腊字母。用这个符号来代表欧元，是为了纪念西方文明的摇篮；同时，这个字母是欧洲的英文"Europe"一词的首字母，两条横线预示着货币的稳定性。

公元前 6000 年
牛

早期的农业社会中，牛的饲养成本很低，但是回报率却很高，因此牛是非常有价值的商品。英语中表示费用的"fee"一词就来自古英语词汇"feoh"，即牛的意思，说明那时牛非常值钱，常用来交易。

公元前 1200 年
梭螺

梭螺拥有光滑、鲜艳的外壳，中国、印度和非洲地区的人们不仅将这些螺壳作为装饰，而且还用于货物交换。

公元 312 年
苏勒德斯

古罗马皇帝君士坦丁曾推行一种圆形金币，叫作苏勒德斯，一枚重达 4.5 克。这种货币被使用了长达 6 个世纪之久，常常重新铸造，而分量不变。

公元 806 年
纸券

中国早期的铜钱价值过低，在购买商品时通常需要携带大串的铜钱。9 世纪的铜金属短缺，迫使唐宪宗发行了飞钱，但它只是一种兑换业务，不行使货币职能，因此不属于真正意义上的纸币。

1450 年
贝壳

1792 年
邮政汇票

美洲原住民曾广泛使用贝壳，作用也不限于充当货币。由于缺少流通货币，外来的商人帮助美洲原住民将贝壳用作交易等价物，即货币。

1792 年，英国出现了汇票，这是一种新型的汇款方式，但起初汇票的费用相当高。直到 1838 年，汇票的费用降低，可以实现盈利，邮局才接手了汇票业务。

1951 年
信用卡

第一张信用卡——"赊账卡"由大来信用卡公司发行。在使用赊账卡时，人们需要每月进行一次全额还款，而信用卡则提供计息信用额度。

货币的前世今生

从原始时代开始，当货物交易无法对等时，货币就成为传递价值的必要手段。因此，充当货币的一般等价物数量与记录货币的书面记账表一样数不胜数。有时，甚至充当货币的物品本身也具有象征意义，例如美洲原住民曾使用贝壳作为货币（阿尔冈昆部落和齐佩瓦部落），他们认为贝壳具有某种精神力量。除了作为货币，这种贝壳还被人们用来记录历史、传递信息和充当珠宝。我们将在下面按时间顺序分阶段介绍货币的发展历程。我们要展示的不是各种货币的书面符号，而是货币的发展全过程。制作货币的材料对人类来说意义重大，因为它们不仅展示了对特定文明来说极为宝贵的物品（例如牛、贵金属），还揭露出制作货币的材料是如何随着时代和经济的发展而兴衰变化的。

万物有来源

自然馈赠的材料与生物

6

高朗文化　编著

花山文艺出版社

河北·石家庄

目录
Contents

1 自然的清洁工

2 自然馈赠的原料

3 各有特性的化学元素

4 神秘海洋

5 雨林中的植物宝藏

6 奇妙动物

1 自然的清洁工

　　生活中，我们一直在想方设法使身边的物体保持清新干净，而且经常选择一些含有复杂化学成分的清洁产品来清洁物品，比如洗衣粉、洗洁精、消毒剂，这些物质虽然有很强的清洁效果，却给我们生存的环境带来了很大的危害。我们似乎忘记了一件事，原来大自然一直都在免费为我们提供清洁方法，这些方法同样直接、有效。有时，自然界的原始高温活动会给我们留下制作肥皂和抛光剂的原料，如草木灰和浮石；有时，像过氧化氢这样的清洁药剂，也会随着雨水落在我们身上……而我们要花很长时间才能真正知晓它的存在，才能将它生产出来并投入使用。

如果有一种方式比另一种方式更好，那一定是自然的方式。
——亚里士多德（古希腊哲学家，前384—前322）

火山喷发的馈赠——浮石

有一种石头，竟然能自由自在地漂浮在水面上，还有着重要的清洁作用？

浮石是大自然送给人们用来清洁的礼物。炽热的熔岩从火山口喷出后，迅速冷却，形成了一种玻璃质的浮石。浮石全身都是孔洞，比重很小，虽然看起来巨大，重量却很轻，因此可以浮在水面上，这也是"浮石"这个名字的由来。浮石的表面粗糙，也比较坚硬，即使将它磨成非常小的颗粒，它也依然有着锋利的边缘。所以，浮石能够磨去物体表面那些难以擦除的东西。

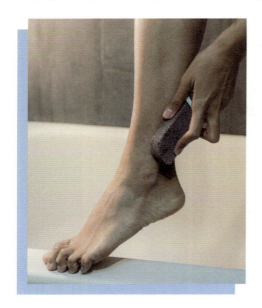

人类使用浮石已有几千年的历史。浮石作为一种商品，甚至远销到了没有火山的埃及。猜猜古埃及人会用浮石做什么？竟然是牙膏。古埃及人将浮石和醋混合在一起，做成牙膏，用来刷牙。虽然这样做也会磨掉牙釉质，导致牙齿受损，而且还会影响牙齿表面的光滑程度，但古埃及人还是会使用它们。因为，那时没有比浮石更好的东西，能满足人们清洁牙齿的需要。除此之外，古埃及人也会将浮石的磨料用于抛光剂和去角质剂。

浮石密度低，是制作混凝土的关键成分，这样既能减轻混凝土的重量，还能起到更好的黏合作用。古罗马人将浮石与石灰，制成混凝土。他们用这种"罗马混凝土"代替砖石来建造万神殿石。

古希腊人和古罗马人还用浮石作为脱毛剂来去除多余的体毛。他们将浮石粉制成的膏涂抹在体毛多的地方，干燥后再除去，就能把体毛带下来。虽然这个过程会有点儿疼，但是人们为了追求美，甘愿忍受这样的疼痛。

古罗马万神殿穹顶

如今，浮石在我们的生活中依然起着重要的作用。

石洗牛仔裤

人们在工业洗衣机中添加粗糙的浮石，可使牛仔一类的衣物呈现复古的外观，这就是名为石洗的处理工艺。原来，那些看似破旧的牛仔服，都是崭新的布料，只不过经过了浮石的洗涤，就变成了那种看起来磨损相当严重的旧衣服，再故意剪出几个窟窿，留下几缕布条或者布丝，就更复古了。按摩院里的美容师为顾客修脚时，也选择用浮石去除死皮。浮石粉还是低密度涂料的重要组成成分，添加了浮石粉后，涂料的黏性还在，可是密度减小了，重量也变轻了，涂在墙上效果更好。由于浮石粉的防滑性能强，它还被大量掺杂在橡胶和塑料中，用来制作橡胶跑道等。

浮石的作用已经渗透到工业和生活的方方面面，这种微小又强韧的石头虽然不引人注意，但始终活跃在你我的身边，成为人们离不开的石头。也许，浮石还有更大的用处，等着我们去开发、去利用。

小苏打和醋的神奇功效

小苏打和醋是我们在家里经常能见到的厨房用品。它们不但可以食用，更是清洁工作中的好帮手。这两种物质各有各的用处，既可以单独使用其中一种，也可以混合起来使用，对很多东西都有清洁和消毒的作用。将小苏打兑水喷洒在家具上可以防止家具发霉，用小苏打水擦洗烧烤架可以快速去除油污。洗衣服时，向衣物中加入少许醋，可以防止衣物起静电。将小苏打和醋兑在一起，可以用于清除浴缸排水管中的堵塞物，而且不会对环境产生任何污染。

草木灰
的清洁妙用

灰尘也能帮助人类清洁吗？当然啦！草木灰就可以。

乡村地区的人们经常用一些杂草和枯木做燃料，进行取暖或者做饭。人们从中获取了热量，可是烧完的草木灰怎么处理呢？如果把它们当作垃圾扔掉，那就损失大了。这些看似没用的草木灰，可是我们日常生活不可缺少的清洁用品——肥皂的主要成分。

传说，肥皂（soap）得名于神秘的萨波山（Mount Sapo）。很久以前，古罗马人在萨波山中用鲜活的动物做祭品，举行原始而又古老的祭祀活动。因为一些特殊的禁忌，这些活动是不允许妇女参加的，此时妇女们非常清闲，就会在附近的台伯河水中洗衣服。祭祀中剩余的动物脂肪和草木灰混合在一起，顺着河水流了下来。妇女们惊喜地发现，有了这种混合物后，洗出来的衣服更加清新洁净。后来，人们就根据这种混合水的成分，在油脂中掺杂一些草木灰，发明了最原始的肥皂。

大约公元前 2800 年，古巴比伦人也发明出肥皂，与古罗马人的肥皂成分基本相同。后来，人们还在古巴比伦用黏土制成的器皿上发现了肥皂配方的详细说明：草木灰必须与脂肪和水充分混合，这样才能既保持肥皂的滑腻性，又能充分去除衣物表面的污渍。草木灰肥皂当时已经相当普遍，但古希腊人和古罗马人还是主要用它来洗衣服和清洁雕像，还没有用它清洁身体。后来，人们洗涤衣物时，不小心把这种肥皂液溅在身体上。人们轻轻地用手擦去时，身体上的汗泥也跟着自然脱落了，这才在洗澡的时候，也用它们来清洁自己的身体，这应该是香皂的雏形吧。

随着时间的推移，人们逐渐发现，草木灰不仅仅具有清洁的作用，还有其他的用途。比如早期的美国陶艺人，他们会用草木灰来制作美丽的釉料。由于颜料中添加了草木灰，釉料变轻了，颜色变淡了，涂在物体表面，就出现了一种特殊的效果，不容易脱落。现在，草木灰还被广泛应用于园林中，园艺师们把它们当作肥料，那是树木们最喜欢的。春天来了，人们把它们撒在树下，画一个圈，圈外的害虫就不敢越界、伤害树木了。北方的冬季，路上全是雪，撒上一点儿草木灰，太阳一晒，能够吸引更多的热量，道路上的冰雪就能融化得更快。如果家中养宠物的话，使用草木灰还可以给它们消毒和除臭。

草木灰看上去又黑又脏，却可以去除污渍，让事物焕然一新，这种奇妙的反差，就是大自然的神奇之处。大自然还有许许多多的神秘之处，等着我们去探索呢，快快行动起来吧。

植物界的海绵
——丝瓜络

丝瓜，不仅可以作为人们餐桌上的一道美食，就连不能食用的丝瓜瓤，也能成为我们清洁的好帮手。

　　丝瓜不仅可以作为蔬菜食用，还可以"一菜多用"，丝瓜长"老"了就不好吃了，但是它的瓤还可以做成清洁用具。你也许在厨房里看到过一种枯黄干瘪的长筒型"抹布"，这就是晾干后的丝瓜瓤，又叫丝瓜络。

　　由于晒干后的丝瓜络和海绵性质非常相似，早期，人们误认为丝瓜也产自海洋。按生物学分类的话，它其实属于葫芦科，和我们常吃的西葫芦、苦瓜、黄瓜等都有亲戚关系。丝瓜的栽培历史非常久远，可以追溯到数万年前。虽然已经很难探究它的起源地，但我们知道美洲新大陆的丝瓜是欧洲的殖民者带去的，随后成了殖民地最早的家庭作物之一。丝瓜还普遍生长在全球的温带和热带地区。

熟透的丝瓜内部有密集的维管束，去除表皮后晒干，再去除里面成熟的丝瓜种子，就能制成吸收性强的网状丝瓜络，它的去污能力强，可以用来擦洗餐具和茶具。第二次世界大战期间，美国海军也曾用丝瓜络当过滤棉，来滤出船舶发动机中的油。因为它能像海绵一样，吸收大量的水分，只要把水吸足了，挤出去，就能完成过滤油脂的作用。

除了用于清洁物体，丝瓜络有一段时间还做过沐浴用品，用来清除人体表面的污垢。在浴室里，这种又柔软、摩擦力又强的丝瓜络，既可以去除身体上的汗泥，又不伤害身体。19世纪末，医生告知人们，"摩擦浴"可以把毒素从皮肤表面吸出来，让你的皮肤光滑细腻又有弹性。很多女性听闻后，便开始积极主动寻找最有效的擦洗工具。于是，这种常见、容易制取又不伤皮肤的丝瓜络，就成了人们的首选。1893年，记者内尔·丘萨克曾经写道，相比于男性，女性对搓澡怀有更大的热情，她们喜欢那种轻轻擦拭的感觉，搓澡让她们的面孔容光焕发，"红得像煮熟的龙虾一样"。

丝瓜络不仅可以代替海绵来洗刷灶具及家具，还可以作为沐浴用品擦拭身体，甚至还可供药用，有清凉利尿、活血解毒之效。所以说，自然界的一切都是大自然馈赠我们的礼物，一定还有更多事物，正等着我们去开发、探索它们新的用途呢。

消毒能手
——过氧化氢

这种物质具有强烈的刺激性和腐蚀性，却被人们用来消毒和变美，这是怎么做到的呢？

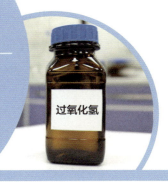

过氧化氢是一种天然存在的化学物质，广泛存在于空气和水中。

其水溶液又称为双氧水，是一种无色透明的液体，也是我们生活中常见的一种消毒剂，使用方法简单，快捷有效。我们在婴儿时期，就与过氧化氢"打交道"了。母乳中含有乳过氧化氢酶，通过母乳喂养，婴儿唾液和母乳相互作用释放出过氧化氢，能够激活乳过氧化物酶系统，促进新生儿免疫系统的发育。

过氧化氢作为消毒用品，在生活中必不可少。然而，直到 1818 年它才被人们无意中发现。当时，法国的化学家路易·雅克·泰纳尔在制造电池的过程中获得了启发。他把过氧化钡与硝酸混合，之后再与盐酸混合，就成功地得到了过氧化氢。虽然过氧化氢被用来消毒，但我们在使用这类消毒剂时一定要小心。它具有腐蚀性，对眼睛、黏膜和皮肤有刺激性，有灼伤危险，若不慎接触，应用大量水冲洗并及时就医。

过氧化氢还有漂白的功能。美国影星、金发美女珍·哈露，就曾使用过氧化氢和其他药剂把头发漂染成了白金色，这种脱色效果能保持一段时间。除此之外，过氧化氢也被添加到牙膏中，用于清除牙齿中的牙垢，保持牙齿美白。

长期以来，人们还想把过氧化氢用于医学方面。20世纪20年代，医学家们曾尝试使用过氧化氢治疗肺炎和癌症患者，遗憾的是，他们没有成功。

除了强烈的刺激性和腐蚀性，过氧化氢还有易燃易爆的特性。第二次世界大战期间，它曾被用作潜艇涡轮机和鱼雷的推进剂，在战争中发挥出了极大的威力。你看，过氧化氢这么危险，所以我们使用时需要非常小心。

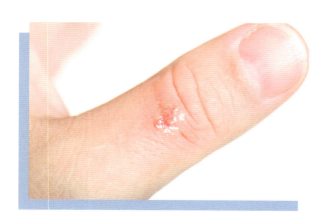

总结起来看，过氧化氢的用途分医用、军用和工业用3种，最常见的就是医用过氧化氢了。医用过氧化氢可以杀灭病菌，对物体表面进行消毒。医用过氧化氢浓度等于或低于 3%，但由于过氧化氢易氧化的特征，将它擦拭到创伤面时，皮肤表面就会被氧化成白色并冒气泡，也会出现灼烧感。这时不要害怕，用清水清洗一下，过 3—5 分钟就会恢复到原来的肤色了。

如今，过氧化氢最多的用途还是作为消毒剂和漂白剂使用。人们利用它的杀菌效果来清洗伤口，依靠它的腐蚀性来漂白衣物。

易燃易爆易腐蚀，过氧化氢具有如此可怕的特性，人们却对它的特性进行巧妙利用，使它变成了消毒漂白的好帮手。事物都是多面的，我们根据其不同的特点进行科学利用，就能扬长避短，更好地造福我们的生活。

热情的柠檬

一想到柠檬，我们的嘴巴里就会不由自主地分泌唾液。柠檬的果肉中含有 5% ~ 6% 的柠檬酸，这就是那让人印象深刻的酸味的来源。柠檬的汁液非常有用，可以去除油脂和衣服上的污渍，还可以防止牛油果和苹果等水果因氧化而变色。历史上，水手们把含有大量维生素 C 的柠檬视作珍品，因为维生素 C 可以预防坏血病。柠檬还含有钙、铁、磷、镁、钾、铜、锌和锰等多种矿物质，营养丰富。若仅仅因为柠檬太酸而放弃它，那就得不偿失了。

2 自然馈赠的原料

　　我们一直认为人类创造的东西，才是最好的产品。但是有史以来，人类一直在依靠大自然的恩惠获取食物、药物、温暖和光明。事实上，我们至今仍在接受大自然的馈赠。几个世纪以来，人类一直在用科学合成方法制造新的产品，但没有哪种制成品能比自然界原本存在的东西更好。一切自然进化出来的生物，都有自己基本的生存能力，又具有迷人的独特魅力。而人类作为地球上的高级生物，一直在不断利用、改造生物，为自己的衣、食、住、用、行带来更大的方便。

　　大地获得"母亲"这个称号，是完全恰当的。因为一切东西都从大地生产出来。

　　　　　　　　　　——卢克莱修（古罗马诗人、哲学家，约前 99—约前 55）

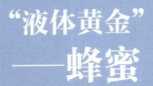

"液体黄金"
——蜂蜜

蜂蜜的价值有多高，它的酿造过程就有多艰辛！

　　蜂蜜不但甜味浓厚，而且作为食品的历史也很悠久。从目前我们了解到的资料来看，人类最早食用蜂蜜的历史，应该在 5000 多年前。考古学家在格鲁吉亚出土的一些黏土器皿里发现了蜂蜜，而那些黏土器皿距离现在已经有 5000 多年了。

　　蜂蜜是甜蜜的，但是你知道蜜蜂酿造蜂蜜的背后，有着多么辛苦

的付出吗？首先，负责侦察的蜜蜂发现蜜源之后，回到家里，会用跳 "8字舞" 或 "圆圈舞" 的方式，来告诉同伴蜜源的方向和距离。随后，负责采蜜的工蜂便全员出动，集中到蜜源的位置，带回花蜜，并交给负责储

藏的"仓库保管员"。"仓库保管员"会对工蜂带回来的花蜜进行质量检验，优先接待背回含糖量高的花蜜的工蜂，而带回含糖量低的花蜜的工蜂则要等待。

工蜂每采集一次花蜜需要20—40分钟，返回蜂巢后，在巢内完成交接大约需要4分钟。等到交接完后，工蜂则会再次出勤。在大流蜜期，工蜂一天能够出勤20多次。工蜂在采蜜时会将花蜜一滴滴吸入囊中，每次采集量一般为40—60毫克，这个重量和它们的体重相当。也就是说，每酿造1000克蜂蜜需要几万只蜜蜂，飞行十几万次，采过几百万乃至上千万朵鲜花。看，这是多么大的工程量啊。

花蜜被接收之后，就由内勤蜂继续进行加工。内勤蜂在加工时，会先把蜜汁吸到自己的胃里，和转化酶进行混合，然后再吐出去，接着再吸进来……如此轮番吞吞吐吐的酿造过程要进行100多次。

酿制结束后，蜂蜜会被暂时存放在巢房中，继续进行蔗糖转化及蜜汁浓缩的过程。等到蜂蜜成熟后，蜜蜂们用蜡将巢房封上盖，整个蜂蜜酿制的流程才算完成，甜美的蜂蜜终于出现在我们的眼前了。

如此烦琐酿制而得的蜂蜜并不仅仅被作为食品食用，在漫漫的历

史长河中，它还曾经被赋予神圣的含义。在希腊罗马神话里，爱神丘比特在把爱神之箭射向毫不知情的爱人时，会首先在蜂蜜中蘸一下，代表将爱情的甜蜜给予对方。除了浪漫的象征，蜂蜜也有现实价值。作为"液体黄金"，蜂蜜也曾被当作货币进行交换。11世纪，德国农民就把蜂蜜和蜂蜡当成向地主交纳的地租。而蜜蜂和蜂蜜长期以来也被看成力量和长寿的象征。你知道吗，拿破仑帝国的旗帜上就绣着蜜蜂，拿破仑的长袍上也绣着蜜蜂的纹样。

养蜂人和蜂箱　　看完了蜂蜜的生产酿造过程，了解了蜂蜜的珍贵价值，你是不是也对这晶莹剔透的"液体黄金"产生了珍惜之情呢？这也印证了一个道理，越是珍贵的东西，越需要辛勤的劳作！

温暖的羊毛

"薅羊毛"，是当下流行的一种说法，意思是占点儿小便宜。为什么要"薅羊毛"呢？因为羊毛的作用非常大。

每当天气变冷的时候，我们就会拿出羊毛衫换上。为什么看上去薄薄的羊毛衫，穿在身上，却会让你立刻暖和起来呢？奥秘就藏在它的材料——羊毛中。羊毛这种让羊的身体保持温暖干燥的毛发，绝对有理由成为人类历史上最好的材料之一。

当然了，我们所穿的羊毛衫，并不是直接把羊身上的毛一根根拔下来织成的，而是要用剪刀小心翼翼地把羊毛剪下来。还没有发明剪刀的时候，人们就用手或青铜梳子收集羊毛。羊毛采集下来后，还有比较复杂的工序，要经过修剪、清洗，除去绵羊本身的腥臭味，再去除夹杂在羊毛里的一些污垢，最后再将其染成各种各样的颜色。

相较于别的动物的皮毛来说，羊毛更容易编织，可以有效地隔绝空气，进行保温。几个世纪以来，羊毛一直被用作隔温材料，用来制造马衣和马鞍，或被压制成毛毡。古希腊士兵用柔软的毛毡做成头盔内衬，既柔软，又能保护头部不受风寒。古罗马军团的士兵，还用羊毛毡制成胸板来保护胸膛。在古罗马人的衣柜中，所有衣服的主要材料，都是羊毛。而棉布对他们来说，才是一种罕见的材料。因为那时的养殖业比较发达，人们可以养很多羊，从中获取羊毛；但他们却没有办法种植很多棉花，来织成棉布做衣服。

到了文艺复兴时期，羊毛大受欢迎，养羊也成了那时的主要生产方式。羊的数量多少，也成了财富的重要象征。羊毛的崇高地位甚至

还影响到了英国的上议院。自14世纪以来，英国上议院议长就坐在一把充满了羊毛的椅子上，这把椅子也被叫作"羊毛袋"。

到了今天，由于更廉价的合成纤维层出不穷，羊毛不再像以往那样供不应求了，但它仍然是纺织工业的重要原料之一。尤其是在冬天，由羊毛制成的衣物总是能够给我们带来无限的温暖。

坚硬而柔韧的
角

动物的角不仅能帮助动物们防身，而且对人类还有各式各样的用途。

许多食草动物的头上，都长着坚硬的角，看起来威风凛凛的样子。

用角攻击的角马

角是这些动物特有的一种硬质器官，具有很强的杀伤力，足以刺穿敌人的身体。对于这些动物们来说，角是一种有力的武器，它们可以用角进攻敌人、保卫自己和震慑对手，从而赢得在大自然里生存的机会。

许多动物的角，大都生长在骨组织周围，它的主要成分是角蛋白，与人类的指甲成分相同。角外表虽然看起来坚硬，但却柔韧性惊人，人们可以改变其形状，加工成自己想要的样子。在古代，人们会一点儿一点儿地把动物的角掏空，做成饮酒的器具。有的角还被用来携带

火药，因为它防潮隔热，能让火药一直保持干燥状态，是装火药的最好容器。古时候，角还可以制作军号。那低沉的声音，吹起来沉闷有力，能传出好远好远。犹太人特别聪明，他们用羊角制作了一种被称为"羊角号"的乐器，吹起来声音也很好听。

羊角号

5世纪时，波斯人认为犀牛角可以用来检测液体中是不是含有毒物。最后，这种说法传入了欧洲的皇家宫廷，但是，怎么才能更好更方便、快捷地进行检验呢？为此，人们想了好多办法，终于想出了把它做成酒杯的好办法，并最终制作成功。于是，犀牛角做成的酒杯在当时逐渐流行起来。最近的科学研究表明，这种做法并不是牵强附会，而是有一定科学道理的。因为大多数毒药都属强碱性，与角蛋白接触时会发生反应，这种反应直接体现在酒里，不用借助工具，用眼睛直接就能看得出来。

如今，人们会利用一些动物的角制作梳子和纽扣，比如牛角梳、羊角扣等。这些角制品一般都手感光滑、温润如玉、色泽晶莹、圆润美观，深受大家的喜爱。历史学家还认为，模制塑料的部分技术，就是受到了古老的角加工工艺的启发。

古为今用，正是这样的道理。

保护大象，拒绝象牙

在古代，精美的象牙被人们当成尊贵的象征，被制成了各种各样的工艺品。古希腊人和古罗马人喜欢用象牙制作精美的盒子和艺术品，甚至用它当作雕像人物的眼白部分。

一些人对象牙的偏爱，给大象带来了难以估量的灾难。那么，象牙有什么特殊的成分吗？其实并不是。哺乳动物牙齿的成分基本相同，关键是牙齿的体积需要足够大，才便于雕刻。这才是千百年来，总有人想要猎取象牙的原因。

由于猎取象牙是一种血腥的生意，世界各国的环保组织都开始禁止这项活动。早在1989年，非洲象牙的国际贸易禁令就已颁布，明确规定不许进行象牙买卖。但是为了获取高额的回报，偷猎者对大象的疯狂屠杀仍然屡禁不止。在很多国家，象牙的价格都非常昂贵，使得利润丰厚的象牙贸易在暗地里依然十分猖獗。这也是各个国家难以根除非法猎捕大象行径的原因之一。

美丽的象牙原本应该令大象们骄傲，却在现实中让它们深陷苦难，难以摆脱。你是不是也为大象感到难过呢？没有买卖，就没有伤害，愿人们不再为了自己的私欲，盲目杀害无辜的大象。

密封神器
——软木

单纯说软木，你或许猜不到它是什么。但你应该见过葡萄酒瓶吧，那个需要用开瓶器拧来拧去才能打开的塞子，就是用软木做的。

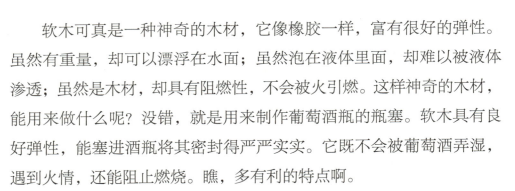

软木可真是一种神奇的木材，它像橡胶一样，富有很好的弹性。虽然有重量，却可以漂浮在水面；虽然泡在液体里面，却难以被液体渗透；虽然是木材，却具有阻燃性，不会被火引燃。这样神奇的木材，能用来做什么呢？没错，就是用来制作葡萄酒瓶的瓶塞。软木具有良好弹性，能塞进酒瓶将其密封得严严实实。它既不会被葡萄酒弄湿，遇到火情，还能阻止燃烧。瞧，多有利的特点啊。

栓皮栎树

传说这种神奇的软木来自海洋，但实际上，它是一种树的树皮，这种树主要生长在地中海地区，名字是栓皮栎。栓皮栎的树皮质地轻巧，可以阻隔气体和液体，在自然界中十分罕见。它神奇的功能，主要取决于其独特的内部结构。栓皮栎树皮的表皮中，含有大量防水细胞，可让树干内部始终保持温暖干燥，保护自身不受干旱、火灾和温度波动的影响。

自公元前 3000 年左右起，人类就发现并使用软木了。对于当时的古希腊人来说，这种软木的神奇特性令他们叹为观止。于是，栓皮栎被赋予了很高的地位，值得人们敬重。就连不起眼的栓皮栎的树枝，也被古希腊人用来给获胜的运动员加冕。

而古埃及人喜欢储存自己爱喝的葡萄酒，他们储存葡萄酒的酒瓶就用软木塞封口。考古学家研究之后，一致认为他们所储存的葡萄酒到现在仍然可以饮用，原因可能就在于软木塞具有良好的封存效果。在中国，渔民还曾把软木用作渔网的浮漂，进行捕鱼。不管水多深浪多大，在水里泡多久，软木始终漂浮在水面上，看着它们，渔民们就能找到自己的网。

软木做成的渔网浮漂

你可能会说，软木这么好，会不会有用完的一天呀？告诉你吧，软木还是一种可再生资源呢。采收软木时不需要砍伐栓皮栎，只需要将树皮剥下即可。我们知道，一般的树木被剥除树皮后，很快就会枯萎而死。但栓皮栎不一样，它是极少数树皮被剥离后，也丝毫不影响生长的树木，因为它的树皮会反复再生。新栽种的栓皮栎生长很慢，大概要等待25年才能采收树皮。而每次采收后，还要相隔9年，才可以再次采集。一棵栓皮栎的寿命大约是150年，可以提供十几次的采收，真是一种"宝藏树"。

近年来，葡萄酒瓶采用了新技术，有的瓶子使用上旋盖，还有的使用塑料塞代替软木塞，这对软木塞的地位产生了一定威胁。但在葡萄酒爱好者的眼中，没有哪种瓶塞能比得上老式的软木塞。

栓皮栎树皮　有了神奇的栓栎树，才有了无所不能的软木，事物之间的联系，就是这样的。

不一样的果实：巴旦木和杏仁

你爱吃杏仁吗？你知道我们平常吃"美国大杏仁"实际上并不是真正的杏仁，哪种才是真正的杏仁呢，它又有哪些营养和功效呢？

我们平时在吃坚果的时候，最爱吃的就要数杏仁了。其实，我们吃的杏仁，并不是杏仁，而是巴旦木。巴旦木实际上是扁桃的果实。巴旦木包含在厚厚的果肉当中，当果实成熟时，它的外壳会裂开，显露出包在粗糙外壳中的果核。它的核是黄色的，表面凹凸不平，还有

很多小洞，外壳是坚硬的木质。之所以我们会将巴旦木当作杏仁，是误译造成的误会。杏的种子才是真正的杏仁。按照杏的种类不同，杏仁分为苦杏仁和甜杏仁。我们常吃的杏仁都是甜杏仁，甜杏仁味道香浓，富含单不饱和脂肪酸，吃起来甜甜的、香香的，没有别的味道。而苦杏仁则相反，不但味道苦苦的，难以下咽，如果吃得太多了，还具有毒性，所以它一般不用于食用，而是多用来

制作精油。

　　人们食用杏仁的历史已有数千年了。在人类历史早期，中东游牧民族吃完了杏的果肉之后，发现杏仁也是甜的，竟然也可以吃。而且野生甜杏仁可以长期保存，可以作为零食在漫长的路途中食用。于是他们吃完了杏，就把杏仁收集起来，将杏仁晒干后，留着以后慢慢吃。后来，人们为了能吃到更多更好的杏及杏仁，就开始慢慢试着嫁接杏树，结果杏的品种越来越多，品质也越来越好。

　　到了青铜时代，人工培育产出的杏仁已经遍布整个古代世界。书上曾有记载，杏仁特有的成分，对人体有很大的帮助，吃了之后，能够使人们变得强壮，充满源源不断的力量。后来，波斯人改进了杏仁的吃法，开始把杏仁磨成能提神醒脑的杏仁粉，食用时用开水一泡就可以了，简单方便。在中国，杏仁分为南杏仁和北杏仁。看杏仁是甜的还是苦的，就是区分南杏仁和北杏仁的一个标准。南杏仁也叫甜杏仁，口感微甜；而苦杏仁，自然就是北杏仁了。

挂着青杏的杏树

　　杏仁果为扁平的，一般是卵形，一端圆，另一端尖，表面有褐色的薄皮。杏仁含有 20% 的蛋白质和很多油脂。将它磨碎、加压后榨出的油脂，大约是它本身重量的一半。甜杏仁的杏仁油为淡黄色，虽然

没有香味，但具有软化皮肤和美容的功效。

　　无论是巴旦木还是杏仁，都越来越受到人们的喜爱，不仅成了时髦的健康零食，还经常作为配料被加到饼干、马卡龙和利口酒等甜食中，为人们献上芬芳独特的味觉盛宴。

一树多"能"的 橄榄

为什么橄榄枝会被看作是和平的象征呢？

橄榄和橄榄油在日常生活中很常见，橄榄可以吃，橄榄油可以做菜。

橄榄树枝编制的草环

在西方文化里，橄榄还有一层神圣的含义。在希腊的神话中，女神雅典娜为了表明自己想守护雅典城的决心，赠予了希腊人一棵枝繁叶茂、果实累累的橄榄树作为礼物。于是她被奉为雅典城的守护神，深得人们尊敬。

橄榄属高大的乔木，高度可达 35 米，枝繁叶茂，树下能够形成一大片绿荫让人乘凉。树干的直径可以达到 1.5 米，3 人才能合抱过来。它的叶子有的像纸一样脆弱，有的像皮革一样坚韧。橄榄树的生命力十分顽强，它不怕恶劣的自然环境，无论是严寒还是酷暑，都可以茁壮生长。而且它的枝干富含油脂，即使在受潮之后也能够燃烧。因为这些特质，橄榄树通常被视为顽强、拼搏、胜利与和平的象征。因此发生冲突时，如果一方想要结束争端、寻求和平，他们的举动就会被称为"伸出橄榄枝"。

在中国，橄榄一般生长于南方，比如福建、台湾、广东、广西、云南等地。橄榄在日本的长崎、冲绳地区，东南亚的越南北部至中部及马来半岛也都有栽培。橄榄的木质特别坚硬结实，可以用来造船，制作铁轨下面的枕木，制成家具、农具和建筑用材等，十分结实耐用。而橄榄果可以生吃、做菜或榨油，食用方法多样，而且是一种公认的健康食品。

结满果实的橄榄树

橄榄虽好，也不能乱吃，刚从树上摘下来的新鲜橄榄是不能直接食用的，必须先经过烘烤或晒制加工，或者压榨成橄榄油才能食用。除了食用，橄榄油有护肤美容的功效。早在6000多年前，橄榄油就被人们用作护肤品了。人们用它来清洁身体，这在古书中有详细的记载，在古希腊陶罐的图案上、古埃及墓葬图中都有形象的图画描述。还记得蜂蜜被称作"液体黄金"吗？在古希腊诗人荷马的诗中，橄榄油也被叫作"液体黄金"。荷马在长篇史诗《奥德赛》中提到，古希腊神话中的英雄奥德修斯，正是通过在橄榄油中沐浴，才从一个粗俗的水手转变为一个勇敢的英雄。通过历史，我们了解到古希腊人使用芳香的橄榄油软化角质、调理皮肤，如今这种做法在世界各地也都很常见。

橄榄油

作为一种小小的植物，既有着旺盛的生命力，又有着各种各样的用途，还寄托着和平的意义，真是一树多"能"呀！

不可或缺的 纤维素

鲜艳的衣服、漂亮的窗帘，还有美丽的床上用品，它们都离不开一个共同的物质——纤维素。

纤维素在我们的生活中，起到了无比重要的作用，在服装和窗帘、床单等家居用品中几乎无处不在，我们日常所用的大部分布料，都离不开它。可纤维素在自然中却无法单独存在。为什么呢？

原来，纤维素是一种有机物，广泛存在于植物中，有助于加固植物的细胞壁。在所有的植物中，棉花的纤维素最高，含量接近100%，是天然的最纯纤维素来源。而在一般的木材中，纤维素占40%—50%。当然，纤维素可以从植物中被分离出来，再经过捻合并拉伸成大纤维，这就是一块布料的前身了。

棉、麻、亚麻和黄麻等布料都主要由纤维素构成。

考古学家发现，在希腊和土耳其存在古老的纺纱设备的遗迹，这表明人类早在公元前5000年便已开始纺织。大约在公元100年，中国人改进了造纸工艺，造纸原料主要为桑叶、树皮和废弃的大麻纤维。原料中的纤维素和其他成分混合，经过制浆、洗涤、漂白之后，被压成便于书写的薄薄的纸张。纸张能压缩得这么薄，还不容易破碎，正是纤维素的功劳。

手工制作棉纸　在我们的生活中，纤维素几乎无处不在。19世纪，纤维素发展成为丝绸的替代品，并被用于生产人造丝和赛璐珞。赛璐珞是一种早期的塑料，也是摄影胶片的基础原材料，直到20世纪30年代才被逐渐取代。今天，纤维素仍然被用于制作各种日常用品，如海绵、

摄影胶片

墙纸胶和玻璃纸等等。

你一定听说过膳食纤维，那就是食物中的纤维素。食用高膳食纤维的食物，如蔬菜、水果和粗粮等，可以降低患病概率、控制血糖、防治便秘，还能减肥呢！通常人们会认为纤维就是"粗草料"，但是事实并不是这样的。纤维可以吸收水分，所以，它可以使食物残渣膨胀变松，由此更容易通过消化道。正是因为食物残渣在体内停留的时间缩短了，人们感染疾病的风险也被降低了。你喜欢吃肉吗？你知道吗，经常吃肉的人会因为饮食中纤维的含量过低，而导致食物无法快速顺畅地通过消化道。无法被消化的食物残渣们甚至会在肠道中停留24—72小时，这么长的时间，就大大提升了食物变质的可能性，对人的身体健康产生不利影响。所以说，爱吃肉的人必须要确保食用丰富的膳食纤维，从而帮助这些不易消化的肉类尽快排出体内，让肠道清清爽爽，减少患病概率。所以你知道了吗，如果你也是肉食爱好者的话，一定要记得在吃肉的同时补充足够的膳食纤维哟。

纤维素在我们的日常生活中无处不在，我们或许没有留意过它，但要是缺了它，却是万万不可的。

自立自强的
竹子

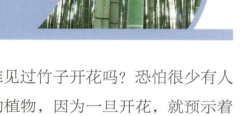

所有的植物，都想开花，因为只有开花，才能结果。可是你知道吗，有一种植物，本身会开花，却不肯轻易开花。

我们都见过长大的竹子，但有谁见过竹子开花吗？恐怕很少有人能看到。竹子是一种轻易不会开花的植物，因为一旦开花，就预示着它的生命要终结了。大多数竹子的开花周期要大于 60 年，甚至有一种竹子每隔 130 年才会开花一次。竹子开花的周期越长，它的寿命就越长。

除了不肯轻易开花，竹子还有很多你可能不知道的小秘密。

例如，竹子是一种生长很快的植物，它的茎几乎以肉眼可见的速度生长。有的竹子一天可以长高 1 米，够神速吧。也就是说，今天和你一样高的竹子，明早醒来可能就会超过你头顶了。

而且，竹子的适应性也很强，几乎实现了自由生长。因为竹子几乎不需要别人来给它们浇水施肥，也不需要农药来治疗病虫害。即使被砍伐了，它的根部也能快速再生，那些鲜嫩的竹笋，就是它们的第二次生命。由于这些特点，从一方面看，竹子是一种侵略性很强的有害植物，因为它不能像别的植物那样被轻易地从一片土地上铲除；从另一方面看，它们也是一种可再生资源，能源源不断地生长起来，为人们所用。比如，竹子具有网状的根，因此将它们种植在陡峭的山坡上，可以有效地防止水土流失。

竹子是一种草本植物，共有 1000 多种，分布在世界各地，其中亚洲地区的竹子种类最多。竹子不但种类多，生长速度快，被人类使用的历史也非常悠久。早在 3000 多年前，中国就已出现竹制的家具和武器。竹床、竹椅，甚至我们常用的筷子也出现在

竹简

那个时候。古时弓箭中的箭，也是用竹子做成的。而在纸被发明出来之前，人们在竹片上洋洋洒洒书写文字，那就是早期的书籍，叫作竹简。看看这个"籍"字，它上面的竹字头，就表明了那时候的书籍是写在竹子上的。

中国是世界上产竹最多的国家之一，共有 200 多个品种。说起中

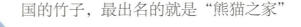

国的竹子，最出名的就是"熊猫之家"和"竹林深处"的典故了吧，它们分别指四川和云南两个地方。竹子是中国国宝大熊猫的最爱，四川有很多大熊猫的栖息地。

如今，这种古老的植物正在焕发新的生机。不要说最常见的清扫工具——扫帚，就连一些室内家具也是竹子做成的，其中包括书架、茶几、竹筒、衣架等。竹子甚至还可以用来建造房屋。"竹屋"不仅柔韧性强，而且抗震效果好。

由于人们的环保意识逐渐增强，竹子这种生长迅速、再生力强的天然植物被越来越广泛地用作环保材料，也越来越受到人们的青睐。

手工编制竹筐

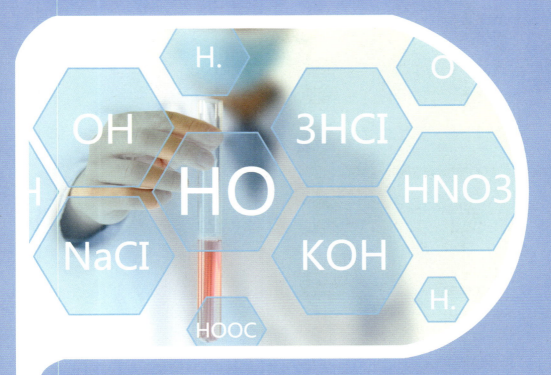

3 各有特性的化学元素

　　对自然界的探索和对科学的追求，是人类生活中永恒不变的主题。这一章所讲的化学元素都具有矛盾的性质：或稳定或活泼，或轻或重，或疗愈或有害。但是，无论它们的性质多么复杂，无论它们是如何被人类发现的，这些化学元素都以某种方式，在人类历史上留下了深深的印记。有些元素的影响深远，人们甚至以其命名了整个时代。还有一些关键元素，帮助人类完成了珍贵的发明创造。这些元素在我们身边无处不在。它们在建筑物里，在电子产品的元器件中，甚至在厨房抽屉里的火柴上，来看看它们都是谁吧。

科学研究是为了发展人类文明。
——埃米尔·费歇尔（德国化学家、诺贝尔化学奖获得者，1852—1919）

"光的使者"
——磷

夜晚，走在漆黑的野外，有时会看到远方有什么光亮一闪一闪的。别怕，那是一种自然界的元素，它达到熔点接触到空气就会发生自燃，它的名字叫磷。

关于磷的发现，有一个很有趣的故事。中世纪，人们已经认识到黄金是无价之宝，为了获得更多的黄金，西方掀起一股炼金的热潮。

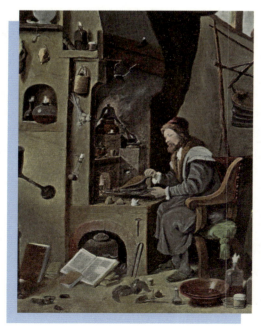

17 世纪某炼金术实验室

人们尝试在各种金属中，提炼出纯净的黄金，让自己享受荣华富贵。1669 年，一位名叫亨尼格·布兰德的德国化学家，按照当时的说法，也可以说他是"炼金术士"，他正在尝试炼制一种叫"贤者之石"的东西。类似于我们常说的"点石成金"的金手指，不过这里用的不是手指，而是一种西方的材料。这种材料，谁也没有见过，仅仅存在于西方神话故事中。据说有了它，就可以将普普通通的金属变成贵重的黄金。

布兰德认为，从颜色上看，黄色的尿液和黄金之间，会有某些共通之处。于是他便尝试煮沸尿液来炼金。当然了，黄金是肯定炼制不出来的，但他意外炼制出了一种形同白蜡般的固体。在黑暗的房间中，这堆白色固体中升出白烟，闪闪发光。这种神奇的物质就是磷。

磷燃烧后发光的特性，或许就是它得名的原因。在希腊语中，磷的意思就是"光之使者"。生活中的磷有很多种，最常见的磷单质有白磷和红磷。白磷能在黑暗中发出光亮，一旦达到燃点，接触空气就会剧烈燃烧，甚至有可能造成巨大的灾难。而红磷与白磷截然相反，它的可燃性较差，不会自燃，因此使用起来更安全。白磷和红磷迥然不同的特性，使得磷成了名副其实的"光之使者"：它既可以带来光明，也可以毁灭事物。

点燃的火柴

我们身边最常见的火柴就是由红磷制成的。火柴是 19—20 世纪人们必不可少的一种生活用品，没有它，家家户户都无法生火做饭。此外，红磷在洗涤剂、肥料和发光二极管的生产中，也发挥了很大作用。相对来说，白磷的应用历史，就不是那么顺利。白磷最初也被用于制作火柴，但它的化学性质太活泼了，不管人们需要不需要，只要遇到一点点空气，白磷就会自燃，很容易引发重大事故。在第一次世界大战和第二次世界大战中，白磷也曾被制作成燃烧弹、燃烧手榴弹等可怕的武器，给人类社会带来巨大的创伤。

其实，磷作为化学物质，并无好坏之分。只是我们在利用它的时候，应该学会善用它的长处，而抑制它的不利因素。这样它就能在我们的生活中发挥越来越多的作用，为我们服务。

"天外来客"
——钪

你知道吗？在生活中，有许多性质非常接近的金属元素，被称为稀土元素，既难分离，又难提炼。钪(kàng)，就是其中一种。

钪是一种质软、银白色的金属，几乎和铝一样轻，但熔点更高，可以达到 1541℃。最早，元素周期表之父、俄国人德米特里·门捷列夫在 1869 年提出并预测了钪元素的存在，而 10 年后的 1879 年，钪元素才被瑞典化学家拉斯·F.尼尔森发现。

钪元素起初并不叫作钪。门捷列夫在观测元素周期时，根据元素的特点和性质，预测在钙和钛之间，应该还存在一种元素，并把这种元素命名为类硼。过了 10 年，尼尔森在研究稀土金属时偶然发现了这种元素，证明了门捷列夫的猜想是正确的，并将该元素命名为钪。

瑞典化学家拉斯·F.尼尔森

钪是一种稀土金属，常跟稀土矿石混合存在，比如黑稀金矿。这些稀土元素有一个共同的特点——总是集体行动。它们的矿藏仿佛是在召开会议一样，只要一开会，这一伙稀土元素就往往要全部列席会议。所以说，想从混生的矿藏中单独找到钪，其实并不容易。

在自然界中，大多数稀土金属其实并不罕见，但钪是个例外：它在地球上的含量很少，却大量存在于月球上。再加上常与其他元素结合存在的特性，自然界几乎不存在天然的、纯净的钪。真正纯净的钪要追溯到宇宙中，只有在超新星这个"宇宙熔炉"里才会产生。从这个角度看，钪是一名不折不扣的"天外来客"。人们提炼出第一批纯钪是在 1960 年。但是由于提炼难度过大，钪的生产成本远高于铝，因此，钪在刚开始提炼成功后，并没有马上得到更广泛的应用。

月球表面

说到这个珍稀金属的用途，钪的第一个应用叫作钪钠灯，是和"好兄弟"钠一起完成的，给千家万户带来了光明。钪钠灯光色好、节电，而且使用寿命很长，所以被广泛用在广场、体育馆和马路照明中。钪的第二个应用是制作太阳能光电池，可以将洒向地面的光收集起来，转变成推动人类社会发展的电力。

钪还有一个重要的用途是制造航空航天产品的零配件。世界上为数不多的钪矿之一位于俄罗斯。俄罗斯人将钪与铝合成，生产出了军用飞机所用的合金。人们利用钪合金也可以制造自行车轻质车架和长曲棍球球杆。用钪合金制造的球棒，有一种堪称"蹦床效应"的弹性，可以帮助击球手更有效地击球。

太阳能路灯

现在，虽然人们对钪的利用还不是太多，但是随着科学技术的不断进步，将来钪也必然和其他金属一样，更好地为人类服务。

强大的辅助
——锡

金、银、铜、铁、锡组成了"五金"的全部成员。其中，锡虽然排名最后，却发挥着不可或缺的辅助作用。

在漫长的人类历史上，我们经常用一些金属名称来命名某个时代，比如青铜时代、铁器时代等。虽然锡并没有获得这种地位，但它实际上却推动了青铜时代的诞生与发展。

公元前 3000 年前后，由于开采技术的提高、冶炼和铸造能力的增强，青铜器开始出现在人类社会，用青铜制作出来的各种用品也越来越多。

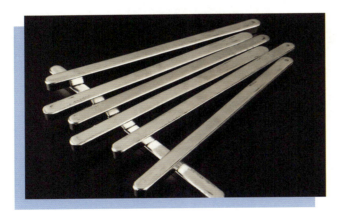

锡条

当时的工匠们在不断的尝试中偶然发现，将铜和锡混合会形成一种新的合金。它的熔点比纯铜的熔点低，不但更容易熔化，也更容易加工。由此制造出的青铜器用具，也更加坚固。正是这一重大发现，使得青铜用具在整个人类社会大面积流行起来。古代人正是在锡的帮助下，才能利用封闭的模具铸成各种各样的形状，从而生产出各式各样的生产工具、生活用品、武器装备，还有那些永恒的艺术品。古希腊人还曾为了获得更多的锡，派出大量的人力，乘坐船只出海寻找锡矿。他们在西班牙和不列颠群岛周围的矿山上开采了大量的锡，然后运到别的国家换钱，将其流通到了整个古代世界。

人们使用锡器的历史，可以追溯到公元前 3700 年。在中国，人们在一些古墓中常常会发掘到一些锡壶、锡烛台之类的锡器。据考证，周朝时，锡器的使用已经十分普遍了。人们在埃及的古墓里也发现了锡制的日常用品。人们会用锡器来保存茶叶，这是因为锡不怕氧化，即使在潮湿的环境中，也不易变色。茶的味道也不变。在日本宫廷中，人们往往把精心酿制的御酒用锡器盛装。用锡壶装的酒，冬天不凉，夏天不热，喝上一口，酒味更加淳厚清冽。用锡壶泡茶清香，用锡杯喝酒爽口，用锡瓶插花也不易枯萎。18 世纪末和 19

锡壶

锡纸

世纪初，锡还被用来做保鲜罐头。再加上锡的延展性非常好，特别是在100℃时，可以展成极薄的锡箔。所以，平常人们便用锡箔包装香烟、糖果，以防受潮。

虽然锡这么方便耐用，但它却有个致命伤，那就是非常怕冻。温度低到13.2℃以下的时候，锡会逐渐变成粉末。因此在寒冷的冬天，一定要特别注意，别让锡器受冻。除了锡器，有许多铁器通常都是用锡焊接的，所以也不能受冻，否则就会出现一些不幸事件。1912年，有一支国外的探险队去南极探险，他们所用的汽油桶都是用锡焊接的。结果到了冰天雪地的南极之后，焊锡都变成了粉末状的灰锡，汽油也全部漏光了。

锡还可以与钢、锑、银等多种金属形成合金，既可以用来制作实用性的工具，也可以制作装饰性的物件。锡的辅助功能如此强大，导致人们甚至直接用"锡"来称

锡焊

呼含有锡的物品。在澳大利亚，啤酒罐现在仍被称为锡罐。而锡口笛之所以叫作锡口笛，则是因为该产品最初使用镀锡钢做原料，继而得以批量生产。人们还在锡制食盒上打上精密的孔，不仅让食盒内部空气流通，还可以在食盒表面上形成各种美观的花纹。今天，这种盛放食物的锡制器具，仍然在装点着人们的餐桌。

臭不可闻的
硫

有人放屁了，你一定会捂住自己的鼻子，因为太臭了。但是，你知道屁为什么那么臭吗？因为里面含有硫。

硫是一种很"刺激"的物质。这个刺激可不是什么快乐的刺激感。恰恰相反，它常常带给人不好的感受。因为硫本身的特性特别不稳定，再加上它独特的气味——臭，就更让人难以接受了。

硫的性格非常活泼，一不小心就会"发火"——非常易燃。1000多年前，在中国的四大发明之一——火药中，硫就担当了关键角色，

火山湖中的硫黄

也是重要的功臣。可以说，没有硫，就不会有火药的发明。在《圣经》中，硫被称为硫黄，本意就是"燃烧的石头"。由于它总是一不小心，就会给人们带来火灾，于是常常与火灾和破坏联系在一起，在人们心中留下了不好的印象。硫让人印象深刻的，还有它臭不可闻的味道。如果你走进含有硫的温泉，你会闻到一股浓浓的臭鸡蛋的气味。事实上，

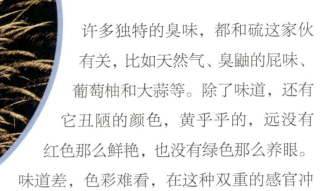

许多独特的臭味，都和硫这家伙有关，比如天然气、臭鼬的屁味、葡萄柚和大蒜等。除了味道，还有它丑陋的颜色，黄乎乎的，远没有红色那么鲜艳，也没有绿色那么养眼。

味道差，色彩难看，在这种双重的感官冲击下，这种黄色的特殊物质，就令人印象深刻，不但过目难忘，就连过鼻也难忘。

烟花中含有硫黄

尽管硫味道浓烈，还具有潜在的破坏性，但它的单质态——硫黄，却具有消毒杀菌的作用，一直被用于清洁患者的伤口。在古埃及和古希腊，硫黄被用作药物和熏蒸剂，来驱除物体表面的脏东西。在荷马史诗《奥德赛》中，古希腊神话中的英雄奥德修斯曾提到它："老仆人，拿些硫黄来，把这些脏东西清理掉。"

19世纪，人们用硫黄与酒精混合灼烧，去除房屋中的传染病菌；后来人们又将硫黄与奶油混合，治疗痤疮和湿疹等皮肤病。硫黄也被用于防止葡萄酒酸化。到了19世纪中叶，硫的另一种衍生物——硫酸变成了一种利润丰厚的商业产品，用于硫化橡胶、漂白纸张以及防止粮食作物生虫。时至今日，人们依然在使用硫黄作为清洁品，如我们常用的硫黄皂、硫黄洗液，都是便宜又好用的杀菌剂。

看来，这个脾气暴躁的家伙，只要扬长避短，把它驯服了，它就会更好地为人类服务。

硫黄皂

铅：
是福还是祸？

铅不仅可用于制作铅活字，印刷书籍，它还有着更多让人惊喜的用处，不过也有着让人谈之色变的危害。

铅在我们的生活中，用途非常广泛。我们经常见到身边的爱美女性，在脸上涂抹各式化妆品，让皮肤变得又白又亮，这就是铅的作用。是的，化妆品中含有铅的成分，然而，这种成分虽然有美白作用，但如果过量使用，却是对皮肤有害的。铅具有毒性，而它又是我们生活中广泛使用的元素，也是历史上最早进入人类日常生活的金属之一，这既是福，也是祸。

含铅化妆品

古代的一些国家早就发现了铅，并开始使用这种金属。古埃及人用铅制作陶器的釉料，使釉彩变得特别明亮，闪烁着醉人的光芒。古巴比伦人用铅来建造房屋，盖起高大雄伟的各式宫殿。而这些应用与古罗马人对铅的了解与利用比起来，只是小巫见大巫罢了。古罗马人用铅来修建管道，制作餐具，把铅打磨成一定形状、刻上图案做成硬币，将其打造得又小又细做成子弹，还将其加入油漆中使油漆更加亮丽。当然，古罗马的女人们也爱美，她们把铅加入化妆品里，为自己打造出一张精致白亮的美丽面孔。铅还有一个用途，说出来恐怕会吓你一跳。这种有毒的金属元素，竟然在很长一段时间内，被古罗马人当作食品吃下去。古罗马人喜欢用铅罐酿酒，因为用它做容器酿出的酒，有着甜美的味道。所以，当一些奇怪的疾病开始肆虐古罗马、困扰民众时，有些人怀疑这些疾病的罪魁祸首可能是铅，并建议人们不要再食用铅了。但已经养成习惯的古罗马人很难改变长期以来的生活习惯。没有了铅，他们的生活好像也没有了味道，因为他们把铅看成了食物的灵魂。即使到了中世纪，人们还在不断地往食物中加入醋酸铅，使食物的味道更甜。

铅活字

15世纪，欧洲诞生了人类历史上最伟大的颠覆性发明之一：印刷机。那时主要使用的是活字印刷机。而活字的字码，则主要是由铅制成的。所以，现在的印刷品，一般也说成是铅字。这是好事，给人类文明带来了巨大的推动力。

与此同时，铅对人类的不利影响，也在继续扩大。有研究显示，正是因为服用了大量的铅，伟大的音乐家贝多芬才彻底失去了听力。自17世纪起，美国人将铅用于工业。18世纪时，美国发明家本杰明·富兰克林对铅在人们生活中的广泛使用表现了他的担忧。20世纪70年代，铅的使用开始受到监管。美国接连通过了几部新的法律，来严格限制含铅产品中铅的含量标准。

铅在工业中的应用

任何事物，都有有利的一面，也有不利的一面。只要我们放大有利的一面，抑制不利的一面，这些事物就能更好地为我们服务。

冷兵器时代的重要武器——铁

铁也分生和熟？生铁和熟铁有什么不同呢？

　　铁在我们的印象里一向坚不可摧，多用于象征力量。比如漫威动漫人物"钢铁侠"，便是一位全身武装钢铁铠甲的超级英雄。那身铁甲坚硬无比，能够抵御枪林弹雨，是不是威风极了？英国首相温斯顿·丘吉尔也曾做过这样的比喻，他说二战后苏联阻碍西方思想和影响的政治地理界线，就像是"铁幕"一样坚不可摧。由此可以看出，铁的坚硬和坚强是深入人心的。

钢铁盔甲

　　铁还是世界上含量最丰富的金属之一，几乎应用在人们生活的方方面面，甚至还存在于我们的身体里。铁的加盟，确实可以让一些事物变得强韧，当然也包括我们的身体。铁元素能帮助植物产生叶绿素，促进植物快速生长，也能帮助我们体内的红细胞运送氧气，让身体更加强壮。同时，在工业上，坚硬的铁也是制造各种工具的最佳原材料之一。

　　铁的发现和使用，至今已经有几千年的历史了。公元前1000年前后，人类就由青铜时代，进入了铁器时代。由于铁器比青铜器更加容易冶炼，也更加容易做成各种形状，方便快捷，因此在这一时期，铁器逐渐取代了青铜器。人们开始用铁大面积制作各种工具，其中包括具有锋利刀刃的武器。与青铜器相比，铁制器具显然更优越耐用。古时候，铁匠们把采来的铁矿石，放入火中灼烧成海绵状，一边烧，一边在铁砧上猛烈敲击，把矿石中的铁压实压紧。经过这种猛火锻造的处理方法，一块铁就由生铁变成熟铁。在人类历史上，熟铁是更为常见的。人们偶尔也有使用生铁的时候，但是生铁太过质脆，容易折断，所以只有在特殊的时候，才会派上用场。

铁匠炼铁

精炼铸铁是一项艰苦的工作，也特别消耗时间，这导致它的成本更加昂贵，许多人也在不断想办法改变这种状况。18世纪，英国人亚伯拉罕·达比提高了制铁业的效率。他发现用焦炭代替木炭在高炉中燃烧，温度更高，也可以生产更多的铁，这样就使铸铁的造价更低。这个发现助推了英国的工业革命，人们纷纷开始使用焦炭来进行冶炼，降低消耗，提高效率。1856年，英国冶金学家贝塞麦发现，冶炼铁时，只要在一边用强劲的气流吹炼铁水，就可以使铁变得更坚硬。在他的思想启发下，人们成功制作了转炉。利用转炉，人们可以生产更便宜的、含碳量比铸铁还高的钢。可以说，铁是钢的基础，钢是铁的加强版。而钢的出现，为人们的生产和生活带来了更大的变化和便利。

工业冶铁

能量源泉

——锂

什么物质质量小、能量却大？没错，就是锂元素。

在我们的日常生活中，锂的存在非常普遍，电子产品中就经常用到锂电池。银光闪闪的锂是最轻的固体元素，每立方厘米的锂，质量只有0.534克。别看它质量小，它的作用却非常大。靠锂释放的能量，不仅能维持生活中重要电子产品的正常运行，有时甚至能左右生命的运转。

锂的发现过程很曲折。1800年，巴西科学家若泽·博尼法西奥·德·安德拉达·席尔瓦在瑞典的一个小岛上，发现了世界上第一块透锂长石。可惜的是，这位科学家并没有发现其中的锂元素。直到1817年，瑞典人约翰·奥古斯特·阿韦德松首次发现，当把这块透锂长石扔到火里时，竟会发出浓

锂矿

烈的深红色火焰。这个现象引起了他的注意。阿韦德松开始对这块透锂长石进行研究，并推断它含有以前未知的金属，他将其称作"锂"。阿韦德松意识到这是一种新的碱金属元素，但是他想尽了办法，也不能从这块长石中分离出单一的锂金属。直到1855年，德国化学罗伯特·威廉·本生和英国化学家奥古斯都·马蒂森一起合作，才通过电解氯化锂，获得了大块的纯净锂。

锂的能量也非常强大，不仅能够用于充电电池，还一直是热核武器的构成成分。而锂的性质十分活跃，非常容易和别的物质发生反应，变成一种新的物质，所以自然界中不存在它的单质。可是，这么不稳定的元素，却能够制成镇静类药物，这种自相矛盾的特别性质，是不是令你很惊讶呢？19世纪时，人们发现锂对精神障碍患者能起到镇静的作用。1949年，澳大利亚医生约翰·凯德提出，小剂量的锂，可以平衡双相情感障碍患者的情绪波动。于是，锂成了第一种有效治疗此类疾病的药物。

锂的密度非常小，同样体积的锂，比其他金属的质量小很多。因此，将锂应用到电池上，一度引导了电池制造技术的革命。容量特大，质量特小，体积又特薄的锂电池，成了电池领域的颠覆者。而"能量源泉"锂电池不仅可以为笔记本电脑、手机、相机等产品充电，还可以为心脏起搏器充电，为人的生命注入能量。除此之外，在合金中掺入锂，会使其他金属更坚固、更轻盈，所以锂合金也被用在飞机制造上。而少量的碳酸锂还可以强化陶瓷和玻璃，对于提升材料的耐热性能至关重要。

锂离子电池

小小的锂元素，携带着巨大的能量，为我们的生活带来诸多便利。

具有磁铁性质的
金属——镍

镍（niè），作为一种特殊的金属，曾经一度被认为是太空赐予人类的特别礼物。

镍最初来自陨石，是一位"天外来客"，这也是古代人首次得到镍的方式。我们已经无法考证镍最早开始应用的年份。目前可追溯的最早记录，是公元前 3200 年左右，人们在古埃及墓葬中发现了镍珠。这说明当时人们就已经开始了解镍，并将镍制作成各种物品了。

陨石

科技发展越来越快的今天，镍矿已经遍布世界各地。但是一开始，人们却很难识别出这种稀有的金属。中世纪，德国铜矿工人意外发现了一种深红色的矿石，以为是大块的铜。可研究过后，却发现这种矿石没有一点点铜的含量。他们非常生气，于是管这种矿石叫"魔鬼的铜"，后来又重新给它起名叫"红砷镍矿"。1751年，斯德哥尔摩的亚历克斯·弗雷德里克·克龙斯泰德对这种矿石再一次进行了深入的研究。他以为其中一定包含铜，但他想尽了一切办法，却提取出了一种全新的金属。1754年，克龙斯泰德宣布发现了这种新的金属，并将它命名为镍。

美国镍币

镍其实就在你身边。我们的一元硬币中就含有镍。在美国，5美分硬币又被称为5分镍币。但它并不是纯镍，而是一种合金，其中四分之三是铜，只有四分之一是镍。不过，正是这四分之一的镍，使硬币具有银色光泽和轻盈的质地。镍最有用的特性之一，是可以帮助其他金属变得更坚固、更光亮、更耐腐蚀。由于这种特殊性质，镍常被用于制造电线、电池、装甲板和硬币。在稀土磁铁——这种制造汽车和计算机等产品的优质材料出现之前，磁性最好的磁铁都是由镍合金制成的。用铝、钴与镍制成的合金，磁性非常强，用其制造电磁起重机，可以吸起庞大的集装箱。而且，这种镍合金磁铁即使被烧红也仍然能保持磁性。

　　镍还具有较好的耐腐蚀、耐高温、防锈等性能，因此被广泛应用到不锈钢和合金钢等钢铁领域。合金钢也叫特种钢，这是一个大家庭，因为物质组成不同，配比不同，种类也各有不同。但不管是哪种合金钢，只要有了镍的参与，都能够提高合金刚的强度，保持其良好的塑性和韧性。含镍合金钢主要应用于化工生产和医疗器械的制造中，还可以用于桥梁和军舰等。如今，在西方国家，约有65%的镍被用于生产不锈钢。

不锈钢桥梁

　　镍也是人体必需的生命元素，但是它在人体内含量极微，正常情况下，成人体内含镍约10毫克。成人对镍的日需要量为0.3毫克。虽然很微小，但人的身体里一旦缺乏了镍，就能引起糖尿病、贫血、尿毒症、肾衰等疾病。

　　从人的身体，到家庭生活用品，再到工业生产的方方面面，镍几乎无处不在，用它特有的优势，服务千家万户。

4 神秘海洋

　　人类历史一直与海洋紧密地联系在一起。海洋供给我们的不仅有鱼类，还有海盐和海藻等许多其他海产品——这些都曾在我们的餐桌上出现过。然而，深邃的海洋为我们提供的物质，远远不只是食物。从潜在的骨移植原料到闪闪发光的珠宝，海洋里充满了宝藏。而生活在陆地上的我们，却常常会忽视这些会给我们带来珍贵财富的海洋生物。

大海之所以伟大，除了它美丽、壮阔、坦荡外，还有一种自我净化的功能。

——康德（德国哲学家、古典唯心主义的创始人，1724—1804）

盛开在海底的"花"
——珊瑚

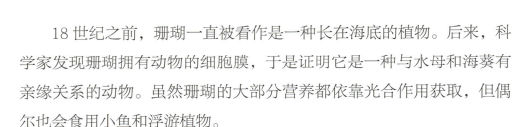

如深海花朵一般美丽的珊瑚，究竟是动物还是植物？

　　18世纪之前，珊瑚一直被看作是一种长在海底的植物。后来，科学家发现珊瑚拥有动物的细胞膜，于是证明它是一种与水母和海葵有亲缘关系的动物。虽然珊瑚的大部分营养都依靠光合作用获取，但偶尔也会食用小鱼和浮游植物。

　　事实上，珊瑚是腔肠动物珊瑚虫的统称，同时也指珊瑚虫们分泌出的石灰质外壳。珊瑚虫在白色幼虫阶段，就自动固定在上一代珊瑚的石灰质遗骨堆上了，它们特别"恋家"，永远不会离开那里一步。

　　而珊瑚礁这种庞大的"建筑物"要历经许多代才能够形成。它的底部是坚硬的石灰岩骨架，这便成了珊瑚礁的基础。珊瑚礁需要成千上万年，才能成长到一定的规模。虽然珊瑚庞大、坚硬，它们的生命却是非常脆弱的，海水的污染和对环境的不适应，都会让珊瑚死亡。美丽的珊瑚不仅是海洋景观的重要组成部分，还为无数海洋生物提供栖息地，是一种宝贵的海洋资源。

珊瑚的形态大多数是树枝状的，上面有直上直下的条纹。奇特精巧的形状和鲜艳美丽的颜色使珊瑚可以做成备受人类喜爱的装饰品。但是相较于它的美丽精致，珊瑚的药用价值对人类来说更为珍贵。

珊瑚项链

研钵中的珊瑚

人类利用珊瑚已经有数千年的历史。古时候，人们把珊瑚磨成细细的粉末，用来治疗痛经和血液循环不良等疾病。16 世纪，人们还用珊瑚来预防黑死病。而今天，珊瑚还能够救命。干燥的珊瑚可以被用于整容手术，也被用于骨移植。珊瑚具有许多孔洞，和人体骨骼的构造十分类似。当把珊瑚移植到骨骼上时，骨骼就会与珊瑚的孔洞结合，人体的骨质逐渐渗入珊瑚内部，最终成长为新的骨骼组织。

对于人类来说，珊瑚也是海底世界给我们的礼物，我们只有保护好海洋环境，才能长久地享受这份礼物给我们带来的好处。

珊瑚的近况

近年来，温室效应造成了全球气温的升高。海水温度的升高，也给珊瑚的生存造成了极大的威胁。海水温度的不断升高，使得生长在珊瑚中的一些重要的海藻即将消失殆尽，一旦海藻消失，珊瑚就会变回它原本的颜色——白色，白化的珊瑚也会因为缺失营养而死亡。

世界上所有的珊瑚礁都面临着消失的危机。联合国指出，1/3 的珊瑚已经消失了，到 2030 年，预计有 60% 的珊瑚会消失。珊瑚的大量死亡也使繁茂的海底森林变成光秃秃的海底沙漠，破坏无数海洋生物赖以生存的栖息地。

地球上的古老居民
——水母

柔嫩的水母就像一把小伞，在海洋中自由地浮游。猜猜看，它们的嘴巴在哪儿？耳朵又在哪儿呢？

在水族馆或海洋馆里，我们经常可以看到美丽的水母，好像全身透明一样，十分惹人喜爱。这些水中的浮游动物，看起来如同果冻一般，

虽然生活在水中，然而它们却不属于鱼类。水母的种类很多，形态颜色都各有不同，有的五彩斑斓，有的晶莹剔透，在水中优雅地舞动，好像舞台上最优美的舞蹈演员。这些看起来就像来自另一个星球的神秘生物，实际上是地球上最古老的居民之一。

水母的出现比恐龙还早，可追溯到 6.5 亿年前。它们的种类有很多，全世界大约有 250 种，常见于各地的海洋中。水母的种类不同，大小也不同，直径从 10 厘米到 100 厘米之间。在水母的身体中，有 95% 以上是水分，其他则由蛋白质和脂质构成。这下你知道水母的身体为什么会呈透明状了吗？这是由于它们身体内的水分过多造成的。

水母比较容易识别，通常外表呈钟形，拖着长长的触手，在水中游动。还有一类栉水母，其外表通常呈卵形，触手呈毛发状。奇怪的是，作为一种海洋生物，水母竟然没有大脑，但它们拥有一个神经网络，可以感知周围发生的事情。它们可以感知到海水化学成分的变化，自己是面朝上还是面朝下，以及周围有多少光，光线是强还是弱。水母也是海洋中的一类"杀手"，它们像蜘蛛停在网上一样，一动不动地停留在水中，等待猎物送上门来。大部分水母都有纤长而柔软的触手，随着流水在水中飘动，那就是它们的"独门武器"。触

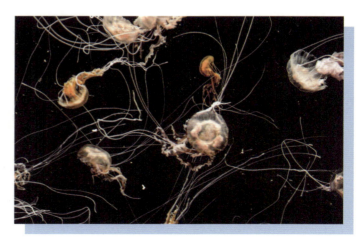

手上布满刺细胞，猎物一旦在它的攻击范围之内，它们就开始"伏击"，用长长的触手，刺中猎物，释放可以蛰昏猎物的毒素，然后它们就用"嘴"——触手上的口腕来吃掉猎物。水母的身上只有一个开口，既是它的口腔，也是它排泄废物的开口。

水母的伞状体内有一种特别的腺（xiàn），可以生产出一氧化碳，使伞状体膨胀。当水母遇到敌害，它们就会自动将气放掉，让自己沉入海底。待到海面平静，它们只需几分钟就可以生产出气体，让自己快速膨胀，并漂浮起来。水母触手中间的细柄上有一个小球，里面有一粒小小的听石，这是水母的"耳朵"。

水母中含有丰富的胶原蛋白，可被用于治疗类风湿性关节炎。水母中的一种——海蜇还是我们餐桌上的美食。然而，近年来，由于环境变化水域变暖、水体富营养化，以及人类过度捕捞导致水母的天敌减少等因素，水母大量繁殖，大有重新称霸海洋世界的势头。

地球上的生物，都是人类的邻居，如何与海洋中的生物和谐相处，仍是我们需要面对的重要课题。

凉拌海蜇丝

海洋里的"草"
——海藻

它是来自海洋深处的"草"，但它可不是普普通通的"草"。

草这种植物有着极强的生命力。白居易的名句"野火烧不尽，春风吹又生"就形象地体现出了野草的生命力之强。然而，如果把这个特点放在海洋里的"草"——海藻身上，那就对它太不公平了，因为海藻具有很高的应用价值。海藻是海洋生态系统的重要组成部分，它的形态既可以小如漂浮的浮游植物，也可以大如浓密的海带森林。

在日常生活中，我们在寿司店吃到的寿司，外面常常裹着一层薄薄的紫菜。寿司卷中的紫菜便是海藻的一种。海藻是海带、紫菜、裙带菜等海洋藻类的总称。海藻有很多种，它们虽然颜色不同，但都含有叶绿素，可以利用日光进行光合作用。它们所释放出来的氧气更是海洋生物们所不可缺少的。所以说，海洋世界之所以如此美丽、如此热闹，海藻功不可没。

可是，"友善"的海藻也有"发威"的时候。海藻中有一种马尾藻，它的外形与众不同，是自由漂浮的大块朵状，像一块漂浮在海面的大海绵。在北大西洋，有一块面积达几百万平方千米的海区，那里布满了绿色的马尾藻，因此这个海区也被称作马尾藻海。远远望去，好像一片茫茫无际的海上大草原。马尾藻海被水手们称为"魔海""死亡之海"。它为什么会有这样一个可怕的称谓呢？原来，在航运和通信技术不发达的古代，常有船只贸然闯入马尾藻海，被大量的马尾藻紧紧缠住，最后被活活困住，船上人员全部遇难。1492 年 8 月 3 日，意大利航海家哥伦布率领的一支船队就曾在马尾藻海上遇险，经过了整整 3 个星期的艰难航行，才侥幸摆脱了危险。

布满海藻的船只

和小草不一样，我们经常吃到的海藻并不是野生的，而是人工种植的。在亚洲国家，人们很早以前就开始种植海藻，并将它做成各种各样的美食。从古至今，海藻在世界各地都受到人们的欢迎。古罗马人用海藻来治疗烧伤和皮疹。在爱尔兰和苏格兰，修道士食用一种名为"爱尔兰苔藓"的海藻，并将它分发给穷人。在英国，自爱德华时代（1901—1910）以来，海藻浴十分流行。

滩涂海藻养殖场

工业革命时期，科学家们研究掌握了从海藻中提取琼脂、藻酸盐和卡拉胶等的技术。这些海藻胶作为食用胶在食品和工业上得到广泛应用。想想看，冰淇淋和酸奶是不是有着非常浓稠绵密的口感？牙膏、染料、凝胶这些家居用品也是稠稠的质地，这都是由于其中增添了海藻胶作为增稠剂。

海藻是非常健康的食物。它不但能将我们的肚子填满，还可以让我们充分摄取到维生素和矿物质。

海洋的"耳朵"
——鲍鱼

鲍鱼为什么珍贵呢?读完它的故事,你会发现原来它全身是宝!

鲍鱼虽然名字里有个"鱼"字,然而它却不属于鱼类,而是贝类。它们的身体外面有半面外壳,壳坚硬厚实,又扁又宽,用来保护自己柔软的身体。鲍鱼的大小一般为10—25厘米,因为外形很像人的耳朵,有时也被称为"海洋的耳朵"。

鲍鱼喜欢生活在海水清澈、水流湍急、海藻丛生的岩礁海域,以摄食海藻和浮游生物为生。它们长着肌肉发达的肉足,可以帮助自己紧紧地贴在岩石上。这个特征既是它的保护伞又是它的诱敌命脉。由于暴露在岩石表层，鲍鱼很容易被发现和采集。但它又依靠吸附力极强的肉足，把自己牢牢地固定在岩石上。要想不用一点儿力气，是很难把它们扳下来的。一个壳长15厘米的鲍鱼，足的吸附力高达200千克。任凭狂风巨浪袭击，都不能把它掀起。因此捕捉鲍鱼时，只能乘其不备，以迅雷不及掩耳之势用铲子把它铲下来，或者猛然把它掀翻，要不然，就算你砸碎它的壳，也休想把它取下来。不过，就是这片发达的肌肉，蕴含着来自海洋的鲜美味道，吸引了很多动物对它们进行捕食。比如海獭就很喜欢敲开鲍鱼的外壳，吃掉里面的肉。

鲍鱼肉质鲜美，不仅在海洋世界是被捕食的目标，在人类世界也是很受欢迎的一道海中美味。在中国，鲍鱼是传统的名贵食材，位居四大海味之首。在餐桌上，鲍鱼呈椭圆形，肉紫红色，肉质柔嫩细滑，滋味极其鲜美，历来被称为"海味珍品之冠"，它的价格也十分昂贵，民间也一直有"一口鲍鱼一口金"的说法。

除了鲍鱼肉可以食用，它的壳也具有特别的价值。如果你在海滩散步，应该很难注意到倒扣着的鲍鱼壳。鲍鱼壳的外表很丑陋，但把它翻过来就是一个宝藏：鲍鱼壳的内部覆有珍珠层，具有丰富的色彩和乳白色的光泽。美国印第安居民中的纳瓦霍人一直将它看作神圣的宝石。鲍鱼壳还具有商业价值，经常被用于制作纽扣、刀柄，以及珠宝首饰等。

此外，鲍鱼壳还能够入药，制成一种名为石决明的药材，具有清热名目的功效。可惜的是，如今对鲍鱼的过度捕捞导致野生鲍鱼种群大量减少。今天我们能买到的鲍鱼，绝大部分都是人工养殖的。

海洋里的"钟乳石"——"死亡冰柱"

在一些天然洞穴中，含有矿物质的水，从顶部持续不断地滴落，时间长了，就会形成富含矿物质的石柱，这就是钟乳石。一般来说钟乳石的形成需要成千上万年，但是在北极，海水冻结成冰柱的过程会快得不可思议。由于温度降低，海水结冰，盐分析出，这会导致周围的海水密度变得更大，温度也更低。超低温的海水在冰的裂缝间下沉，又将沿途接触到的海水冻结。如此反复，短短的几个小时内，一根"死亡冰柱"就可以延伸到海底，出现在冰柱覆盖范围内的海星、海葵等海底生物很难幸免于难。

长在"玻璃壳"中的 硅藻

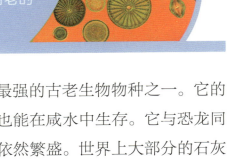

用硅藻泥装修过的墙壁，看起来格外养眼。你知道吗？硅藻泥来源于硅藻土，硅藻土来源于一种最古老的海洋生物——硅藻。

硅藻是自然界中最坚硬、生命力最强的古老生物物种之一。它的适应性特别强，既能在淡水中繁殖，也能在咸水中生存。它与恐龙同时出现，恐龙早已灭绝，可硅藻至今依然繁盛。世界上大部分的石灰石和石油，都是由古老的硅藻形成的。经过漫长的时光，沉落到海底的硅藻，渐渐形成厚厚的硅藻土层。由于地壳的缓慢运动，硅藻土层被带到地表上来。通过对其成分的分析研究，我们可以知道不同地质时期的气候变化。另外，硅藻的这种分层特性，也使得它们易于捕捞。

硅藻是单细胞

硅藻土

生物，它们具有坚硬的玻璃状外壳，来保护自己。硅藻的外壳形态多种多样，构造奇特，呈现许许多多美妙的不可思议的花纹和图案。有的像精致的扇子，有的像漂亮的纽扣。但硅藻的身体非常微小，一般小的仅有千分之几毫米，大的也不超过 2 毫米。别看它们个体小，其实一个小细胞就是一个完整的生命体。在那清澈透亮的水滴中，都隐藏着它们的身影，只是必须借助光学或电子显微镜才能看清它们的样子。在显微镜下，你可能一不小心就会把它们误看成是玻璃珠。硅藻虽然个头微小，可是它们的数量却特别庞大。宇航员从太空中俯视地球时，甚至可以看到北极和南极周围大量硅藻繁殖的景象。当外界条件适宜，硅藻大量繁殖时，能使数万平方千米的海水改变颜色。成片的硅藻很容易引起软体动物、被囊动物和鱼类等天敌的注意。每当发现了大量的硅藻时，天敌们就准备大肆享受硅藻的盛宴。硅藻营养丰富，容易消化，是许多浮游动物、小鱼小虾和贝类喜欢的美食。

据报道，浮游生物每年制造的氧气就有 360 亿吨，占地球大气氧含量的 70% 以上。由于硅藻数量又占浮游生物数量的 60% 以上，这样可以推算，硅藻每年制造的氧气将近氧气总量的一半。假设现在地球上没有硅藻了，不用 3 年，地球上的氧气就耗干了。动物和我们人类也就都没法呼吸了。

在生活中，硅藻的用途非常广泛。它们可以很好地与颗粒物和气泡结合，非常适合制作过滤器和填料。硅藻不但可以用于过滤药物、化学品和酒精，还可以增加纸张、油漆和陶瓷的强度。硅藻虽然看起来有些像玻璃，但它们的优势普通的玻璃可比不上。

随着科学技术的进一步发展，硅藻的作用一定会越来越大，让我们拭目以待吧。

海中贝壳

我们在海边捡到的贝壳，里面通常空空如也。但贝壳其实是一些海洋生物的家。对于软体动物来说，富含钙的外壳既是具有保护作用的盔甲，也是行李包和房屋。贝壳可以保护居住其中的软体动物免受风暴等威胁，但一些捕食者总有办法挤入或钻透这层外壳。寄居蟹等生物有时会占用一些空的贝壳作为自己的居住地。

5 雨林中的植物宝藏

  同海洋一样，茂密、神秘的雨林也是一个藏宝之地。人类一直对雨林的生物多样性和其中数不胜数的宝藏感到惊奇。雨林给我们带来了巧克力和香草，于是我们爱上了甜蜜。雨林给予我们黄麻和橡胶，于是我们可以制作衣物用品，发展工业，不断拓展生活的边界。其实，森林本身就是大自然送给人类的最伟大的礼物，是我们必须保护的宝库。

大自然的每一个领域都是美妙绝伦的。
——亚里士多德（古希腊哲学家，前 384—前 322 ）

饮料和糕点的灵魂
——香草

你最爱什么口味的冰淇淋呢？不得不说，香草味是最经典的。

说到香草，我们最先想到的就是香草口味的冰淇淋和糕点。香草有着不同于其他常见香料的香甜口味，深受人们的欢迎。香草有着神奇的魔力，只要一小块，就可以做出供全家人享用的甜点，散发着怡人的香气。

香草味冰淇淋球

香草豆荚原产于墨西哥南部和危地马拉，在中美洲有大片的种植。生活在墨西哥的阿兹特克人曾经用香草来调制巧克力饮料。16世纪，西班牙殖民者入侵中美洲，知道了这种饮料的制作方法，并将香草和巧克力同时传入了欧洲。

香草豆荚是兰花家族香草兰的果实，这种果实的外表干瘪难看，一点儿也不起眼，但是用途却非常大。17世纪之前，香草的唯一用途，还只是调制香甜的饮料。后来，一位名叫休·摩根的英国药剂师为女王伊丽莎白一世制作了香草味的甜点，女王对这些甜点非常喜爱。这种制作方法传到民间后，香草点心终于成了时尚甜品。法国人也经常使用香草为冰淇淋调味。香草传入美国，就是在美国

香草花

总统托马斯·杰斐逊担任美国驻法大使的时候。从此美国人的美食配方中也有了香草这一关键成分。没有香草，饮料仿佛没有了灵魂。你爱喝可口可乐吗？其实，可口可乐的初始配方中也含有香草。

香草的价格非常昂贵，因为它的产量稀少，而且生长过程中也会耗费大量时间和人力。香草豆荚长在长达 90 余米的香草兰藤蔓上。这种植物会开出可爱的黄绿色花朵，但花朵仅开放 24 小时。如果在这段时间内没有授粉，花朵就会枯萎死亡，不能结出豆荚。成功授粉长出豆荚后，饱满的豆荚必须在完全成熟之前，手工摘取，还要用几个月的时间来风干。

纯香草提取物是把水和酒精配制成溶液，浸渍干燥的香草豆荚而制成的。现在众多加工食品所使用的香料其实都不是纯香草提取物，

香草油

而是人造香草调味料。人造香草调味料是由木质素合成的。木质素是用于造纸的木浆的副产品，它虽然便宜，但效果远远比不上真正的香草提取物。

除了香草味，你还知道哪些经典口味呢？

巧克力香滑的秘密：
可可脂

口感滑滑的、味道香香甜甜的，吃到嘴里入口即化，这种糖果是什么？答案是巧克力。它为什么会产生这种美妙的口感呢？因为含有可可脂。

巧克力吃起来香浓顺滑，很多人明明知道吃多了对牙齿不好，可还是欲罢不能。这香滑味道的秘密就是可可脂。可可脂的熔点在30℃左右，而人的口腔温度在36.3—37.2 ℃之间，因此在室温下它可以保持固态，而含在口中它就可以融化。

可可脂不仅是巧克力香滑的秘密，还是它新鲜的法宝。因为可可脂具有抗氧化性，能有效地防止巧克力制品变质。可可脂是巧克力的一种成分吗？其实它俩是"一母同胞"，都出自可可豆——可可树的果实。虽然可可树千百年来一直生长在南美洲，但是从它的果实中获取可可脂却只有约 200 年的时间。

最初，由古代的奥尔梅克人种植可可树，后来由玛雅人和阿兹特克人接手了这项工作。玛雅人和阿兹特克人用可可豆作为货币，还用它制作可可饮料。1502年，意大利航海家克里斯托弗·哥伦布将可可豆带回西班牙，并进行种植。不过可可树被引入西班牙后，却坐了很长时间的"冷板凳"。直到1544年，人们才首次使用它的果实——可可豆，来制作可可饮料。从那以后，可可饮料慢慢地传到了各个国家，越来越受人们的欢迎，继而风靡了整个欧洲大陆。欧洲第一批巧克力工厂也由此陆续开办，并进行大批量的生产。到了16世纪末，人们疯狂地爱上了巧克力，甚至认为巧克力具有治愈疾病的能力。

可可豆荚

然而直到1828年，可可脂才被人们从可可豆中提取出来，找到了自己的舞台。这一年，荷兰人卡斯帕鲁斯·梵·豪登发明的可可压榨机，可以将可可脂从可可豆中分离出来。而余下的可可粉冲泡可可饮料则更方便，价格更便宜，而且制作巧克力糖果也变得更容易了。

经过逐步探索，人们发现了可可脂的更多用途，例如，气味怡人的可可脂有很好的润滑效果以及绝佳的保湿性能，因此它经常被应用于保湿霜、润唇膏和防晒霜中。这样，可可脂应用的范围也从食品扩大到化妆品上来，市场更加开阔了。

巧克力按摩

金色纤维
——黄麻

在生活中，如果我们要把一些东西捆扎在一起，很多时候会选择麻绳。麻绳，就来自一种植物——黄麻。

说到黄麻，我们或许会觉得很陌生，它一般以另一种常见的模样躺在我们的抽屉里——麻绳。这种物品看起来似乎不大起眼，但它一直在贸易、战争和纺织工业中发挥着重要的作用。

人们在处理黄麻秆

黄麻原产于孟加拉地区，就是现在的孟加拉国和印度的部分地区，已有数千年的种植历史，如今它在当地仍然是极其重要的出口产品之一。黄麻有两个变种：圆果黄麻和长果黄麻，它们都是大麻的近亲，是高大的木质草本植物。不同于其他纺织纤维，黄麻纤维的独特之处在于，它是由木质素和纤维素组成的，非常结实。黄麻纤维被称作"金色纤维"，具有淡黄的色调，触感柔滑，富有光泽，

82

长度可达 1—4 米。

　　一开始，人们采用手工剥离和编织黄麻的方式，这个过程非常辛苦。到了 19 世纪 30 年代，苏格兰一座城市的纺织工厂成功用机器对黄麻进行了加工。这一发现，大大提高了生产效率，也催生了黄麻编织业。现在，黄麻纤维是最廉价的天然纤维之一，种植量和用途的广泛都仅次于棉花，具有吸湿性能好、散失水分快等特点，因此普遍应用于制作衣服、绳索，以及盛装咖啡豆等散装货物的粗麻布袋等。第一次世界大战和第二次世界大战期间，用来堆垒战壕的黄麻沙袋超过 10 亿个。

　　黄麻不仅可以制作编制口袋，还可以做纸。以麻秆为原料，用常用的化学制浆法，就可以生产优质纸浆，制作书写纸和印刷纸。而在黄麻加工中，麻纤维的下脚料可以用于生产牛皮纸。这种纸浆，还可以生产具有良好强度和韧性的麻秆纸板，做成各种类型的纸板箱。

装着可可豆的黄麻袋

　　那么，它会不会对环境造成有害影响呢？不用担心，黄麻是一种天然植物，用黄麻制成的产品可以 100% 进行生物降解和回收，对环境是无害的。黄麻的这一优点让它备受环保人士的推崇。

无处不在的 橡胶

橡胶产品，在我们的生活中简直无处不在，自从人们开始利用橡胶，人们的生活就再也离不开橡胶了。

如果有人问你，蝙蝠侠、战舰和工业革命有什么共同之处？你可能一脸茫然，这三个事物之间有关系吗？答案是肯定的，因为以上三者都和硫化橡胶有关。无论是蝙蝠侠的战衣，还是蒸汽机和战舰上的零件，它们的原材料都是橡胶。硫化橡胶是对天然橡胶进行处理后的结果。

我们先来看看天然橡胶吧。天然橡胶产自热带的一种能分泌乳胶的树木。在当地，人们

橡胶树取胶

采集乳胶时，会在树皮上切出对角线，树上切口的地方，会慢慢分泌出一种液体，这就是乳胶。乳胶是一种黏性的乳状物，当地人还用它来防止昆虫叮咬。乳胶经过凝固、干燥后得到的固体就叫作天然橡胶。

其实，橡胶一词来源于印第安语，意思就是"流泪的树"。

最初的橡胶树生长在南美洲，经过人工移植，东南亚也种有大量的橡胶树。随着欧洲在世界各地开始殖民活动，各地的物产也开始向欧洲进行传播。17—18世纪，欧洲的人们开始使用橡胶，不过由于那时候人们对它的了解不多，橡胶的使用并不普遍。

19世纪中叶，英国政府认为橡胶可以防弹。但英国发明家托马斯·汉考克却对此提出异议，他认为穿着笨重的橡胶背心进行防弹，这么做无异于让士兵去送死。汉考克是英国橡胶行业的先驱，对橡胶的认识更加深入。他提出这一理论后，大家颇为信服，这便打破了人们对橡胶性能的盲目信赖。汉考克还协助生产了一种乳胶防水大衣，用来做雨衣。

虽然天然橡胶具有可塑性，但它的性质并不稳定，挤压后很容易变形，并且不容易回到原来的样子。1839年，美国化学家查尔斯·古德伊尔发现向其中添加硫黄可加强乳胶的稳定性，使其既能延展，同时形状还能保持不变。他将这种橡胶称为硫化橡胶。硫化的英文是"vulcanized"，是根据罗马火神伏尔甘的英文名"Vulcan"命名的。

随后，硫化橡胶制品开始以各种方式出现，不断促使人们的生活向着现代化迈进。例如，工业革命时期，蒸汽机上必备的装置是橡胶垫圈。潜水艇上的橡胶制零部件，甚至影响了第一次世界大战和第二次世界大战的结局。橡胶轮胎的出现，更是直接改变了人们的旅行方式。

医用橡胶手套加工厂

橡胶行业是一个国家的重要基础产业之一。它不仅为人们提供日常生活不可或缺的日用、医用等轻工橡胶产品，而且向采掘、交通、建筑、机械、电子等重工业和新兴产业提供各种橡胶制生产设备或橡胶部件。可见，橡胶行业的产品种类繁多，橡胶产业的前景十分广阔。

随着科学技术的进步，新的橡胶制品一定会越来越多，越来越好。

6 奇妙动物

　　人类的聪明才智造就了无数的发明，但谈到了不起的设计，谁又能与大自然母亲媲美呢？鲨鱼的牙齿如同传送带一般可以快速更换，蜂鸟的翅膀可以旋转，河马的汗液里含有抗生素……这些生物以及其他千万种生物的适应性特征，足以证明大自然伟大的创造力。这并不奇怪。毕竟，人类文明仅仅存在了几千年，而地球生物已经进化了千百万年的时间，这才拥有这些千奇百怪的外观和能力。作为观察者，人类只是刚刚开始了解它们的多样性。

动物是极容易相处的，它们从不提问，也从不会批评。
——乔治·艾略特（英国作家，1819—1880）

变色龙
的捕食本领

在大自然中，机灵的变色龙不仅会变色保护自己，还凭借滴溜溜转的眼睛和闪电般迅疾的舌头成为捕食高手！

我们都知道，变色龙可以根据周围环境的变化，快速地变化自己身体的颜色，使自己融入周围的环境当中，不容易被敌人发现。变色，是它们保护自己的一项重要本能。

变色龙分布在地球上的温暖地区，一般栖居在树林中。变色龙前肢的指和后肢的指能够自由地开合，有着非常好的抓握力，让它可以稳定地在树木之间攀爬。

变色龙是森林中最优秀的捕食者之一，它在进化中获得了两种特殊的能力：可自由旋转的眼睛和灵活的舌头。变色龙的眼睛超级灵敏，最远能够看到 9 米外的一只小小的昆虫。它的一双眼睛十分奇特，眼帘很厚，是环形的，两只眼球向外突出，左右的视角都是 180°，还能够上下左右转动自如。此外，它的左右眼球可以各自单独活动，比如一直看着前面，一直看着后面。这样既有利于捕食，又能及时发现后面的敌害。这种现象在动物中是罕见的。这样的眼睛，是它们在长期的进化过程中形成的。

变色龙的舌头非常长，同时还具有快到让人难以想象的伸缩速度，这是它赖以生存的秘密武器。当发现目标时，它就会快速地把舌头伸出来，去袭击猎物，精准有效，真正能做到一击必中，没有失误的时候。平时，变色龙的舌头在嘴里像手风琴一样折叠着，并用特定的肌肉群控制着。这条空心的"舌头"，在伸展开后就变得特别长，可以达到变色龙体长的 2 倍。舌头的弹射速度可在 20 毫秒内从 0 加速到 21.6 千米每小时。变色龙的舌尖具有黏性，能轻易捕获毫无防备的昆虫，然后舌头再在收缩肌的作用下被拉回嘴里。

在所有同体重的动物之中，小型变色龙的舌头具有更大的加速度。有一种体长只有 47 毫米的变色龙，吐舌头的加速度峰值高达每秒 2590 米，不要说人类的速度比不上，就连在自然界的其他生物中，这种能力也是数一数二的。

这样长的舌头，平时就像手风琴一样，折叠在一起，捕猎时，能在瞬间就弹射出来，的确是了不起。

企鹅
进化失败了吗？

永远穿着一身"礼服"，走路慢悠悠的，这就是南极大陆的土著居民——企鹅。

　　企鹅是最古老的一种游禽，由于它们的样子和体态，常常被人们称作"海洋之舟"。它们很可能在地球穿上冰甲之前，就已经在南极安家落户了。

　　企鹅的全身毛茸茸、滑溜溜的，走起路来摇摇摆摆，这样的企鹅看起来非常惹人喜爱。在陆地上，它活像身穿燕尾服的西方绅士，走起路来一摇一摆，一副彬彬有礼的样子。可一旦遇到危险，就会连滚带爬，狼狈不堪。你会不会发出疑问：自然界为何会存

在如此笨拙的动物呢？跑得不快，还白长了一双翅膀，根本飞不起来。没错，企鹅虽然属于鸟类，它却不会飞，面临一些险峻的地形时，它需要非常费力地攀爬过去。当需要快速前往某个地点时，它只能胸部着地向前猛冲，像一架雪橇一样滑下山坡。这些都让我们怀疑，企鹅没有膝盖吗？企鹅是进化失败了吗？

企鹅的进化其实是正常的。只是它并不是朝着在天空和陆地生活的方向进化，而是朝着在水中生活的方向进化。一旦企鹅滑入水中，肯定会让你瞠目结舌、连声赞叹。在水里，企鹅那短小的翅膀，就变成了一双强有力的"划桨"，游泳速度可达每小时25千米—30千米。不但如此，它们还能持续游泳，最多一天可游160千米。真是惊人的数字。所以说，企鹅虽说是鸟类，但它的身体却完全是为在水中生活而进化出来的。

至少6000万年前，企鹅就已经正式和其他鸟类分道扬镳，逐步开始朝着适应海洋环境而进化了。企鹅的骨头变得坚固而沉重，可以帮助它在潜水时沉入水里。它的翼骨融合到一起，翅膀变成了鳍状肢，更适合游泳。它的羽毛生长得更密集，具有防水性，皮肤下则蓄有一层厚厚的脂肪，能为自己提供足够的热量。企鹅的血液成分也出现了变化，可以在其中留存大量氧气，足以供这种体形巨大的鸟类在水下停留长达 27 分钟，使它成为一个潜水高手。

　　表面看来，企鹅只露出短短的一截腿和脚掌，其实它是有膝盖的，只是隐藏在它身体下部厚厚的羽毛里。这样的构造有助于保持企鹅身体的流线型。如此特别的形态虽然在陆地上会显得滑稽，在海中却很是优雅。

　　自然界中，任何生命的进化，都是朝着最有利的方向发展。企鹅就是这样的。

"爱换牙"的 鲞鱼

鲞鱼有多爱换牙？有些鲞鱼一生中甚至要换 3 万颗牙！

在电影里，我们经常可以看到这样的画面，一只凶猛的大白鲨猛地冲向人们的小船，开始袭击人类。当它张开骇人的血盆大口时，口中那一排排锯齿状的牙齿，更是显得狰狞可怕，好像可以把人瞬间咬断撕碎，一口吞入腹中，看起来恐怖极了。锋利的牙齿的确是鲨鱼的名片。在海洋中，从大白鲨这样的顶级掠食者，

船员遭遇鲨鱼

到鲸鲨这种温柔的"巨人"，每一种鲨鱼都长有许多排牙齿。

对于鲨鱼这样的巨型猎食者来说，没有了锋利的牙齿，也就等于没有了生命。和我们人类的牙齿不同，鲨鱼的牙齿都是一次性的，在它们的一生中，牙齿可以不断地脱落、更换。这是为什么呢？原来，

鲨鱼的牙齿不是嵌在颚骨里，而是生长在牙龈中，因此鲨鱼可以不断地换牙。当一颗新的牙齿长出时，新牙就将其前面的旧牙齿向前推，就像传送带一样一排接着一排往前替补移动，一直将旧牙齿顶到颚部的最前端。经过最短 8 天、最长几个月的磨损，最前端的牙齿将会脱落并由后面的牙齿取代。大部分种类的鲨鱼一次只替换一颗牙齿。当然也有例外，如可以咬出圆形伤口的达摩鲨，它们每啮咬一次，颚部最前端的牙齿就会全部掉光，因此会一次性替换整排牙齿。

构造奇特的鲨鱼牙齿对弱小的海豹们来说，是不堪设想的噩梦，可是它们却是古生物学家们的"美梦"。因为除了牙齿是坚硬的之外，鲨鱼的骨骼都是软骨，所以它们的牙齿是唯一能够保留在化石中的器官，

鲨鱼牙齿　这对生物学家们研究古代鲨鱼的生态具有非常重要的价值。

鲨鱼，凭借它们锋利的牙齿成为海洋中最凶猛的一种鱼类，是当之无愧的"海中之狼"。其实，早在恐龙出现前，鲨鱼就已经生活在地球上了，到现在已经有 5 亿多年的历史了，可它们在近 1 亿年来几乎没有改变。鲨鱼属于软骨鱼类，身上没有鱼鳔，主要依靠它们很大的肝脏来调节沉浮。身体庞大的大白鲨并不像其他鲨鱼那么灵活，但它们却是聪明的猎人，总能出其不意地出现在猎物身边，发动攻击。

大白鲨的上半身颜色很暗，下半身很明亮，它们能借着这种保护色悄悄地逼近猎物。当大白鲨来袭，由于它的颜色和深海接近，猎物往往等到它发动攻击时才会发现，可为时已晚。

鲨鱼的软骨，也就是我们所说的鱼翅，被认为含有丰富的蛋白质，因此为了获得这种美食，人们几十年来大量猎杀鲨鱼。有专家分析，如果再这样下去，鲨鱼将灭绝。其实，人们的认知是错误的，鸡蛋中的蛋白质含量远远超过鱼翅。

每一个物种的存在，都有它存在的理由，我们不能随意伤害其他的物种。

鱼翅汤

北极熊
藏在皮毛里的秘密

如果我问你北极熊是什么颜色的，
你敢肯定你的答案是正确的吗？

在冰天雪地的北极，有很多白色的动物，如北极狐、北极兔，甚至还有白鲸，但它们都比不上北极熊令人印象深刻。北极熊的皮毛看

起来厚厚的，似乎能抵御一切寒冷。但你有没有想过，它的皮毛真的是白色的吗？

北极熊是世界上现存最大的陆地食肉动物，有些雄性北极熊身长接近 3 米，体重可达 725 千克！为了适应远低于 0℃ 的气温，在寒冷中生存下去，北极熊在漫长的进化过程中发展出了几个独门秘籍——厚重的脂肪层、浓密的毛发和炭黑色的皮肤——没错，北极熊的皮肤并不是白色，而是黑色。

这身黑色的皮肤，就是北极熊的秘密，被它隐藏在浓密的毛发下。

96

从表面看，根本无从得知。不过，你是否留意过北极熊露在外面的黑色鼻子和黑色爪垫？这是发现这一秘密的唯一线索。北极熊的黑色皮肤，可以更加充分地吸收照射到皮肤上的阳光，让它们保持身体温暖。北极熊毛茸茸的毛发，就好像一件天然的皮大衣，可暖和了。实际上，它的这身毛发也不是白色的，而是透明的。北极熊的毛发是中空的管状，之所以呈现白色，是因为阳光在这些中空的毛发中发生了折射，所以从视觉上看像是白色一样。随着全球气候变暖，假设有一天，藻类在这些毛发中生长出来，那么北极熊也有可能变成绿色的。

关于北极熊的这身保暖的"毛皮大衣"，人们一度认为它们的管状毛发可以起到与微型光缆一样的作用，将光和热直接导向它的黑色皮肤。但经过科学研究，这个听上去很有吸引力的理论被否定了。不过，这种毛发捕获光线的效率确实很高，这有助于北极熊保持体温。实际上，研究人员很难用热感夜视镜拍摄北极熊，因为它的毛发几乎不散发热量。不管处于怎样的严寒之中，北极熊总有办法与周遭的环境融为一体。

北极熊还有一些其他的小秘密。比如，虽然它们的视力和听力与人类差不多，但它们的嗅觉极为灵敏，相当于犬类的7倍。北极熊虽然看起来笨重，但它们跑起来速度最快可达60千米每小时，是世界百米冠军的 1.5 倍，和普通的火车速度差不多。如今，由于全球气温的升高，北极的浮冰逐渐开始融化，北极熊昔日的家园已经遭到一定程度的破坏，在不久的未来失去栖息之地的北极熊很可能灭绝，因此需要人类的保护。

北极熊的形象出现在无数卡通片中，它们温顺、憨厚、可爱、忠诚，是人类的好伙伴。善待我们的朋友北极熊，就是善待我们自己。

墨鱼的墨汁

许多头足纲动物，比如章鱼和墨鱼，都拥有墨囊，墨囊中含有黑色素、黏液和多种化学物质，可以干扰攻击者的味觉和嗅觉，使它们做出错误的判断。如果墨鱼想从掠食者身边逃之夭夭，它会以一种奇妙的防御手段隐藏它的逃生路径，那就是喷出大量墨汁。虽然这些墨汁都是黑色的，它们却有不同的用途。有的墨汁会形成烟幕，掩盖它们逃脱的踪迹；有的墨汁则会形成臃肿的墨鱼形状，又称为"假体"，可以混淆捕食者的注意力，掩护真正的墨鱼迅速逃走。

老虎
的"身份证"

很多文字都把老虎形容为"长着花纹的大猫"。老虎的这身花纹，可不是随随便便生长的。

英国著名作家、诺贝尔文学奖获得者吉卜林曾写过一部童话小说《丛林之书》，里面这样写道："大象哈蒂说过，老虎原本是一个与世无争、浑身金黄色的家伙，在丛林初生的那段美好日子里，老虎身上从来没有任何条纹。史上第一只老虎像其他动物一样吃地上的草和树上的果子。它的个头和我一般大，非常漂亮，身上的颜色正如蔓藤植物开出的黄

苏门答腊虎

色花朵一样灿烂。"

从进化论的角度来看，这部经典之作所描绘的景象确实有一些道理。老虎与狮子、美洲狮等没有条纹的猫科动物一样，拥有共同的祖先。然而，当老虎迁徙到亚洲，进入人们视线的时候，它们身上就已经长出了金底黑色的条纹，这也成了它们全身上下最显著的特征。不规则的斑纹在阳光斑驳、草木丛生的环境中起到伪装的作用，有助于老虎隐蔽自己的身体，更方便它们捕食。

不同品种的老虎，甚至老虎与老虎之间，身上条纹的颜色和形状都存在一定的差异。从表面上看，我们很难看出这只老虎和那只老虎的条纹有什么不同，可实际上，每只老虎的条纹都是独一无二的，只属于它自己。正如人类的指纹各不相同一样，不存在具有相同条纹图案的两只老虎。这一点给科研人员研究老虎提供了方便。研究人员可以利用条纹的差异，来追踪不同的老虎个体。鉴于老虎的行踪难以捉摸，科学家便用触发式相机捕捉老虎的影像，运用软件以三维方式绘制每只老虎身上的条纹，最后将它们与数据库中的图像进行比较，来确定老虎的身份。这也相当于给每只老虎颁发了"身份证"。有了这些信息，动物保护者就可以有效地监测老虎的种群行动，甚至可以抓到伤害老虎的偷猎者。

白化孟加拉虎

除了独特的花纹，老虎最精良的攻击武器，就属锋利的牙齿和可伸缩的利爪了。走路时，老虎锐利的爪子缩回到肉垫里；在捕猎时则伸出来，抓进猎物的皮肉里，可以给对方造成很大的伤害。老虎捕食时异常凶猛、迅速而果断，总是能消耗最小的能量来获取尽可能大的收获。它们也是一种警惕性非常高的动物，在捕食猛兽时，若没有足够的把握绝对不会行动。由于脚上生有很厚的肉垫，老虎在行动时声响很小，机警隐蔽，能悄悄地接近猎物，发动突然袭击。当它在雪地上行走时，后脚能准确地踩在前脚的足迹上，是不是很神奇？

西伯利亚虎

　　虎虎生威，生龙活虎。如今在中国，凶猛的老虎已经形成了一种独具特色的虎文化，并备受推崇。你能说出几个关于"虎"的成语呢？

松狮犬的舌头

　　大多数犬类动物的舌头是粉红色的或带有一些斑点，但中国古代犬种——松狮犬，有着特有的蓝黑色舌头。中国另一种犬——沙皮犬的舌头颜色也与它相近。

　　针对家犬的 DNA 研究表明，这两个犬种都是较古老的品种，与其他大多数犬相比，它们与狼的血缘关系更近。然而，这是否与它们的黑舌头有关，目前仍是一个谜。

爱流汗的

河马

河马根本不像马，更像一头体形巨大而结实的猪！你是不是也有这种感觉？

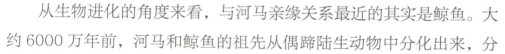

从生物进化的角度来看，与河马亲缘关系最近的其实是鲸鱼。大约6000万年前，河马和鲸鱼的祖先从偶蹄陆生动物中分化出来，分别向不同的方向进化。因此河马具有半水生的生活习性，过着"中间态"的生活。它是陆生哺乳动物，但在水中最舒服。河马在河里是群居动物，但在岸上更喜欢独居。河马特别怕热，每天有长达16小时的时间，待在河流、湖泊或稀泥中，来保持身体凉爽。

河马身体庞大而笨拙，体长为300—360厘米，体重一般在0.9—1.8吨之间。河马有一个粗硕的头和一张特别大的嘴，比现存陆地上任何一种动物的嘴巴都大，并且足足可以张开到90°。河马和其他哺乳动物不一样，它全身光滑，没有一根毛发。

很长时间以来，研究者一直对发生在河马身上的一种奇怪现象深感困惑。河马在上岸晒太阳或吃草时，似乎会流出"血汗"。古罗马博物学家老普林尼认为，由于河马"过于粗野和肥胖"，所以它故意让尖锐的芦苇刺破自己，流出鲜血，以释放"多余的体液"。

在陆地上，河马的皮肤确实会流出橙红色的液体，这种液体会慢慢风干变成棕色。科学家们采集这些体液进行研究发现，这些黏稠的分泌物并不是汗液，而是由皮肤下腺体释放的保护性物质。这种液体在刚渗出时是无色的，但是其中含有橙色和红色的色素会使其逐渐变色，看起来就像流血一样。

化学分析表明，这些分泌物不仅可以像汗水一样帮助河马散热，还可以起到防晒剂和抗生素的作用，保护河马脆弱的皮肤，抑制有害细菌的生长。尽管如此，过于强烈的阳光仍有可能伤害河马的皮肤。所以，即使拥有充分的防护，河马还是要不时地回到水中。

河马受惊时，就会避入水中，只把耳朵、眼睛和鼻孔露出水面，这样不仅能够正常呼吸，而且能够及时发现危险而不被敌人察觉。它们会游泳，更会潜水，潜伏水下时一般3—5分钟就会把头露出水面呼

吸一次，但它们也可
以潜伏约半小时不出
水面换气。河马有一
套特殊的、如同阀门
一般运用灵活的肌肉
组织，潜水时能把耳
朵和鼻孔关闭起来，
但它们不像水生哺乳

动物那样在生理上就具有对水的适应能力。河马在陆地上的生活时间
也很长，能以每小时 20 千米的速度奔跑，所以我们将它们称作"半水
生动物"。

　　河马平时较安静，一旦发起脾气来，也会互相打架，用自己锋利
的牙齿去刺伤对方厚厚的皮肤。有时在河里发起怒来，它们还敢顶翻
小船，把船咬成两段。

　　不要看河马长相粗野，它们其实是一种友善的动物。有时，河马
会从鳄鱼的嘴里拯救一些小动物，也会帮助小动物驱赶狮子等猛兽。

飞行高手
——蜂鸟

你一定知道世界上最小的鸟是蜂鸟。但你知道吗？蜂鸟飞行时，还可以"挂倒挡"呢。

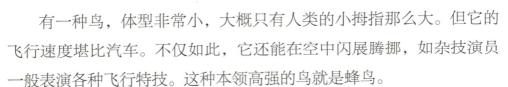

有一种鸟，体型非常小，大概只有人类的小拇指那么大。但它的飞行速度堪比汽车。不仅如此，它还能在空中闪展腾挪，如杂技演员一般表演各种飞行特技。这种本领高强的鸟就是蜂鸟。

如果单纯比飞行本领的话，没有哪种鸟类可以与蜂鸟匹敌。一般情况下，它们能以 48 千米每小时的速度飞行。蜂鸟求爱时，可以俯冲飞行，速度甚至可以达到 96 千米每小时。它们的翅膀快速拍打，每秒可拍打 200 次，简直令人眼花缭乱。它们飞行时会产生像蜜蜂一样嗡嗡的声音，蜂鸟的名字也因此而来。

与其他鸟类不同，蜂鸟有着独特的飞行绝技。它们可以长时间地悬停在空中，也可以向后飞，甚至翻转身体飞行。蜂鸟是如何做到这些的？起初人们并不清楚。直到高速摄影方法出现后，研究人员才得以利用慢动作播放的技术，来研究蜂鸟的飞行技巧。他们看到，蜂鸟拍打翅膀的方式与其他鸟类不同。实际上，蜂鸟在扭动它们位于翅膀上缘、靠近肩部的"手腕"。它们的翅膀可以向前和向后转动，以"8"字形旋转140°，而不是像其他鸟类一样，翅膀只能单纯地上下摆动。翅膀每次向下摆动，可以给予蜂鸟75%的升力，翅膀每次向上摆动则会再增加25%的升力。蜂鸟可以利用翅膀摆动角度的微小变化，迅速改变飞行方向。与另一只蜂鸟搏斗时，它们甚至能做出倒退或者转向飞行等动作。

蜂鸟还有一些特殊的身体构造，能够帮助它们在高速飞行的情况下进行复杂动作。蜂鸟胸肌的重量占体重的四分之一以上。它的心脏相对于体形来说也很大，可以满足身体对血液的大量需求。蜂鸟的脚很小，仅能支撑它站着栖息，而不能让它用脚走路，这也有助于减少它的总体重。可以说，蜂鸟是专为飞行而生的。它的飞行绝技体现了自然之美。

　　和其他鸟类一样，蜂鸟的嗅觉系统不发达，主要依靠眼睛来观察周围的事物。蜂鸟约90%的食物来自花蜜，其余为节肢动物，包括苍蝇、黄蜂、蜘蛛、甲虫和蚂蚁等。它们薄而长的鸟喙很适合伸进花瓣深处，汲取花蜜。采蜜时，它们可以一边扇动翅膀，让自己停留在一朵花的面前，同时，伸出长长的喙，取食花蜜。

　　读到这里，灵活的蜂鸟形象是不是已经刻在了你的心里？其实，它们也有安静的时候。为了在寒夜里节省能量，蜂鸟会进入蛰伏状态。在蛰伏期，它们的体温会下降20—30℃，心跳也降低至每分钟50次，呼吸也变得不规则起来。因为蜂鸟体积小，所以当它们想要结束蛰伏状态时，只需要1小时就能恢复正常状态了，而其他体形大的鸟则无法依靠蛰伏节能，因为重新温暖庞大躯体会更加费时耗能。

　　俗话说，麻雀虽小，五脏俱全。蜂鸟虽然很小，可它们身上也有许多神奇的秘密。

睁眼睡觉的
海豚

睁着眼睛睡觉？对人类也许很难，但人类的朋友海豚却可以做到。确切地说，海豚可以睁一只眼闭一只眼睡觉。

20世纪60年代，研究人员注意到，海豚睡觉时很少会同时闭上双眼。它们会保持一只眼睛睁开，一只眼睛闭上，交替进行。20多年后，通过研究海豚的脑电图，研究人员发现，无论何时，海豚都只有一半大脑进入慢波睡眠状态，另一半大脑则保持清醒状态，进行常态下的活动。海豚每天的睡眠时间大约为8小时，每隔2个小时左右，它的大脑两半球进行一次活动互换。也就是说，海豚是"换着边睡觉"。

当海豚成对行动时，它们甚至还可以与同伴互相协调睡眠的过程。一只海豚闭合一侧的眼睛时，其伙伴会保持睁开另一侧的眼睛，反之亦然。当它们改变位置时，闭眼的顺序也会随之更换。

睡眠的原理在科学上仍是一个谜，科学家至今也没有研究清楚生物为什么要睡觉。但是保持清醒状态，对于水下的哺乳动物来说尤为重要。保持清醒的状态不仅可以让它们防范天敌，而且还可以让它们维持呼吸，露出水面时有意识地打开气孔。

大脑交替睡眠的模式似乎可以让海豚保持专注和活力。经过连续5天不眠不休的海豚睡眠观察实验后，研究人员无奈地写道，"海豚的精神头比科学家们要好得多"——因为海豚可以左右脑轮换睡眠和休息，这一点研究人员是做不到的。

除了拥有奇特的大脑和异于常人的精神头，海豚最著名的就是它

敏捷的速度了。海豚游泳的最快速度每小时30—40千米左右，个别种类的海豚时速可以超过55千米，并且能维持很长时间，是海洋中的长距离游泳冠军。有些海豚是高度社会化的物

种，极乐意生活在大群体中，还表现出许多有趣的集体行为。海豚群中的成员有多种合作方式，集群的海豚有时还会攻击鲨鱼，通过撞击杀死它们。成员间也会协作救助受伤或生病的个体。海豚群经常追随船只乘浪前行，时而杂技般地跃水腾空，景象非常壮观。

万物有来源

舒适美观的服装与配饰

⑦

高朗文化 编著

花山文艺出版社

河北·石家庄

目录
Contents

1

日常服装

2

各式鞋袜

1 日常服装

　　人们常说，人靠衣装马靠鞍，要想显得够精神，就要穿着得体。从一块披在身上的布，到私人定制的手工缝制西装，衣服的种类繁多，样式各异。如今我们穿在身上的衣服，和祖先们用来遮羞的树叶相比，已经有了很大的进步。不管是在防寒保暖上，还是在各种各样的原材料上，或是在款式设计上，都有了本质上的飞跃。在这一章中，我们拣选了几种日常服装，简要介绍了其历史来源，让大家能够初步了解人类服装历史的变迁。

时尚会褪色，只有风格品位始终如一。

——香奈儿（法国女设计师，1883—1971）

由盔甲演变而来的
西装

考考你，西装三件套是什么？

　　文质彬彬的西装，其实是中世纪的盔甲经过长期演变而来的，尽管二者看上去并没有一点点相似的地方。西装的英文"suit"是个名词，但它却起源于法语中的动词"suivre"，意思是跟随，也就是和某种物品一起搭配使用的物品。这有什么渊源呢？

　　最初，服装是专为个人定制的，会考虑主人的个人喜好和需要。而在服装的外观上，必须要有一些特殊的设计，或添加标志，从而适应特定的场合。

　　1666年，英国国王查理二世创立了新的宫廷服装标准，包括一件外套、一件背心和一条及膝马裤构成的套装，这种三件套形式就是西装的雏形。到了1670年，马裤的样式由宽松平整逐渐变得严格笔挺，更能修饰人的双腿。

　　后来，英国的贵族们根据自己的生活方式改变了服装的特点。例如，在骑马、打猎时，服装要合身，紧紧地贴在身上；而在散步和管理土地时，要显得悠闲自在。根据这些需要，英国贵族们在衣服上做了一些修改，如缩短外套前襟，使用更加平整结实的布料取代刺绣的丝绸布料等。随后，西装面料又几经变化，最终形成了我们今天常见的素净的面料。

20世纪之前，英国贵族男子的套装形式一般是这样的：上身穿的是一件长礼服或是晨礼服，下身搭配一条条纹长裤。而普通男子会穿着用同一布料制作的外套和裤子，这种情况在20世纪发生了改变。

现在，休闲西装或商务套装在日常生活中变得更加普遍了。如今的商务套装在翻领宽度、外套透气程度和裤子款式等方面都有所区分，如有无裤褶或裤脚。尽管如此，一套西装至少包括两件单品，且用同一布料裁剪而成，这个惯例一直沿用至今，始终没有改变。自20世纪中叶以来，男士西装的款式基本没有发生变化。

中国人称这种服装为"西装"或"西服"，因为这是"西方传来的文化"。在中国人的印象中，西装上衣常常带有翻领、三个衣兜，衣长在臀部以下。而主流的西装文化，常常被人们打上"有文化、有教养、有绅士风度、有权威感"等时尚标签。作为男性服装王国的

穿着金色背心、马裤和黑色外套的男士

宠儿，西装的外观挺括、线条流畅、穿着舒适。若配上领带或领结，或者一件一体裁剪的同布料马甲，更显得高雅典朴得体。因此，"西装革履"也常用来形容文质彬彬的绅士。

在日益开放的现代社会，西装作为一种衣着款式也进入女性服装的行列。不论男女，当穿着西装的时候，总是能展现出独立、自信的风貌。

成衣是什么

几个世纪以来，人们为了省钱，都是自己缝制衣服。但是也有一些有钱人，会邀请裁缝上门来为自己量体裁衣、定做衣服。而在军队，士兵们通常需要穿着统一的制服。由于他们人数众多，常常不能逐一量体。不过有一些尺寸，如胸围，往往是相同的，所以人们决定按照一些标准化的尺寸批量制作服装，这就是成衣的由来。当下，消费者只需从展柜取下适合自己尺寸的外套或裤子，就可以将服装购买回家，省去了量体裁衣的环节。相比以往，这种方式更加便捷，费用也更低。

如果燕尾服没有尾巴——塔士多礼服

相传美国烟草大亨罗瑞拉德家族的一位成员皮埃尔·罗瑞拉德在1866年把一种无尾的燕尾服从遥远的英国带回了他的府邸——美国纽约州的塔克西多帕克。有一次，他在一个上流社会聚会中首次穿着亮相，吸引了人们的眼球。不久之后，这种晚礼服在纽约上流社会流行起来，并且有了一个新名字——"塔士多礼服"。

从内衣中脱颖而出的
衬衫

这种服装原是舒适贴身的内衣，
如今则成了时尚的先行者之一。

人们穿在外面的衣服，主要是为了适应不同的场合或是起到不同的作用，多以特定目的为主。而舒适的内衣，才能给人们带来最贴心的温暖。最初的男士衬衫便扮演了这样的角色，即一种特制的、贴身穿的衣服。过去的外衣常常用不易清洗的动物皮毛制作，贴身穿着时，再柔软的毛皮也会摩擦身体，所以给人的感觉也很不舒服。因此，人们用一种柔软的布料，制成比外衣小一号的衣服，穿在厚重的外衣里面。这样不仅更加舒服，也方便清洗。古罗马人会在他们的外袍里面穿着一件贴身长袍，在他们去往户外时，外面再加上一件长袍。著名的法兰克王国国王查理曼大帝就曾这样穿过。

从古至今，能够穿着更美观更舒适的服装，一

直是人们不变的追求。随着时间的推移，人们逐渐不满于将衬衫仅仅用作内衣。13世纪，人们在裁剪过程中修改了罩袍的款式，以便在手腕、颈项和臀部显露出里层的衬衫。到了15世纪，衬衫衣领和袖口的样式变得更加复杂。这时的衬衫，已经有当今衬衫的设计痕迹了。

不过，比起贴身的部分，衬衫露在外面的袖口和领口则十分容易沾染污渍，清洗起来也很麻烦。17世纪，人们把衬衫的领子和袖口都设计成了可拆的形式，这样就更加便于清洗。而这种时尚设计独特之处在于，衬衫的主体部分可采用柔软的面料，保持身体的舒适。而衣领和袖口，可以使用多种方式，来上浆定型，做得坚硬笔挺一些。英国女王伊丽莎白一世（1558—1603年在位）时代所流行的拉夫领——一种环状褶皱衣领，正是这种设计的经典代表。

随着洗衣方式的改变和工业革命的兴起，衬衫的生产成本降低，

男性纷纷开始购买带有衣领和袖口的衬衫。由于从事非体力劳动的男性，常常会选择浅色的衬衫，而从事体力劳动的男性，偏好深色衬衫，所以人们使用"白领""蓝领"这两个词语来形容某些特定的职业从业者。这种叫法在今天依然普遍。考考你，一位坐在办公室里的工作人员和一位在工厂里操纵机器的工人，谁会被称作"白领"？而谁又是"蓝领"呢？

简洁实用的 T 恤衫

最初，T 恤衫也属于贴身穿的内衣。如今，无论老幼，几乎人人都拥有一件 T 恤衫。T 恤衫有本白色、扎染色，上面可以有各种各样的印花图案。据说 T 恤衫最早出现于英国，英国的海军士兵们为了迎接英国维多利亚女王的检阅，用短袖衫代替无袖背心，以遮蔽有碍观瞻的胸毛和腋毛。后来第一次世界大战时，这种短袖衫被美国士兵带回美国。人们认为穿上这种衣服让人显得十分有男子气概。而且，在粗糙的羊毛制服里面穿上一件轻便而有弹性的 T 恤衫，舒适度也会大大提高。

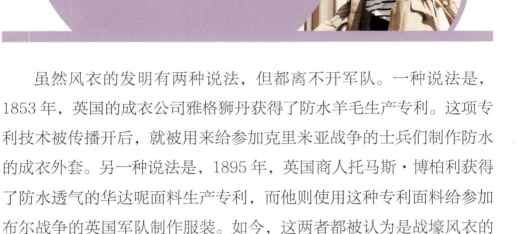

战壕中诞生的
风衣

风衣总是给人一种潇洒帅气的感觉。没错，风衣上的小细节都证实着——它是为战争而生的。

虽然风衣的发明有两种说法，但都离不开军队。一种说法是，1853年，英国的成衣公司雅格狮丹获得了防水羊毛生产专利。这项专利技术被传播开后，就被用来给参加克里米亚战争的士兵们制作防水的成衣外套。另一种说法是，1895年，英国商人托马斯·博柏利获得了防水透气的华达呢面料生产专利，而他则使用这种专利面料给参加布尔战争的英国军队制作服装。如今，这两者都被认为是战壕风衣的起源。

战壕风衣，听起来是不是很酷？在第一次世界大战中，不管是哪个部队，战士们都将战壕风衣当作必备品。风衣的每处设计都有相应的功能：肩章表示士兵的等级；双排扣设计能防止风吹雨淋，起到防寒防潮的作用；腰部、袖口和衣领处的系带可以收紧，增加防护；可拆卸的羊毛衬里，可以加强保暖防护功能；缝制的兜帽可在毒气袭击时提供防护；肩套和D形环可用于携带武器和用品；深口袋可提供额外的存储空间；卡其色的经典色系，可以与泥土战壕融为一体……战争结束后，这种战壕风衣很快被公众接受使用。如今，尽管风衣的颜色和款式变得多种多样，但基本的设计仍然有所保留。你留意过吗？

风衣的历史已有百余年。在过去，它为战争而生，如今看来，它也经得起时间的考验，成为现代的一种独特的服装样式，既实用，又美观。作为一件有防风作用的轻薄型大衣，人们在春、秋、冬三季都可以外出穿着。即使天气阴晴不定、忽冷忽热，一件随意穿脱的风衣，既能披来上街，也能伴你远行天涯。

风衣的款式、面料也有自己的独特之处，只要看上一眼，就能给人留下深刻印象。近二三十年，风衣一直是时尚圈的活跃元素，它款式百变，造型美观，是深受时下男女喜爱的百搭单品。

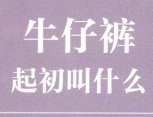

牛仔裤
起初叫什么

从最初的工作服，到引领时代潮流的时尚单品，牛仔裤经历了哪些变化？

如今，走在大街小巷，穿着牛仔裤的男男女女随处可见。然而，最初的牛仔裤不仅名字和现在不一样，甚至也不是为普通人设计制作的。

据说，16世纪，长期工作在海上的水手们每天都在辛苦地劳动，因此他们一直需要一种耐磨的布料，做成一件耐穿的衣服。所以，无论船只走到哪里，他们都在寻找这个新型的布料。后来，他们终于在印度的孟买市购买到了梦寐以求的布料。那是一种染成靛蓝色的厚实棉布，用它制作出来的衣服经久耐磨。水手们将这种衣服命名为"工装裤"。选到了心仪的面料，水手们将其带回了意大利港口城市热那亚，在那里加工成衣并出口销售。无论卖到哪个国家，都受到了人们的追捧。于是，工装裤又有了一个新的名字，那就是由单词"Genoa"（热那亚）而来的"Genes"，意为热那亚人穿的工装裤。牛仔裤的英文名称，就是这样得来的。

由于这种布料深受人们喜爱，一种新的类似的布料很快出现了。

这种相似的布料，得名于法国港口城市尼姆（Nimes）。你猜到了吗？它就是如今人们所熟知的"丹宁布"（Denim）。这两种布料的区别是，热那亚布料中的经线（纵向线）与纬线（横向线）颜色相同，并且都是蓝色的，而丹宁布中的经线是蓝色的，纬线是白色的。

因为经线通常比纬线编织得更密，所以我们眼睛中看到的牛仔布的颜色通常都是蓝色的。

你可能还听说过一个人的名字——李维·施特劳斯，他被看作是牛仔裤的发明者，同时，他也是著名品牌李维斯（Levi's）的创立人。18—19世纪，正是美国淘金热时期。当时，施特劳斯来到美国旧金山开了一家纺织品店。在那里，他遇到了裁缝雅各布·戴维斯。两人的意见高度一致，于是很快合伙开始做生意，制作生产淘金工人穿的工装裤。施特劳斯希望用一种新的裤子款式满足淘金矿工的要求，因为淘金矿工们经常抱怨裤兜兜不住他们装在里面的黄金颗粒。后来，裁缝戴维斯提出了一个好主意，那就是将铜铆钉固定在工装裤的接缝处，以防止裤子撕裂。这种经过加固处理的高腰工装裤在裤兜和裤门处都使用了崭新的铜纽扣，非常结实，因此受到了无数工人们的热烈追捧。此后，工装裤继续升级，他们又将帆布面料替换为丹宁布，解决了面料磨损的问题。最后，牛仔裤的名称终于确定下来了，标志性样式也固定开来：钉有铆钉、带有口袋。牛仔裤宽松舒适，适于工作，而丹宁布也成了牛仔裤面料的最佳选择。

　　现在，牛仔服装已不仅限于裤装，颜色也不再限于蓝色，面料选择也多样起来，而牛仔装也成了一种时尚追求和精神追求，给人们的生活增添了不少亮色。

时尚皇后
——连衣裙

连衣裙是什么？男孩子可以穿连衣裙吗？

如果我们把"连衣裙"定义为下摆是裙子样式的连体服装，那么数千年来，人类穿过各式各样的"连衣裙"。

在欧洲，像这种设计的裙装或袍装，至少可以追溯到公元前4世纪。那时候，无论男女都是穿着裙装的。一直到16世纪，男性开始穿着裤装，裙装才成了女性的专属。但是这一时期，无论女性服装还是男性服装，设计风格都相当精致华丽。到了18世纪晚期，男性服装的风格开始变得简洁，而专门为女性设计的一体裙装，越发地具有女性特征，成了服装设计中的典范。

19世纪中叶古典裙装

19世纪初，法国的约瑟芬皇后引领了连衣裙的帝政风格，将腰线设在胸围之下。到了19世纪中叶，裙装的腰线位置才稍微降低。不过，裙摆始终都是相当长的，人们通常还会为裙装搭配衬裙、裙箍和裙撑等。

到了20世纪，人们的服装风格再次发生变化，女性裙子的长短，也有了明显的不同。20世纪早期，由于当时的妇女们纷纷走出家门，广泛参加各种社会活动，再加上女性独立思想的传播，新的服装设计理念就此萌生，礼服和套装都设计得更加修身。到了20世纪20年代，连衣裙的样式变得直筒简洁，去掉了内衬，裙摆变短，有的连衣裙甚至短至膝盖以上。在第一次世界大战时期，为了节省布料，连衣裙通常设计得十分修身。20世纪50年代，法国著名设计师克里斯汀·迪奥推出了"新风貌"服装设计风格。这种风格一反战时的精简，使用了大量的布料，包含一件修身的上身夹克和有褶的带衬裙裙摆。女性们逐渐从紧缩政策中解脱出来，纷纷投身这一时髦优雅的时尚风潮。

同样在20世纪，连衣裙与礼服有了区分，礼服演变成曳地式正式服装，在面料和装饰上都相当考究。20世纪六七十年代，女性开始频繁地选择西裤、牛仔裤、休闲裤等作为服装搭配。从此，连衣裙不再是女性的唯一着装选择。

20世纪50年代时装

热带居民的首选
——纱笼

在炎热的夏季，一件直筒的长裙是不是人们的最佳选择呢？当然是的，尤其是对于热带居民来说，这种长裙必不可少。

纱笼是从印度尼西亚出口到其他国家的。不仅在南太平洋岛屿地区非常流行，这种清凉舒适的服饰在亚洲其他一些国家和地区也很常见。

制作纱笼的各种颜色和图案的布料

纱笼是一种筒裙，看起来宽大肥厚，一般系在男性腰间或女性腋下，长度一般到脚踝。由于它是直筒的，里面空间更大。这种宽松的剪裁也能更好地起到透气通风的效果。所以人们在炎热的夏季穿着纱笼，也能有凉爽的感觉。纱笼这种独特的服装样式的出现，与南太平洋岛屿上长年炎热的天气有着紧密的关系。关于纱笼的确切出现时间，现在还没有统一的说法。但几个世纪以来，在炎热的气候环境下，这种通风透气的服饰无疑是人们最理想的穿衣选择。

　　作为热情洋溢的热带服饰，纱笼以色彩缤纷的设计而闻名。纱笼上面的图案设计得非常讲究，有手绘，也有印染，多以植物花草为主体，色彩搭配十分艳丽。一般来说，人们会用两种工艺进行染色，一种是峇（bā）迪蜡染，另一种是絣（bēng）织扎染，在这里我们主要讲一下峇迪蜡染。

　　峇迪蜡染是一项历史悠久的工艺。人们在5世纪的埃及墓葬中，就发现了用峇迪蜡染工艺制作的工艺制品。19世纪早期，峇迪蜡染工艺传到爪哇岛。这项工艺的操作步骤如下：人们先把熔化成液体的蜡油滴在布料的表面，等蜡油再次凝固以后，再对布料进行染色。之所以这样做，是因为蜡油存在的地方，再高级的染料也无法渗入布中。这样就可以选择性地对布料进行局部染色，形成多层次、多区域的不同的染色效果。就像我们平时画画时涂色一样，如果颜色晕成一团，就会显得脏兮兮的。纱笼有如此丰富的颜色，还能又干净又绚丽地呈现在我们面前，真是多亏了峇迪蜡染工艺。正因如此，这项工艺应用得十分广泛。而缬织扎染则是一种先染色后织布的扎染工艺，这项工艺自中世纪就已经出现并被人们使用了。

作为一种独特的印染织布，纱笼不仅色彩艳丽，图案丰富，其用法也个性十足。一块纱笼大约长两米，宽一米，它的用法竟然有不少于20种！吊带式、斜背式、半穿式，围在身上做短裙，围住全身做长裙，当浴巾、沙滩巾、披肩、桌布……总之，你可以任意发挥你的想象力和创造力，用你设计的方法来使用它。

一块简简单单的布也可以有如此多创意，还有什么是人类想不到的呢？

印度时尚的代名词
——纱瓦克米兹

如果你把纱瓦克米兹当成一件衣服，那就大错特错了。这种连在一起的服装，是分成两种的，纱瓦是纱瓦，克米兹是克米兹。

　　纱瓦克米兹是一种在印度随处可见的服饰。有资料记载，纱瓦克米兹是16世纪传入印度的。纱瓦克米兹包含两部分："纱瓦"（睡衣式裤子）和"克米兹"（长袍或长款衬衫）。两件宽松的衣服穿在一起，既保持了穿着者的端庄，同时又提供了足够的活动自由。

　　当时，印度处于莫卧儿帝国的统治下，两种区域文化开始出现融合的趋向，其中就包括服装文化。纱瓦克米兹的流行与当时的天气特点密不可分，宽松的设计可以抵抗极端高温天气和沙尘

暴，因此中亚地区的人们对这种服饰情有独钟。虽然纱瓦克米兹是男女皆宜的，但它更受女性的欢迎。几个世纪以来，极具创新精神的女性们不断改变着纱瓦克米兹的款式，设计出了各种不同风格的衣领和裙摆。除了改变款式，随着纺织工艺的不断进步，制作这种服饰的面料也不断升级，从传统的棉花、合成纤维，发展到带有镶边的丝绸和雪纺绸，而且相应的配饰也越来越齐全。

纱瓦克米兹的发展也不是一帆风顺的。在印度被英国殖民统治的200年中，英国文化强势入侵，印度人对本民族的文化认同感大幅下降，印度传统文化的代表——纱瓦克米兹的受欢迎程度更是直线下降。这种情况直到1947年印度独立后才好转。伴随着电影行业的蓬勃发展，印度的女明星将纱瓦克米兹搬上银幕，这种服装才重新回到人们的世界里，再次成为风靡印度社会的穿衣潮流。

如今，包含纱瓦克米兹在内的印度服饰以惊艳别致为特色，在全球服饰文化中形成了独特的风格。印度人使用独特的纺织和染色技术，让他们的服装展现出独一无二的民族风情。我们也常常会看到印度人穿戴着各式各样的珠宝，他们的发饰、耳环、额头饰物、鼻子饰物、项链、腕带、戒指等配饰都别具一格，有的人还会把珠宝镶嵌在服装中，彰显着他们独特的审美和艺术追求，不禁让人啧啧称叹。

如今，纱瓦克米兹成了印度时尚的代名词，不仅在印度广受欢迎，也吸引着各地游客的目光。

伴你晚安的
睡衣

人们外出时，穿的衣服讲究端庄大方。可是回到家里，就要换成舒适的服装，既放松了心情，也能给自己减压。

睡衣的英文单词"pajama"起源于波斯语中的两个词语："pae""jamah"，前者表示"腿"，后者表示"衣服"，合起来就是腿部的服装——裤子。为什么是裤子呢？原来，睡衣本是一种中东和印度地区当地人外出穿的宽松裤子，欧洲殖民者们别出心裁地赋予了它新的作用——睡觉时穿的裤子。

人们穿睡衣的习惯，已经持续了几个世纪。在欧洲，女性常穿宽大温暖的睡袍，而男性则穿衬衫式长睡衣。这些衣服的样式实际上非常相似，不过，女性的睡袍要比男性的更长。这两种睡衣实际上都是贴身内衣，只要不外出，整天穿着

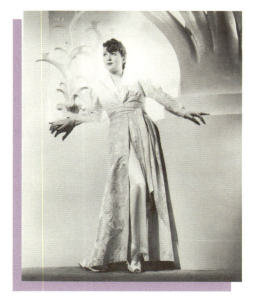

一位穿着睡袍的女性

21

也是可以的。

19世纪末期，洗衣机的发明使人们的洗衣方式更加现代化。不再需要亲力亲为，只要加上水和洗衣液，就可以等着洗好了。在这样的情况下，人们开始更加频繁地更换睡衣。据说，占领印度果阿邦的葡萄牙殖民者穿的是一种拉绳裤，而不是通常搭配的纱瓦克米兹长袍。那是一种腰间系着细绳的、松松垮垮的裤子，既得体，又舒适。后来，在印度驻扎的英国军官们也学会了这种穿衣风格。

1898年，英国商人开始销售成套的睡衣，这套睡衣包括由同一种布料制成的裤子和衬衫。随后的几年中，美国和欧洲的男性通常会穿睡衣，但女性们仍然选择睡袍。后来，随着服装风格的改变，女性也开始穿裤装了，因此睡衣也成了女性衣柜中的必备品。不过和男性睡衣不同的是，女士睡衣通常由真丝绸缎等奢侈面料制成。

20世纪二三十年代，在特立独行的法国女设计师香奈儿的推广下，人们一度认为睡衣是最具魅力的服装之一，开始了热烈追捧。20世纪七八十年代流行休闲风格——一件宽大的T恤衫，搭配一条平角的短裤，就构成了简单的睡衣套装。现在，睡衣已经打破了性别的界限，种类各式各样，款式有长有短。我们通常穿的睡衣材质种类繁多，包括棉、毛、麻、丝等，面料织法包括梭织和针织，由棉、毛、麻、丝等各种材质制成。

随着时间的推移，社会发展更加现代化，家庭生活也越来越丰富。睡衣的内涵已经不再是睡觉时才穿的衣服，而是扩大到家居服的范畴。除了外出时必备的时装，人们还非常在意在家里穿什么，家居服早已不再只是为了满足穿用的基本需求。人们在衣柜中增添了越来越时尚的睡衣，开始追求最新的流行款式和颜色。

尽管穿着睡衣总是让人身心放松的，但是也要注意场合。如果有人穿着睡衣在大街上晃来晃去，人们一定会觉得这个人不懂穿衣礼仪。

男性的力量与美
——汗衫

炎热的夏季，一件得体的汗衫，既能给人带来凉爽的感觉，又能让别人看到自己身体的强壮，把男性的力量与美展现得淋漓尽致。

男士汗衫最初是由女士服装演化而来的。这种女士服装是 19 世纪中叶引入英国的，女性穿着它以便在运动中防护身体。开始时，这种背心样的汗衫通常是由羊毛制成的，这样才能在运动中起到保护作用。直到 20 世纪中期，纯棉布料大量出现，白棉布汗衫才逐渐变成男性的主要服装。

从汗衫这个名字来看，既然与汗有关，就说明是在炎热的天气常用的衣服。的确是这样，宽松的布料只遮住肚子和腰部，将胳膊裸露在外面，多么清凉呀。有风吹过的时候，足够让风更多地接触身体，带走身体上的热量，人立刻就凉爽下来了。

简单的白色棉质短袖汗衫得以成为经典的服装款式，颜色是非常重要的原因。大家都知道，白色的服装布料，能在太阳照射最足的大夏天，最大强度地反射照在身体上的阳光，这也能达到快速凉爽的效果。如果是在冬天，人们则更喜欢穿一些包括黑色在内的深色服装，能够更好地接收阳光带来的热量，让自己的身体暖起来。

我们再来看看它走向经典的历史之路。

在第一次世界大战期间，英国士兵大多在羊毛制服里面穿上轻便的棉质内衣，来吸收身体上排出的汗液，这应该是最早的棉布汗衫。不久后，美国军人中也开始流行穿着一种富有弹性的水手领内衣。这种内衣舒适性非常好，还可以在穿制服时，有效遮挡浓黑的胸毛。后来，当军队士兵和劳工们穿着汗衫出现在人们视野中的时候，人们惊奇地发现，这种服装能够更加鲜明地彰显出男性气概。后来，在 1951 年的美国电影《欲望号街车》中，美国演员马龙·白兰度饰演的斯坦利·科尔瓦斯基成天穿着一件白色汗衫，人们看到他身上散发出的原始野性美，竟将这种朴素的服装衬托得性感十足。白色汗衫从此成为男性美的标志。除此之外，不被衣服遮拦的发达的肌肉，也恰到好处地彰显了男性强健的力量。

如今，人们喜欢直接穿着汗衫就出门，不再把它当作专门的内衣。不过，把汗衫穿在衬衫的里面也会让服装线条显得干净平整。这就是简洁实用的汗衫的魅力。

紧身胸衣与女性健康

过去，人们认为女性身体脆弱，因此一件紧身的胸衣是必不可少的。事实上，这种束身的贴身内衣对女性健康几乎没有丝毫帮助，反而有可能伤害她们的身体。坚硬的钢质胸衣和勒紧的系带，不仅有碍穿戴者进行自如的行动，还会使她们难以自由呼吸。而沙漏形紧身衣的危害则更大，可能会使女性的内脏器官移位。严重的情况下，紧身胸衣会给人们带来不良反应，如晕厥、消化不良、便秘和背部疼痛等症状。尽管一直以来都有医生呼吁停止使用紧身胸衣，但是都收效甚微。直到第一次世界大战爆发才改变了这种情况。由于当时金属材料供应紧张，人们呼吁停止在多余的地方使用钢铁，于是这种坚硬的紧身胸衣才渐渐淡出人们的生活。

2 各式鞋袜

　　古人常说，读万卷书，行千里路。为了走得更远，一双舒适合脚的鞋子是必不可少的，再搭配上合适的袜子，我们的脚步就更加轻盈自在了。远古时期，人们穿着用树皮、野草编制的简易鞋子。随着科学技术的发展和人们对生活品质的追求，鞋子、袜子的种类和功能也日益复杂起来。通过对鞋袜发展历史的了解，我们能够对身边的寻常事物产生更多认识。

人应当一切都美：外貌、衣裳、灵魂、思想。

——契诃夫（俄国作家，1860—1904）

经典的
乐福鞋

你穿过乐福鞋吗？你留意过乐福鞋上的"吻"吗？

乐福鞋是什么？乐福鞋是怎么产生的？这还要说到一个农民。

在人类社会中，尤其是现代，民族服装风格常常会引领时尚潮流。20世纪30年代，美国时尚杂志《时尚先生》曾刊登了一位挪威农民穿着无系带的皮质便鞋的照片，他正在养牛区闲逛。在照片的"推波助澜"下，这款鞋迅速成了一种流行趋势，在社会上广泛流行起来。

没过多久，美国制鞋商就从中看到了无限的商机。为了满足人们

的需要，他们开始大量生产这种款式的鞋子，并将其命名为"威俊鞋"。"威俊"的发音听起来像是英文中的"Norwegian"，也就是挪威人的意思。

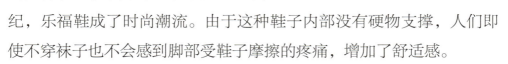

如今我们所熟知的"乐福鞋"这个名字，则源于这种鞋休闲的特性。"乐福"在英文中的本意是一种闲散的生活方式。最初，它作为挪威农民穿着的便鞋，通常鞋底有一个又宽又平的鞋跟，并且无须系带，十分容易穿脱。而且由于穿着舒适，也便于农民在谷仓和畜栏之间劳作，让他们活动更加自如。到了20世纪，乐福鞋成了时尚潮流。由于这种鞋子内部没有硬物支撑，人们即使不穿袜子也不会感到脚部受鞋子摩擦的疼痛，增加了舒适感。

人们对于乐福鞋的喜爱与日俱增，纷纷研究出了不同花样、不同款式的鞋子。其中有一种没有鞋带和鞋跟的皮制便鞋备受人们欢迎。据说这种鞋子是模仿了一种威尼斯小船的外形，因此，人们将这种乐福鞋称为"威尼斯乐福鞋"。

还有一款乐福鞋的鞋面上，有一个有趣的扇形缝隙，据说这代表着鞋子主人出门时给每只鞋子的吻。后来，美国学校的一些学生将硬币放在鞋面上的缝隙里，既起到了装饰作用，还能够用来支付一次公共电话的费用，引起了大家模仿的热潮。这种创意十足的鞋子被称为"便士乐福鞋"，在很长的时间内都是潮人必备。后来，乐福鞋的鞋面装饰越发丰富起来，从流苏发展到皮带扣再到马衔扣，如今已经拥有许多不同的款式，如意大利奢侈品牌古驰的经典款乐福鞋。

乐福鞋作为男性休闲鞋的经典款式，通常被看作代表着一种闲适自在的生活态度。而且这种鞋受季节限制较小，可以从春天穿到秋天，一脚蹬就可以出门了。如此随性自然，谁能不爱呢？

木板做成的鞋子——木屐

　　木屐是一种全部由木头制作，或者只有鞋底为木制的鞋子，走起来路来吱吱作响，适合在雨天、泥上行走。木屐源于一种很古老的鞋子形式——一双绑有带子的脚掌大小的木板。这种木屐既可单独穿，也可以套在柔软的便鞋外面。如今的木屐通常样式简单，鞋面为开放式。

气场神器
——高跟鞋

一双鞋子的作用，要么是为了保护脚部，要么可使人走路更加舒适。如果这两种效果都达不到，那么这种鞋子一定是高跟鞋。

高跟鞋是通过牺牲穿着者的舒适度来增加身体美观的一种鞋子。它既能增加穿着者的身高，还能在视觉上拉长穿着者的腿部线条，使其小腿肌肉紧绷，令身材显得更加高挑。

但是，高跟鞋在人类历史上的出现，最初并不是为了提高穿着者的吸引力，也不是女性专属。人类首次设计出高跟鞋，纯粹是为了达到实用的目的。例如，在大约公元前200年的古罗马，演员们穿着高跟凉鞋，是为了根据角色来调整演员的身高。发明高跟鞋的另一个原因，是用来避开垃圾或灰尘。例如，古埃及的屠夫就穿着高跟鞋，这样可以避免地上的

法国宫廷高跟鞋

血水弄脏双脚。而中世纪的欧洲人通常穿着木屐走街串巷,这样不仅能够保持鞋袜的清洁,还能避免在行走时,踩到粪便污秽,弄脏双脚和鞋子。还有一种说法是,高跟鞋是为了方便人们骑马时双脚能够扣紧马镫而制作出来的。

除了这些实际用途,在穿着的过程中,人们还意识到,穿上高跟鞋能让穿着者的双腿显得修长,也更纤细,可以增添魅力。古代的威尼斯贵族妇女偏爱一种至少60厘米高的高底鞋。这种高底鞋更像是高跷,穿上它们,女性无法独自迈步行走,通常需要别人的帮助才能进行最简单的活动。

后来,高跟鞋的发展取得重大进步,这要归功于16世纪时来到法国宫廷的凯瑟琳·德·美第奇王后。这位娇小时尚的法国王后喜欢穿着高跟鞋,以增强自身的权威和魅力。于是,穿高跟鞋就成了贵族们的特权。从那个时候起,一直到法国大革命爆发,男士穿高跟鞋的人数并不比女士少。16世纪末,高跟鞋成为贵族的时尚服饰。一些身材矮小的男性,开始借助高跟鞋,来让自己看起来更高大。将高跟鞋的鞋跟增粗,高度适当调低,就成了男性也适用的日常高跟鞋。当中最有名的就属身材矮小的法国太阳

路易十四穿着高跟鞋

王路易十四，他为了让自己看来更高大、更威武、更强势、更权威，就让鞋匠为他的鞋装上约10厘米高的鞋跟，并把跟部漆成红色以示其尊贵身份。

　　在美国，高跟鞋直到20世纪才开始流行。这大概是因为美国政府早期颁布的一项高跟鞋禁令：禁止女性穿高跟鞋。高跟鞋甚至还被与女巫联系在一起。

　　如今，高跟鞋的款式越发多样和漂亮迷人。尽管穿着它会给身体带来不适，大多数女性仍然会愉快地选购和穿着各式各样的高跟鞋。

休闲舒适的
运动鞋

在一些正式的社交场合，一双皮鞋能让人显得绅士和彬彬有礼。但悠闲的时候，人们会有什么样的选择呢？当然是运动鞋。

　　19世纪铁路的修建，让普通的英国民众也能享受轻松的海滨之旅。这时，穿一双厚重的皮靴显然有些不合适。不要说踩在沙滩上，人们的鞋子会拔不出来，就算能拔出来，一天下来，人们的双腿也会疲惫不堪。为了更好地欣赏大海和沙滩，款式简单的帆布沙滩鞋应运而生，成了人们旅游时的最佳选择。英国的新利物浦橡胶公司看中商机，他们推出了一款帆布鞋，以满足人们去海边旅游的需要。这款鞋一经推出，便受到了人们的追捧。这种沙滩鞋的鞋底是橡胶制成的，柔软舒适，鞋底鞋面用橡皮筋固定在一起，一点儿也不像皮鞋那样

"刻板"。这样的鞋子方便人们走路，更适合在沙滩上走路。这是历史上最早的一款，也是最简单、最基础的"网球鞋"。

这款休闲鞋备受人们欢迎，价格也相对便宜，而且用途非常广泛。在槌球和草地网球等运动中，人们可分别搭配不同款式的休闲鞋。最终，因为舒适方便，探险家和军队士兵也开始穿着它们。英国极地探险家罗伯特·斯科特船长就曾穿着这种休闲鞋在南极探险。

后来，先进的硫化工艺诞生，让休闲鞋的设计制作和生产有了更重大的突破。美国人查尔斯·古德伊尔发明了硫化橡胶。这种橡胶可以和布料迅速融合，能节省更多的制作时间，从而简化鞋子的生产过程，降低生产成本。数十年来，美国的休闲鞋制造商们一直各自生产各自不同款式的运动鞋。1916年，这些制造商合并成立了一个新品牌：科迪斯。

这些鞋子有一个更常见的名字——运动鞋（sneaker），它是由美国的一名广告代理商亨利·纳尔逊·麦金尼提出的。"sneaker"源于英语单词"sneak"（悄悄地），因为人们穿着这种橡胶鞋底的鞋子走起路来几乎没有任何响动。运动鞋的鞋底和普通的皮鞋、胶鞋不同，一般都是柔软而富有弹性的。这种设计非常适合运动，能让人们在快速奔跑时产生爆发力，并且在落地时起到一定的缓冲作用。所以，在进行体育运动，尤其是高强度运动，如篮球、跑步等时，大都要穿运动鞋，既能增强弹性，还能防止脚踝受伤。

到现在，运动鞋已经发展出各种款式：慢跑鞋、篮球鞋、瑜伽鞋、网球鞋、摔跤鞋、竞走鞋……根据不同的运动方式，运动鞋具有不同的风格和功能。无论是最受欢迎的时尚运动鞋，还是普通的老式运动鞋，都在当今时尚潮流中拥有自己的一席之地。

鞋子的分工越细，说明社会越进步。运动鞋，专门为运动而生，这也是运动鞋的光荣。

把脚和鞋连起来——鞋带

在日常生活中，鞋带的作用非常大。但是，它的发明问世并没有一个确切的时间。1991年，人们在欧洲的阿尔卑斯山发现了有将近5300年历史的奥兹冰人。他的鞋上就有着鞋带一样的东西。我们也因此了解到，数十个世纪之前，人类已经开始使用粗制鞋带了。进入20世纪之后，鞋带得到了广泛应用，鞋带的样式和种类也是五花八门的。

篮球运动的标配
——帆布鞋

美国职业篮球联赛（NBA）是全世界篮球爱好者向往的顶级殿堂。你知道飞人乔丹早年间参加比赛时穿的是什么鞋吗？那就是匡威帆布鞋。

匡威"全明星"帆布鞋

相比其他的鞋子，帆布鞋的历史并不悠久。它的历史仅仅一百多年，可以说是鞋子世界的新宠。可是由于它搭上了篮球的快车，短短百年里，就创造了惊人的销售记录。

1917年，世界上第一双帆布胶鞋在美国诞生了，这可不是人们刻意追求的结果。当时正赶上第一次世界大战，皮、皮毛、皮革等常用制鞋材料均成了战时物资，需要大量供应给前线的军队。市场上能做鞋子的材料，只剩下较为常见的帆布和橡胶。与此同时，寒冷的冬天又来临了，没鞋可穿的人们急中生智，将橡胶融化成鞋底，并把帆布裁剪成鞋面，缝合成应急的鞋子，很快，这种新型材质的帆布鞋就在世上流传开了。

作为老牌鞋业公司，美国匡威帆布鞋公司自1917年以来一直在生产"全明星"系列帆布鞋。这个系列的帆布鞋本来是为网球和无板篮球运动员设计的。之后，一位高中生篮球运动员对这款鞋子一见倾心。他就是后来成为美国职业篮球联赛巨星的查克·泰勒。

查克·泰勒曾多次穿着匡威的"全明星"系列帆布鞋参加篮球半职业联赛。由于太过于喜欢这个品牌，1921年，20岁的他决定去匡威公司应聘工作，并被当场聘用。此后，泰勒不断向认识的篮球运动员和教练推荐这款鞋子。于是，这些运动员和他们的教练开始打电话给匡威公司，表示想购买"查克·泰勒的鞋子"。匡威公司意识到，泰勒的名字本身就是一个强大的销售品牌。于是，1932年，他们将泰勒的名字添加到了鞋子的商标上。从那时起，这个商标在鞋子上一直留存了下来。

通过泰勒的努力，美国各地的孩子们几乎都喜欢上了匡威帆布鞋。泰勒在多个城市举办篮球训练营活动，甚至还执教过匡威"全明星"篮球队。他为匡威制作了一本受欢迎的篮球年鉴，更增加了鞋子的酷炫魅力。

1936年，男子篮球比赛第一次被纳入奥运会比赛项目中。那一年，美国篮球队全体队员穿着匡威"全明星"帆布球鞋参加比赛，最终赢得了金牌。从1936年开始，一直到1968年，匡威"全明星"系列帆布球鞋，都是奥运会官方指定用鞋。1949年，匡威公司推出了一个影响深远的新设计——原创高帮和经典黑白配色方案。1969年，泰勒入选美国"篮球名人堂"，并于同年去世。不过，他对人们的影响仍持续存在：大约60%的美国人都穿过匡威"全明星"帆布鞋。

时至今日，帆布鞋的生产技术已经相当成熟，穿着场合也不受限制，原因在于帆布鞋轻便耐磨，价格低廉。你喜欢穿帆布鞋吗？

鞋子的进化史

鞋子是人类和地球之间最紧密的联系，同时，它也是对人类来说最普遍的服饰。鞋子的形状和风格数不胜数，甚至连最狂热的鞋子爱好者都无法统计出确切的数目。最初，鞋子大概是用芦苇、树皮、木头和金属等简单材料制作而成的，但是它们却有着重要的用途：保护人们的脚避免其受到伤害。自从有了正式的鞋子以后，人们常常会考虑鞋子的款式和颜色。例如，匈奴王阿提拉以穿红鞋跟的靴子而闻名。人们也会时常考虑一个问题：不同场合下要选择不同的鞋子，并讲究一定的穿搭方式。由于木屐经久耐用，更换起来也十分方便，因此在北欧等森林茂密的地方，木屐成了工人们的首选。人们可以就地取材，很容易就加工出一双木屐给自己使用。同时，高跟鞋在欧洲贵族中一度成为一种流行趋势，大臣穿上高跟鞋借以彰显身份，因为高跟鞋能让个子矮小的人看起来高大威猛。长长的细高跟鞋可以修饰腿部线条，突出腿部的美感，但对于需要走很多路的人来说，它也是个很大的负担。即使到了今天，女性也只有在无须大量步行时，才会穿上细高跟鞋。而刚毅勇猛、不可战胜的骑士靴则具有出极高的震慑力，成为军靴的先驱。

史前
树皮鞋

早在史前时代，人类就在砍伐树木的过程中，发现了某些植物和树木的内层树皮含有一种柔韧的植物纤维，结实耐用。人们为了保护自己的双脚，就开始用这种植物纤维来编织树皮鞋。

1 世纪
罗马凉鞋

当时，随着畜牧业的发展，人们饲养了大量的家畜，并用这些动物的毛皮制作了最早的皮凉鞋。古罗马人在任何场合都穿着这种皮质凉鞋。另外，为了让皮凉鞋能紧紧地固定在自己的脚上，角斗士、勇士和运动员的凉鞋都配有能够缠绕在小腿上的长长的带子，这也应该是最早的有鞋带的鞋子。

1660 年
路易高跟鞋

这种高跟鞋以法国国王路易十四的名字命名，弯曲、舒展开的鞋跟与鞋子相结合，鞋子上的装饰扣和锦缎的鞋面同宫廷服装相搭配，显得分外尊贵和华丽。

1950 年
细高跟鞋

最初的细高跟鞋过于尖细，甚至能够在硬木地板和人行道上留下深深的孔洞。到了 20 世纪 60 年代，人们才将细高跟鞋的细跟进行了一些改进。

1200 年
日本木屐

1600 年
骑士靴

唐朝晚期，木屐由中国传入日本，并逐渐成为日式服装的一部分。日式木屐或草木屐有着厚厚的木质鞋底，通常搭配特制的日式厚底分趾短袜。只有这样，靠着脚趾的作用，走路时才能带动木屐一起前进。

英国斯图亚特封建王朝复辟时期（1660—1688），国王决定设立英国骑士队。之后的几百年，随着皮匠们制作手艺的提高，骑士靴也越来越受人们欢迎。

1990 年
芭蕾便鞋 / 芭蕾平底鞋

这种高跟鞋是路易高跟鞋的延续和改进，同样是以法国国王路易十四的名字命名，也具有华丽、尊贵的特点。

穿在脚上的衣服
——袜子

脚是人类接触地球的重要器官。人们从诞生的那天起，就在寻求对脚的保护品。

袜子，还有一个名字，叫"足衣"，也就是穿在脚上的衣服。

科学家推测，袜子的出现时间要早于鞋类。最初的袜子非常简单，可能是一些裹腿或脚的皮条或布条，也许是最简单的一片树叶。不过，在世界最早的文明古国——古埃及的陵墓中，人们发现了一种针织成的袜子。而古希腊人的袜子就简单多了，竟然使用乱蓬蓬的动物毛发编织在一起，从而制作出袜子。

随着时间的推移，古罗马人开始使用皮革和可以编织的纤维，做出一种宽松的袜子，绑在脚上。到了公元前1世纪，古罗马人制成了

另一种袜子，外形上和开始的那种宽松袜子一样，但是可以套在脚上——此前的袜子都是用绳子系在脚上的。直至中世纪中期，欧洲也开始流行这种"袜子"，不过是用布片代替了细带子。16世纪时，西

班牙人开始把连裤长袜与裤子分开，并开始采用编织的方法来编织袜子。

在罗马帝国灭亡后，盎格鲁－撒克逊人占领了英国。盎格鲁－撒克逊人的时尚穿着影响了几代英国人：宽松的束腰外衣、紧身的马裤和短脚套。随着马裤款式松紧和长短的变化，与之相搭配的袜子发生了变化，紧身裤袜的款式也在改变。起初，这些袜子通常是由纺织品或兽皮制成，相当宽松，堆叠在腿和脚部，并用绳子或袜带将顶部固定起来。

英国人威廉·李看到他的妻子在从事手工编织时特别辛苦，也特别劳累，从而引起他对针织机械的研究。他在1589年发明了世界上第一台手工针织机，用以织制毛裤，又在1598年将其改制成可以生产较为精细丝袜的针织机。据说，英国女王伊丽莎白一世曾拒绝了他的发明专利申请，因为女王担心这种机器的使用会让当时的手工编织者破产。这种担心显然是多余的，因为不久之后，她和她的子民们就被机器生产的针织袜吸引了，而且机织的速度比手工编织快了6倍。

随后的几个世纪，袜子的编织材料一直没有变化，无非就是羊毛、丝绸和棉花。1938年，美国杜邦公司发明了尼龙，并在同年将第一批尼龙袜投放市场，从此袜子市场发生了彻底的变化，尼龙丝袜逐渐流行，风靡一时。尼龙丝袜在欧洲流行得较晚，直至1945年，第一批尼龙丝袜才正式面世。在尼龙和莱卡等人造纤维问世后，人们发现，这两种材料制作的袜子，比以往的任何袜子都更加舒适和耐用，所以这两种材料的袜子就广泛地流传开来，一直到现在。

最受欢迎的尼龙长筒袜

1935年，世界上第一种人造纤维诞生于美国杜邦公司的实验室中。此前，在化学家华莱士·休姆·卡罗瑟斯的指导下，供职于杜邦公司的科学家们一直在研究纤维中细丝的结构。科学家朱利安·希尔将一根纤维棒加热后，放进煤焦油、水和酒精的混合溶液中，取出后，他发现在纤维棒和溶液之间有一根细细的丝状物。这种看起来像蚕丝的透明细丝即为尼龙丝。随后，这种纤维被用于制作牙刷上的刷毛。1939年，科学家们将这种材料分离成更纤细的纤维，并将其重新命名为"尼龙"。

由尼龙加工而成的面料，可以制成仿丝绸品质的女士长袜。众所周知，丝绸长袜的制作成本高，价格昂贵，不容易被人们接受。而且，这种袜子极易破损和抽丝，修复难度极高。而由尼龙制成的长袜，则价钱便宜，修补容易，很好地解决了上述问题，因此深受人们喜爱。

最初，人们以为"nylon"（尼龙）这个名字，代表着纽约和伦敦的城市名英文缩写，事实上并不是。这个词是杜邦公司的高管们发明的，并没有什么实际意义。在新式尼龙长筒袜开始在美国纽约市销售的当天——1940年5月15日，女士们将货架上的所有尼龙长筒袜一扫而空。那段时间，只要尼龙长筒袜一在市面上出现，就会遭到女性哄抢。人们对这种尼龙长筒袜的痴迷程度可见一斑。

　　早期的尼龙长筒袜和之前的丝绸、羊毛长筒袜一样，都是一体式制作，在袜腿后侧有一条缝合线。因此，人们已经习惯了女性的腿部曲线轮廓，被细细的缝合线凸显出来。在战争时期，大部分的尼龙都被拿去制作降落伞、轮胎、防弹背心等军备物资。当没有新的尼龙长袜可穿时，美国和英国的女士们常常使用眉笔在腿后描上一条线来伪装成袜子的缝合线。第二次世界大战结束后，尼龙长筒袜才再度回归到人们的生活中。

　　20 世纪 50 年代末，杜邦公司发明了另一种名为"莱卡"的纤维。在不断裂的情况下，这种纤维可以拉伸至自身长度的 7 倍，之后还能恢复到原来的形状。这种纤维制成的长筒袜更加有弹性，穿脱也更加方便。

3 实用配件

　　服装是人类文明与进步的象征，也是一个国家、民族文化艺术的组成部分。通过对服装历史的了解，我们能够对其所承载的文化内涵也有所了解。通过服装上的配件，我们也可以从侧面了解社会发展的进程，以及人类在科学技术上取得的进步。

一个打扮不华贵却端庄、严肃而有美德的人是令人肃然起敬的。
——弗兰西斯·培根（英国哲学家，1561—1626）

基础款配件
——纽扣

当下人们的衣服大多是分成左右两边的，在拉链、搭钩和尼龙粘扣出现之前，如果人们要把左右两边的衣服系在一起，用的就是纽扣。

纽扣的出现可以追溯到史前时代。4000多年前，波斯人用石块做成纽扣，把衣服的左右两片系在一起，形成一个整体。罗马帝国时期，人们曾使用某种材料做成了一只圆环，将纽扣套住，从而将一件衣服固定在身上。对那时的人们来说，纽扣更像是衣服的实用配件，而非一种装饰品。后来，纽扣从土耳其人和蒙古人那里传到了西方世界，并逐渐在欧洲流传开来。

世界上第一家纽扣制造商公会于1250年在法国成立。这并不奇怪，毕竟法国人十分注重服装穿搭。公会成员制作的纽扣都非常精致，简直像珠宝一样华丽，不过这些纽扣中也确实有很多是用实打实的珠宝制成的。当时的纽扣，并不是简单地改变服装外观的装饰，而是改变了整个服装的款式。在那个还没有拉链、搭钩或尼龙粘扣的时代，纽扣的横空出世意义重大。因为没有扣子，衣服就无法合身穿着，人的身体也只能隐藏在宽大的衣服中。而有了扣子，衣服就可以突出人体的轮廓，将人形很好地勾勒出来，这在一定程度上提高了人的自我意识和自信心。在欧洲文艺复兴时期，纽扣的这个作用与人们强调人文主义的思想十分契合。

几个世纪以来，纽扣的形状都是圆盘状，背面有一个凸起，便于人们将其缝在布料上。人们还可以在纽扣上进行各种形式的装饰，如雕刻、刺绣、绘画，等等。中国的纽扣文化非常丰富，特别是韵味十足的中式盘扣，通常是用各种布料缝成细条，盘结成各种各样形状的花式纽扣。这些盘扣造型优美，做工精巧，就像千姿百态的工艺品一样，为旗袍等服饰增添了许多独特的风姿。

20世纪初，人们都倾向选择四孔纽扣。因为这种纽扣扣合更加牢固，所以产量也特别大，导致其他装饰性纽扣的生产减少。随着后来尼龙搭扣、拉链等其他种类扣件的出现，人们扣合衣服不再只有一种选择，纽扣在市场上的影响力也被大大削弱。不过，迄今为止，纽扣仍然是服装的重要元素之一。

升级的"纽扣" ——拉链

当你穿校服的时候，只要把左右两片对齐，拉链一拉，就能迅速地完成任务。可是你知道，这样方便快捷的拉链，是怎么发明出的吗？

想象一下，在你每次出门之前，不但要把衣服的纽扣一个个扣好。最困难的是，还要弯下腰，把鞋子上的一串纽扣一个接一个地扣上，这是一件多么麻烦的事情呀。为了解决这个问题，美国发明家惠特科姆·贾德森决定发明出一种更加容易扣合的扣件。可是，他也不知道这种扣件是什么样的，他最初的想法，是做出一种叫作"扣锁"的装置。

他的想法一公开，手下的人员个个开始开动脑筋，去设计这个"无中生有"的家伙。其中，贾德森公司有个叫吉迪昂·森贝克的瑞典裔美国雇员，比别人更加努力。一番尝试研究后，他经历数月的时间，最终成功发明出来扣锁。这种扣件好似一串紧密相扣的小勺状物，不再有挂钩或扣眼的设计。

接下来，森贝克在1913年、1917年相继发明出"无钩式扣件"和"无钩式扣件2号"。可惜，制造无钩式扣件需要使用新型的机器，传统的手工工艺根本无法制作出来，因此这种无钩式扣件一直没有大量投入生产。同时，人们还在继续努力研究别的样式。多年之后，无钩式扣件逐渐完善，接近现在的"拉链"，才成功投入市场。

使用拉链的首批客户之一，是美国陆军。在第一次世界大战期间，拉链被用于士兵服装和战争装备上。后来，B.F.古德里奇公司看准了这种产品的前途，决定把森贝克的拉链运用到橡胶套鞋上，并获得了成功，这种配件也因此开始流行。当人们穿上这种新款式的橡胶套鞋时，只用一只手就能将鞋上的拉链拉上，从而固定住鞋子。据说古德里奇公司的一位高管，在第一次上下拉动鞋子上的拉链时，大声喊道："Zip'er up!"（拉上拉链！），这个词语的英文发音正好吻合了拉链装置拉动时发出的声音，"zipper"（拉链）因此得名。

1925年，B.F.古德里奇公司为橡胶套鞋上的拉链注册了商标。随后拉链在其他物品上也得到广泛应用，拉链的名字也被人们传开了。用拉链的人越来越多，B.F.古德里奇公司发现问题不妙，还提起诉讼，试图保护自己的注册商标，却没有获得法律的支持。直到现在，该公司也只能保留拉链靴的商标所有权。

经过了漫长的演变过程，拉链的性能、结构、材料不断变化，用途更加广泛，深入到了航天航空、军事医疗等各个领域。小小拉链在人们生活中起到的作用越来越大，越来越显示出它的重要性和生命力。

小别针，大用途

别针的用途十分广泛，可用来固定文件、夹住衣服、将衣服的图案别在布料上，等等。它是一种非常不起眼的物品，却必不可少。

英国经济学家亚当·斯密曾以别针为例，在1776年出版的《国富论》一书中，讲解了他的劳动分工制理论。听听他的论述：一名工人将金属拉成丝，第二名工人将其拉直，第三名工人切割金属丝，第四名工人会将金属段的一端削尖，最后一名工人将另一端磨平，然后在上面接上别针头。这是别针的制作步骤。如果所有这些步骤都由一名工人完成，那么一天只能生产几枚别针；若多名工人合作完成，每人负责一个生产步骤，每天可以生产数千枚别针。听起来是不是很有道理？实际上，这就是现代装配生产线的前身。

其实，别针自苏美尔时代起就存在了。但为了弄清楚批量生产别

现代化智能装配生产线

针的技术，人类却花费了长达数千年的时间。美国人约翰·爱尔兰·豪威是第一个为别针制造机申请专利的人。1835年，他的豪威制造公司每天可生产7万枚别针。1843年，该公司启用了一台新的机器，可以自动折起纸板，并在上面插满别针进行批量包装，大大提高了别针的生产效率。

但是，别针生产面临着一个最大的挑战，就是铁金属极易生锈。怎么才能让这些别针不生锈呢？人们也在努力寻找解决的办法。19世纪中期，人们发明了电镀技术，把金属镍电镀到铁丝上，但是镍镀层还是会剥落。后来，人们无论怎么做，都防止不了别针生锈。拿到别针的裁缝们没有办法，只好把锈迹斑斑的别针放入装满金刚砂的袋子中进行清洗，清洗之后，再缝到衣服上。这种袋子后来被人们称为"针垫"。如今，别针都会进行防锈处理，不过针垫仍然广泛用于别针的保存和使用，以及服装的制作过程中。

今天，别针已经相当常见，售价也十分低廉，形式也多种多样。人们对它的使用也越来越创新，不再局限于一种用途。只有遵循旧秩序的阿米什人仍然在使用别针作为衣服的扣件。不过，如果衣服的下摆尚未缝合好，也可以使用别针暂时扣合，以此来节省时间。安全别针还可以用来延长腰带、固定扣子或者固定尿布，锋利的针尖被隐藏起来，不会戳到娇嫩的皮肤。

尼龙搭扣
和苍耳的不解之缘

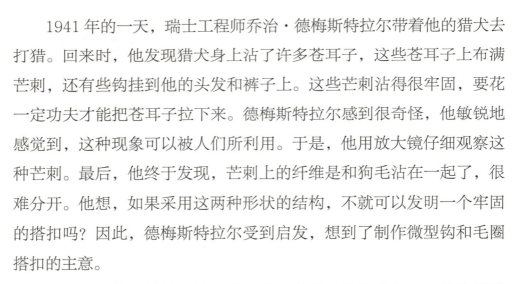

刺啦！尼龙搭扣的开合方式方便快捷。你知道它是怎么被发明出来的吗？

　　1941年的一天，瑞士工程师乔治·德梅斯特拉尔带着他的猎犬去打猎。回来时，他发现猎犬身上沾了许多苍耳子，这些苍耳子上布满芒刺，还有些钩挂到他的头发和裤子上。这些芒刺沾得很牢固，要花一定功夫才能把苍耳子拉下来。德梅斯特拉尔感到很奇怪，他敏锐地感觉到，这种现象可以被人们所利用。于是，他用放大镜仔细观察这种芒刺。最后，他终于发现，芒刺上的纤维是和狗毛沾在一起了，很难分开。他想，如果采用这两种形状的结构，不就可以发明一个牢固的搭扣吗？因此，德梅斯特拉尔受到启发，想到了制作微型钩和毛圈搭扣的主意。

　　打定了主意，他就开始行动起来。在此后大约十年中，德梅斯特拉尔经过无数次研究，终于发明出了钩毛搭扣，并在1955年为这项发明申请了专利。实际上，他发明的搭扣数年后才得到实际应用。这种便利的开合装置首先被用于航天工业。美国国家航空航天局把这种尼龙搭扣应用于航天员的制服和宇宙飞船设备上，他们甚至还在头盔内放置了一小块尼龙搭扣作为鼻子的搔痒工具。

　　了解了它的发明故事，我们再来看看它的具体原理。其实，尼龙搭扣的原理十分简单，它是由尼龙丝织成的带织物纺织品。这种纺织品有两种形式，一种表面上有许多毛圈，就是"绒面"，另一种表面织有许多均匀的小钩子，叫作"钩面"。使用时，只要将这两种带子对齐后，轻轻挤压，毛圈就被钩住。只有从搭扣的一端开始，用点儿力气向外拉，才能撕开。因此，它能起到联结作用，用来代替纽扣、拉链等连接配件。尼龙搭扣轻巧灵活，使用起来省时快捷，并且还很柔软，可以随意折叠。

　　大自然是人类最好的老师，蕴含着许多神秘而又平凡的现象。大自然也有许多秘密，在等着我们去探索，去发现。只要做个生活中的有心人，你也可以有更大的发现。

布满芒刺的苍耳子

小口袋，
大世界

想象一下，如果我们的衣服上没有了口袋，是不是非常不方便呢？口袋虽小，却藏着一个大大的世界。

最初的口袋，是挂在腰间或皮带上的小口袋，安全、保险，人们可以在里面放一些小的贵重物品。当然，每个遭遇过抢劫的人都会告诉你，将贵重物品放在衣服外面，让坏人看见，是一种相当危险的行为。尤其是在中世纪刚刚结束后的欧洲，社会极不安定，小偷和盗贼十分常见。一不小心，你的财物就会被人抢走。于是，人们开始寻找新的方式来携带钱财和贵重物品。

腰间挂着口袋的欧洲贵族

由于人们已经在使用挂式口袋，在此基础上，他们还会在衣服上划开一道口子，将口袋隐藏在衬衫、裙子或裤子里。这意味着口袋本身必须更加扁平和小巧，以便拿取物品。

当然，这种配置不再是一只简单的口袋，而是一种两件式的套袋，前面一条长长的缝，缝隙中隐藏着深底的口袋。18

世纪晚期，随着男士夹克和马裤款式越来越修身，上面没有任何空间可以安放口袋。于是，聪明的人们开始在两侧的裤缝中设计出两只小小的裤袋。

然而，女士们还继续将系带式口袋挂在内衣或衬裙之间，并将其藏在宽大的裙摆下面。有了口袋，女士们可以随身携带更多物品，如信件、日记、剪刀、针线、笔、嗅盐、古龙水等。起初，这些隐藏的衣袋款式都相当普通。后来，人们开始将衣袋装饰得更加华丽，还装饰着不同类型的刺绣。

之后，因用途的不同，男士服装开始在不同的位置设置相应类型的口袋：胸部口袋、怀表口袋以及零钱口袋。与此同时，女士们因衣服更加合身，也不再使用系挂式口袋，她们开始随身携带一种外带式口袋。这就是现代手提袋的起源。

你听没听过一个成语叫作"两袖清风"？形容为官清廉的词语为什么要提到袖子呢？这是因为中国古代官员的袖子里是有口袋的。如果是清官，身上没有值钱的东西，口袋里也不放什么东西，所以两个袖子扇动起来才有清风；如果装满了黄金白银，那么就扇不出风了。

随着社会的发展，口袋的形式越来越多，学生书桌上的笔袋，也是口袋的一种呢。笔袋是文具盒的延伸，却比文具盒携带更方便，手感更舒服。最主要的是，能用最小的空间来装最多的东西。

4 时尚配饰

　　人们对美的追求永无止境。大诗人李白的诗句中曾有"云想衣裳花想容"的表达，爱美之心人皆有之。除了穿衣戴帽的着装打扮，人们还对能够锦上添花的配饰有着浓厚的兴趣。在这一部分，我们选取了几种常见的服装配饰，让大家了解，从古至今，人们对美的追求和实际运用。

最朴素的往往最华丽，最简单的往往最时髦，素装淡抹常常胜过浓妆艳服。
——莫洛亚（法国传记作家、小说家，1885—1967）

一把伞
的使命

遮阳还是挡雨？这是一把伞需要
思考的问题。

　　伞最早出现在西亚古城尼尼微。在西方，一直到19世纪，伞具都以遮阳伞的形式流行于世。这种遮阳伞最初是用来显示伞下人的尊贵身份，也为其提供舒适的环境，保护他们的皮肤免受炽热阳光的照射。古埃及贵族撑伞以彰显他们的权威；王室成员撑伞，是因为伞的形状象征着保护他们的"天穹"，代表他们处于天的顶层位置。在古希腊和古罗马，伞具一经发明，很快就成为最受人们喜欢的遮阳工具。当然，这也是贵族和有身份的人才能享有的特殊待遇。

　　古罗马的普通民众直到文艺复兴时期早期才开始使用伞具。最初是当时的葡萄牙殖民者从遥远的亚洲和非洲带回了这种伞具。人们发现，这种伞具的功能很强大，雨天能遮风挡雨，晴天也能遮挡强烈的阳光。很快，这种物品就传到了法国和英国王室，深受当时贵族女性的喜爱。据说，法国王后凯瑟琳·德·美第奇就有许多自己喜欢的伞具，苏格

西非王室撑伞景象

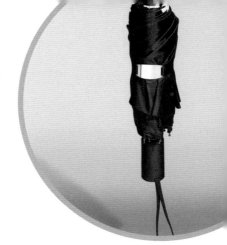

折叠伞

兰女王玛丽·斯图亚特也是一样，拥有各种各样的伞具。在欧洲地区，伞作为一种防雨工具使用的时间要比作为遮阳伞使用的时间长得多。

18世纪中叶，一贯追求时髦的英国旅行家乔纳斯·汉威在英国的街道上行走时，用伞来遮挡强烈的阳光。他的做法被人们看见后，迅速在男士中流行开来。到了19世纪，雨伞和遮阳伞的使用，形成了分庭抗礼的局面，晴天要打遮阳伞，雨天就打防雨伞。1830年，世界上第一家伞具店——詹姆斯·史密斯父子伞具店在伦敦开业，这家店至今仍在生产和销售大量伞具。早期，伞具的骨架是用木头或鲸骨制成的，通常使用涂了油的帆布作为伞面。1852年，织机制造商塞缪尔·福克斯设计了钢质伞骨，这是人们在伞具设计方面的一大进步。

在伞具的设计上，另一个重大突破是折叠伞的问世。由于伞的体积很大，即使合拢起来也还是很长，不方便人们随时携带。于是，人们的目光开始聚焦在如何减小伞的体积上来。功夫不负有心人，20世纪20年代，德国工程师汉斯·豪普特发明了折叠伞，并成立了一家伞具公司，专门制作、销售可折叠式伞具。折叠伞因为体积较小，更加便于携带。直到今天，折叠伞仍是我们最常见的伞形。

近年来，臭氧层中臭氧的减少，让越来越多的人开始关注太阳辐射，并且采取各种各样的措施来减少强烈的阳光照射带来的伤害。几十年以来，人们都在身体上的暴露部位涂抹防晒霜和防晒油，来阻挡太阳光线的辐射。但是随着人们对不同类型的太阳光线的深入了解，使用遮阳伞来阻挡太阳光线辐射的做法是最科学、最有效的。于是，在晴天打一把遮阳伞来抵挡强烈的阳光，再度在人们中流行起来。丝绸、纸、蕾丝或天然纤维制成的遮阳伞，既可以用于聚会、旅行和长途漫步，还可以固定在海滩上，供人们使用。沙滩伞和户外伞的出现，更是前所未有地受到人们的青睐。

如今，制作伞的材质虽然有很大的改变，但无论是雨伞还是遮阳伞带给人们的舒适感，一直没有改变。

沙滩伞

太阳镜
出名记

太阳镜是如何从籍籍无名走向时尚潮流单品的呢？

任何一种伟大的发明，都能在很短的时间里快速地推广开来，被人们广泛使用。可是，在太阳镜最初出现之后的 400 年里，它远不像今天这样受欢迎。因为当时它既不能保护佩戴者的眼睛免受太阳伤害，也不能增强视力，让人们看清远处的东西，所以并没有很快地被人们接受。

据说，太阳镜是 14 世纪初才引入中国的。当时的太阳镜片是由烟水晶制成的，有很强的遮蔽性。于是，官员会在提审犯人时佩戴太阳镜，用来遮挡自己的面部表情，以免让犯人看出他在想什么。由于那时的太阳镜确实能或多或少地

降低太阳强光的照射，因此在街头巷尾很快流行起来。

18世纪中期，英国著名的配镜师詹姆斯·艾斯库开始尝试制造有色镜片来阻挡太阳的强烈光线——这就是现代太阳镜的雏形。艾斯库认为，传统的透明镜片有害视觉，因此开始制作绿色和蓝色调的镜片。1929年，美国企业家山姆·福斯特在美国新泽西州大西洋城的木板路上，开始出售名为"福斯特·格兰特"（Foster Grant）的太阳镜，受到人们的普遍欢迎。与此同时，好莱坞明星们为了提升自己的艺术形象，也开始佩戴太阳镜。太阳镜的受欢迎程度空前高涨，大家都想要一款属于自己的太阳镜。

1936年，宝丽来公司的创始人艾德温·H. 兰德获得了偏光镜片的发明专利，太阳镜终于成为聚光灯下的大明星。1937年，美国军方开始启用适合飞行员佩戴的太阳镜，用于保护飞行员的眼睛。太阳镜自此呈现出全新的炫酷感觉，也拥有了更加广阔的销售市场。

领带
演变大事记

一身笔挺的西装，搭配一条得体的领带，为男性带来强大的气场。其中，领带的作用功不可没。

最初的领带是如何发明的，又是如何佩戴的，我们不得而知。但是，从古至今，领带的数量和种类相当繁多。

陕西西安的秦始皇陵墓中，有很多真人真马大小的兵马俑，这些兵马俑的制成时间不晚于公元前210年。其中，很多人俑都佩戴着丝绸领巾，这是已知最早的现代领带的前身。文字记载表明，古罗马人的领带是演说家为了保持声带部位的温暖，特意围在脖子上的布条。公元113年，古罗马帝国皇帝图拉真建造了一座宏伟的纪念碑，来庆祝达契亚人（现在的罗马尼亚

佩戴领巾的兵马俑

人的祖先）的胜利。纪念碑的雕像上一共刻画了2500个人物，不同身份的人的脖子上系着三种不同类型的领带：短领带、领巾和系结的头巾。如此看来，领带的出现，不仅仅用来展示男性自己的品位，而且还是一种身份和地位的象征。

第一种现代领带其实是一种男士领巾，它来源于克罗地亚雇佣兵所佩戴的丝绸方巾。法国宫廷在1661年召集了这些雇佣兵，并对他们为法国国王路易十四所做的贡献表示感激。当时，法国国王被他们华美的颈部装饰吸引了，于是这种丝绸方巾很快就在爱好装饰的法国人群中成了一种时尚潮流。同样是在1661年，英国国王查理二世重新登上王位，并掀起了佩戴精致蕾丝领结的时尚热潮。

随着时间的推移，领带成为宣布效忠于特定群体的一种方式。之后，领带又有了更大的改变。1845年，剑桥大学的板球俱乐部发明了第一种带有运动色彩的旗帜领带。1880年，牛津大学埃克塞特学院赛艇俱乐部的成员们，曾经把他们的缎带帽带系在自己的脖子上，创造了第一种古老的学校领带。有意思的是，英国军队曾放弃过彩色的制服，但佩戴有颜色的领带的传统却保留至今。

佩戴蕾丝领结的法国人

为现代领带带来重大发展的是斜纹剪裁设计。美国纽约市的裁缝杰西·朗斯多夫在 1924 年获得了这项发明的专利。在这个设计中，领带分为三个部分，这最终成为领带行业的世界标准。20 世纪 80 年代，从事投资银行和法律等职业的女性都系着柔和的丝质领带，由于当时从事这些职业的人通常都是男性，因此她们靠这种打领带的方式来融入男性同事的圈子。

　　如今，领带已经不单单是西装的标配，更是进入了时尚圈，成为人们喜爱的一种服饰搭配，并且在全世界流行开来。

男女腰带大不同

你知道男性为什么比女性更加需要腰带吗？

有资料证明，人类使用束腰带的历史长达数千年之久。然而，腰带超越了最初的装饰性作用，被男士用来固定裤子，却是才出现不久的事。

自20世纪20年代起，美国男性才开始在裤子上系腰带。在此之前，大多数男性都在使用背带裤子。他们将背带越过肩膀，在身体前后两侧分别将两端扣在裤腰上，这就是一种很普遍的背带裤。那时，皮质腰带几乎完全是属于军事和安全部队的装备。尤其是整个19世纪和20世纪初期，对于军队来说，在整齐划一的队列阵形中，腰带的佩戴必不可少。这种惯例是基于实际考虑而形成的。军人束腰外衣上的腰带有着特殊的作用，这是他们佩剑或挂手枪套的地

方。即使不再随身携带武器，警察仍然佩戴实用性腰带，来携带枪套和手铐等。

有趣的是，男性使用腰带和裤子吊带其实是和他们的身体结构有关，因为他们的腰围和臀围通常相差不大。一条裤子穿在身上，如果没有东西固定，他们的裤子随时都会掉下来。从这个意义上说，腰带的确是男人的标志性装饰。而女性的身材凹凸有致，纤细的腰身和丰满的臀部形成对比，足以支撑她们的裤子不会从腰上脱落下来，所以，她们很少需要使用腰带来固定服装，而更多地会将腰带当作时尚配饰。男性腰带通常使用普通皮革制作，上面有金属搭扣，以实用为主。而女性腰带的材质多种多样，从皮革、布料、塑料到金属，应有尽有。不仅如此，女性腰带上还点缀着珠串、莱茵石或链子等各种饰品。

如今，男士和女士的腰带也有着各种各样的变化，不管是在实用性还是时尚性上，都发挥着重要的作用。

时尚又实用的
手套

说起手套，你能想到它的几种用途？

作为服装和时尚配饰的一种，手套为人们带来诸多便利。毫无疑问，手套能够很好地保护手部。其实一般情况下，如果不是寒冷的气候环境，人们并不需要戴手套。不过，在从事激烈的运动或者对抗中，人们确实需要戴手套进行防护。

为了保护自己的双手，史前人类曾制作出一种笨拙的手部保护套。古希腊和古罗马，是世界上两个历史非常悠久的国家，古希腊人和古罗马人也曾在他们的文学作品中提到过手套。例如，古希腊诗人荷马曾经在文章中描述了雷尔提斯为了躲避荆棘而佩戴手套的情形。在他的作品《荷马史诗》中也记载着一项习俗：同印度或中东人一样，古希腊人进食时，是吃抓饭的。不过他们用手抓饭之前，要戴上特制的手套，手套的实用功能和我们中国人使用的筷子功能相同。所以，手套也曾是历史上的用餐抓饭工具。但是那时，手套也同时是一种防止手部受到伤害的工具。

除此之外，几个世纪以来，手套一直都是一种重要的服装配饰。

在11—13世纪的欧洲，手套开始成为贵族女士们的时尚配件。手套还有一个有趣而特殊的象征意义：在赛场上，向对方抛出长手套，意味着挑战的开始。地位尊贵的女士，可以把自己的手套摘下来，赠给有功劳的骑士，用来表示赞赏。

英国女王伊丽莎白一世非常喜欢佩戴手套，以此来炫耀自己美丽的双手。她曾拥有2000多双手套，应该是世界上拥有手套最多的人。为了让自己的手套更加出彩，女王还喜欢给手套喷洒昂贵的香水，来保持手套的魅力。在她的影响下，贵族女性纷纷开始效仿。在当时的英国和法国地区，出色的手套制作大师和香水大师，都是最受人们尊崇的。

到了19世纪，欧洲贵族的女士们更喜欢佩戴一种尺寸非常小的手套，以彰显她们双手的精致，并保持婀娜的淑女姿势。手套越小，越能突出女士的小手，也越让女士们得到别人的喜爱。可是，如果想要把一双小小的羊皮手套，戴在一双大号的手掌上，手套的女主人可就要花费很长的时间才行。有时，还需要在手上涂满润滑粉，甚至会为此花费一个多小时的时间。直到20

英国女王伊丽莎白一世

世纪末期，手套都是女士衣柜中必不可少的一种配饰。

随着时光的飞逝，手套也有了更多的功能。最重要的创新就是医用乳胶手套的发明。在护士为患者接种疫苗，医生进行相关检查，实验室技术人员处理样本等情况中，人们都需佩戴乳胶手套，才能保证操作者和操作对象不会受到损害或污染。

如今，我们在吃骨头一类的食物时，是不是也要先戴上一副手套呢？

仪式性大于实用性的手帕

在西方，从古罗马时代起，人们就曾用亚麻手帕来擦拭鼻子。但是，过去的几个世纪里，手帕只是纯粹的装饰物，并没有实际的用途。人们可以在比赛活动中挥动手帕来为自己喜欢的运动员加油，或者把手帕放在口袋中，露出其中的一角来作为装饰。如今，手帕在很大程度上已经被面巾纸所取代。但是，在一些婚礼或葬礼仪式上，手帕仍有存在的价值。

手提袋
装饰大法

手提袋装饰谁更强？只有想不到的，没有做不到的。

从最初结实耐用的提拎式麻布袋，到藏在衣服里面的暗藏式布袋，再到各种各样的衣袋，最后发展成现在五花八门的手提袋。手提袋的这一发展历史清晰地表明，人们对袋子的需求，是从开始的实用性逐渐向装饰性发展的。

在中世纪晚期的欧洲，现代钱包和手袋的雏形出现了。当时，人们考虑的就是实用功能——无论男女，都开始携带容量更大、装饰更加华丽的口袋。只要出门在外，人们看到谁的口袋更大，设计得更巧妙、更美丽，谁就会迎来更多令人羡慕的眼光。到了17世纪，女士们习惯把口袋放在裙子下面，而男士的衣服很快也有了缝制好的暗袋。可是，男人的口袋一直

欧洲女性服装外的口袋

起着盛放小物件的作用。女士口袋的用途，除了盛放小东西之外，开始朝着时尚配饰的方向转变。到19世纪初，修身的帝政礼服开始流行，女士开始将口袋放在衣服外面，口袋的装饰作用进一步得到了巩固，成了女士们喜爱的一种搭配。

根据使用的场合和佩戴方式的不同，这些新型口袋分为手提式和腰挂式两种。其中，腰挂式口袋通常会被系在腰带或皮带上。当工业革命如火如荼地进行时，手提袋的装饰性作用益发凸显。人们向来热衷于装饰手提袋，通常使用珠串或金属链精心装饰。

20世纪早期，手提袋的容量变大，功能增多，还配有小镜子、眼镜袋和外侧袋等。皮革或兽皮制作的手提袋也出现了，它们比精致的绣花丝绸和天鹅绒材质的手提袋更加耐用。不过，无论材料如何，人们制作手提袋的初衷，都是为了安全着想。

在中国，虽然手提袋从实用到时尚的转型比较晚，但中国人自古就会制作手提袋，并下意识地对其进行装饰。例如，过年的时候，人们将花布的四个角打成结做成简易的"手提袋"，装上丰盛的年货，向亲朋好友拜年。平时，人们用麻布做成经久耐用的麻布袋（俗称"包袱"），在里面装上换洗的衣物和用具，就可以出远门了。

你是否见过令你印象深刻的手提袋呢？

名牌产品

你眼中的名牌是什么样的？一种消费品，只要挂上名牌，就会在同类产品中脱颖而出，身价倍增。你知道吗，最初的名牌产品来源之一，就是法国箱包制作商路易·威登。路易·威登公司生产的平顶行李箱、包袋，以及书架和办公桌等定制产品，彻底改变了全球旅行的概念。紧随着路易·威登脚步的，是爱马仕的马具皮革制品公司。说来有趣，由于爱马仕夫人总是抱怨找不到适合她品位的手袋，所以该公司在20世纪初开始生产昂贵的手袋。大概在同一时期，著名女设计师香奈儿创造了她标志性的链条皮包。很快，人们就迷上了带有标志或字母组合的物品。如今，各个知名品牌都在制作皮包、皮带、太阳镜等配饰。可是，在这些大牌当中也有一些假货存在，让人防不胜防。对消费者来说，最困难的事情，莫过于辨别品牌的真假。

5 衣物护理

　　在人类社会早期，人们吃生肉，住山洞，生活质量极差。那时，人们穿的衣服也非常简陋，一片宽大的树叶、一张最原始的兽皮就可以带给人们安全感。大约在石器时代，人们学会了使用工具，磨制骨针、骨角等，把兽皮、树皮、树叶等串联在一起制成最初的服装。随着时代的发展，缝制衣服的技术越来越先进，对衣物的处理方式也越来越便捷。

无论如何，一个人应永远保持有礼貌和穿着整齐。
——海登斯坦（瑞典诗人、小说家，1859—1940）

缝纫机：
人人当裁缝

不管在什么时候，衣服破了是需要缝补之后再穿的。但在以前，人们用的都是最简陋的工具，直到有了它——缝纫机。

最开始，人们都是手工缝制衣服的，缝衣针也是人类发明的最古老的工具之一。据考证，人们使用缝衣针的历史可以追溯到两万年前的人类社会。最初的缝衣针，是用又细又小的骨头和兽角经过磨制而成的，包括一个用来穿过布料的尖端，和另一端用来穿线的针眼。这样粗糙的缝衣针，主要用来进行基本的服装缝纫。

人类很早就发现，将兽皮缝制在一起穿在身上，能起到保暖的作用。有时，也可以让食物保持一定的温度。

1790年，英国发明家托马斯·山特经过研究，发明了第一台可以重复缝纫动作的缝纫机。由于制作起来非常费事，因此无法投入大批量生产。1830年，一位名叫作巴泰勒米·蒂莫尼耶的法国裁缝，使用一根线和一根

骨头制成的针

模仿链式刺绣的钩针制作出一个新型缝纫机。这两台机器就是现代缝纫机的雏形。

1846年，缝纫机器的制造取得重大突破。美国人伊莱亚斯·豪发明出一种缝纫机，它能同时使用两种缝纫线进行工作。这种缝纫机的双线连锁缝纫法，加上艾萨克·辛格的上下式机械装置，以及艾伦·威尔逊的旋转钩针，共同促使制造现代化缝纫机的想法变为现实。同年，伊莱亚斯·豪获得了这种缝纫机的专利权。

1851年，美国机械工人艾萨克·辛格发明了锁式线迹缝纫机，并成立了胜家公司。这一时期的缝纫机基本上是手摇式的。1859年，胜家公司发明了脚踏式缝纫机。在托马斯·爱迪生发明了电动机后，1889年，胜家公司又发明了电动机驱动缝纫机。从此开创了缝纫机工业的新纪元。电动缝纫机得到了广泛的应用，成为家庭生活中不可或缺的工具。人们不再依赖手工缝制来完成复杂的缝纫工作。相反，人们可以借助缝纫机的力量，在家中制作窗帘、缝补衣裤等。从那以后，胜家公司等厂家经过探索，开始生产体积更小、更适合放入缝纫室的缝纫机，以及一些可嵌入或展示在漂亮橱柜中的缝纫机器。

随着各项技术的发展，现代缝纫机仍在不断进步：许多机器都内置了计算机程序，只要摁下启动键，就可以自动完成数百种缝纫方式和刺绣图案。用计算机程序缝出的线迹既整齐又美观，而且还很牢固，为人们的生活提供了很大的便利。

解放双手的
洗衣机

你的衣服脏了，怎么办？对，扔进洗衣机里，启动机器，就可以坐着等待了。

人类的两种洗衣方法已经历经千年，仍在被使用：一种是将衣服铺到河边的石头上，用棒槌捶打；一种是把装着衣服的袋子拖到船后边，在水中冲刷。这也说明，洗衣服最重要的，就是把衣服上的脏东西涮出来，排放在水中。

人们知道，要想把衣服洗干净，需要让水和用来除去污渍的肥皂共同在衣服纤维上起作用。但要怎么做，人们并没有想出好办法。即使到

了20世纪初，洗衣服仍然是一项繁重的体力活：人们需要打水，在大水桶中用力搅动衣服或用手揉搓衣服，才能洗好一件衣服。

最初的洗衣工具是洗衣板。人们可以通过在洗衣板硬邦邦的棱纹表面上来回摩擦的

方式清洗衣服。1782年，英国人亨利·希吉尔，发明了第一台"洗衣机"——一只有转动把手的笼子，转动把手，笼子中的木棒可以不断捶打衣物。当控制杆出现后，詹姆斯·金在1851年发明了滚筒式洗衣机。在此基础上，汉密尔顿·史密斯在1858年发明了一种新型滚筒，它具有反转的功能，能让滚筒用两种方式进行旋转，达到洗涤的效果。

直到20世纪初，洗衣机才开始使用电力作为动力。美国人阿尔瓦·J. 费希尔发明制造了世界上第一台电动洗衣机，彻底把人的双手从洗涤中解放出来。但是，这种带电的装置裸露在外面，不小心就会给人们带来伤害。怎么才能既让洗衣机自动工作，又不伤害到人类自己呢？20世纪30年代，工程师们设计出一种能将洗衣设备密封起来的洗衣机外壳，这样水花就不会乱溅出来，马达也不会短路，操作机器的人也不会再受到机器伤害。20世纪三四十年代，随着全自动机器装置的出现，一种具有旋转周期的全自动洗衣机随之问世。

使用洗衣机面临的另一个难题是水源问题。原先手洗衣服时，洗一次衣服可能需要消耗200升水。有了自来水，自动洗衣机设备就可以连接到水龙头上，根据需要用水。随着机器功能变得更加复杂精细，

1940 年一位美国妇女正在使用电动洗衣机

人们还可以在家里安装永久性的洗衣机冷热水龙头来控制水温。

现代技术的迅速发展，也促进了洗衣机功能的进步。例如，增添了数码仪表盘、功率更大的马达，以及内置计算机程序。有了这些功能，以前需要人们花费大半天才能完成的工作，洗衣机在短时间内就完成了。

在美国，大多数家庭都会使用洗衣机和烘干机。对于公寓住户、学生等群体来说，自助洗衣店则是不错的选择。

烘干机

19世纪，最初的烘干机被称为"通风机"，这种机器看上去像一只大桶，在火炉前不停转动。它的实际操作原理和现代电动烘干机相似，都是通过加热和旋转来除去衣服上的水分。在没有热源的情况下，让衣物干燥的最佳方法是使用挤压机，即将织物置于两个滚筒之间挤压，当多余水分被挤压掉后，人们便可将衣物悬挂在室外晾干。现在的洗衣机都有自动甩干的功能，洗涤之后，会自动把衣服中的水分甩出去，让衣物快速干燥。

褶皱克星
——熨斗

熨斗是如何让衣服上的褶皱全部消失的呢？

熨斗的最大作用，就是用来熨平衣服上的褶皱。长久以来，在各个国家，人们都在使用热力或压力来去除织物上的折痕与褶皱，而热力还可杀死织物中的跳蚤、虱子、细菌和霉菌等。如今，我们可以将熨斗接上电源，加热。当熨斗热到一定程度，再把衣服铺在熨衣板上，推动熨斗，在衣服上来回移动，熨烫衣物。

最初，熨斗的形状是圆形的，古希腊人用这种熨斗为亚麻布除褶。

古罗马人使用"手动压布机"来拍打织物，也使用一种衣服压力器来熨烫衣物。在中国，古代的人喜欢使用一种叫作"火斗"的原始熨斗。这种装置的顶部装有炙热的煤块，和 19 世纪的熨斗原理有些类似。大约在 10 世纪，斯堪的纳维亚半岛的维京人开始使用由玻璃制成的亚麻布熨平器，这种工具有可能是使用热水来完成熨衣过程的。

14 世纪，欧洲出现了熨斗，它包括一块薄铁片、一只把手。人们将铁片在火中加热，待其稍冷却后才使用。使用时，熨斗和衣服之间通常要放一块垫布，以防衣服沾上烟灰污渍。匣状熨斗随后问世，它中空的金属底座可以装满燃烧的煤炭，熨衣时无须垫布。

一直到 19 世纪，人们仍在使用匣状熨斗。后来，煤气熨斗和电熨斗取代了这种古老的熨衣方式。1882 年，美国人亨利·W.西利发明了第一个实用电熨斗。这种熨斗可在架子上加热并迅速冷却，与之前的熨斗相比有了巨大的进步。

古董金属熨斗

20 世纪 20 年代的蒸汽熨斗和 30 年代的防锈熨斗都是创新之作，熨斗的实用性得到了进一步的提升。

据考证，中国古代的熨斗比外国发明的熨斗早 1600 多年，中国也是世界上第一个发明并使用熨斗的国家。

晾衣夹

的兴衰史

用晾衣夹将洗好的衣服夹在晾衣绳上，衣衫便在阳光下、微风中自由飘扬。晾衣夹逐渐淡出了我们的视线，但是它也曾在人们的生活中起到过非常重要的作用。

最开始，人们大概是从返航的水手那里获得了灵感，才开始把衣服晾在一根绳子上。水手们长年在船上生活，因此常常把湿透的衣服挂在绳索装置上晾干。使用高处的绳子晾挂衣服比把衣服挂在树枝或篱笆上，更加方便有效。因为树枝和篱笆上满是脏东西，往往会把潮湿的衣服弄脏，有时甚至还会有小昆虫趁机躲藏在衣服中。

虽说人们充分地利用了自然资源，把洗涤过的衣服搭在绳子上，让太阳来晒干衣服上的水分。可是，衣服总是会被调皮的风吹掉。如何把衣服固定在绳子上成了难题。

1853年，美国佛蒙特州的大卫·M.史密斯申请了弹簧夹的专利——

这是专门用在晾衣绳上固定衣物的工具。其实，用来晾衣服的木制夹子在当时已经有了几十年的历史，史密斯不过是在前人的基础上做了一些改进，并且公开申请了专利。这种晾衣夹使用起来方便快捷，具有很高的使用价值。

美国弗吉尼亚州里奇伍德地区曾经是生产晾衣夹数量最多的地区。但2001年，位于佛蒙特州首府蒙彼利埃的国家晾衣夹公司由于种种原因宣告倒闭了。不过，在美国，人们仍然可以买到中国生产的木制晾衣夹。

晾衣夹从诞生以来，仅仅兴旺了几十年，就几近销声匿迹了。导致晾衣夹没落的原因有很多，其中一个最大的因素是一次性尿布的发明，有了这种尿布，人们再也不需要用晾衣夹来晾晒洗过的尿布了。后来，人们开始使用干衣机烘干衬衫、裙子和其他物品，晾衣夹的应用范围进一步缩小。

如今，越来越多的人进入城市，在楼房里生活，更多的衣物无法在室外晾晒，只能使用晾衣架在楼房里晒干。使用晾衣架时，只要把衣物搭在上面就可以了，无须使用晾衣夹。尽管不再使用单独的晾衣夹，但有些晾衣架上会带有小夹子，这还是原来晾衣夹的原理。只不过，原来的晾衣夹是木制的，现在已经变成了塑料制品或者金属制品。除此之外，晾晒袜子之类的夹子，也是同样的道理。

在生活中，任何事物的出现和没落，都有一定的道理。应该出现的时候，它们就会出现，不再需要的时候，它们就会被历史淘汰了。人类社会是一直向前发展的，晾衣夹也一样。

晒衣服的好处

在阳光下，露天晾晒衣服是最古老的干衣方式。随着电动干衣机的出现，露天晾晒衣服的方式似乎不再流行。如今，这种环保晾衣的方式正在重新兴起。人们若在晾衣绳上晾干衣服，每年可节省数亿度电。衣服洗好后，尽快从洗衣机中取出来，抖动抚平衣服上的褶皱，挂在晾衣绳上。这样就减少了熨烫衣服的必要。另外，晒在阳光下的衣物能吸收太阳光线中的紫外线，杀死隐藏在衣物中的有害病菌。

万物有来源

凝结智慧的器械与工具

⑧

高朗文化　编著

花山文艺出版社

河北·石家庄

目录
Contents

3 办公用品

4 学习文具

定位
工具

5

6

观察
器具

1 生产工具

　　在最古老的工具当中，斧头和犁的历史最悠久，最早可追溯到石器时代——那时，人们就已开始使用石制的斧头了。只不过这种打磨制成的石斧比较笨拙，使用起来效率不高。随着青铜、铁器时代的到来，农业工具和其他工具有了长足的进步，使用的效率和耐用性大大提高。18世纪和19世纪，工业时代来临。那时，钢铁供应充足，小型机械零件大量涌现，工厂开始使用新机器来生产专门的新型工具。化学和其他科学的进步，对工具制造起到积极作用。而以蒸汽、汽油和电力作为驱动力的工具，也逐渐取代了手工工具。

这是个了不起的发明，但谁会用它呢？

——拉瑟福德·海斯（美国前总统，1822—1893）

助力好帮手
——斧子

生活中，斧子的作用非常大，不但能劈开笨重的东西，还能把坚硬的东西砸碎，而且越沉重的斧头，力量越大！

　　斧子是人类史上最古老的使用工具，也是在生活中用途最广泛的工具之一，它的使用历史最早可以追溯到史前时代。大约 3 万年前，石器时代的人类就开始使用斧头了。他们挑选一块一头薄、一头厚的天然石块，用磨制的方法，让薄的一头更薄、更锋利，以便于劈开笨重的树木和动物的身体。不过，最开始的时候，斧头是没有握柄的，使用起来不够方便。后来，人们用木头或骨头制作斧柄，并用树皮、藤蔓等纤维材料把斧头绑在斧柄上，而木头上的裂缝，常常用作斧柄和斧头的连接点。这就是斧头的雏形。约公元前 4000 年，人类迎来了青铜时代，古埃及人开始使用青铜制作斧刃。约公元前 1000 年，铁斧开始出现在人们的生活中。

春秋战国时期铜斧

　　铁斧虽然比石斧坚韧，但它的斧刃

钢板

却很难磨得锋利。于是人们将钢焊接到铁质斧刃上，这样一来，斧刃不仅更容易打磨，还能变得更锋利。但是，19世纪晚期之前，钢——这种含碳量少的精制铁，一直是一种十分稀有和昂贵的金属材料，不容易获得。

早在公元前300年，非洲东部和印度南部的人们，就已经生产出了少量的钢铁。中世纪，欧洲人曾使用一种特殊的熔炉生产出一些钢铁，但是生产这些钢铁却非常耗时耗力，往往费了好大的劲，却很难生产出大量的产品，投入产出不成比例。此外，钢质斧刃通常会很容易弯曲或变形，人们使用时需要极小心地均匀使力才行。

虽然面临着重重困难，但是欧洲和美洲的人们从中世纪开始，就广泛使用铁斧或钢斧了。他们砍伐大片森林，将空出来的土地稍加平整，用来种植庄稼，发展农业生产。18世纪，在美国，钝头式斧头发展成为标准形状的斧头。这种斧头在斧刃的对端有一个突出的钝头。钝头增加了斧头的重量，使其更加有力，还可以通过将重心转移到离斧刃更远的地方，使斧子达

消防斧

3

到平衡。到了 19 世纪 80 年代，制造商销售的伐木斧头种类达到了 100 多种，这些斧子有着各式各样的名字。

　　在中国，斧子的起源很早，也曾作为古代的一种兵器。古典小说中对斧子这种兵器有很多描述。例如，《三国演义》第五十二回这样写道："道荣出马，手使开山大斧……抢大斧竟奔孔明。"《水浒传》第三十八回曾言黑旋风李逵"使两把板斧"；第七十二回还说李逵"拿着双斧，大吼一声，跳出店门"。从这些小说反映的情况，不难看出，斧不仅是历代广为使用的兵器，还是民间武侠小说中一般侠客的常用兵器之一。你知道唐朝开国名将程咬金吗？他也是手使一把开山大斧。只不过他只有三个招式，直到现在还传为笑谈。

古代战斧

　　现在，手工的斧头已经不多见了，但在生活中，人们有时还需要使用斧头来助力。

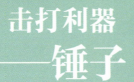

击打利器
——锤子

最开始，人们通常使用现成的石头和木头来打击猎物。后来，才开始有意制造一种趁手的石锤。

许多灵长类动物在狩猎过程中，会随手捡起现成的岩石和木棒，把这些坚硬的物体当成锤子击打猎物。这似乎是一种本能活动，在它们的大脑中根深蒂固，代代相传。科学家对早期人类的研究结果，基本可以支持这一论断。

钉子

在埃塞俄比亚的考古遗址中，人们发现了一种石器，历史可追溯到大约 200 万年前。在南非出土的文物进一步显示，约 50 万年前，人类首次开始使用手柄，用于制作武器和工具等。约公元前 30000 年，石器时代的人类用岩石进行锤打操作。到了青铜器时代，人类发明了金属工具，其中包括金属锤。虽然锤子的历史几乎与人类的历史一样长，但是和锤子相匹配的钉子却在公元前3000年左右才进入人类历史。当时，人类使用青铜钉来建造房屋等建筑。公元前200年，古罗马出现了铁锤，这表明人们不仅改进了手柄，而且确定了锤子的基本

羊角锤

形式。古罗马人还发明了羊角锤，这是一种有用的、合乎需要的发明，因为人们需要用羊角锤来拔出铁钉。

除了可以用作工具，锤子在过去还是一种冷兵器。古代书籍中，我们经常会看到相关的描述。例如，三国时期，曹操手下有一猛将名叫许褚，力大无比，他多次在危难时救了曹操，据说其所用兵器便是长柄大锤子；隋唐时期的第一高手李元霸，他所使用的就是两把超级重的大锤子，上了战场，对手不要说对抗，就连招架，也是招架不住的；岳飞的长子岳云也是使锤子的高手，他和当时的另外三员大将一起，留下了八大锤大闹朱仙镇的故事。

几个世纪以来，人们不断发展、改进锤子，设计出各种各样、适用于各种场合的锤子，如用于金属加工的球头锤，用于重型结构的大锤等。

现在的锤子，多是专用的。只有专一，才能把作用发挥到极致。

挖掘利器
——铲子

劈砍、击打都有了适当的工具，那么挖掘用什么工具最为合适呢？你有两种选择。

铲子与铁锹，这两种工具不仅外形相似，在人类的挖掘史上也有着紧密的联系。一般而言，铁锹的头部更加平坦、锋利，而铲子的头部是面宽内凹的。在人类历史上，这两种工具对农业、采矿、搬运杂物，乃至考古挖掘等多个领域都至关重要。

铁锹

我们很难确定铲子和铁锹的确切发明日期。大约公元前3000至公元前2000年，人们就已经开始使用这两种工具了——用它们来挖掘位于今天英国英格兰诺福克郡的一处燧（suì）石矿床。新石器时代，人类开始大量使用燧石，用以制造刀片、斧头和矛头等锋利的工具。

7

为应对剧增的燧石需求，矿工们使用鹿角镐和木铲挖掘燧石矿床，挖掘工作持续了大约 600 年。在世界各地出土的新石器时代和青铜时代的铲子，大多都采用牛等动物的肩胛骨制作而成。这是因为牛的肩胛骨宽大，做出的铲子结实耐用。1950 年，人们在丹麦发现了图伦古尸——一具来自公元前 4 世纪却仍保存完好的木乃伊。而他的身旁就有一把泥炭制作的锹。后来，人们学会了使用金属来制作抬举和挖掘的工具。到了公元 1 世纪，人们已经开始用铁铸的铲子来翻土了。

燧石

殖民者踏上美洲新大陆时，带来了英国制造的铲子，并用其开展耕作活动。1774 年，在美国马萨诸塞州的布里奇沃特，约翰·埃姆斯成立了美国第一家铲子制造公司，后来他把业务传给了他的儿子们。从美国内战到之后的其他战争，美国陆军士兵都在使用埃姆斯公司制作的铁铲。

如今的铲子大小不一，用途也不一样。例如，有一种带短手柄的小铲子，使用起来十分方便。春天里，人们会用它来挖各种各样的野菜，把春天搬到家里的餐桌上。这种小铲子，也是爱花人士的首选。园艺爱好者用小铲子来栽培自己喜爱的花卉，或者移植的时候用它来把一株花挪移到另一个花盆里。

　　现在，铲子还是很多小孩子喜爱的玩具，不过那些都是塑料制品。冬天，小孩子们喜欢用它来铲雪。在海边玩耍时也可以用来挖沙，那乐趣多极了。

多能利器
——铲刀

铲刀作为今天的厨房利器，它的发明却与厨房没有一丁点儿关系。

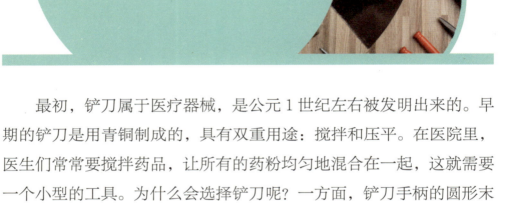

　　最初，铲刀属于医疗器械，是公元1世纪左右被发明出来的。早期的铲刀是用青铜制成的，具有双重用途：搅拌和压平。在医院里，医生们常常要搅拌药品，让所有的药粉均匀地混合在一起，这就需要一个小型的工具。为什么会选择铲刀呢？一方面，铲刀手柄的圆形末端非常适合搅拌药品；另一方面，平头铲刀的底面是平的，因此可以将药物涂抹在需要的地方，并将其压平，使药物紧密贴合在患者的伤口上，便于包扎。后来，这种多功能的工具很快又被外科医生用作压舌板，铲刀扁平的头部可以很好地与舌头贴合，便于医生检查病人的咽喉。除此之外，医生发现铲刀加热后还可以用于烧灼伤口，以达到消毒的目的。当然了，对于患者

来说，这个过程听起来就很痛苦，可是在尚未发明麻醉剂的年代，这种古老的消毒方式却是最有效的。据说，功能强大的铲刀在古代医学界极其受欢迎，如果你翻看古希腊和古罗马现存的医学著作的话，甚至能发现每一本书里面都会至少提及铲刀一次。

经过了几个世纪的发展，铲刀的形状有了变化，也发展出了更多的用途。例如，画家们使用铲刀小心翼翼地混合颜料，搅拌均匀后，将它们涂抹在画纸上，形成一幅幅美丽的图画。自19世纪以来，牙刀——这种特殊的小型"铲刀"，也用来混合黏合剂、固定牙齿。那大型"铲刀"呢？最夺目的无疑是装在推土机后面的"巨无霸"了。平地机铲刀能够进行升降、倾斜、侧移还有360°回转等运动，并且可以在较大范围内调整，因此能够实施压平地面、侧面移土、路基成型和边坡修整等作业，为我们的道路修建立下了不小的功劳。

如今，我们最熟悉的铲刀应该是厨房中的锅铲。饭店的大厨们使用锅铲进行各种各样的烹饪工作，如拍平干燥的食材、翻炒食物、铺开糖霜、混合面糊等。的确，锅铲已经成了全世界厨房的永恒主力，是带给我们美食享受的重要工具。

犁具：
在沃土上翻出波浪

自从有了农业，作为最重要的农具之一——犁，就一直陪伴着人们在肥沃的土地上翻开最美的波浪。

人类在诞生初期，是依靠采摘和狩猎为生的。后来，人们偶然发现，掉落在地上的一粒种子在春天会发出小芽，在秋天能让人们收获更多的果实。从那以后，人们就开始特意把种子埋到土里，等待秋天的收获。在这个漫长的过程中，史前人类在农业生产方面积累了最初的经验。

古埃及壁画中的犁具

他们发现比起直接塞进紧实的土壤中，在疏松的土壤中播下的种子生长情况更加良好。于是，人们开始有意翻松土地，而各种相应的工具也应运而生。

挖掘棒是人类最早的农具之一。而犁具的历史可以追溯至

8000 年前，最初的犁具，很可能只是一根分杈的树枝。耕作时，一个人向下按着树杈一端，使尖端拖在地上，另一个人抬起树杈另一

古罗马犁具

端拉着走。到了公元前 2000 年，古埃及人开始使用一种牛拉的木质犁具进行耕田。这种犁具是木质的，成"Y"形，"Y"形犁具的一端较尖，扎入土地，用于翻土耕地；一端用于耕牛牵引；还有一端用作把手，供耕地的人扶持。耕地时，牛拉着犁子在前面走，土地上会划开一道浅浅的沟垄，便于后期播种。古罗马人还在犁具中加入了铁片，但他们发现这些犁具重量太轻，无法处理欧洲部分地区比较坚硬的土壤。

中世纪早期，由牛和马牵引的轮式犁具的不断发展，使农业快速传播到整个欧洲大陆。大约 16 世纪，犁壁出现了，它的出现对犁具的发展来说，是一项重大的进步。犁壁是附在犁（lí）铧（huá）上的一块向后弯曲的板子，它能够把犁铧翻起的土块，进一步打碎和翻转，从而使土地更加松软和平整。

有犁壁的犁

一直以来，犁具在设计上并没有多大变化。到了 19 世纪，面临大片待开垦的土地，美国人发挥了他们的聪明才智，开始了犁的研

制。1837 年，美国佛蒙特州的约翰·迪尔发明出一种钢犁。这种犁具在美国大平原的草地上使用以后，产生了良好的效果，那光滑的犁壁能够干净利落地破开充满黏性的土壤。此后 20 年内，迪尔的犁具年销量可达到 1 万把。随后，迪尔和其他制造商开始生产一种双轮犁具，这样人们就可以骑马来操作，控制犁具。20 世纪初期，第一批蒸汽驱动的大型犁具出现，大大提高了人们的工作效率。

拖拉机犁

犁具的变迁历史，也是人类农耕文明的一个剪影，说明了人类社会一直向前发展。

拖拉机

拖拉机是农场和建筑工地等场所常用的重负荷机器，它是由 19 世纪晚期用来拉犁的蒸汽机演变而来的。这些"牵引机"动力十分强大，但是太过笨重，用处并不大。1892 年，美国艾奥瓦州的铁匠约翰·弗洛里希制造出了第一台用汽油做动力的拖拉机。到了 20 世纪第二个十年，拖拉机才在生产中普及开来。

便利的
独轮手推车

你是否见过这样的景象：生活在乡村地区的人们推着一辆独轮车运送货物，甚至可以把孩子放在车上，去集市上买东西，或者去走亲戚。

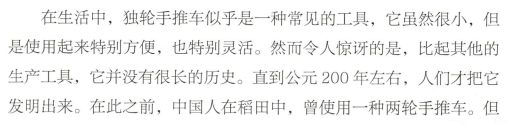

在生活中，独轮手推车似乎是一种常见的工具，它虽然很小，但是使用起来特别方便，也特别灵活。然而令人惊讶的是，比起其他的生产工具，它并没有很长的历史。直到公元 200 年左右，人们才把它发明出来。在此之前，中国人在稻田中，曾使用一种两轮手推车。但是在狭窄的拦水田埂上行走时，因为围在稻田边上的田埂非常窄小，推车两侧的轮子总会滑下来，让人们非常苦恼。后来，有人想出一个主意：把一只大轮子安装在推车下面。凭一只单轮着地，不受路面宽度的限制，所以能通过窄路、巷道、田埂、木桥。三国时期，诸葛亮为

中式独轮车

军队发明了一种叫作"木牛流马"的手推车，用以运送军粮，以及转移受伤的士兵。

旧式独轮车

的确，独轮手推车在中国的生产历史上有不可忽视的一席之地。在近现代交通运输工具普及之前，它作为一种轻便的运物、载人的工具特别流行。中世纪时期，在中国的手推车还没有传到欧洲之前，欧洲的矿工和建筑工人为了能在狭窄的通道中运送货物，曾想出一种新颖的方法，那就是两个人一前一后抬着一个长长的木槽。木槽的两端都有把手，因此比较容易控制。后来，有人把其中一个把手换成了轮子。这样，只需要一个人操作，就可以轻松完成之前两个人才能做的工作。这可以说是独轮手推车的雏形。

不过，欧洲的新型手推车设计并不如中国版本的优良。欧洲的新型手推车由于车轮在车身前部，木槽又很长，根据杠杆原理，搬运者不仅需要花费很大力气才能抬起沉重的货物，还要费力地推动车身。相较而言，中国版本的手推车车轮位于车身的正下方，能有效分担车上重物的一部分重量，对推车的人来说也更加省力。不过，欧洲的劳工们已经习惯了这样的负担，一直使用着那种费力的独轮车。12世纪到15世纪，他们用欧洲版本的手推车，为建设城堡和大教堂搬运了无数块石头，贡献了无数汗水。17世纪，随着欧洲和中国之间贸易往来的频繁，中国的手推车传入了欧洲。不久之后，这种车轮位于车身正下方的独轮手推车，便在欧洲大陆受到了广泛推崇。

　　显然，中国人的智慧征服了他们。正如现在的中国制造一样，受到了全世界的认可和喜爱。

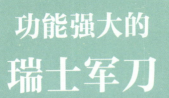

功能强大的
瑞士军刀

普通的折叠小刀是如何进化成功
能强大的瑞士军刀的？

折叠小刀是最早的可随身携带的刀具之一，至少 15 世纪就已经出现。在整个 18 世纪，人们通常用这种小刀来削尖羽毛笔。

大约从 1886 年开始，瑞士军队的所有士兵都配备了一把木制小折刀。几年后，军队开始使用一种新型步枪，这种步枪需要用螺丝刀拧开。因此，军队便在配备的标准刀具中添加了螺丝刀，同时还有锥子、铰刀和开罐器等工具。第一批配备多种工具的瑞士军刀是在德国制造的，因此军队总是需要从德国进口军刀。为了自给自足，1891 年，瑞士银器制造商卡尔·埃尔森纳成立了瑞士银器工会，以便联合其他制造商一起为本国军队提供战备支持。在他设计的各种小刀中，最受欢迎的就是军刀——一

种装配有两个刀片的轻型刀具，其中也包括开瓶器等 4 样工具。

几年后，埃尔森纳的公司就开始面临竞争的压力。另一家银器制造商也开始生产这种刀具。面对两个供应商的激烈竞争，瑞士军队采取了折中的办法，决定从两家公司中各购买一半数量的刀具。1909 年，埃尔森纳的母亲去世。为了纪念他的母亲，埃尔森纳把公司命名为维多利亚——他母亲的名字。到了 20 世纪 20 年代，刀具的材质发展为不锈钢，公司名称也更改为维氏（Victorinox），其中包含的英文缩写含有"永远不会生锈"的意思。

SwissChamp 军刀

如今，最经典的红色瑞士军刀带有瑞士十字标志，拥有多种款式，其中包括军官刀和 SwissChamp 军刀，后者甚至拥有数十个小配件。我们所常见的功能包括：圆珠笔、牙签、剪刀、平口刀、开罐器、螺丝刀、木塞钻、镊子等。可以说是一刀在手，就能应付各种生活情况。因此，瑞士军刀也是露营或者长期旅居在外人士的必备工具。

现在功能最多的瑞士军刀拥有上百种不同的工具、刀片类型和尺寸组合。在美国国家航空航天局探险队或者是曼哈顿现代艺术博物馆，都能看到它的踪影。我们在日常生活中，一般是用不了这么多功能的。

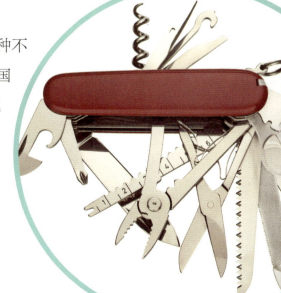

2 露营用品

　　生活在高楼林立的都市之中，人们时常会产生远离城市喧嚣、到野外露营的想法，但这个想法绝对会让古人惊掉下巴。远古时代，人们大多数时间都在与自然环境做斗争，过着朝不保夕、动荡不安的生活。在"野外露营"既是生活常态，也是一件不得已而为之的事情。本章要介绍的各类事物便是起始于人类对于温暖、干燥住所及洁净水源的需要。在野战士兵、早期探险家和登山者的推动下，背包、睡袋和野营炉具等户外装备也在不断演化改进。当周末探险成为一种流行的休闲方式之后，这些装备可让人们尽情享受户外生活。

任何足够先进的技术，都与魔法无异。

——阿瑟·克拉克（英国科幻作家，1917—2008）

安放自由心灵的
帐篷

美国人的童年生活里，大多会出现一顶架在后院里，装满了睡袋、毛绒玩具、漫画书和零食的帐篷。但帐篷是从何而来的呢？

早期的人们都过着游牧的生活。在闪米特语中，阿拉伯人的意思就是"游牧民"，指的是在近东地区自由迁徙的贝都因人。他们既不种植庄稼，也没有土地，不用操心春种秋收。这些自由的贝都因人总是赶着他们的牲畜，逐水草而居。四海为家，说走就走，就是他们最大的乐趣。因此，他们的首选住所便是帐篷。帐篷中可划分出不同的区域，供公共生活和私人生活使用。那时的人们并不认为帐篷是脆弱易损的临时住所，相反，在他们眼中，帐篷是一座安全的房子。

帐篷既可以充当住宅，也可作为军事

豪华帐篷

行动的临时指挥部和补给站。起初，
罗马驻扎在英国的军队配备了各种
用途的帐篷。这些帐篷十分坚固，
军队因此定居下来，随后发展成为
城市。后来，奥斯曼帝国统治者苏丹
对帐篷进行了进一步的开发使用，使帐
篷在审美水平上达到了登峰造极的地步。苏
丹的帐篷非常豪华，外面使用彩色丝绸装饰，地
面上铺满了地毯、坐垫，内部陈列着供苏丹赏玩

军用帐篷

的各种物品，简直就是一座豪华的宫殿。欧洲人见识到这些帐篷的华
丽精致后，也转变了观念，对帐篷进行了适当的改造，使帐篷也适用
于非游牧生活。

帐篷既可以用作最基础的庇护所，如军用帐篷，也可以用作装饰
物，如供人们举办社交聚会等。在美国，人们就经常在庭院中搭建家
庭露营帐篷，每种帐篷都有自己的特色。这些帐篷通常由特定布料制
成，用绳子和木桩搭建而成。而现代的一些新型帐篷内部则配有柔性
杆和充气梁，可以迅速自动撑起，这是帐篷家族的新成员，叫自动帐篷。

比起前面所说的游牧用帐篷、军用帐篷，自动帐篷通常更加休闲。
考虑到人们家庭聚会、朋友郊游等活动的需求，它打开快速，携带方便，
款式新颖。即使是最坚固的帐篷，人们也可以不费太多力气就把它拆
掉。自动帐篷在中国引进比较晚，算是一种新型产品。但在欧美国家，
无论在周末还是假期，自动帐篷随处可见，已经在年轻人中掀起了一
股潮流。

在一个风和日丽的日子里，一家人撑起帐篷，边欣赏美景，边享

用美食，与大自然亲密接触，似乎能够立刻忘掉生活的压力。帐篷，不仅仅是简单的露营用品，它也代表了一种闲适快乐的生活态度。

盛满生命之水的 水袋包

水是生命之源。可是出门在外，要想携带一点儿水，却一直是个困扰出行者的难题。

自史前时代以来，便携式盛水容器一直是人们生活中的必需品。不同的时期，它也有过许多名称，如葡萄酒囊、水袋、水瓶和水壶等。对于现代人来说，随时取用清洁的饮用水是轻而易举的事；但对于早期的游牧民来说，是否能够随身携带饮用水是一件生死攸关的大事。

酒囊

古代的游牧民在赶着畜群四处迁徙时，必须首先解决喝水的问题，但他们却无法保证自己能够随时找到可靠的水源。所以，他们在选择临时居住地时，首要选择有水源的地方，过着一种逐水而居的生活。在迁徙中，为了携带清水，他们采用了身边最容易获得的物品——动物的膀胱，如牛、马或者羊的膀胱。因为他们发现，风干后的动物膀胱非常结实耐用，不仅可以装水，还可以装其他液体，最为有名的就是用于装葡萄酒。多个世纪以来，各个时期的游牧民族都尝试过各种方法携带清水、啤酒和葡萄酒等液体，比较常用的容器有牛角和陶罐。放牧畜群的牧羊人，也会随身携带一个掏空的葫芦用来装水。

葫芦

在军队里，水壶是重要的装备。用水壶装满清水携带在身上，可以在士兵因长时间行军而身体脱水时起到救命的作用。早期的军用水壶比较笨重，是用木头和皮革制成的，体积有点儿大，装的水也不多。后来出现了金属水壶，搭配带子，斜挎在肩上就行，相对来说，轻便得多。美国内战期间，士兵携带由锡铅合金制成的水壶，用棉花和羊毛包裹在外面，可以起到保温的作用。不过，这种水壶不太好用，容易变形，还经常导致水质受到污染。

近年来，徒步者和跑步爱好者，又开始重新使用造型似膀胱的水袋包。这种水袋包采用背包式设计，由轻质橡胶和塑料制成，保温性能良好，且配有软管和咬合阀，人们口渴时无需双手捧着，只要咬住咬合阀，就能方便地喝到水。

所有的发明，都是用来满足人们的生活需要的。只要有需要，就会有发明创造，来满足人们的要求。水袋包也一样。

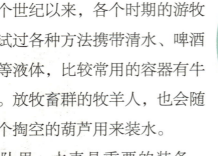

军用水壶

点亮黑夜的
电灯

在漆黑的暗夜里，人们出行非常不方便。从那时起，人们就一直在期待，有一种能在黑夜里发光的东西，帮助人们看清黑夜里的一切。

在电池和其他电力供应出现之前，人们一直借助灯笼来驱散黑暗。灯笼所发出的光芒虽然微弱，但却是当时夜晚珍贵的人造光，使人们能够看清周围的事物，为夜间活动提供了便利。其实，古代的灯笼除了可以用来照明，还有其他的用途。例如，中国人在传统元宵佳节中会张灯结彩，营造喜庆氛围；古希腊人在占卜时，也会烧起灯笼来预测吉凶。

早期的黏土灯是通过点燃橄榄油和鲸油等油脂来照明的。随后，以木头和动物角制成的、使用蜡烛的灯笼流行开来。千百年来，油和蜡一直是人们家用照明的两种方式，但它们发出的光线很弱，且常伴有造成火灾的风险。1846年，加拿大

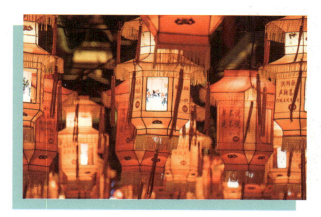

元宵节花灯

新斯科舍省的一名医生发明了一种煤油灯，煤油灯发出的光线更加明亮，但仍然不是绝对安全的。

煤油灯

1896年，人类照明登上了新台阶。便携电池首次出现，并由此催生了手电筒等工具。纽约警察局对此非常感兴趣，并开始使用这种手电筒。由于使用时，手电筒的灯光会闪烁不定，手电筒在英文中也叫作"flashlight"，意为闪光灯。1905年，美国人 W. C. 科尔曼受到手电筒的启发，产生了制作液体燃料灯的想法。与之前的电池灯相比，液体燃料灯的光线更明亮，使用更安全，产生的烟雾也更少。随后，科尔曼创办了一家公司，专门生产这类灯。最初这款灯的客户主要是农户，后来这款灯又成为露营爱好者的首选。现在，最新款的户外灯具不再使用液体燃料，而更多地使用高科技电池和发光二极管。新一代灯具更亮，同时也更坚固，发出的光也更持久。露营爱好者再也无惧黑暗，可以愉快地享受露营生活。

现代灯泡

蜡烛的星星之火

许多资料显示，早在公元前3000年，居住在埃及和克里特岛的人们就开始使用蜡烛了。这种蜡烛没有烛芯，看起来像火炬。它又被称作灯芯草蜡烛，是用浸在油脂中的芦苇芯部制成的，油脂则使用动物或植物的脂肪提炼而成。到了公元1世纪，古罗马人发明出一种带有烛芯的蜡烛。这种蜡烛的油脂通常是由牛或羊的脂肪制成，烛芯由纸或棉花制成，可吸收熔化的蜡油。蜡油在燃烧时蒸发，并产生烛光。

中世纪时，人们使用蜂蜡代替油脂来制作蜡烛，这种蜡烛有着很大改进——燃烧的火光更加明亮，而且没有呛人的烟雾。不过，这种蜡烛价格昂贵，只有有钱人才买得起。使用蜡烛时，修剪烛芯是一项非常烦琐复杂的工作，因此一些大户人家，都专门请人来负责剪烛芯。一座城堡在一周内就可消耗数百支蜡烛，负责剪烛芯的人常常忙得马不停蹄。

到了18世纪，蜡烛的使用达到顶峰。人们发明了一种由抹香鲸的油脂制成的新型蜡烛，这种蜡烛燃烧时间更加持久。在北美地区，人们使用杨梅蜡制作蜡烛。这种物质的提取过程十分费时，制作出的蜡烛却能产生一种香甜的气味。到了19世纪中期，从石油中提炼出来的石蜡和硬脂酸，成为制作蜡烛的主要成分。这种蜡烛，使用起来更加方便，价格也更便宜，适用于所有家庭。

随处安眠的
睡袋

人们可以像蜗牛一样，走到哪都背着自己的家吗？有一种东西，可以在任何时候都能满足人们的睡眠需求。

同大多数户外装备一样，睡袋以前一直是士兵们的军用装备。由于士兵们经常要在野外住宿，有些时候，搭建帐篷又费时费力，因此为每个人准备一个睡袋则更加适用。想睡就睡，不想睡，卷起来就走，十分方便。后来，一些野外的探险者也需要这种必备品。需求量的激增，使得睡袋这种新产品逐渐在社会上流行起来。

驯鹿皮

19世纪80年代，睡袋的制作材料，大多使用翻毛的羊皮和驯鹿皮，还有毛毯。人们在毛毯接触地面的一侧涂上橡胶，能有效防止地下的凉气升上来，也能防止睡袋里的热量散发掉，效果很好。这类睡袋略微提高了人们户外生活的舒适度，但防寒和防水的效果并不好，且半夜爬出睡袋上厕所时非常不便。

1876年，威尔士发明家普赖斯·琼斯推出了一款升级版的睡袋，他称之为"安睡毯"，这是一款可随意折叠，并在侧面固定的羊毛毯。根据军队的需求，普赖斯·琼斯特意给俄罗斯军方生产了6万条安睡毯。后来，俄罗斯人取消了部分订单，只接收了43000条毯子。这下子，普赖斯·琼斯可傻眼了，因为他手上积压了17000条毯子，没有销路。后来，他想到了一个办法，就是把这些毯子当作廉价的床上用品，在市场上推销。没想到，刚一推向市场，就受到了人们的欢迎，有些毯子甚至远销到澳大利亚的内陆。

第二次世界大战爆发时，睡袋有了进一步的改进，里面填充了羽绒，并结合了人的体型设计，这样大大提高了睡袋的品质。这种新型睡袋更轻盈，更贴身，保温效果更好。常见的睡袋有3种形状。木乃伊式睡袋非常接近人体的形状，肩部宽，脚部窄。在同样重量下，它的保暖效果是最好的，适合寒冷季节使用。信封式睡袋就像它的名字一

羽绒

31

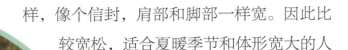

样，像个信封，肩部和脚部一样宽。因此比较宽松，适合夏暖季节和体形宽大的人士使用。还有一种是啤酒桶式睡袋，也叫蚕茧式，结合了前两者的优点，在携带及使用的舒适性上，都有了较大的提高。

今天大多数睡袋仍采用这种设计，但填料则更多地采用了防水性好的合成材料。消费者可以根据温度等级来选择睡袋，营造最适合自己的睡眠空间。

生命"吸管"
——净水笔

水是生命的源泉，但它也有可能成为疾病的源头。

古人或许没有意识到，在他们想方设法让水的味道变得更好喝时，水质的饮用安全性，也恰好在不知不觉中提高了。早在公元前2000年，古埃及人和古希腊人，就懂得将水煮沸并过滤，以除去其中的沙砾并改善口感，这就是人们最初净化水的一种有效方式。即便如此，在欧洲，直到18世纪，用羊毛、木炭和海绵制成的滤水器才进入千家万户。1804年，苏格兰的佩斯利开设了第一座公共自来水厂，人们才开始饮用净化水。当时的自来水厂用沙子来过滤水中的杂质，并且用马拉的大车来为人们送水。

烧开的水

1854 年，英国科学家约翰·斯诺发现，霍乱疫情正在通过受污染的水泵传播。于是，他开始用氯对水泵进行消毒，大规模地过滤饮用水也自此被推行开来。不久之后，人们意识到氯不是一种理想的消毒剂，人体吸收过多的氯还会引发呼吸道疾病。因此，科学家不得不考虑用其他方法来净化水。

紫外线消毒柜

科学家们找到的最佳方法是用紫外线来净化水。19世纪末 20 世纪初，人们就开始使用紫外线净化饮用水了，当时这种方法主要被应用于各类市政经营的工厂。现在，紫外线净水笔，是人们在奔走繁忙的生活中，获取洁净水源时使用的一种简便方法。紫外线净水笔借助紫外线照射来杀死水中的有害菌。

有了这种神奇的净水笔，以往耗时数小时的净化过程，现在可以在几秒钟内完成。

可随处移动的
化学厕所

生活中，吃喝拉撒是每个人都要面对的问题。一座可以移动的厕所，能随时随地解决人们的"难言之隐"，才是最重要的。

我们可能会认为现在的移动厕所，非常简陋不好用，但是与曾经的土坑相比，现在的户外厕所已经有了很大的进步。

最初，厕所都是设在室外的，远离人们的生活区域，就是为了躲避那种难闻的气味。可是，离厕所越远，人们去方便的时候，却越不方便。最后，人们为了舒适，就把厕所建在屋子里，而且由最初的蹲便，改成了现在的坐便。可是，方便的距离缩短了，在气味上却给人们带来了不方便。为此，人们一直在为了方便而战斗。

19世纪50年代冲水马桶普及之前，史上所有便桶都是由

古罗马公共厕所遗址

户外厕所变化而来。设立在公共厕所里的一排排蹲坑，对于人们来说，几乎没有任何隐私可言，而尿壶使用起来舒适性又很差。直到 20 世纪 40 年代，移动厕所才首次出现。当时，美国加利福尼亚州造船厂的工人抱怨说，他们必须走出工厂很远，才能上一次厕所。为了解决这个问题，许多人开始进行研究。第一间移动厕所只是一个简陋的小木屋，围在便池周围，然而这种厕所可随处移动，给人们带来了很多便利。早期的户外厕所，以及今天的某些旱厕，最大的问题是难闻的气味，因为建造用的木材和金属会吸收臭味而且很难清除。到了 20 世纪 70 年代，人们开始用聚乙烯和玻璃纤维材料搭建户外厕所，使得这种情况有了略微的改善，但并没有从根本上彻底解决难闻的气味问题。正因如此，化学厕所获得了迅猛的发展。

只需一次简单的冲洗，就可以分解氨及其他化学物质，除去难闻的气味。

化学厕所对于现代人来说并不新奇，但是对古代的王公贵族们来说，他们无疑会珍惜坐上这一现代"宝座"的机会。

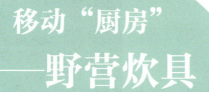

移动"厨房"
——野营炊具

人是铁饭是钢，一顿不吃饿得慌。出门在外，野营炊具实现了人们想在哪吃就在哪吃的吃饭自由。

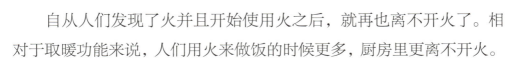

自从人们发现了火并且开始使用火之后，就再也离不开火了。相对于取暖功能来说，人们用火来做饭的时候更多，厨房里更离不开火。

从远古时代开始，人们要在荒野中做饭或煮水，就必须生火。很早以前，人们就开始认识到，水火无情。人们的生活离不开火，但生火会产生烟雾和烟灰，火的温度也很难控制，使用起来非常不便。这些问题对于游牧民族和一些流浪的牛仔而言，只是不太方便，但对于

登山者和野外作战的士兵来说，却可能造成严重的后果。人们需要某种不易受天气影响、安全可靠，并且易于携带的生火工具。多少年来，人们一直在努力解决生活中的这个难题。

19世纪中期，便携式炉灶出现。法国著名厨师亚历克西斯·苏瓦耶发明了一种叫作"魔术炉"的东西。魔术炉的工作方式类似于煤油灯，通过灯芯从油箱中吸取燃料，来加热食物。第二次世界大战之前，这种以煤油或酒精为燃料的炉具，一直代表着生产厂家的制造标准。当这次大战进行到一半时，美国陆军紧急求购一种小型便携式炉具。该炉具必须适用于野外，

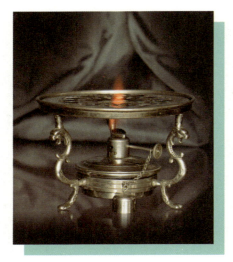

老式酒精炉

小巧轻便、坚固耐用、燃料获取广泛，适用于各种环境条件，并且任务非常紧急，美国陆军希望在 60 天内，交付 5000 台炉灶。由美国人科尔曼创建的科尔曼公司接受了这个挑战——创新发明了野营炊具。它生产的便携式"袖珍炉具"，可以在气温处于 −51℃ 至 65℃ 之间的室外工作。虽然它们不能充当打击敌人的有力武器，却算得上是有史以来最具影响力的非战斗创新产品，因为它给无数士兵提供了最好的生活保障，让士兵们吃得饱，喝得足，提高了战斗力。大战结束后，随着露营休闲的流行，野营炉具变得更加精巧别致，其中一些炉子甚至配有 2—3 个炉头。

现在的野营炊具，一般包括炉头和燃料，用于野外煮食烧水，携带非常方便。野营炊具就仿佛一个移动厨房，满足了野炊者的多样化需求，也使人们更加惬意、自由地融入户外，亲近自然，享受美味生活。

点燃生命的火种
——引火物

随着人们发现了火的作用，生活中就再也离不开这种能够引火的东西了。

人类的进步与使用火的能力密不可分。火，不仅能够帮助远古时代的人类保护自己，而且在人类的进化演进中改变了人的生活方式，最终把人和其他动物分别开。最初的人类就像其他动物一样，也是吃生肉，喝生水的。后来，在发生了天然火灾的地方，人们发现了被烧死的动物尸体，而且食用起来特别美味。从此以后，人们就开始有意地把食物放在火上烧烤，烤熟了再吃。不过这一说法只是人们后来的猜测，并无史料支持。火还让我们聚在一起，在黑暗中照明；在寒冷的季节里使我们保持身体的温暖。因此，人们一直在寻找又快又可靠的生火方法。

最古老的生火方法

之一是钻木取火——通过摩擦两根木棍生火。但这种方法既麻烦又费时间，效果也不是很好。还有一种方法是击石取火。所用到的物品是燧石和钢铁。用燧石的锋利边缘击打钢铁，利用迸溅出的火花引燃火绒，

钻木取火工具

然后再扇大火苗，便可以获得熊熊燃烧的火焰了。古人常常随身携带一套由燧石和钢铁制成的引火装备，它们又被称作火石和火镰。可是，这种方法一旦遇到潮湿的天气，便无法很快奏效。

后来，用于点火的石化产品和人造材料就出现了，但所利用的原理仍然相同，比如我们如今常用来为烤架点火的打火机。最原始的打火机就是由燧石点火枪演变而来的。扣动带有弹簧的扳机，击打在火石上产生火花，点燃干树叶就可以起火。而现在的打火机上面装有铁铈（shì）合金。铁铈合金是一种人造合金，在 1903 年获取专利。打火机中的铁铈合金可以产生火花，相当于燧石和钢铁的角色；给火绒供给燃料的是丁烷气体，使火焰燃烧摆脱了环境的限制。无论刮风或下雨，这种打火机都可以一次次地即时点燃，并很快生起火焰。

此外，点火砖也是一种简单易用的点火产品。它是由木屑和可清洁燃烧的可燃物压制而成的。点

复古打火机

火砖的性能可靠，无需耗费精力或掌握任何技巧，人们都能轻松顺利地生火。

火给人们带来了幸福的生活，可也能给人们带来灾难。在生活中，一定要时时刻刻注意防火。

携带方便的固体酒精

固体酒精也被称为罐装燃料，是一种便利的、随取随用的燃料。有了它，不会生火的人也可以十分容易地掌握生火技能。1893 年，罐装的酒精燃料初次问世，但一直没有受到人们的重视。直到第一次世界大战时，固体酒精被称作"给海外驻扎士兵的伟大礼物"，逐渐广为人知。固体酒精含有乙醇和甲醇，本身有毒，不可食用。

从危险到安全的
火柴

嚓！轻轻一划，这根短短的木棒上便会生出一簇小小的火苗。火柴头是什么做的？为什么只有划火柴盒的时候才会起火呢？

在取火这件事情上，人们探索的进程很缓慢。直到 19 世纪早期，取火的标准方式还是通过燧石敲击钢铁。1680 年的时候，英国化学家波义耳将一根顶端有硫黄的小木棍划过一张表面涂磷的纸，从而得到了火，这应该是火柴的最初形式。可是在当时，磷这种元素才刚刚被发现，价格十分昂贵，因此这种引火方式并没有被人们广泛采用。直到 100 多年后，科学家们才将注意力转向家用火柴。

火柴引火的原理是物体可以摩擦生热。然而起初，1805 年，法国化学家制作的是一种与现在的火柴不同的"轻便火柴"。他们在木棒一端涂抹氯酸钾、糖和阿拉伯树胶

英国化学家波义耳

等物质，并将火柴头浸在硫酸中。其实，这种被浸泡在硫酸中的"火柴"本身并不起火，而是用来引火。需要火时将木棒取出，用铁块撞击火石，让溅出的火星落在这些木棒上，就能迸发出火焰。还有一种火柴叫作"普罗米修斯"。它的火柴头是一颗含酸的玻璃珠。使用时，将玻璃珠打碎，经过了特殊处理的火柴头暴露在空气中，就会被点燃，产生火焰。

多年来，人们一直使用这两种形式的火柴，直到1826年的一个意外，火柴的制作才终于取得了真正的突破。英国药剂师约翰·沃克在制药时用搅拌棒接触了由硫化锑、氯酸钾、硫黄和树胶组成的混合物。之后，他在清洗搅拌棒时，不小心摩擦剐蹭到了石头地面，没想到，搅拌棒竟然燃烧起来。于是，摩擦火柴由此诞生了。当时的沃克并没有为他的这项发明申请专利，但是这种约8厘米长的摩擦火柴，很快就开始在市场上大范围销售起来。使用摩擦火柴时，人们在折叠的砂纸上划动火柴头，火柴头上的各种化学药剂经过了摩擦，产生了激烈的相互作用，进而燃烧起来。但是，火柴燃烧时会喷射出火花，并发出刺鼻的气味，常常会令划火柴的人猝不及防。因此商家在火柴盒子上印了警示语，提醒患有肺部疾病的人谨慎使用。

后来，制造商开始在火柴头上涂抹白磷粉，由于白磷是易燃物质，人们在任何粗糙的表面划动火柴头，都可以轻而易举地获得火焰。不过，白磷燃烧会产生过于激烈的火花，燃烧产生的烟雾也会给人们造成很大的健康危害。而且一不小心碰到粗糙的地方，涂满各种化学药剂的火柴头就会猛地自燃，具有一定的危险性。1844年，瑞典的化学家古斯塔夫·帕施解决了这个问题，发明出了安全火柴，当时也叫保险火柴。他将极其活泼的白磷换成了无毒的红磷，转涂到了火柴盒的侧面。这样一来，易燃成分和氧化剂分离，涂抹着其他化学药剂的火柴头只有在火柴盒侧边摩擦，才会起火，大大提高了火柴使用的安全

性。一个新的火柴生产行业就这样诞生了。直到20世纪，世界上大部分的火柴都来自瑞典火柴公司。

火柴终于完成了从危险到安全的蜕变之路，成了人们用着越来越顺手的引火物。但是，使用火柴时还是不能大意，除了注意不要烧到自己，还要注意要等火柴完全熄灭后再丢弃，避免发生意外着火。

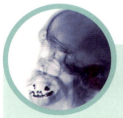

磷毒性颌骨坏死

19世纪30年代，易燃的白磷火柴普及后，诱发了一种叫作磷毒性颌（hé）骨坏死的疾病。白磷火柴燃烧产生的烟雾会导致骨头坏死，尤其是下颌骨坏死。整天身处这种环境中的火

柴工厂的工人们深受其害。而如果幼儿误吞了火柴头，他们的骨骼将会发育成畸形。随着火柴行业的发展，磷毒性颌骨坏死影响到了数以百计的人的健康，严重的甚至可能致人死亡。在整个 19 世纪，人们都没有找到合适的解决办法，导致这些问题不断恶化升级。1900 年，美国钻石火柴公司购买了一项法国专利，开始使用一种叫作三硫化四磷的物质，它燃烧时没有毒性。1911 年，美国工程师威廉·费尔伯恩对三硫化四磷做了适当的调整，使这种点火物质在美国的气候条件下具有更加稳定的性质。从此，磷毒性颌骨坏死病便从历史上消失了。

3 办公用品

　　如今，办公室已经不是唯一的办公场所。居家办公、移动办公的场景越来越常见。你是不是也经常看到父母在家中处理工作呢？不管是写字楼隔间、街角咖啡店还是家中书房，一个个工作场所都印下了人们勤劳奋斗、追逐梦想的身影。这一节所讲的发明则可以使人们的工作更轻松，更快速，更高效。即便是一枚不起眼的回形针，也曾经历不寻常的演变，从而呈现出现在这样简洁美观的轮廓和方便实用的价值。而闪存盘、云空间这些新产品，则不断展示着人类历史上创新技术的新高度。这些寻常的事物为我们做好日常工作发挥着不可或缺的基础性作用。

工作就是人生的价值，人生的欢乐，也是幸福之所在。
——罗丹（法国雕塑家，1840—1917）

省力好帮手
——印刷机

你知道活字印刷之父是谁吗？毕昇和谷登堡，到底谁更厉害？

我们都知道，印刷术是中国古代的四大发明之一，有着漫长悠久的历史。而活字印刷技术真正普遍流传开来、人们开始使用印刷机大规模地印制文字，却是 400 多年之后的事了。这是为什么呢？

这个故事还要从两位活字印刷之父——中国的毕昇和德国的谷登堡讲起。

活字印刷

从公元 8 世纪开始，中国人、日本人和韩国人就开始用雕版在纸上印制文字了。公元 1045 年左右，中国北宋庆历年间的刻字工人毕昇用黏土制作了可以重复使用的汉字模块，通过灵活排列字模，提高了印制的效率，这便是活字印刷术。但是由于汉字繁多，印刷过程操作起来非常烦琐，以及其他原因，致使活字印刷术并没有在中国得到广泛的运用，雕版印刷术仍然占据主导位置。

谷登堡印刷机

后来，印刷术和造纸术都传入欧洲。12世纪，羊皮纸逐渐被纸张替代；又过了两个世纪，雕版印刷也在西方兴起。然而，随着人们对书籍的需求急剧增加，雕版印刷和手工抄写都开始落后于时代的发展，根本满足不了人们的阅读需求。

到了15世纪40年代，德国发明家谷登堡利用葡萄酒压榨机的机械原理，改制出了世界上第一台印刷机。金属字母被铸造出之后，工人们在排字盘中将活字排列成想要的字句，放置在压印板上用金属框固定。然后用墨球为金属活字上墨，翻转携带纸张的压纸格，将其覆在压印板之上。随即，使用手柄旋转螺旋杆，将沉重的压盘放下，文字便被均匀地印在纸上了。像这样，借助印刷机的力量，一天能印刷出整整300页纸张！

可以看出，虽然毕昇的发明开创了活字印刷技术的先河，但是谷登堡却制造出了稳定耐磨的金属活字、附着性强的油墨和高效省力的印刷机器。再加上造纸技术，谷登堡将多项领域的发明创造融合在一起，这才使得活字印刷术被广泛地传播和应用，推动了当时欧洲文艺复兴的发展，并在世界上留下了深远的影响。

16世纪初期，100多台谷登堡印刷机印刷了大约4万种作品，印数达到 900 万册！随着时代的发展，印刷速度逐渐成为人们追求的目标。1811 年，德国印刷工弗里德里希·柯尼希发明了蒸汽式滚筒印刷机，每小时可印刷 1100 页文字。1847 年，美国实业家理查德·霍发明了旋转式印刷机，又名"闪电印刷机"，每小时可印刷 8000 页文字！

大型印刷设备

唰——唰——在办公场所，印刷机工作的声音总是不绝于耳，一摞一摞的纸张整整齐齐地堆放在一旁，上面排列着干净清晰的文字。印刷机不寻常的历史彰显着一代代追求进步的人们对解放人力、提升速率的追求和向往。你想知道在印刷机发明之前的书籍是什么样子吗？想知道进化到 21 世纪的印刷机还有什么有趣的功能吗？可以在下方的知识盒子中寻找答案哟。

世界上最早的书籍

世界上最原始的图书是公元前 3000 年左右的埃及纸草书卷。公元前 1000 年左右，中国人开始使用竹片或木片编制成竹简或木简书籍。这些早期书籍大多是对政府或经济事务的记录，是非常珍贵的历史资料。大约在公元前 500 年，古希腊人开始制作纸草卷书籍。几个世纪后，古罗马人也加入了这一行列。

3D 打印机：让打印物脱离平面

自 15 世纪谷登堡活字印刷术时代开启以来，人们在印刷技术方面取得了一系列令人惊奇的成就。用活字技术印刷书籍时，排字工人需要手工排列活字，再将它们上墨印制。15 世纪到 16 世纪，熟练的排字工人在一小时内可以设置 2000 多个字符，直到 19 世纪机械化排版的出现，人们才摆脱手动排版的工作。而今天的计算机只需要两秒钟就能完成相同的工作。20 世纪下半叶，日益发展的计算机技术推动印刷工艺发生了根本性的变化。

3D 打印机的出现令打印出来的产品不断刷新着人们的认知。3D 打印技术又被称为"增材制造"，它的原理是：根据计算机对物体成分的编码指令，利用塑料、陶瓷或金属等材料，逐层"打印"，让产品从平面上站起来，呈现在我们的眼前。这项技术专利最早发布于 1983 年，是美国人查克·赫尔发明的立体光刻技术。

多年来，3D 打印技术发展得越来越复杂，其中似乎有无穷的奥秘等待人们去探究。2013 年，医院使用 3D 打印技术制作了一小片颅骨植入患者体内。除此之外，珠宝、五金和房屋建筑等都可以被打印出来。但这项技术却并没有普及大众，甚至争议不断。例如，借助 3D 打印技术打印的非金属枪支等武器甚至能够逃脱安全部队的搜检，这不由得让人有些不寒而栗了。

你会吃"打印"出来的美食吗？

将可食用墨水放在 3D 打印机中，竟然可以将照片变成有趣的蛋糕小插牌。3D 打印技术突破了人们对于寻常"打印"的认知。美国国家航空航天局一直在开发一种"食物 3D 打印机"。他们想让宇航员将食物打印出来，在太空中也能享用美食。你是不是觉得有些异想天开呢？实际上，这种技术在地面上已经实现了。有的食品公司"打印"出了巧克力、糖果还有鸡尾酒配菜。是不是很神奇？说不定你吃的脆饼干也是被打印出来的呢！

曲别针
的大智慧

一枚小小的曲别针给无数的办公人员带来了方便。用它来别纸张，是最好的选择。

如果回到 19 世纪后期，你会发现自己进入了一个光怪陆离的世界中：跳进一辆马车，你会琢磨着要去拜访的朋友家里，是否有室内管道系统。但是，如果你走进办公室，一件小物品很快就会映入眼帘，它就是形体虽小，但功能强大的曲别针。

古代线装书纸

自纸张面世并被广泛应用于生活中以来，只要有纸张，人们就会想办法保持纸张排列整洁有序，不会乱七八糟的。古时候，由于纸是一种奢侈品，为避免被弄乱或者弄脏，人们会把纸张缝在一起，有时为了防止纸张潮湿，还要用蜡在外面密封起来，妥善保管。19 世纪早期，随着纸张变得越来越普遍，办公室文员经常需要用绳子，来捆扎更多的纸张，或者将纸张分类放进各种盒子里。可一旦突然需要时，要从众多纸张中找出自己需要的文件，就需要花不少时间，为此人们常常忙得焦头烂额。可是，如何把它们一份一份地订在一起呢？那时，人们也可以选择大头针，别在纸张上，但大头针是由铁制成的，不仅容易生锈，而且会刺穿纸张，还会刺伤人的手指。1855年，钢出现了，这种材料既很坚硬，又很柔韧，改变了人们对金属的看法。钢可以弯曲成挂钩、衣架，当然还有曲别针，并且不会生锈。使用的时候，由于没有针尖，也不会造成对手指的伤害。1899年，美国人威廉·米德尔布鲁克申请了专利，这个专利不是为曲别针申请的，因为当时曲别针已经存在了好几年，而是为制作曲别针的机器申请的。后来，米德尔布鲁克把专利卖给了一家公司，这家公司生产的宝石牌（Gem）曲别针，是目前通用的、标志性回形针样式。

尽管生产技术日新月异，但是从宝石曲别针起，曲别针的设计就基本保持不变了。由此可见，即便是很简单的小东西，也能流传下来，在人们的生活中起着不大不小的作用。

从巨无霸变袖珍的
计算器

我们现在使用的计算器，功能越来越强大，体积却越来越小，方便人们的学习和工作。

今天我们使用的计算器，可以进行多种运算，功能强大到令人惊叹，不管是多么大的数字，都可以实现一键计算，并且准确无误。但在很早之前，这种计算工具就已存在，只是形式不同。起初，人们使用的是算盘。从公元前 3 世纪开始，古埃及和苏美尔王国的数学家通过沿着杆滑动算珠，即算盘来解决数学问题。在长达 3600 年的历史中，算盘一直是人们的首选计算器。直到 17 世纪，英国的计算尺出现为止。

算盘

计算尺使用的是对数标度，可以更快地计算乘法和除法。但是当时不管是哪种计算器，计算起来都很不方便。

1642 年，法国数学家帕斯卡建造了第一台机械计算器，预期通过这个计算器，人们可以相对容易地完成加减乘除四种计算功能。然而，直到 19 世纪，加法计算器普及开来时，这个目标才完全实现。在帕斯卡的计算器中，有一些互相连锁的齿轮，一个转过十位的齿轮会使另一个齿轮转过一位，人们可以像拨电话号码盘那样，

帕斯卡计算器

把数字拨进去，计算结果就会出现在另一个窗口中，但是只能做加减计算。1694 年，莱布尼茨在德国把这种计算器改进成可以进行乘除法的计算。四则计数器和键控计算仪，都是用按钮控制的仪器，但是都体积庞大非常笨重。19 世纪，巴比奇想把计算器的功能再开发一下，试图创建第一个可编程式计算器，但他建造的机器太重了，因而无法操作。

直到 20 世纪上半叶，科塔机械计算器（Curta）出现。这种计算器体积小巧，可以放入口袋里。

第二次世界大战爆发后，人们意识到，需要用一种更快、更准确的方法计算地点之间的距离，如投掷炸弹的位置等。这一需求在部分程度上推动了计算机的发展，最终改变了计算器的计算能力。到了 1961 年，计算机的组件变得小巧，产生了第一批全电子设备。全

科塔机械计算器

1974 年产惠普"个人计算机"

电子设备需要很大的运行功率，但微芯片的结构将其缩小到手掌大小。

1974 年，美国惠普公司生产出一批"个人计算机"（personal computer），采用锥形设计，外形小巧，可以放在衬衫口袋里。1975年，美苏展开太空合作，这台计算器搭乘飞船进入太空，成为第一台绕地球运行的手持计算器。

如今，人们只要把计算软件装置在手机上，就可以随时随地自由计算，真正意义上实现了计算自由。

小工具大用途
——订书机

我们要把零散的纸张装订成册，就得利用小小的订书机。这种小家伙看起来不大，作用却非常大。

在订书机出现之前，人们一直未找到真正有效的方法来装订厚厚的文档。尽管大头针和细绳能起到这个作用，但是使用起来过于烦琐，需要细致的操作。使用胶水和针线来装订，又费时费力，还容易开胶，很不牢固。即使使用曲别针，也有其局限性，只能装订薄薄的小册子，超过一定的厚度，曲别针就不管用了。而且当时，并不是所有的人家都有这样的苦恼。一般来说，只有能买得起大量纸张的富裕人家才会面临这个问题。随着纸张的使用越来越广泛，订书机出现了，成为人们装订纸张的首选工具，直到现在，人们也仍然离不开它。

13世纪，人们使用蜡和丝带来装订纸张。尽管如今人们已经不再使用这种方法了，但是在文件左上角添加纸张的做法，依旧保留了下来。传说法国国王

古董铁丝订书机

路易十五让人制造了第一台订书机，上面镶满了黄金珠宝作为装饰。但直到 1877 年，订书机才获得发明专利。美国费城的亨利·海尔发明了一种订书机，这种订书机可以一步到位，完成书页装订的所有动作，而且非常先进，具有之前的订书机不具备的功能。1879 年，美国人乔治·麦吉尔也发明了一种订书机，可以将 1 厘米长的书钉穿过纸张，且书钉的末端能够自动压弯，这款订书机取得了商用上的成功。1895 年，美国 E. H. 霍奇基斯公司发明了"1 号纽扣型书钉"。这种工具非常快速便捷，是一台名副其实的订书机。日语中订书机一词，就来自霍奇基斯这个品牌名。

20 世纪 20 年代，订书机的使用日益普及，而当时，U 形钉已可以被黏合成一个长条投放市场。订书机变得更加小巧轻便，一次能够容纳近百根订书钉。20 世纪 30 年代，杰克·林斯基创办的斯温莱因公司（Swingline）设计了一款小型订书机，改变了整个装订行业的现状。用户只需打开舱口，放入订书钉即可，整个过程快速简便。这家公司至今仍然蓬勃发展，生产的无数台订书机走进千千万万个办公室，既为人们的工作带来便利，又装点了办公桌。

任何一种发明创造，都是不断努力改进的结果。订书机也一样。

小物件大容量
——闪存盘

一个小小的闪存盘，就是一个无限的大仓库，里面的容量大到你无法想象。

1969年，美国军事分析家丹尼尔·埃尔斯伯格决定复制一份长达7000页的研究文件（后来被称为五角大楼机密文件），他需要使用复印机扫描这些文件。想象一下，在复印机的强光和嗡嗡声中进行隐蔽操作，并且一次只能复制一页，该有多么无奈。而2013年泄密者爱德华·斯诺登复制文件的情景，却大不相同。斯诺登使用闪存盘，在几秒钟内即可完成文件复制，然后把它偷偷带出去。

过去，人们使用软盘、DVD和CD光盘储存数据，但这些设备体积过大，且易于破解，保密性太差。如果文件量大时，这些设备的存储空间又小得可怜。如

软盘

何解决这个难题呢？人们为此一直在不断地努力。

USB闪存盘的出现改变了这一切。USB闪存盘发明于1996年，可插入任何设备，提供通用数据交换。从出现伊始，美国政府不时就要搜索查禁闪存盘，生怕走漏了任何有价值的消息。闪存盘体积小巧，USB端口无处不在，两者配合天衣无缝，绝对是完美的结合。不难想象，以前的泄密者们对这项方便快捷的技术，一定会艳羡不已吧。

闪存盘是一种移动存储设备，用来备份数据，使用方便，体积小巧，也便于携带，我们可以把它挂在胸前，吊在钥匙串上，或者直接放进钱包里。采用USB接口的闪存盘简称U盘，如今U盘还可以代替光驱成为一种新的系统安装工具。按照不同的发展阶段，U盘的容量也越来越大。

未来的闪存盘，一定会有更新更好的变化，让我们拭目以待吧！

4 学习文具

从人类发明活字印刷术，到几个世纪之后谷登堡印刷机的出现，历史提醒我们，人类的智慧是广博的。有些工具不仅仅实现了一时的流行，它们还通过形式和功能的完善来实现其持久的价值。通过数字和测量的语言，我们不仅可以更有效地观察世界、了解宇宙，还能用于建造自己的家园，追逐梦想，发挥创造力。这些工具历经时间的考验，而愈发显得简洁实用。

需要是发明之母。
——柏拉图（古希腊哲学家、柏拉图学派的创始人，前 427—前 347）

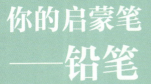

你的启蒙笔
——铅笔

回想一下你最初学写字时的样子，第一支笔是不是铅笔？

史前人类早就有这样一个发现，用烧过的木炭能在石头或木头上，随意涂抹出各种形状的图画，一片薄薄的煤块，同样会留下细细的痕迹。然而直到16世纪，随着另一种形式的碳的发现，第一只真正意义上的铅笔才得以问世。不过，欧洲人大概并不知道，中美洲的阿兹特克人曾在1519年埃尔南·科尔特斯到达之前，就开始用石墨作为书写工具了。

大约1564年，在英格兰湖区的凯西克附近，人们发现了一座含有石墨的矿。石墨是一种气孔较少的碳材料，可以用于书写。当地的一些牧羊人发现，可以用石墨在羊身上画上记号。受到这一行为的启发，人们开始把石墨块切成小条拿来写字和绘画。最初，铅笔的样式很简单，只是一根石墨棒，因此使用起来很容易弄脏手。于是，人们开始用绳子缠绕石墨棒把它包裹

铅笔

起来，后来便发展为使用木头包裹石墨棒。这就是铅笔最初的形状。

到了 17 世纪初期，英国人和德国人都开始制作木质铅笔，之所以称为"铅笔"，是因为笔中的石墨棒外表和铅十分相像。此外，在古希腊，人们曾使用铅片在纸上描出浅淡的线条，根据这些线条，再使用墨水书写。1662 年，德国纽伦堡成立了第一家铅笔工厂。

铅笔芯

在凯西克的石墨矿中，人们曾开采出迄今为止发现的最纯净的石墨。早在 1833 年，这些石墨资源耗尽之前，人们为了节省石墨，就开始寻找一种方法，来降低铅笔中石墨的含量，从而使铅笔工业得以维持下去。法国化学家尼古拉·雅克·孔泰就在此时闪亮登场。1795 年，孔泰将石墨粉和黏土混合，烘烤加工之后，得到一个光滑坚硬的铅笔芯。他还发现，改变混合物中黏土和石墨的比例，铅笔芯的硬度也将随之改变。

在美国，最著名的铅笔品牌大概要数巴伐利亚移民埃伯哈德·费伯创立的品牌。费伯的曾祖父曾在 1761 年开始制作铅笔。1848 年，26 岁的费伯搬到了美国纽约，开始出售巴伐利亚制造的铅笔。1861 年，费伯开办了工厂。

铅笔的结构虽然简单，却是人类在学习中最开始使用的书写工具，陪伴一代又一代学生的成长。

石墨粉

公元前 8500 年 尖笔	公元前 2000 年 芦苇笔	公元 700 年 羽毛笔

最早的尖笔可能是小树枝，人们用来在黏土上刻画符号和标记。古罗马人发明了一种镀银的尖头金属笔，再粘在木板上的薄蜡片上书写文字。当需要删除某些内容时，可以使用尖笔钝的一端将其抹除掉。

芦苇笔的使用历史长达数千年，它的笔尖有一条缝隙，墨水可以顺着流下来，让人们借此在书页上连续地书写。

羽毛笔的笔管在使用过程中很快就会变钝，需要经常削尖，需要用到削笔刀。将笔尖削尖后，在频繁使用的情况下，羽毛笔的使用期限也只有一个星期左右。在使用中，人们也发现，从活的鸟类身上拔取的羽毛制作而成的羽毛笔，最坚固耐用。

1570 年 铅笔	1884 年 墨水笔	1935 年 圆珠笔

源于 16 世纪，最初以木头包裹石墨棒的形式出现。铅笔后来发展出不同形状和大小，笔芯厚度、密度也各不相同，有的笔头还配有橡皮擦。

墨水笔由笔尖、笔筒和供墨装置组成。1831 年，美国人约翰·雅各布·帕克，发明了第一支带有组合橡胶内胆的自动式墨水笔，但是，这种自动墨水笔最初的型号并不实用。

1935 年，在匈牙利的布达佩斯，拉兹罗·比克和他的兄弟哲尔吉发明了世界上第一支实用型圆珠笔，并于 1938 年申请了专利。英国人目前仍然称圆珠笔为"比克笔"。

不断进步的书写工具

　　在人类早期历史的某段时间，人们意识到双手除了可以用来抓取东西、做手势之外，也可以用来制造记号，让人"读"懂意思。最早的书写工具，无疑是人的食指——人们用手指在泥土或沙子上留下标记，供他人识记。当人类开始制作标记时，语言也得到相应发展。在不同的语言系统中，人们都可以使用书写工具画画、写字、标记字母符号等。有趣的是，书写工具本身也在发生着变化。书写工具会随着时间的发展而变化，而这种变化与文化的差异无关。因此，人们使用芦苇笔来抄写拉丁文或古法语文稿，也可以使用鹅毛笔来抄写英文或者西班牙文作品。书写工具随时间的推移而改变，主要原因是材料的变化，如开始的芦苇、羽毛，到后来的金属等。制作方法也发生了根本的变化。尽管现在人们基本不再使用鹅毛笔等作为书写工具，但是如果你想写点儿什么，以下每一种方法都可以达到目的。笔杆子的力量，有时甚至比枪杆子更加强大，而握笔也比握枪更加容易。

简单实用的
剪刀

人们经常误认为达·芬奇发明了剪刀，但古埃及人才是真正发明剪刀的人，大约发明于公元前 1500 年。

已知最早的剪刀，是一种铜质带弹簧的剪刀，它有一个"C"形手柄，两端装有刀片。使用时，将手柄张开的两端用力挤压在一起，通过锋利的刀片，剪切物品。这种设计，后来传入欧洲和亚洲等地，直到中世纪，仍然是最受欢迎的剪刀主要形式。公元 1 世纪时，古罗马人发明了枢轴式剪刀，剪刀由两个带把手的刀片组成，把手张开后，刀片也张开，能把要剪断的物体包含进剪刀嘴。刀片两端的刀刃相对，通过铆钉连接在一起。

过了数百年，剪刀才开始批量生产。1760年，英国威廉·怀特利父子公司开始生产带有弹簧的剪刀。一年后，来自英国谢菲尔德的罗伯特·欣奇利夫开始通

老式剪刀等工具

过手工锻造的方式，大量生产钢质枢纽式剪刀。这时的剪刀通常装有漂亮手柄，既有装饰的作用，也有实用价值。人们普遍认为，欣奇利夫是将枢纽式剪刀推广开来的人。欣奇利夫颇为自豪地宣称自己是剪刀制造商，在店铺上设计安装了特制标牌。1840 年，英国维多利亚

园艺剪

女王授予托马斯·威尔金森父子公司"御用剪刀制造商"的荣誉称号。他们生产的剪刀被送入温莎城堡，供女王和她的丈夫艾伯特亲王使用。

从此后，剪刀又漂洋过海，成为美国家庭中非常普遍的家用工具。从 20 世纪 60 年代开始，每位美国宇航员都会配备一把专用剪刀，用于打开食品包装，在太空中用餐。

现在的剪刀，形状基本固定下来，两刃交错，通过把手，可以自由开合。另外，剪刀在中国的历史也是相当悠久的。在洛阳的西汉古墓出土的文物中，人们就发现了剪刀，距今已有 2100 多年的历史。唐代诗人贺知章有一首著名的《咏柳》诗，其中有一句"不知细叶谁裁出，二月春风似剪刀"，说明那时，中国人已经在广泛使用剪刀了。另外，中国民间源远流长的剪纸艺术，也从侧面证明剪刀在中国的悠久历史。

剪刀虽小，但是在千家万户的生活中，是离不开的。现在，剪刀的形式也更是多种多样，剪纸、剪羊毛，甚至医生做手术，也有专用的剪刀。

绘图离不开的 量角器

作为几何学科中的重要工具——量角器，它的发明和使用已经有近千年的历史了。

几何学作为一门科学，是从生活中创造出来的。在生活中，人们经常需要测量土地面积的大小。由这种生活需要引申出来的几何科学，它的诞生，可以追溯到公元前 3000 年左右的古巴比伦和古埃及。不过，世界上其他古代文明也都对几何有所记载。今天，世界公认的几何学——欧几里得几何学，大约开始于公元前 300 年。古希腊数学家、被称为几何之父的欧几里得收集、整理前人的理论成果，并创作出一些定理、理论和公式等，著书立说，为几何学的发展奠定了基础。

可是，在欧几里得和同事们工作的年代，量角器尚未出现。直到 13 世纪，人们才发明了简易的量角器：使用一个半圆盘，均匀地刻好刻度，专门用来测量 0° 到 180° 之间的角度。1589 年，英国作家托马斯·布伦德维尔出版了一

古希腊数学家欧几里得

本书，名字叫《通用地图和卡片的简要说明》，其中首次提及量角器。他说，水手们在大海上航行时，使用它测定船舶航行的方向，并不断调整方向。布伦德维尔在书中还介绍了如何使用量角器，辅助绘制地图，这段文字让历史学家产生了误解，认为是他发明了量角器。然而，有证据显示，在量角器出现之前，已有类似的角度测量工具，因此布伦德维尔不是发明量角器的人。到底是谁发明了量角器，到现在还没有确切的结论。

17 世纪，量角器日益普及，水手和土地测量员经常使用。18 世纪，量角器进入美国学生的课堂，是一代又一代学生学习几何学最便利的角度测量工具。

量角器使用方便，除了在课堂上作为文具，在大型建筑和设计图纸上，也有着重要的作用。

不偏不倚的 尺子

在生活中，人们需要对某一物体进行长度测量时，一般都会使用尺子。尺子的发明也来源于生活。

古时候，人们通常将身体某一部位用作长度计量单位。例如，1腕尺是从人的肘部到中指尖的长度，1英寸则是人的一只脚的长度。英里的英文就来自拉丁语，意思是"1000步"，就是一个人行走1000步的距离。可是，用这种测量单位来测量物体时，随时都会因人而异，进而导致测量结果不准确。所以，人们一直在寻找一种统一的标准，来表示物体的长度。随着王室变迁，计量单位与测量活动也在发生激烈变化。据说英国国王亨利一世曾下令，对长度单位进行了规定，说1码（1码约0.9144米）是从他的鼻尖到伸出的拇指的距离。13世纪，国王爱德华一世将"码原器"（欧洲白人前臂骨的长度）作为大英帝国的官方码尺。

英国国王亨利一世

73

他规定，1 码尺"等于 3 英尺，1 英尺（1 英尺约 0.3048 米）等于 12 英寸（1 英寸约 2.54 厘米）"。

1791 年，法国科学院制定了新的测量标准。人们在子午线上，将从地球赤道到北极点距离的千万分之一定为 1 米。1799 年，"米"成为法国的强制性测量标准。1983 年，1 米的长度被重新定义为光在 1/299792458 秒内传播的距离。

巴黎子午线

有了统一的长度单位，还需要测量使用的尺子。根据生活的要求，尺子也是各种各样的。尺子上都有严格的刻度来表示测量结果。有些尺子，还在中间留有特殊形状如字母或圆形的洞，方便人们画图。

根据用途，还有一些特殊的尺子。例如，用于计算的计算尺，用于测量人体衣长身长的软尺，用来测量建筑物、家具的拉尺，专门用来量精小物体的游标卡尺等等。尺子的制作材料一般也根据不同用途而定。学生常用的一般是塑胶尺子，金属尺子更多使用在工业上，而木质的尺子则主要用于教学。

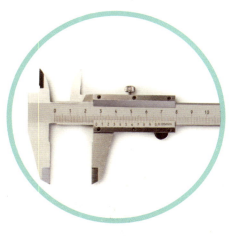

游标卡尺

越来越多的尺子被发明出来，都是为了方便人们的生活。历史告诉我们，只要生活有需要，就会有发明。

铅笔伴侣
——卷笔刀

还记得你第一次削铅笔的时候吗？对于刚上学的孩子们来说，削铅笔是一项高难度的技术活。弄不好，就会伤到手指。

卷笔刀又称笔刨，或者铅笔刨，是将铅笔削尖的工具。因为它的工作，就好像木匠拿刨子把铅笔的外皮刨去一样。

在 1828 年之前，人们都是使用小刀削铅笔，这种方法既费时又费力。初学的人，还会把刚削好的铅笔芯削断了。甚至一支刚拿出来的铅笔，还没有等使用，就被削得只剩下半截了。为了避免这种情况，人们急需一种能自动帮孩子削好铅笔的东西。1828 年，法国人贝尔纳·拉西莫纳发明了一种卷笔刀。它由两个以 90° 角排列的金属刀片构成，用力推动时，能把铅笔削尖。这项发明虽然朝着正确的方向迈出了一步，但使用起来仍然很费力，不如刀具那么受欢迎。1847 年，另一位法国人蒂埃里·德·埃斯蒂沃改进

了原来的设计，发明了我们现在所用的棱镜式卷笔刀。在德·埃斯蒂沃发明的卷笔刀中，铅笔被放置在一个锥形隔间中，因此两个刀片可以磨削笔尖。在大西洋彼岸，沃尔特·K.福斯特在1851年改良了棱镜式卷笔刀，并申请了专利。多年来，随着铅笔销量和产量的增加，人们对卷笔刀也做出了更多的改进。

然而，直到1896年，在美国芝加哥，随着A.B.迪克办公用品公司推出了"行星卷笔刀"，卷笔刀的核心组件才被发明出来。这款卷笔刀受到人们的热切欢迎，因为它的创新设计能把铅笔紧紧地固定住，再去修剪笔的外部木质。先前的卷笔刀在使用时，需要人们握住铅笔固定到位，或者紧紧固定住卷笔刀，而新款卷笔刀不再有这些烦琐的要求。行星卷笔刀能贴合铅笔表面，通过一根曲柄，转动两把围绕铅笔尖旋转的磨刀。一年后，美国人约翰·李·洛夫为他的小型便携式"洛夫卷笔刀"申请了专利。这种卷笔刀有一个圆柱形的隔间，用于存放铅笔屑。今天，人们仍在广泛使用这种卷笔刀。

随着科技的发展，卷笔刀除了实用性外，还具有装饰性，形状有火车形、小猫形、房子形等外观设计。颜色也丰富多彩，有红色、黄色、蓝色、粉红色等，是小学生必备的文具。现在的卷笔刀，有单孔和双孔两款样式设计。

你一定想不到，还有人用卷笔刀来削眉笔、口红笔呢。

5 定位工具

　　直到 18 世纪，我们才只了解到半个地球的地理状况。探险家们在野外探险时，必须竭尽所能地获得最精良的装备来保护自己。虽然有指南针的帮助，但要确切知道自己的位置，精确绘制世界地图，则需要更多的工具。除了指南针，人们运用自己的智慧，发明出了更多的导航指南工具，这些工具共同构成了现代导航的基础。事实上，导航工具引导了人类历史的发展进程：它们开启了地理大发现时代，创造了超级强国，划定了政治界限，引领了战争的方向，现在又在勾勒着消费者的选择地图。

我们处于什么方向不要紧，要紧的是我们正向什么方向移动。
——奥利佛·温德尔·霍姆斯（美国法官、法学家，1841—1935）

精确的
全球定位系统

不管你要去哪里，哪怕是一个陌生的地方，也会有"人"领着你去。它就是全球定位导航系统。

现在，人们不管要到哪里去，都习惯于依赖全球定位系统（简称"GPS"），去定位目的地、搜寻路线。可是在此之前，人们通过什么样的方式到达遥远的目的地，我们很难猜测到。历史上，有些人始终没有抵达自己的目的地，这是因为当时的导航系统是根据星辰定位的，所以在天气不好时船只就会偏离航线。

直到 20 世纪 60 年代，人们才开发出 GPS 技术。人类探索太空计划的发展，以及军事上迅速准确应对威胁的需求，共同推动科学家们开发出把无线电波和卫星技术相结合的定位方法。1973年，美国国防部的导航卫星全球定位系统

建成，第一批卫星很快发射升空，最终发射 20 多颗卫星，完成了卫星组网。车辆和智能手机等，只要装配导航设备，即可接收卫星从太空中传输的信号。在任何给定的时间点，通过至少 3 颗卫星即可确定用户的位置。也就是说，在地球上，无论你身在哪里，天空中都有几颗卫星在盯着你。无论你要到哪里去，这些卫星都能够通力合作，帮你选择一条最适合你的道路，而且误差会非常小。还能根据你的行动，走一步看一步，算出你离目标的距离，并且估算出你到达目的地所用的时间。

GPS 最初仅供美国军方使用。出于安全考虑，美国政府通过"选择可用性"协议，降低了 GPS 系统在非军事用途上的精度。当该协议于 2000 年解除时，GPS 的精度提高了 10 倍以上。

中国自主研发的北斗卫星导航系统，由空间段、地面段和用户段三部分组成，能够在全球范围内，时时刻刻为各类用户提供精准可靠的导航服务，定位误差控制在极小的范围内。

现在，我们已经无法想象没有卫星导航系统的生活将会怎样。

握在手中的活地图
——在线地图

古时候，由于没有导航系统这么便利的工具，人们要去远方的时候，往往很容易迷路或者找不对地方。现在，这一切问题都迎刃而解了。

史前时代，古人就知道用符号来记载或说明自己生活的环境、走过的路线等，这是人们的已知世界。可是，人们还一直喜欢去探索远方的世界，但经常缺乏地图这样的得力助手，来帮助人们确定远方到底在哪里，如何才能到达远方。对于早期的探险家来说，世界几乎是一块空白的画布，人们对此一无所知。古罗马天文学家托勒密，被誉为制图之父，公元150年前后，他曾在亚历山大港图书馆工作。托勒密利用前人的研究成果——假设地球是球体，绘制了世界地图。虽然人们没有找到他绘制的地图原稿，但复原图表明，托勒密绘制的世界地图已经非常精

托勒密世界地图

确，和现代的地图差别不大。大约 1350 年后，意大利航海家克里斯托弗·哥伦布在向西航行时，带着一张地图，就是在托勒密的基础上绘制出来的。

随着人类对世界探索范围的扩大，了解的内容更多，地图绘制得更加详细。但直到 GPS 和互联网出现之后，人们才得以使用实时地图，并与地图实时互动，准确地了解自身所处位置的变动，人人都能成为"制图师"，绘制地球的轮廓。

最有趣的是一种语音地图，它是高新科技与传统产品成功有效结合的产物，是新一代智能阅读和学习工具，配套识读器一起使用。通过点到哪里，读到哪里的方式，实现视听自由结合，有声有图，使传统枯燥的地图变得生动形象，同时也弥补了平面地图史上"只能看不能听"的空白。

随着科学技术的不断进步，地图也会越来越先进。

世界上最早的地图

现代地图，是人们从高空中俯瞰世界得到的图像。在现代地图上，人们还会用图标标示国家和地区的边界等一些实际上并不存在的特征，并有意忽略建筑物等特征。其实，大规模、精确的地图绘制，起源于古巴比伦、古埃及和古希腊，以古希腊为代表。古希腊人把探险家的探索发现和地理学家的几何绘图技能结合在一起，绘制出复杂的地图。公元150年前后，古罗马天文学家托勒密就绘制了第一张世界地图，其中还包括经线和纬线，标注得非常清楚。

在托勒密绘制地图册的几千年前，早期的艺术家们已经制作了非常有用的地图，来记录人们已知的世界：标明当地的村落住所、河流和野生动物等，并开始制作小面积的地图。研究人员对已经发现的早期雕刻地图持有不同的解读意见，但许多人认为，最早的地图是捷克共和国帕夫洛夫的猛犸象象牙雕刻，已有25000年的历史，雕刻了类似于山脉和河流的线条。同样，人们发现在西班牙纳瓦拉自治区洞穴内的一块砂岩石刻，大约有13660年的历史，内容显然是描绘周围环境的地图。石刻描绘了当地的河流、洞穴前面的山峰和被水淹没的平原，以及驯鹿、北山羊和雄鹿等野生动物。根据发现者的说法，石刻内容可能讲述了一个狩猎故事，或者是人们对未来狩猎活动的行动计划。现在，人们进入洞穴中向外观望，仍然可以看到山峰和河流，和古代狩猎者出发时见到的图景一样。

从不偏离的
指南针

在野外迷路的人，除了借助自然界的"指南针"，如果拥有人造的方向指示仪器——指南针，就更好了。

在现代生活中，GPS强大的定位功能和导航功能，让指南针在人们的生活中显得不再重要。尽管我们现在还不知道是谁发明了指南针，但它无疑是人类历史上最有影响力的发明之一。磁制的指南针，又叫作司南，起源于公元前2世纪的中国。早期的指南针非常简单，只是一件放在铸铜板上的勺形仪器，它是用天然磁化的岩石——磁石制成的。指南针总是指向地球的两个磁极之一。有资料表明，最早的指南针主要应用在风水上，但到了公元11世纪，指南针被广泛应用在船上，用来给船只导航。从此以后，水手们都携带着指南针出海，而不必再担心阴天的夜晚，乌云会遮挡住天空的恒星，让人们无法找到正确的方向。

指南针逐渐从亚洲传

司南

入地中海和欧洲，并推动了地理大发现的快速发展。12世纪传到欧洲时，指南针的形式发生了改变，变成了一个带玻璃盖的盒子，磁针固定在一张标有凹槽的卡片上，这个磁针可以旋转着指示方向，但是不管如何，都会始终指向南方。看准了南方，再去辨别其他的3个方向。从现在看，

15世纪的罗盘

指南针足够精确，可以作为海军导航的主要仪器。但使用指南针导航时，还存在一个磁偏角干扰的问题。地球上真实的北极和磁铁指定的北极之间，存在着一种实际上的差异。在远离北极的一些地区，这种差异并不明显，但随着探险者一直向北方进发，差异会逐渐增加。克里斯托弗·哥伦布带领着他的船队，在第一次航行到美洲时，就发现了这种奇怪现象，但是由于害怕惹恼船员，他只是悄悄地调自己的航向，并没有勇气向船员们说出事实真相。

可以肯定地说，指南针的诞生还激发人们做出了许多伟大的技术创新。1820年，H.C.奥斯特根据指南针的摆动意识到，电流在通过电

风水罗盘

线时，也可能产生磁场。结果证明，这一发现为电报、发电和无线通信的发明铺平了道路。

指南针的发明，是中国古代劳动人民对磁石磁性认识的结果，也是在长期的实践中思考的结果。作为中国古代四大发明之一，它对人类的科学技术和现代文明的发展，起了不可估量的作用。

后视摄像头：
后脑勺上的"眼睛"

有时候，人们想看清后面的东西，又不想回头，应该怎么办呢？别急，后视摄像头帮你完成心愿。

在中国有一句歇后语：眼睛长在后脑勺上——朝后看。或许，当我们想要看到背后的东西时，真心希望眼睛能长在后脑勺上，或者能借助一种东西，来达到自己的目的。给汽车配备后视摄像头，就如同人的后脑勺上长了眼睛一样。长期以来，人们一直使用镜子和其他反光物体，来观察背后的情况，但如今，在摄像机和传感器的帮助下，我们可以消除背后的每一个视觉盲点，全方位了解背后的情况。

1000多年前，人们发明了暗箱，就是一束光线通过一个小孔后，会在暗箱中投射出一个倒立缩小的图像。人们根据这个道理，发明了照相机。后来，又发明了摄像机。到今天，摄像机的发展经历了漫长

反光镜

的时间，功能越来越强大，使用起来也越来越方便。第二次世界大战之前，出现了一种便携式摄像机，它的体积非常小巧，可以握在手中，非常适合秘密监视。几年后，德国发明的闭路电视，被用来监测 V-2 火箭的发射。战争结束后，人们开始考虑一个问题，就是和平时期的摄像机还有哪些用途。

老式摄像机

20 世纪 70 年代，后视摄像头有了专门的用途，就是安装在推土机和自卸卡车等大型建筑工程车辆上，帮助司机们看清楚周围的一切环境。这些车辆一般都很大，存在的视觉盲区较大，施工场地又非常庞大，因此单独使用后视镜不够安全。这种后视摄像头很小，几乎与 5 美分镍（niè）币一样大，安装在车辆外面。驾驶员在倒车时，通过驾驶室中的监视器屏幕，可以看到车尾后面的任何物体。随着时间的推移，后视摄像头变得更加复杂，也越来越先进。有些后视摄像头，还具备传感器，可以在车辆距离物体太近时，自动发出警报声，提醒驾驶员注意后面。

目前，后视摄像头受到广大车主的热烈欢迎，因为它在保障倒车安全方面发挥的作用很大，特别是在那些拥挤的停车场所，光线不好的位置，还有小孩经常玩耍的地方。而且你可以想装多少就装多少个，不过一般来说一两个就足够。

现在，后视摄像头在私家车中越来越普及，所以不久之后，我们的后脑勺上就真的会"长眼睛"了。

与生俱来的方向感

研究发现，老鼠在长大离开巢穴时，大脑里已具有基本的空间框架。这表明了一个事实：从某种意义上说，它们至少建立了自己的方向感。科学家发现，在人类的大脑中具有3种导航神经元：位置细胞、网格细胞和头向细胞。如果人类像老鼠一样，也具有天生的方向识别能力，那么，作为高级动物，我们为什么常常会迷路而不得不求助于导航设备呢？也许是因为长期不用逐渐弱化，或是存在其他因素使人们的空间认知能力存在各自差异。对于大脑这个很复杂的系统来说，很多区域在人的行为和感知方面共同发挥作用，未来仍有待开发与探索，相信其中影响人们形成空间意识的奥秘会逐步被揭开。

6 观察器具

在漫长的历史进程中，我们的感官体验世界的能力不断增强。我们通过视觉和听觉，不断探索已知空间，从物质的亚原子结构到宇宙边缘的大爆炸辐射，不断拓展对宇宙的探索范围。这一章介绍了视听仪器的起源发展，帮助我们了解人们对宇宙奥秘的探索过程。对于大多数人来说，显微镜和望远镜虽然不属于日常用品，距离我们的生活很遥远，但它们的历史起源却相当有趣。因为这些事物的出现并非出于人们的实际生活需要，而是为了满足人们探索世界的好奇心。

观察对于儿童之必不可少，正如阳光、空气、水分对于植物之必不可少一样。在这里，观察是智慧的最重要的能源。
——苏霍姆林斯基（苏联教育家，1918—1970）

传递声音的
助听器

当人们由于衰老或受到伤害时，就有可能会导致耳朵丧失一定的听觉能力，为了弥补失去的听力，人们发明了助听器。

助听器是一种能够放大声音、帮助人们听得更清的小型机器，人们使用它的历史可以追溯到古代的"耳号"。

水牛角

最原始的助听器应该是中空的动物长犄角。将尖的一端放在耳朵中，开口的另一端则作为扬声器，这样就可以收集声音并传送入耳中，相当于一只很大的可人为操控的外耳。17世纪，人们曾使用过各种各样的耳号或传音筒，这些助听设备的原材料通常都很简单——用木头、银、贝壳或动物角等各种材质制成。

到了18世纪、19世纪，出现了由黄铜等金属制成的耳号，外面包裹一层硬质的硫化橡胶。为了不引人注目，它们一般被涂成黑色。德国的著名作曲家路德维希·凡·贝多芬就曾用过这种耳号。贝多芬在28

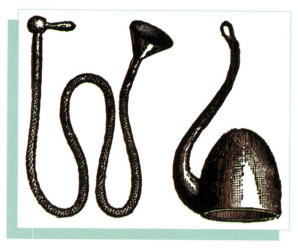

旧式助听器

岁左右就开始遭受听力损失的折磨。他曾使用耳号帮助他重拾听力，但是效果并不理想。

19世纪后期，第一台电动助听器出现了。可是，这种笨重的设备只对听力缺陷较小的人有帮助。大约在同一时期，出现了另一种神奇的仪器——声扇。这种装置中包括一片薄而圆的硫化橡胶片，由一根电线连接在一块木头上，木头咬在人的牙齿上。当声音响起时，震动会从橡胶扇传到牙齿，再传到颌骨，最后传到使用者的听觉神经。

亚历山大·格雷厄姆·贝尔没有发明助听器，但是他在培训听障教师时，进行了一系列电话实验。19世纪80年代，人们凭借贝尔的技术，制造出第一个电子助听器，由碳粒式传声器、发射器和电池等组成，能把外界的声音先转换成一种信号，然后再转换回声音，让人们听到声音的内容。

20世纪50年代，随着晶体管的出现，助听器的体积缩小，更便于携带和使用。第一批小型助听器可以佩戴在眼镜上，后来人们又设计成可佩戴在耳后的款式。

"擦亮"双眼的 框架眼镜

眼睛是心灵的窗户。如果这扇窗户变得模糊不清了，配上一副特别的"窗框"或许能够有所改善。

1280 年左右，意大利著名的玻璃制造商、光学物理学家萨尔维诺·阿尔马托为了进行一系列光的折射实验，眼睛视力受到了极大的损伤。为了提高自己的视力水平，阿尔马托设计了一对厚厚的凸透镜片。

凸透镜

生产出来的镜片效果非常好，借此他得以再次近距离观察事物。在意大利的比萨市，阿尔马托推出了世界上第一副眼镜，也成功地帮助了有远视疾病的人，使他们通过使用这款眼镜能够重新进行读书、写字、缝纫等细致的工作。但是此时，专门供近视患者使用的近视眼镜还没有发明出来。而凹透镜的出现就是 100 多年之后的事了。

18 世纪之前，人们发明的眼镜还没有眼镜腿，无法佩戴在耳朵上。

夹鼻式镜框

因此，人们常常使用绳子、握柄等来固定眼镜，或者使用夹鼻式镜框将眼镜固定在鼻梁上。这些眼镜的镜片使用玻璃制作，而镜框则是用动物角、骨头、龟甲或象牙做成的，所以十分沉重，人们使用起来也很不舒服。

18世纪60年代之前，那些同时具有远视和近视问题的人们就遭了殃，他们为了让自己看得更清楚，只能不停地来回更换眼镜，非常麻烦。美国发明家本杰明·富兰克林发现了这一问题，希望找到一个更加实用的解决方法。于是，他让玻璃切割工人把一对近视镜片和一对远视镜片切割成两半，然后将远视镜片置于上部，近视镜片置于下部，发明出了一种远视近视两用的眼镜。然而，因为价格昂贵，富兰克林发明的双焦眼镜，最开始并没有在大众之间流行开来。直到19世纪，眼镜的价格有所下降，双焦眼镜才开始受到普通大众的欢迎。因为眼镜的价格变得便宜了，越来越多的患者都能买得起一副眼镜。眼镜也不再是身份地位的象征，逐渐成为人们的生活必需品。

现在的眼镜，都是由镜片和镜架组合起来的，除了用来改善视力，还能保护眼睛，也有装饰的作用。

"藏"起来的 隐形眼镜

长长的眼镜腿、眼镜框佩戴在头部，有时候总是会带来不便。那么眼镜能不能藏起来呢？

隐形眼镜佩戴舒适，不易被人察觉。然而把眼镜藏起来，却只是近年来才出现的创新发明。虽然隐形眼镜的发明时间并不长，但通过在眼球上贴东西来改变视力的这一想法却由来已久了。早在1508年，意大利画家达·芬奇在自己的著作《关于眼睛的手稿》中指出，人们可以把眼睛浸入一碗水中，通过光线的折射来提高视力。

到了19世纪末，精密玻璃切割技术出现，使得隐形眼镜的发明成为可能。1888年，一位名叫阿道夫·菲克的瑞士医生，研制出世界上第一副隐形眼镜。这副眼镜确实可以矫

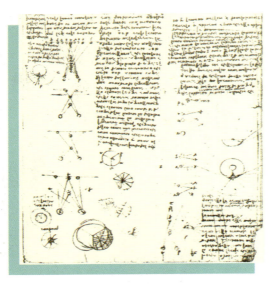

达·芬奇手稿

正视力，但是玻璃镜片又大又重，盖住了整个眼球，妨碍眼球获取空气中的氧气。人们戴上眼镜几个小时之后，眼睛就会非常疼痛。

20世纪，人们研发了轻质、耐刮擦的塑料，这为隐形眼镜佩戴者带来了一些福音，但这时的隐形眼镜镜片，还是会遮住整个眼球。直到1948年，美国验光师凯文·图伊在工作中，意外折断了镜片的外缘，他才发现，较小的镜片也可以粘在眼球上。他在妻子的眼睛上试戴了这种小镜片，并发现它很容易黏附在角膜上。

从那时起，轻薄、柔软且透水的材料速地发展起来，如硅水凝胶。佩戴这种材料生产的隐形眼镜大大提高了舒适度。藏起来的隐形眼镜不仅从外观上做到了隐形，给近视、远视、散光等视力不好的人群带来了很大的便利，使他们的视野宽阔、视物逼真，它还在控制青少年近视、散光继续发展，治疗特殊眼病等方面发挥特别的功效。

虽然隐形眼镜很方便，但它却非常脆弱，容易受到损伤。因此在使用和佩戴隐形眼镜的时候，我们应该非常小心地处理镜片，以免对镜片造成损伤。佩戴隐形眼镜的时候，由于镜片是同时接触外界和眼球的，空气中的灰尘等异物会粘在镜片上，眼内的分泌物都很容易黏附在镜片上。如果平时不按要求对隐形眼镜进行清洗，这些物质会沉淀在镜片上，成为去不掉的污点，对眼睛产生刺激，使视力受影响。

目前，最新一代的镜片轻薄如同面巾纸，可以在佩戴一段时间后扔掉，再换用干净的新镜片。

显微镜下的"小"秘密

在这个世界上有千千万万种生物，它们很难用肉眼看清，却与人们关系密切。为了观察它们，人们发明了显微镜。

根据史料记载，人类历史上最早的放大镜出现于公元前 2000 年，距现在有 4000 多年历史了。过了大约 1500 年，在古埃及人发明玻璃之后，克里特岛和小亚细亚的人们最先发明了原始透镜。公元前 400 年左右，古希腊剧作家阿里斯托芬在作品中提到了一种装满水的玻璃球，可以帮助人们放大物体。后来，古罗马的雕刻家可能也使用过这种放大镜来完成细微的雕刻任务。历史的脚步一直向前，到了 13 世纪末期，人们发明了抛光镜片。15 世纪中叶，自然哲学家们开始使用简单的单透镜显微镜，来观察细小的昆虫。

老式显微镜

1590 年，荷兰眼镜制造商扎卡赖亚斯·扬森经过研究，发明了一种复合型显微镜，他把两只甚至更多的镜片放置在一根管子中来放大图像。但是物体周围的色相差给人们的眼睛造成了障碍，所以，这种放大的图像反倒让人们看不清被放大的物体了。为了解决这个问题，人们一直在不断努力研究。直到 19 世纪早期，人们克服了失真效应，这种显微镜才得到广泛使用。与此同时，另一位荷兰人列文虎克，他也是著名的显微镜学家，通过无意间观察到的情况把单镜头技术推向了一个新的高度。17 世纪末期，列文虎克制造出一种功能异常强大的镜头，在细菌学和原生动物学等领域进行了开创性研究。通过仔细研磨镜头，利用观察技巧，列文虎克发现："在户外露天的各种水域中，出现了许多非常微小的生物。"这些微生物附着在微尘上、飘浮于空中并且随风转移。他追踪观察了许多低等动物和昆虫的生活史，证明它们都是从虫卵里孵化出来的，并经历了幼虫等阶段，而不是从沙子、河泥或露水中自然发生的。

显微镜下的花粉

　　自从人们发明了显微镜，一个全新的世界便展现在人类的眼前。人们第一次看到了数以百计的微小动物和植物，看到了从人体到植物纤维等各种物质的内部构造。显微镜还能帮助科学家发现新物种，帮助医生治疗疾病。

18世纪，显微镜架子的材料也从木头和皮革变成了黄铜材质，聚焦机制也得到了改进。但是，显微镜放大倍率的提高一直比较缓慢，直到1903年，超级显微镜才问世，人们使用超级显微镜，通过散射光可以看到小于光波长的物体。1931年，恩斯特·鲁斯卡通过研制电子显微镜，使生物学发生了一场革命。这也使得科学家能观察到像百万分之一毫米那样小的物体。1986年他被授予诺贝尔物理学奖。

显微镜下的细胞组织

离星辰更近
——望远镜

《西游记》里有两个神仙，一个叫顺风耳，一个叫千里眼。这说明，人们很早就渴望能听到远处的消息，看到远方的事物。如今，这两个愿望都实现了。一个叫电话，另一个就是望远镜。

镜片的出现最早可追溯至公元前 2000 年，而人们对光的反射和折射的研究至少可以追溯到公元前 3 世纪，起始于古希腊数学家欧几里得。在望远镜发明之前，人们就很有可能曾将两个透镜排成一列，使远处的物体可以看上去更近、更清楚。11 世纪，阿拉伯科学家海桑撰写了一部作品，专门讲解了抛物面镜和放大镜的特点。这本著作对欧洲的光学研究人员产生了深远的影响。文艺复兴时期，英国哲学家罗吉尔·培根也曾研究过透镜，他写道，通过透镜，"在异常遥远的距离……太阳、月亮和星星等看上去更近一些"。

多年来，人们一直认为是荷兰米德尔堡的眼镜师利伯希造出了世界上第一架望远镜。1608 年某一天，

旧式单筒望远镜

有两个小孩在利伯希的眼镜店门前玩弄着几片透镜。他们将两块透镜前后排放，能看清楚远处教堂上的风标。两人玩得不亦乐乎。利伯希很好奇，便拿起了两片透镜想试试，果然，远处的风标放大了许多。发现了这一神奇的现象，利伯希赶紧跑回商店，把两块透镜装在了一个筒子里。经过多次试验，利伯希成功发明了望远镜。可是，当他为自己制作的望远镜申请专利时却没有得到认

意大利科学家伽利略

可，因为据说小镇中有好几十个眼镜师都声称是自己发明了望远镜。

第二年，望远镜在欧洲地区逐渐普及开来。1610 年，意大利科学家伽利略制造出几架望远镜，这是第一部投入科学应用的实用望远镜，他也成为第一个将这种仪器转向天空进行观测的天文学家。伽利略通过他的望远镜观测天空，仅在一年之内就有了许多伟大的发现，例如，月亮本身是不发光的，它是在反射太阳光；月亮上面还有很多深深的陨石坑和许多高大的环形山脉；银河系中满是大大小小的星星；木星也有 4 颗大卫星，金星围绕着太阳旋转，还有相位变化等等。伽利略使用的望远镜中，最大的镜头直径约为 4.45 厘米，能够将物体放大 33 倍。伽利略使用这种望远镜观察到的结果彻底推翻了认为地球位于宇宙中心的地球中心说。

哈勃望远镜是人类第一架太空望远镜，它也是一个巨无霸，总长

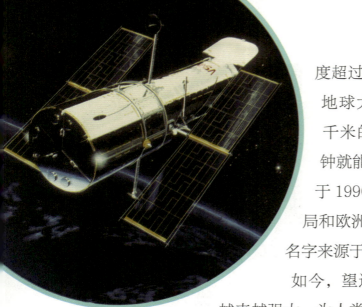

哈勃太空望远镜

度超过 13 米，质量超过 11 吨。在地球大气层外面、离地面约 600 千米的轨道上，它大约每 100 分钟就能环绕地球一周。哈勃望远镜于 1990 年时由美国国家航空航天局和欧洲航天局合作发射入轨，它的名字来源于天文学家爱德温·哈勃。

如今，望远镜的种类越来越多，功能越来越强大，为人类探索宇宙的奥秘发挥了重要作用。

万物有来源

有滋有味的
餐点与饮品

9

高朗文化　编著

花山文艺出版社
河北·石家庄

目录
Contents

3 饮料
饮品

零食
小吃 4

1 日常餐点

　　现代营养学家告诫我们：在日常饮食中，摄入食物种类过少，会对身体造成不利影响。人们一天或一周内吃的食物种类越多，获得人体所需全部营养的可能性就越大，身体也就更加健康和强壮。人们已经自发形成了依赖多种营养主食的日常饮食习惯。当然，食物的选择往往取决于地理、信仰、气候、文化和许多其他因素。我们会在接下来的章节中介绍一些流行于中西方的、现代人喜欢吃的食物。不过，你可要注意了，并非每种食物都是完全有利于健康的。食物虽美，健康无价，千万不能美了口腹，害了身体。

生活本身就是一场狂欢。

——朱莉娅·蔡尔德（美国作家，1912—2004）

"风情万种"的
薄煎饼

薄薄的，香香的，可以薄得像一张纸，也可以把它像楼房一样摞起来、分出层次。这种食物就是薄煎饼。

薄煎饼制作简单，风味独特，既可以自成食材，也可以搭配其他食物，是一种常见的百搭食物。

这种食物看上去不起眼却风靡全球，深受人们的喜爱。尽管不同地区的薄煎饼有不同的风味，但做法都大同小异，就是把加了糖的面糊倒入煎锅或平底锅中，先加上油，防止煳锅，再慢慢加热烤熟，小小的煎饼就做好了。

西式薄煎饼和罗马式烤松饼非常相似，都是由面粉、牛奶、鸡蛋和香料混合在一起，充分搅拌均匀，放在锅里烤制而成，通常搭配胡椒和蜂蜜食用。

也可以把它做得更薄些，里面夹上各种蔬菜和肉类卷起来吃，就更美味了。

薄煎饼出现在人们餐桌上的时间比较早，15 世纪 30 年代的一本烹饪书中曾首次提到"薄煎饼"这个词。只不过各地人做煎饼所用的食材是不一样的，因为世界各地的食物资源不一样，有的用玉米面粉，有的用小麦粉，还有的用其他食材。制作出来的"薄煎饼"，也就有了不同的风味，还有了各不相同的名字。

在美国新大陆，纳拉甘西特部落的印第安人曾手工制作出一种薄薄的软面饼，叫作"诺克西克"。因此，1607 年时，有人将玉米面煎饼叫作印第安饼。而荷兰的殖民者们制作的是荞麦面煎饼。除了不同的食材，人们还发展出不同的烤制方式，所用的工具更是五花八门。到了 1740 年，欧洲的殖民者们开始把玉米饼放在锄头的平刃上用火烘烤。总之，只要是能把煎饼烙熟的工具，都可以用来制作煎饼。

美式薄煎饼一般搭配枫糖浆和黄油食用，这种食用方法的灵感来

源于一种法式薄饼，叫作橙香火焰可丽饼。这种薄饼最初是由一位约瑟夫先生在马里沃餐厅提供给客人的，在 20 世纪 30 年代的时候由一位名叫亨利·沙尔庞捷的法国厨师带到了美国。可丽饼上铺满了由焦糖、橙汁和利口酒调成的酱汁，引发了人们强烈的喜

爱，掀起了一股薄煎饼搭配甜腻浓稠酱汁的热潮。

在中国，最有名的煎饼应该是山东的大煎饼。小小的一勺面糊，均匀地平铺在大大的煎饼鏊（ào）子上，鏊子下面烧火，不到一分钟的时间，那薄薄的煎饼就熟了，卷上自己喜爱的配菜——山东人一般最喜欢卷大葱，抹上薄薄一层甜面酱，那种感觉脆脆的、甜甜的，是真正的美味！

华夫饼

制作华夫饼的面糊和其他的薄煎饼是一样的，而与众不同的烹饪方式则让华夫饼在煎饼中别具一格。中世纪，华夫饼通常在一种铰链式金属盘上烘烤而成，而这种金属盘上面有独特的方格。华夫饼上会有压痕花纹，凹凸不平，饼中的凹槽可以加入美味丰富的配料，因此更受人们的欢迎。这种制作方式，一直到现在还影响着人们的生活。现如今，纺织业上还称布料上类似的花纹为"华夫格"。

方便健康的
谷物早餐

如果说薄煎饼属于固体美食,那么食物制成液态,是不是别有一番风味呢?回答是肯定的。看看下面的谷物早餐,你就知道了。

谷物早餐最早起源于美国。人们将不同种类的谷物做成粥状,当成早餐食用。这个历史已延续了数千年。

谷物早餐的做法很简单,将大多数谷物磨成面粉,加水浸泡或软化,然后加热煮熟就行了,如中国的白米粥或印度的米片粥。谷物粥在西方国家经常作为冷食,但是在北方寒冷的气候条件下,也可以加热食用。

比起精加工的谷物,未经加工的谷物营养更加丰富,因为谷粒中含有植物胚胎生长所需的全部营养物质,从而给人体带来更多的营养

物质。但由于谷物颗粒外层的脂肪含量较高，极易变质，不利于长期保存，所以在一些西方国家，人们还是喜欢把粮食的外壳去掉，做成精加工的谷物。虽然营养成分变少了，但由于保质期较长，更受人们欢迎。

尽管谷物的种类多种多样，但大多数美国人的谷物早餐都以小麦和燕麦为主。将燕麦片、米粉、麦片或烤麦片作为主食，加上牛奶一同食用，也可以根据个人口味添加糖或蜂蜜。美国南部各州的居民就经常把粗玉米粉制成的热玉米糊当作早餐，并配以黄油、盐或者糖，增加玉米糊的口感和味道。这些谷物粥除了价格实惠、便于制作之外，还易于消化，很适合康复期的病人食用。

当然，除了做成粥状，这些各种各样的谷物薄片还可以被人们直接食用，口感丰富，津津有味。

意外的发明——玉米片

一般来说，所有的发明创造都是人们不懈努力追求的结果。可你一定想不到，有些发明却完全是偶然的。威尔·基思·凯洛格发明玉米片就是个偶然的例子。有一天，他和弟弟约翰·哈维·凯洛格在共同经营的健康疗养院里浸泡小麦，然后将浸泡好的小麦除去麸（fū）皮，准备做成粥状的糊，最后制作成面包。他因为一些事情暂时离开，回来后却发现做好的面团居然风干了，成了小碎片。为了不浪费食物，他把这些小碎片放进了烤箱进行烘烤，烤好后端上了餐桌，竟然成为一种酥脆香甜的美食。这种脆脆的麦片受到了病人们的热烈欢迎，病人们甚至希望在出院时可以带一些回家。很快，威尔发现使用玉米粉能够制作出更加轻薄美味的薄脆片。后来他创立了世界上第一家即食谷物公司——巴特克里克烤玉米片公司，而这家公司正是全球知名谷物早餐和零食制造商家乐氏的前身。直到现在，各种谷物片状食品还在全世界流行，成为备受年轻人喜爱的食品。

三明治:
食物名? 人名? 地名?

你是不是个三明治爱好者? 可是你知道吗? 最开始的时候, 三明治竟然指的是一个人。

"三明治伯爵"约翰·孟塔古

三明治原是英国一个地名, 这个地方有一位伯爵名叫约翰·孟塔古, 被人们称作"三明治伯爵"。据说三明治伯爵家里很有钱, 当然了, 也有的是时间。他是个狂热的打牌人, 每天都花费大量的时间在牌桌上。有一次, 他在伦敦的一家俱乐部里打牌打了一天一夜, 连饭都没时间吃。虽然肚子饿得咕咕叫, 可他还是舍不得离开牌桌去吃饭。这家俱乐部也是个牛排馆, 于是他让人送来一些烤肉和乳酪, 并且要用两片面包夹着, 这样他就能用一只手拿着吃了, 而另一只手还可以打牌, 又不会把牌弄脏。

他的这一新奇吃法很快就流传开来, 大家纷纷要求吃"跟三明治一样的东西", 而"三明治"这种食物也因此诞生。

不过，说"诞生"似乎有点儿不准确。因为早在"三明治"这个称呼风靡西方世界之前，在中东和近东文化地区就已经出现过这种食物了。在欧洲，荷兰人发明的一种馅料面包卷与三明治类似，但是比三明治伯爵的发明早一个世纪，并且在当时深受人们的喜爱。

如果再往前寻觅，还可以追溯到公元前 1 世纪。希勒尔在节日期间将羊肉和苦菜放在了两片无酵薄饼中间一起食用。古罗马人把这种混合食物称为"希勒尔的食物"或"希勒尔的零食"。这应该是三明治最早的雏形。

三明治从男人们的夜宵变成常见的大众小吃经历了很长一段时间。到了 1824 年，《弗吉尼亚家庭主妇》食谱中出现了牡蛎式夹片面包的描述。而到了 19 世纪末，三明治已然成为众人皆爱的一种食物，甚至出现在 1887 年的《白宫食谱》里。

如今，三明治已经成为餐桌上的常客。虽然很多三明治都是在家里制作的，尤其是那些甜馅料的，比如花生酱三明治和果冻三明治，但是，定制三明治和预包装三明治的市场也越来越广阔。人们在世界各地都可以买到越南的白面包三明治或者斯堪的纳维亚的黑麦面包三明治。由此可见，这种曾经的地方性小吃已经获得了全世界人们的热爱。

肉馅的夹馍——肉夹馍

  中国也有类似主食夹内馅的美味食物，比如陕西省的特色美食——肉夹馍。肉夹馍意为"肉馅的夹馍"，主要由两部分组成：面饼，腊汁肉。我们在家中即可制作家常美味的肉夹馍。面饼是很常见的一种中式面点，先将面粉发酵，揉制成面团，做成圆圆的饼形，然后将生面饼放在电饼铛上，烘烤15—20分钟，两面都要煎到，直至饼的两面焦黄松脆。烤制好的面饼外脆里嫩，外表呈现"铁圈虎背菊花心"，皮薄松脆，内心软绵，单独吃也是一绝。腊汁肉通常选用猪肉，搭配二三十种调料煮制而成，刚出锅的腊汁肉色泽红润，酥软香醇，肥肉不腻口，瘦肉满含油，此时捞出一块切碎，再搭配些新鲜的青椒碎粒，一起夹在面饼中，咬一口，齿颊生香，让人回味无穷。

瓶装美食——罐头

罐头，是生活中一种深受人们喜爱的速食产品，可以开盖即食，快捷方便。

罐头里也藏着各种美味，不过它的诞生竟然和两次残酷的战争有关。

第一次：法国伟大的军事家、政治家拿破仑·波拿巴，也是法兰西帝国的缔造者，他在战争中意识到，长途行军的队伍，要是能随时吃上饭，需要一种新的食物保存方法。于是，他向国人宣布：谁能解决这个难题，可以得到大量的赏赐。1810 年，法国一位糖果糕点师傅尼古拉·阿佩尔提出，把食物做熟后，密封保存运输。这个点子得到了拿破仑的认可，这位糕点师也因此赢得了赏金。这应该是罐头的雏形，而阿佩尔也被称为"罐头食品之父"。

第二次：同样是在 1810 年，英国人彼得·杜兰德也研究出一种独特的食物加热方法，并进行

了改进。他把做好的食物用不易破损的锡罐密封，就可以保证食物不会变形外漏。从此以后，这种食品就开始流行起来，即使是在和平时期，人们也应用这种方法对食物进行加工、保存和运输。

罐头诞生后，多少年来，人们一直在应用同样的食物保存方法：把食物装入玻璃瓶或玻璃罐，然后放在水中加热杀菌保存。然而，当时的人们只知道这种方法可以让食物储存时间变长而不变质，并不知道这背后的道理。直到19世纪晚期，人们才通过法国微生物学家路易斯·巴斯德的实验了解到其中的奥妙。原来，加热过程中，食物中已经存在的细菌被杀死，食物就不会变质；再用密封的方式阻止外部细菌进一步的污染，起到了隔离作用，就可以实现食物的长时间保鲜。

或许是因为制作简单，无须改进，罐头的制作并没有什么太大的变化。不过，随着第一次世界大战的爆发，大批战士同时参战，需要大量既容易保存又方便携带的食物。由于是长期作战，士兵也来自四面八方，有不同的口味偏好，指挥官对食物的要求不仅是吃得饱、吃得好、价格低廉、包含人体需要的足够热量，还希望用地方特色美食来鼓舞士气，提高士兵的战斗力。这时，原来的罐头品种远远不能满足军队的需要。于是，食品制造商开始对许多日常菜看进行研发并加工实验。一大批新式罐头，如豆类罐头、意大利面罐头和番茄酱罐头等纷纷闪亮登场。

在扩大罐头种类的同时，为了让罐头包装既实用又美观，制造商对锡罐包装也进行了改进。因为锡罐虽然坚固、方便携带，但也容易发生渗漏。一旦锡罐包装移位发生渗漏，又不被人发现，锡罐中的食物就会滋生肉毒杆菌毒素，人们食用过后就会感染疾病，威胁生命健康。所以，人们提出了种种改进方法，最后决定采用新型双重卷边的方法来做罐子的盖，防止空气渗透进去，使罐头的保质期更长。

玉米也美味
——墨西哥玉米饼

玉米是一种极其普通的粗粮，营养价值却很高。经过深层次的加工后制作出来的美食，一定会让你胃口大开的。

软玉米饼和油炸玉米饼都是墨西哥最具特色的美食。原因在于玉米本身就是墨西哥的农业特产，也是饮食不可或缺的一部分。玉米对墨西哥人来说是神圣之物，是他们饮食中的主要淀粉来源，同时还能提供一些身体所需的蛋白质和脂肪。

鲜嫩的玉米棒，是可以生吃的，这要看个人的喜好。但大部分玉米还是被人们贮存在通风的粮仓里，等待以后加工。食用时，当地人会把去了外皮的玉米粒泡在石灰水中进行碱化处理，然后加热煮成软糯的玉米粥。玉米粥里还可以加入人们喜欢的辅料，比如各种豆类和红薯、白薯等，制成一种滑嫩可口的玉米羹。而在墨西哥，更常见的做法是，将玉米磨成粉面，制作成玉米饼。

　　传统玉米饼的制作方法很简单，需要用一块磨盘和一只石磙（gǔn），把浸泡过碱水的玉米粒碾磨成潮湿的糊状。之后，厨师每次选取高尔夫球大小的玉米面揉成面团，然后将其拍成又圆又扁的饼，并把它放到平底锅或烤盘中烤制，每一面大约需烘烤 20—30 秒。　　**石磨**

　　正宗的墨西哥玉米饼有自己的规范。一般情况下，烤制好的玉米饼厚度应当小于 3 毫米，直径大约 15—20 厘米，如果太厚了，口感就不好了。玉米饼不仅仅是一种主食，还可以取代勺子和盘子，成为一种方便的用餐工具。美味的玉米饼是许多墨西哥菜的灵魂，比如炸玉米饼、辣肉馅玉米卷、墨西哥卷饼等，在墨西哥都是扬名天下的美食。

在美国，玉米饼曾经占据了面包行业 32% 的销售额，甚至超过了全麦面包、百吉饼和面包卷，仅落后于白面包销售额两个百分点，当之无愧地成为美国第二大受欢迎的面食。而现在，有了更加先进科学的加工方法，再加上独特的烹调方式，玉米饼产业的年销售额增长势头仍然强劲。

迷人的"青纱帐"

玉米是中国东北地区的主要作物。每到夏天玉米快速生长的时期，这里漫山遍野的玉米，便形成了一大片"青纱帐"。绿绿的叶子，高高的个头，粗壮的身躯，如果你走进去，甚至会被淹没在其中。一棵棵玉米飘扬着宽大的叶子，头上顶着并不鲜艳的雄花，腰间结着一个大大的玉米棒，足足有一尺长。饱满的玉米粒，白白嫩嫩的，紧挨在一起，看着就让人喜欢。如果你喜欢吃生的，掰下一穗来，剥去外皮，就可以生吃了。等到了秋天，玉米成熟了，叶子黄了，玉米棒也黄了，所有的玉米粒都变成了金黄色，玉米粒也变得硬实了，需要采收回家，放在干燥通风的地方保存起来，脱粒后就可以出售了。

中西**面条**
大比拼

面条有很多种，香滑软糯的中式面条和口感独特的意大利面，哪一款是你的最爱？它们之间又有什么区别呢？

把柔软的面揉成一团，再挤压成长长的条，就成了一种可口的食物——面条。自诞生以来，面条就因为独特的食用方式，成为深受人们喜爱的美食之一。

多年以来，各个国家都认为自己是面条的发明者，直到现在也没有统一的结果。2005年，中国考古学家在约4000年前的甘肃喇家遗址东北部发现了一碗保存完好的面条，证明了面条最先是由中国人发明的。

中国人不仅发明了面条，还在生产方式和食用方法上不断发明创新，把面条做出、吃出了许多花

样，不过，这众多的花样中却并不包括意大利面。意大利面是美国家庭中极其常见的面制品，他们最熟悉和喜爱的品类是通心粉。意大利面独具特色，它和普通中式面条的区别并不仅仅在于外形。实际上，意大利面是由另一种小麦制成的。面条一般使用普通小麦，也就是软质小麦来制作，但意大利面只能使用硬质小麦。硬质小麦具有高弹性的特点，所以做出来的意大利面坚硬而干燥，保质期相当长久，口感也是极富弹性又特别耐嚼。

　　有趣且重要的一点是，意大利面的发明者并非罗马人或他们的祖先伊特鲁里亚人，因为这两个群体都不知道什么是硬质小麦。

　　那么究竟是谁发明了意大利面？

　　答案似乎指向了阿拉伯人。9世纪，叙利亚医生兼词典编辑人伊索·巴尔·阿里编辑了一本词典，其中"干面条"一词的定义是：用粗面粉制成并在烹饪前晾干的一种细面条。几个世纪后，阿拉伯作家在西西里发现了各种类型的干面条。但是我们还是很难确定西西里人的干面条是他们自己发明的，还是通过与另一种文化交流得来的。

西西里人和他们对岸的意大利本土同胞制做出的意大利面形状多达几十种，口感各不相同，并且可以搭配不同种类的酱汁来食用。到了 19 世纪 80 年代，第一批西西里移民带着地方美食和别具特色的意大利通心粉来到了美国。当然，来自意大利其他地区的移民们也将形状各异的意大利面带到了美国。但西西里移民人数更多，所以还是通心粉更受美国人民的喜爱。

随着时代的发展，面条的主要食材，也从小麦这个单一的品种变得更加丰富多彩，一切能加工成面粉的食材，都可以做成面条，如大米、玉米、山药、芋头等。和好面后，通过压、擀制或抻成片，再使用搓、拉、捏、压、切等手段，制成或窄或宽的条状，或扁或圆的小片状，最后经煮、炒、烩、炸而成，不同的吃法有不同的味道。

面条花样繁多，品种多样，地方特色极其鲜明。你最爱吃的是哪一种？

2 配菜佐料

　　开门七件事，柴米油盐酱醋茶。除了主食，配菜佐料在我们的生活中占据着相当重要的位置，为我们的饮食添加诸多滋味。再好的食材，如果没有配料的加盟，也就没有了味道。酸甜苦辣咸，才是美食的灵魂。这一章主要介绍了各种香辛料和调味品等配菜佐料，它们能为我们喜爱的食物增添风味和滋味。从最基本的盐到稍微复杂一些的番茄酱，配菜佐料背后的有趣故事一点儿也不输给本书中的其他美味！

　　人如果吃不好，就不能好好思考，好好爱，好好休息。

——伍尔夫（英国女作家，1882—1941）

关于**盐**
你不知道的事

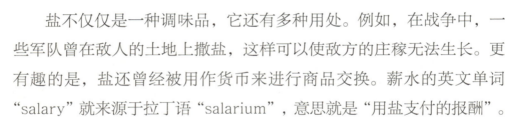

我们都知道"泪如雨下""汗如雨下",那"盐如雨下"该是什么场面呢?

盐不仅仅是一种调味品,它还有多种用处。例如,在战争中,一些军队曾在敌人的土地上撒盐,这样可以使敌方的庄稼无法生长。更有趣的是,盐还曾经被用作货币来进行商品交换。薪水的英文单词"salary"就来源于拉丁语"salarium",意思就是"用盐支付的报酬"。

在过去很长一段时间里,人类只能靠吃肉来获取盐分。随着农业社会的发展,人们劳动强度大大增强,需要补充更多的盐分,所以人们开始有意识去寻找盐分。盐对生命而言是必不可少的。作为人体必需的成分，我们每个人一生大概需要摄入一百多千克的盐。但是物极必反，矛盾的是，尽管盐是维持生命所必需的，但是过量的摄入会导致高血压等健康问题。因此，现代人常常提倡清淡的饮食。

当人类发现盐可以防止食物变质之后，便开始进行长距离的迁移，并在旅途中携带用盐腌渍的食物，保存很久也不会变坏。盐的发现使人类的文明程度也有了重大的飞跃。最初，人们只能通过蒸发海水和开采盐矿来获取盐，没有盐矿的人们也需要这种东西，怎么办呢？于是有了盐业运输，使沿海和内陆的人们都能够得到这种资源。由于盐业获利巨大，很多国家都曾对盐的产制运销进行控制，并把收取的税额当成国家财政收入的重要组成。盐税的征收曾经甚至引发了一些社会变革和革命，如 18 世纪法国的盐务税和 20 世纪的印度盐税。

如今，随着经济的发展，人

们能够品尝到来自不同国家的海盐和矿盐。美国人餐桌上的盐是乔伊·莫顿改良过的，他的莫顿盐业公司目前供应了美国大部分的食盐。1911年，莫顿率先在食用盐中添加人体必需的其他成分。这样，即使在潮湿的天气里，盐粒也能保持松散不结块。从1914年起，莫顿盐业公司的蓝色包装上出现了"盐如雨下"的广告语，上面还有一个撑着雨伞、腰间挎着盐罐子的小女孩的画像。这个广告非常生动地表达了自家的盐随时都可以很顺利地从罐子里倒出的特性，是一次不错的宣传。

制盐行业

　　冷冻食品出现之前，最有效的肉类保存方法是用盐腌制。在早期的美国，盐的主要产地是大西洋沿岸。随着盐价的上涨，人们更愿意通过暴晒蒸发海水来自己提取粗盐。用风车带动水泵，把海水抽送到木质的大桶里暴晒，如遇下雨则会加盖子。19世纪早期，马萨诸塞州东丹尼斯的约翰·西尔斯船长提出了一些改进措施，比如将海水引排到专门的制盐室来进行盐粒结晶。虽然当时人们都称他的想法为"西尔斯的蠢办法"，但是这位船长的工厂最终成了美国国家海岸科德角最大的制盐工厂。后来制盐业在食品加工行业的利润不再那么可观了，但他的工厂仍在南雅茅斯的巴斯河附近生产用于工业和医药方面的镁盐和泻盐。

"香料之王"
——胡椒

历史上，很多国家都曾争夺胡椒的贸易霸权，胡椒真不愧是"香料之王"！

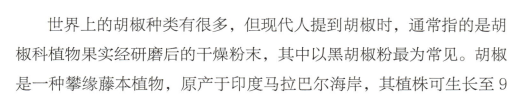

世界上的胡椒种类有很多，但现代人提到胡椒时，通常指的是胡椒科植物果实经研磨后的干燥粉末，其中以黑胡椒粉最为常见。胡椒是一种攀缘藤本植物，原产于印度马拉巴尔海岸，其植株可生长至9米甚至更高。它的果实一串串成簇生在藤蔓上，每个簇穗大约有50颗果实。根据所需胡椒种类不同，需要在不同的时间段进行采摘，这样胡椒

就分成了三种颜色：黑胡椒、白胡椒和绿胡椒。但其实，它们都来自同一种植物，只是所用果实的成熟度和加工方法不同。

作为一种香料，胡椒因古罗马人的贸易引起了世界范围的关注，并且还引发了垄断性的贸易战。3世纪时，阿拉伯人取得了胡椒贸易控制权，并在之后的多个世纪里垄断了香料贸易。他们拥有强大的市场，意大利威尼斯、土耳其君士坦丁堡以及埃及亚历山大港都成了他们的贸易区域。

那时的胡椒非常昂贵，几乎是有钱人家的特权，只有富人才能消费得起。于是，欧洲国家开始寻找新的香料货源，一股强大的探险热潮由此兴起。1498年，葡萄牙著名的航海家瓦斯科·达·伽马到达了印度东部的喀拉拉邦。由他发现的这条新路线和丝绸之路一样重要，也成了胡椒的运输通道。此后的一个世纪里，葡萄牙一直统治着这条新的香料之路，其首都里斯本也成为欧洲最繁华的城市之一。16世纪，荷兰从西班牙手中独立出来，并在1602年建立了荷兰东印度公司，取得了贸易霸权。荷兰人对胡椒的统治维持了200年左右，直到后来，英国东印度公司攫取了这项霸权。

胡椒惹的祸

　　胡椒不仅是让西方世界大肆争夺的香料，在中国也因其昂贵的价格"惹了不少祸"。唐代宗时，宰相元载因贪污犯罪受查，办案人员在他的家里发现了 800 石胡椒，以现代的计量单位统计，大约为 50 吨。恐怕是各地进贡的胡椒几乎都被元载截流，藏在了自己家的库房里。唐代宗一气之下，拆了元载的房子和家庙。可见唐朝时期，胡椒仍属于上流社会王公贵族享用的奢侈品。如果是 50 吨大米的话，唐代宗或许不至于发这么大火。

香料贸易

　　香料之路上除了胡椒，还有各种各样的香料，如肉桂和丁香等。人们为什么对香料之路如此重视呢？这并非仅仅出于简单的美食需求，中世纪的人们需要用香料来保存食物、掩盖异味，甚至将香料作为货币进行交易。欧洲人所需的香料主要生长在亚洲和非洲，而曾经的海上香料贸易路线需要经过非洲南端风暴频繁的好望角，风险极高。数百年间，欧洲人一直在寻找更快、更安全的航路，而这最终促成了美洲大陆的发现。

人造黄油
的曲折历史

人造黄油是怎么做的？人造黄油和天然黄油，到底哪一个更健康？

　　人造黄油，有时会被简单地音译成"麦淇淋"。令人惊讶的是，这种听上去十分现代化的食物竟然已经存在了一个多世纪。

　　19世纪60年代，路易·拿破仑三世曾发出悬赏，寻找一种能够

替代黄油的东西。因为当时西欧的油脂资源正在减少，天然的黄油根本不够用；与此同时，由于生活水平的提高，人们对肥皂的普遍需求也在消耗着动物脂肪资源。

　　功夫不负有心人。在普罗旺斯，一位名叫伊波利特·梅热·穆列斯的化学家将牛油和脱脂牛奶混合在一起，发明出一种黄油替代品。

伊波利特·梅热·穆列斯和他的同事使用了一种叫作"珍珠酸"的物质,这个名称来自化学家米歇尔·谢弗勒尔犯的一个"小错误"。当时,谢弗勒尔已经分离出一种脂肪酸,这种脂肪酸可以转化成珍珠一般的动物脂肪颗粒。于是他就根据希腊语中"珍珠"一词来给这种物质命名,后来才改为人造黄油,一直到现在。

从第二次世界大战开始,直到20世纪五六十年代,人造黄油一度风靡欧洲和美国。因为人造黄油售价十分低廉,所以非常受欢迎。可是,便宜的人造黄油却损害了当时势力强大的美国奶业的利益。奶农们想尽办法阻碍这种黄油替代品的生产和销售。他们声称这是一种有害的食物,呼吁政府对其征收销售税,要求售卖人造黄油的商店需持有特殊许可证,否则一律不得出售。他们甚至还强制要求商贩不得在人造黄油中添加食用色素,避免让人造黄油看上去太过可口诱人。一些愤怒的奶农还想把人造黄油染成鲜亮的粉红色——这样一来就真的令人食欲大减了。

这场闹剧持续一段时间后,许多公司便开始将未染色的人造黄油和一小袋黄色食用色素搭配出售,消费者们可以将两者混合,自制色泽诱人的黄色黄油。1950年,联邦政府终于废除了人造黄油税,人们购买人造黄油更加方便了。到了20世纪60年代，桶装人造黄油开始上市，这种人造黄油质地柔软、取用方便，广受欢迎。

如今，面对天然黄油和人造黄油，人们往往选择后者。人造黄油便宜的价格只是一小部分因素，健康才是人们最重视的因素。据美国克利夫兰医学中心计算，人体每日胆固醇推荐摄入量为不超过200毫克，饱和脂肪推荐摄入量为不超过15克，而一汤匙天然黄油竟含有33毫克的胆固醇和7克饱和脂肪！不过，在适度运动的前提下，还是有人喜欢天然黄油。

正如美国厨师朱莉娅·蔡尔德所说，"只要黄油够多，啥东西都好吃"。

主食好伴侣
——腌菜

每家的餐桌上常常都少不了腌咸菜。脆生生的口感,配上红红的辣椒油,口味舒爽又下饭,常常让人欲罢不能。小小腌菜为何会有如此大的魔力?

在美国,口感爽脆的腌黄瓜是最常见的三明治配菜。其实,任何食物都可以进行腌制。腌制的蔬菜和水果一般被称为"腌菜"或"泡菜"。

从通常用蔬菜和柑橘类水果制成的南亚辣泡菜,到以白菜、卷心菜和其他蔬菜为主的韩国泡菜,再到犹太人的腌莳萝(一种类似茴香的香菜),腌菜的种类和做法不一而足。

数千年来,腌制食物几乎存在于每一个文明国家中,而且腌制过程非常简单,每个家庭都可以腌制。

腌制时,需要将食物洗净,浸入盐水或卤水中,也可以浸入酸性较强的腌汁中。无论何种腌料,整个腌制的过程都是引起厌氧发酵,生成B族维生素,并杀死腐败性细菌,所以腌制食物有着较长的保存期。

腌制的方法可以防止食物腐败，所以过去的水手们在远航时会携带腌猪肉和腌牛肉作为食物。

腌制食品最初是由英国和德国传入美国的。在英国和德国，人们的日常生活中常常少不了腌肉和各式腌菜，如洋葱、卷心菜、黄瓜、胡萝卜、豆类、煮熟的鸡蛋等。

随着那些来自中欧和东欧的移民们在纽约和美国其他地区定居，他们的传统黄瓜泡菜成了熟食店的主要产品。在纽约市下东区，腌菜贩会在自家商店街道附近陈列许多大木桶，桶里装着各式各样的腌菜。到了1893年，腌菜行业的队伍已经颇具规模。

如今，腌黄瓜以各种形式出现在人们的生活中，整根出售或者切条切片，大小不一，口味或酸或甜。而长期以来最受欢迎的食物之一——腌莳萝，也并没有严格按照某些饮食教规来制作，但是它们独特的蒜味香气受到了当今几乎所有美国人的喜爱。

莳萝

番茄酱
是番茄做的吗？

说起番茄酱，似乎总是与西餐脱不了关系。但是你知道吗？番茄酱的祖先其实来自中国。

从名字来看，番茄酱似乎与番茄关系密切，但是番茄酱的起源却与番茄毫无关系。实际上，这种浓稠的红色酱汁起源于中国南方一种叫作发酵鱼露的美食。来自荷兰和英国的水手把这种美食带回了各自的家乡，他们尝试向酱汁中加入更多本土食物，比如核桃、芹菜和蘑菇，以去除其中的异国情调。

鱼露调味品

当这种鱼露传入美洲后，人们终于在其中加入了当时最新潮的食物——番茄。番茄是美洲的本土作物，但欧洲人经过一番探索引入了这种食物，并在北美推广开来。

至今，蘑菇番茄酱在英国依然是一种随处可见的食物，尽管其中并没有任何番茄的成分。

教你自制番茄酱

1. 准备适量的番茄（西红柿）并清洗干净，清洗青柠檬，准备好白糖。

2. 烧一锅开水，一般来说水温达到60℃左右即可。把番茄放入开水里焖2分钟，这时番茄的外皮与果肉自动分离，剥掉番茄皮。

3. 将番茄切割成块状，番茄内的绿籽要去除，以防影响口味。

4. 将切好的番茄块放入果汁机内，榨成料汁，将榨好的料汁盛回下锅，大火烧开。

5. 将青柠檬切片，在煮好的番茄酱汁内挤进柠檬水，并添加适量白糖，再次煮3—5分钟，可以边煮边搅拌。

6. 提前准备一个玻璃瓶子，将制作好的番茄酱盛入瓶里，放冷藏室保存。

3 饮料饮品

　　无论你最爱喝的是甜汽水还是无糖饮料，它们最基础的成分都是水。如果没有水这种必不可少的液体，就不会有咖啡、茶饮、汽水，以及葡萄酒、啤酒等酒水饮品。尽管水才是最健康的解渴佳饮，但人类生来崇尚新鲜感和多样性。正如接下来我们将看到的，从古至今，各式饮品的获取方式层出不穷，煮沸、酿造、浸渍或是炖煮，人们总是对探索佳饮乐此不疲。

　　粗茶淡饭同美酒佳肴一样，也能给人以快乐。如果饥饿时能吃块面包喝口水，那也是乐不可支的。

——伊壁鸠鲁（古希腊哲学家，前341—前270）

简易便携的
瓶装水

水是人们一时半刻也离不开的。瓶装水是怎么出现的？瓶中装的水全都是矿泉水吗？

瓶装水在刚被发明时，曾因其有利于健康而又携带方便，深受人们喜爱，成为一种特色饮品。许多国家都有矿泉，这些矿泉成为富人们享受的场所。为了方便这些有钱人带走一些矿泉水，也为了让那些无法亲自到矿泉旅游的人品尝到清甜的泉水，矿泉管理者开始将矿泉水装瓶出售。

地热温泉池

在美国矿泉水品牌中，历史最悠久的是来自阿肯色州温泉市的山谷牌矿泉水。自 1904 年以来，这种矿泉水就一直供应美国市场。另一个值得一提的品牌是波兰矿泉水，它产自缅因州的同名矿泉。许多曼哈顿人都喜欢北上去参加小镇萨拉托加的赛马活动，并享受温泉水疗。人们的这一爱好带火了当地的特产——盛棠天然泉水，因为这种矿泉水矿物味道非常浓郁。

与美国人相比，欧洲人对瓶装水有着更大的需求。即使今天，意大利、法国和德国的矿泉水品牌数量仍高居欧洲矿泉水品牌榜数量前三名，他们各自拥有的品牌数量分别为585个、493个和214个，而美国仅有183个矿泉水品牌。导致这个现状的原因是，美国人对矿泉水的热情已经大不如前。美国的瓶装水往往是山泉水或纯净水，两者都不一定含有矿物质。当然，纯净水可以添加矿物质，但出售时必须标明添加物。

如今，人们对瓶装水存在的意义产生了质疑。无论是玻璃瓶还是塑料瓶包装，都会给地球上早已过度拥挤的垃圾填埋场增添更多的负担。2007年7月，美国旧金山决定终止使用城市基金来购买瓶装水，许多餐厅也不再供应瓶装水。

冰块

给水降温形成冰块，是人们在炎热夏天的首选。为了满足这一需要，人们也一直在努力着。第一台设有冰块冷冻区的冰箱于1914年问世。到了20世纪二三十年代，带有独立冷冻室和制冰格的冰箱在人们生活中普及开来，当时的制冰格一般由金属制成。如今，自动制冰机和柔软的硅胶制冰格已经走进了千家万户，方便了人们的生活。

中国特色饮品
——茶

茶，既是中国的独特饮品，又在世界各国坐拥海量"粉丝"。那么世界各地的茶文化有何不同之处？

唐代茶圣陆羽雕像

在中国，有一个关于茶叶发现的神话传说：公元前2737年左右，神农氏在烧水时，恰好一株植物的几片叶子落到了水里，他喝后感觉这些叶子煮出的水十分提神醒脑，这几片叶子就是茶叶。后来，中国人就迷恋上了喝茶。唐代茶圣陆羽曾撰写出世界第一部权威的茶叶专著《茶经》，后人为了纪念这位茶学大家，在中国西安为他铸了一尊巨型雕像。

唐顺宗永贞元年（805），佛教僧侣把茶叶从中国带到了日本。日本的茶道由此而生，并发展成为一种简单而高度形式化的仪式，茶道至今仍在日本文化中占有一席之地。又过了8个多世纪，到了17世纪初期，荷兰商人才将茶叶引入西方世界。

在法国宫廷，品茶曾盛极一时，可以说是有钱人的专利。一位贵妇曾经写过，据说一位大臣每天早上要喝40杯茶！可以说是极其富有情调了。然而，茶叶传到英国与法国的时尚界并无关联，而是通过英国国王查理二世与葡萄牙公主凯瑟琳·布拉甘萨的联姻传过来的。在里斯本长大的凯瑟琳从小就喜爱喝茶。茶叶进入英国后，英国人根本抗拒不了茶叶的诱惑，许多人都深深地爱上了这种令人兴奋的饮品。当时，维多利亚女王的侍女安妮，也就是贝德福德公爵夫人，在丰盛的午餐之后常常感到消沉不振。于是，她便邀请朋友们来家里喝茶，并品尝一些三明治或蛋糕之类的小点心，这便是近代下午茶的来源。

波士顿倾茶事件

不过茶叶也并不总是令人悠闲愉悦的，它还曾引起美国殖民地革命。1773年，人们为了反抗英国人的统治，拒绝缴纳茶税，导致了著名的"波士顿倾茶事件"。

包括塞缪尔·亚当斯、约翰·汉考克和银匠保罗·里维尔在内的一些革命人士，将东印度公司停靠在波士顿港口的船只上的 342 箱茶叶全部倒入大海。

一举两得的茶包

　　茶包的制作历史始于纽约波基普西的托马斯·沙利文。他将库存的茶叶分装在丝质薄纱小袋中作为样品寄给顾客。顾客在收到茶包后既能够闻到茶叶的香味，还可以方便快捷地将其浸泡在热水中测试茶叶的口感。没过多久，这些顾客便纷纷表示需要订购大量的袋装茶叶。发展到今天，茶包的材质已经换成了滤纸。

从非洲走向世界的
咖啡

考考你，咖啡起源于非洲的哪个国家？世界第一咖啡生产国又在哪里呢？

　　咖啡是世界上最受欢迎的饮品，每年的消费量超过 4000 亿杯。可是你知道吗？咖啡的发展史就如同这种饮料本身一样充满了传奇色彩，令人振奋不已。

　　传说，埃塞俄比亚一位名叫卡尔迪的牧羊人发现了咖啡植株。他的山羊在进食了咖啡植株的浆果后，变得活蹦乱跳起来。这让他很是奇怪，于是他试着亲自嚼食，立刻感觉浑身充满了力量。消息传开，

树枝上的咖啡豆

大家纷纷学着他的样子，吃那些咖啡树上的小豆豆。当然，这只是一个传说，更加可信的是一项史实记载：埃塞俄比亚的猎人和战士们曾将咖啡浆果和动物脂肪卷在一起，制作出一种原

始的能量棒，食用后感觉整个人都兴奋起来。当时还有人发现，饮用咖啡浆果浸泡的水可以提神醒脑。于是，泡咖啡也就成了一种新的食用方式。

后来，非洲的阿拉伯人首次尝试将咖啡制成热饮，没想到味道更美，人喝了之后感觉更加舒服。大约 11 世纪，咖啡馆在也门的穆哈港流行起来。咖啡与阿拉伯世界的联系一直非常紧密，部分原因要归功于咖啡的种植者。当时的咖啡种植者禁止咖啡出口，他们将所有的咖啡果实都进行了去皮处理，这样一来，即便种子传到外地，也无法种植。他们这样做是有原因的。一方面当然是为了掌控利润丰厚的市场，而另一方面是因为那时的人认为咖啡是一种神秘的物质，毕竟饮用过后能够产生一种极其愉快的感觉——想必现在的咖啡爱好者深有体会吧。

当然，虽然有咖啡种植者的严防死守，咖啡最终还是被人们偷运出境，流传到外地了。据说是一位名叫巴巴·布丹的印度朝圣者，他将咖啡豆绑在肚子上离开了非洲海岸前往麦加，从而成功地把种子带了出去。1457 年，君士坦丁堡出现了欧亚大陆上第一家咖啡店。从此，咖啡迅速流传到了世界各地。威尼斯作为重要的贸易中心，成了第一个迎接咖啡到来的欧洲城市。随着咖啡在德国、法国和英国赢得越来越广阔的市场，人们为了获得足够的种植和生产基地，不得不将咖啡豆走私运到大洋彼岸的巴西。目前为止，巴西仍是世界第一大咖啡生产国。

酸酸甜甜的
汽水

啪！打开一瓶汽水，里面丰富的气泡总是让人感觉特别舒服。它们是怎么产生的？

现在的碳酸饮料的生产范围广、品种繁多,满足了人们的多种需要。可是，你应该很难想象它们的源头竟然是纯天然、口味单一的地下泉水吧。其实，人类第一次品尝到的"气泡水"就是纯天然的，来自大自然。

据记载,17世纪时,巴黎人在饮用泉水时向其中添加了蜂蜜和柠檬，这是人们曾尝试给天然碳酸矿泉水调味的最早证明。1767 年，英国人约瑟夫·普里斯特利首次成功调制出人造碳酸水。1770 年，瑞典化学家托贝恩·贝格曼发明了一种机器，通过使用浸泡过硫酸的粉笔来向水中添加气泡。1832 年，来自美国南卡罗来纳州

Coca Cola: 可口可乐

43

查尔斯顿的约翰·马修斯进一步改进出一种可大规模生产碳酸水的设备，并开始销售他发明的"苏打饮水机"。

现在的汽水有各种各样的风味，一些历史学家将其归功于美国外科学之父——菲利普·辛格·菲齐克博士。这位外科医生有许多项发明创新，其中洗胃器就是他的力作之一。1807年，辛格·菲齐克博士尝试在碳酸水中添加一些调味料，以使患者更乐于饮用。其他医生也效仿了他的做法，他们制作的其中一些碳酸水口味至今仍备受欢迎，比如桦木啤酒和沙士汽水。

沙士汽水的原料——墨西哥菝（bá）葜（qiā）

直到20世纪中叶，美国人对苏打水、汽水、雪顶汽水等气泡饮料的热情始终不减。20世纪20年代，人们发明出了手提盒，携带新鲜的玻璃瓶装汽水更加方便。当时，姜汁汽水、根汁汽水、胡椒博士汽水和可口可乐的市场已经相当成熟。瓶装汽水的潮

自动售货机

流催生了尼西苏打和七喜等水果口味的汽水，而第一款无糖汽水也应运而生。

到了20世纪60年代，易拉罐和塑料瓶这两种新型包装的出现再次使饮料普及开来。70年代，人们发明了配有手拉环的易拉罐，自动售货机也出现在大街小巷。如今，商店中的汽水包装更是五花八门，为顾客提供了丰富的选择，让人们可以随时随地去享用碳酸汽水。

现在，玻璃瓶搭配金属瓶盖似乎成了汽水包装最新的流行趋势，仿佛又回到了100年前。

实现汽水自由

如何在家里轻松制作苏打汽水呢？拿出一个水杯，加入适量的冷藏矿泉水，然后依次加入少量小苏打、白糖和醋精。搅拌均匀后，就可以看到有些小气泡咕嘟咕嘟冒出来，一杯手制的苏打汽水就成功了，快来试试吧！不过，可要注意安全哟。

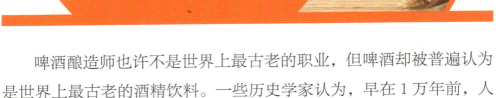

植物的精华
——啤酒

你一定在酒桌上见过人们举起酒杯一饮而尽吧。啤酒可以说是酒桌中最常见的酒类。实际上，它的诞生已经有 1 万多年了。

啤酒酿造师也许不是世界上最古老的职业，但啤酒却被普遍认为是世界上最古老的酒精饮料。一些历史学家认为，早在 1 万年前，人

类就已经发现，将谷物和水混合在一起，可以制造出一种令人沉醉的饮品。这一重大发现，加速了人类从狩猎采集社会向农耕社会的转变，因为只有种植更多的谷物，才可以保持啤酒的供应，满足人们的需要。

酒窖中粮食固态发酵

在一块公元前 4000 年左右的楔形石板上，人们发现了最古老的啤酒配方。这个配方来自为纪念苏美尔啤酒女神宁卡西创作的诗篇。这说明大约 6000 年前，人们就已经掌握酿造啤酒的方法了。啤酒之所以能在人类发展史上始终占有一席之地，理由相当充分。因为在饮

用水匮乏的年代和地区，人们在制造发酵饮料的过程中会将原料煮沸，所以饮用起来更加安全。

有一年，因物资短缺，英国的一些人乘坐"五月花号"航船在普利茅斯港口登陆，他们表示："最关键的问题是我们的啤酒库存不足。"这并不是因为他们嗜酒成性，离不开啤酒，而是因为他们需要一些洁净的、不需要加工煮沸的饮水资源。啤酒恰恰能够满足这一需求。

众所周知，酿造啤酒少不了啤酒花，因为这种植物的加入有助于啤酒的保存。啤酒花酿造技术于 9 世纪左右在北欧开始兴起，后来德国人又进行了完善。用啤酒花酿造出来的啤酒也在德国受到热烈欢迎，并且正是德国移民在美国创立了像安海斯－布希这样的啤酒酿造集团。

啤酒花

任何事物都是这样，有人喜欢，也有人不喜欢。早期的英国农民就十分厌恶用啤酒花酿造的啤酒中的苦涩味道。即使到了今天，比起在其他地方，在英国人气最高的还是无啤酒花啤酒或麦芽啤酒。

现代啤酒的消毒方法和牛奶一样，都是利用较低的温度，既可杀死病菌又能保持营养物质和风味不变。而今，美国啤酒发展史上最重要的一个里程碑大概要数"禁酒令"的颁布。由于啤酒供应越来越少，人们就往啤酒里加水稀释，酒徒们便只能品尝到味道较清淡的啤酒。20 世纪大部分时期，人们对米勒、施乐兹和帕布斯特这样的淡啤酒品牌十分青睐。20 世纪八九十年代，美国人的味觉开始变得更加挑剔，许多小公司便开始生产一些"微酿啤酒"。这些微酿啤酒与古代人和早期美国人饮用的谷物饮料十分相似，一般采用特殊的原料进行小批量生产，其中不

公元前 1500 年
双耳细颈土罐

公元前 1300 年
青铜酒器

公元前 400 年
酒囊

这种容器有着细长的瓶颈和两只把手，它的名字源于古希腊词语，意为"用双手搬运"。这种容器可用于存放各种食物。

古代中国制造了许多独具匠心的青铜酒器，比如这件带动物图案的三足青铜器，可以追溯到商代中期。

西班牙式的酒囊通常由山羊皮制成，内层涂有树木的汁液，以防止渗漏。

| 800 年 酒壶 | 1400 年 调酒瓶 | 2000 年 盒中袋 |

　　为了盛放葡萄酒，早期的欧洲人用大量的黏土制成了一种平底容器，这种平底容器用手推车来运输十分方便。后来，这种平底葡萄酒罐发展成为一种配有软木塞的葡萄酒壶。

　　中世纪，很多人用向葡萄酒中掺水的方法来减少酒精摄入。这种做法被教堂引进，调酒师使用调酒瓶将葡萄酒和水混合。

　　盒中袋可以说是酒囊和酒桶的结合体。葡萄酒发烧友长期以来一直鄙视这种包装的葡萄酒，但实际上，盒中袋包裹下的葡萄酒因为保存条件较好，在口感方面具有一定优势。

添加任何化学物质和防腐剂。由于微酿啤酒比起工业化大生产的精酿啤酒来说产量更小，新鲜度更高，提供给消费者的是绝对天然、原汁原味的啤酒，因此它们的价格也更高一些。

有趣的酒具

　　陈年老酒不一定比新酒更受欢迎——这个认识对于现代的饮酒爱好者来说可能很难理解。事实上，古希腊人和古罗马人最看重的就是葡萄酒的新鲜程度，尤其喜欢在葡萄酒汁初次压榨后尽快饮用。最古老的葡萄酒保存方法是先向酒桶中倒入一层橄榄油，不过这样做不是为了延长保存期限，而是为了防止葡萄酒口味老化。而酒具的发展历史也反映了葡萄酒口味的变化之路。古希腊人使用双耳黏土罐将新酿的葡萄酒从葡萄园运送到镇上。这种土罐的容量极大，双耳的造型使其搬运起来也十分方便。不过，如果土罐破裂或者罐子中的酒受到了污染，就必须更换新的土罐了。对匈奴人、哥特人和维京人等游牧民族来说，用柔软皮革制成的酒囊是储存葡萄酒的最佳酒具。因为皮质的容器既不易破裂，还能作为饮酒的器皿！无须高脚杯或大口杯，取来一只满满当当的酒囊就能直接开怀畅饮，这对于游牧民族来说是多畅快的一件事呀。但随着东西方社会逐渐稳定，高脚杯逐渐成为礼仪用具，地位也越来越重要。

又香又醇的
葡萄酒

你吃过纯野生的山葡萄吗？那酸到极致的口感让人不敢恭维，可是用它们做出的葡萄酒却又香又醇，这是怎么做到的？

野生葡萄在地球上是一种古老的居民，它们已经存在了千万年。最古老的葡萄藤化石居然来自6000万年前。然而野生葡萄的果实又小又酸，口味并不是很好，根本不适合直接食用。第一批被酿造成葡萄酒的葡萄应该是经人工改良栽培的品种。人们在如今的格鲁吉亚和

野生葡萄

伊朗等地区发现了迄今为止最古老的葡萄酒容器。宾夕法尼亚大学的研究人员认为，改良的葡萄可能最先种植在格鲁吉亚，然后向南传播。

世界上大概有 4000 个葡萄变种，却只有较小一部分品种适合酿造葡萄酒。葡萄酒的生产大约可以追溯到 6500 年前的希腊。而对古埃及人来说，红葡萄酒和白葡萄酒也是非常重要的饮料。在古罗马，葡萄酒成为一种商品后，最初使用木桶和瓶子来储存。现存最古老的一瓶葡萄酒来自一个罗马殖民地，位于现在的德国施派尔附近。这只瓶子中还装有一些橄榄油。这是早期保存发酵葡萄汁的一种方法，后来人们才开始使用软木塞封闭瓶口，不让空气进入。

地下酒窖

酿酒技术从罗马帝国传到整个西欧之后，葡萄酒几乎成为所有西欧国家的首选饮料，同时也出现了一些著名的品牌，像西班牙港口赫雷斯的雪莉酒、莱茵河沿岸的雷司令，还有匈牙利托卡伊的甜葡萄酒，都受到人们的广泛喜爱。

然而，1863 年，一种危害葡萄根部的害虫从北美洲被带入欧洲。自此，欧洲葡萄遭受了数十年的大规模破坏。大批葡萄都死了，没有了葡萄，拿什么来生产葡萄酒呢？葡萄酒产业也处于危险之中。在这种情况下，得克萨斯州的园艺家托马斯·芒森将欧洲葡萄嫁接到了美洲葡萄的砧木上，提升了对害虫的抵抗性，成功保住了欧洲地区的葡萄藤。但是，欧洲原有的葡萄品种也因此发生了永久性的改变。

在现代农业技术的帮助下，酿酒厂已经能够在保证土壤质量的基础上，在一定的土地范围内尽可能地提高空间利用率。新枝垂直分布剪枝技术是一种严格控制藤蔓生长的技术，能够避免新枝肆意滋生，搭上葡萄架，让葡萄立式生长，并进行修剪新枝，使藤蔓形成密集又整洁的"树冠"，这样藤蔓间能相互荫庇，并实现可持续生长。同时，

一座法国酒庄

这种技术还可以降低葡萄感染病害的概率，保证果实品质如一。

如今，葡萄酒庄已不仅仅是种植葡萄和酿葡萄酒的地方，许多酒庄都作为旅游景点对外开放，酒庄提供住宿，并向游客推荐食物和葡萄酒搭配的菜单。另外，酒庄还是举办婚礼和召开企业会议的理想场所。大多数葡萄酒产区的房产都相当昂贵。

古诗中的葡萄酒

葡萄美酒夜光杯，欲饮琵琶马上催。醉卧沙场君莫笑，古来征战几人回？

这首王翰的《凉州词》，写的就是战士正在举杯痛饮葡萄美酒的时候却听到了出征的号角，反映了当时战士的生活场景。可见，唐代时，葡萄酒已经成为深受人们喜爱的美酒了。同时，饮葡萄酒的酒杯，最好是夜光杯，美酒配美器，这是多么迷人的场景呀！

4 零食小吃

　　"晚餐马上开始，要多吃点儿哟！"你可能经常听到妈妈这样说。但是，当看到桌上的零食时，仿佛晚餐就变得没有那么重要了。即使在古代，人们也常常制作出一些零食点心供旅行时食用。几乎各国人民都喜欢在一天中的某个特定时间制作一些茶点，作为两顿饭之间的过渡和家人朋友一起分享。这一章会介绍各种各样的零食小吃，如奶酪、爆米花和饼干等。但是，零食毕竟不是正餐，只有节制食用，才会拥有健康的身体。

一个人不先感到饥饿，便享受不到饮食的乐趣。
——奥古斯丁（古罗马基督教思想家，354—430）

《猫和老鼠》中的同款**奶酪**

还记得《猫和老鼠》中，小老鼠冒着生命危险也要尝一口的金色奶酪吗？奶酪到底有什么魅力？上面的孔洞又有什么来历呢？

在像《猫和老鼠》一样的许多动画片中，常常会出现一种布满小孔的金色奶酪。它通常被称作"瑞士奶酪"，放在屋子里，总是能把小老鼠从洞中引诱出来，充分说明了它的魅力有多大。而在现实生活中，这种口感温和但风味独特的奶酪是美国人的最爱。当然，这并不代表美国人对瑞士有多热爱，用"瑞士"来给这种奶酪

命名其实略微有些用词不当。但"瑞士奶酪"确实起源于瑞士，真身是产自伯尔尼州埃默河谷的埃门塔尔干酪。而且，瑞士也是一个拥有多达 450 种原创奶酪的奶酪大国。

虽然"瑞士的埃门塔尔"这个品牌名称受商标法保护，但是"埃

门塔尔"这个词的使用却不受限制，所以许多国家都在生产不同类型的埃门塔尔奶酪。在美国，埃门塔尔奶酪是由瑞士移民和斯堪的纳维亚移民生产的，于是人们就将其简单地称作"瑞士奶酪"。

其实，瑞士奶酪在生产的过程中，本来是没有那么多小孔的。后来出现小孔，是丙酸杆菌的作用。这种细菌会吞噬另外的两种细菌——嗜热链球菌和乳酸杆菌所产生的乳酸，并释放出二氧化碳。这样，空气就会进入奶酪中，在排出去的过程中，就会形成一个又一个小孔。这个过程中产生的丙酸给瑞士奶酪带来了坚果风味和颇有嚼劲的

奶酪制造

口感。美国人最喜欢吃的食物就是奶酪，奶酪食用量也特别大，甚至有些过量：1975年，美国人均奶酪消费量约为6.6千克。到了2006年，这个数字达到了14.7千克，翻了一倍还多。

美国人之所以有这样庞大的奶酪消费量原因很简单，你尝尝瑞士奶酪就知道了：它的口感和质地堪称完美，食用形式也多样。你可以将瑞士奶酪作为小吃或开胃菜，将其切丁后用手指或牙签取食。也可以切片后搭配饼干、

水果或面包作为冷盘小吃食用。因为味道温和，瑞士奶酪还赢得了许多小朋友的喜爱。

瑞士奶酪的孔洞越大，味道就越浓郁，因为孔洞越大代表发酵过程产生的丙酸杆菌越多。有着较大孔洞的瑞士奶酪很难切成均匀的薄片。过去，A级瑞士奶酪的孔洞大小需在1.7—2.1厘米之间。如今，瑞士奶酪的孔洞有0.9厘米大小便可归为最高等级，而这个标准是最初的一半左右。

现在，你知道怎么认出优质的瑞士奶酪了吗？

中国的奶酪

奶酪，是中国北方的蒙古族、哈萨克族等游牧民族的传统食品，在内蒙古称为奶豆腐，在新疆俗称乳饼，完全干透的干酪又叫奶疙瘩。

清光绪初年，有个叫魏鸿臣的人从宫廷里的御厨身上学到了制作奶酪的手艺。他做出的奶酪美味极了，顾客纷纷称赞，还给了他"奶酪魏"的美名。奶酪魏有个绝活，只要把他做的奶酪放在碗里，把碗倒过来奶酪都不会掉下来，由此可见奶酪的浓稠、绵密。想想看，这样的奶酪入口，味道该是多么醇厚香浓啊！

爆出来的"花"
——爆米花

我们都知道爆米花是玉米粒做的，
那它是怎么"爆"出来的？

爆米花之所以会爆裂，是因为玉米粒受热时，其中的水分会变成气体钻到玉米粒内的空隙中。当玉米粒内部的压力不断增大，大到种

皮承受不住时，种皮就会一下子破裂爆开。

爆米花价格便宜且热量低，人们随时随地都可以享用这种土生土长的零食。玉米在美洲大陆已经生长了数千年，爆米花也有着至少 2500 年的历史。人们在美国新墨西哥州发现了最古老的爆米花。包括早期的欧洲殖民者

在内，许多人都喜爱食用加糖的爆米花。有时，人们也在爆米花中倒入牛奶作为早餐食用。在普利茅斯举办的第一次感恩节宴会中，马萨诸塞州的万帕诺亚格人将爆米花作为节日食物来分享，他们甚至将剩

下的爆米花同其他谷物一样进行发酵来制作啤酒。

大约19世纪90年代，美国人掀起了一波推崇健康食品的热潮，爆米花也借着这股春风，成为一种大街小巷特别常见的小吃。将近70%的爆米花被人们采购回家中享用，剩下的30%则是在电影院被消耗掉。20世纪20年代，爆米花受到了电影观众们的欢迎。可以说，电影院和爆米花成了最佳拍档。对现代美国人来说，老式爆米花机制作爆米花的过程相当令人怀旧。这种爆米花机的外观是一只带把手的、上面盖着一层铝箔的平底锅，加热时轻轻摇晃锅体，锅顶部将渐渐膨胀隆起，好似一朵银色的蘑菇云。

中式爆米花

中式爆米花的现场就更好玩了，一只漆黑的大肚子锅，架在前后两个支架上，下面烧着炉火，大锅的肚子里装上一小碗玉米粒，再加上一点儿白糖。锅的一头是封闭的，另一头有个盖子和手柄，还有一个压力表。当锅足够热时，把锅塞进一个大袋子里，扳动把手，把锅打开，随着巨大的"嘭"的一声，一股热气冉冉升起，爆米花被爆了出来。

完美零食
——全麦饼干

你是不是常常因为吃零食而被妈妈说教？而格雷厄姆饼干，也就是全麦饼干，则被妈妈们看作"最完美的儿童零食"。

在西方，任何一位母亲的手提袋中，都有可能装着格雷厄姆饼干。

这种低糖、高纤维的零食可以说是最完美的儿童食品，不过 10 岁以上的人就很少食用了。很多大人都会感到惊讶，这种有益健康的烘焙品，竟然还遵循了饮食养生的法则，给儿童吃也不用担心。

想知道格雷厄姆饼干有什么魅力，那你一定要了解一下这个名叫格雷厄姆的人。

这个人的全名是西尔韦斯特·格雷厄姆，住在美国新泽西州的邦德布鲁克。1829 年，他发明了一种味道清淡的烘焙食物，并以他自己的名字命名，这就是最初的格雷厄姆饼干。尽管格雷厄姆从未接受过任何正规的医疗训练，但他却很有远见，提出了一种全新的饮食理念：主要食用新鲜农产品、全谷物食品和少量蛋白质，禁止食用调味料、红肉和大多数乳制品，而且日常饮食应当减少杂质摄入。他有一位特别狂热的粉丝，将这种饮食方式带到了欧柏林学院的校园之中，风靡了很久。虽然并没有在社会中真正流传开来，但格雷厄姆饼干却就此成为经典。

全麸面粉

格雷厄姆饼干选用的是一种粗制的全麸面粉，由冬小麦的麦麸和麦胚混合制成，没有添加任何其他的东西，所以儿童可以放心食用。不过好景不长，这种饼干配方和格雷厄姆的饮食理念随着时间的推移很快就败下阵来，被纳贝斯克公司在19世纪末推出的更能迎合大众口味的配方所取代。直到现在，许多著名的格雷厄姆饼干制造商的配方中都放弃了全麸面粉，但是他们的生产理念却完全继承了创始人纯天然无添加的做法。而现在的格雷厄姆饼干与普通的英式全麦饼干大同小异。

对于露营者和厨师来说，格雷厄姆饼干则别有一番趣味。在露营野餐时，人们会将融化的巧克力和烤棉花糖夹在两片格雷厄姆饼干中间进食，简单方便，这是经典的篝火美食，1927年出版的一本书中首次提到了这种做法。厨师们则是把它作为一种原材料使用，把格雷厄姆饼干碾碎，用来制作酥脆美味的馅饼皮或曲奇棒。

实际上，格雷厄姆饼干已经不仅仅是单纯的饼干品种，它甚至能够代表一种生活方式，那就是——格雷厄姆新风尚。

格雷厄姆新风尚

由于原来的面包、麦片和面粉都有一定量的添加剂，格雷厄姆提出反对，号召人们食用带麸皮的粗面粉。这种观点引起了新英格兰糕点制造商的强烈反感，他们常常在格雷厄姆巡回演讲时搞破坏，甚至聚集在他下榻的酒店外面抗议。1837年，格雷厄姆出版了一部专著，告诉美国人只食用自制的面包、糕点和饼干，从此他的名字渐渐地和各种食材结合在了一起，如格雷厄姆面粉、格雷厄姆麦片、格雷厄姆饼干。最终糕点商人们妥协了，他们开始利用民众对格雷厄姆的热情来谋取利益，向市场推出一系列全麦食品，其中就包括格雷厄姆饼干。

涂满酱汁的饼 ——比萨

酱汁浓郁的比萨饼是不是总让你垂涎欲滴？你知道吗？比萨这种美食是在火山爆发中幸存下来的。

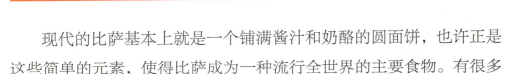

现代的比萨基本上就是一个铺满酱汁和奶酪的圆面饼，也许正是这些简单的元素，使得比萨成为一种流行全世界的主要食物。有很多菜系都包括圆面饼，与比萨类似，可以在上面刷食用油、铺蔬菜和肉类。

制作比萨

古希腊人曾经制作出一种盘状面饼，与比萨十分类似。波斯大流士大帝的步兵们总是行走在炎炎的大太阳下，于是他们便喜欢在盾牌上烤熟一块圆面饼，这便是比萨最早的起源之一。而波斯士兵们吃面包时还喜欢在上面铺一些奶酪和椰枣。一直以来，人们还尝试将橄榄油、香草、蜂蜜、松子、山羊乳酪等许多其他食材铺在扁平的面包上来享用，这上面都有比萨的影子。

有证据表明，比萨是意大利那不勒斯城的特色美食。公元 79 年，一次火山爆发时，滚滚的岩浆掩埋了意大利城市庞贝和那不勒斯的部分地区。一家专卖比萨的烘焙店得以保存下来。它就是如今比萨店的前身。

我们可能永远都不知道那不勒斯人为什么这样热爱比萨。他们对比萨情有独钟，总是在不断探索研究新式的比萨。最后，他们研究出了一种美味而有嚼劲的意式饼皮，并尝试用来自美洲新大陆的番茄作为馅料，于是创造出了闻名的玛丽亚娜比萨。虽然玛丽亚娜的意思是"大海中的"，但这种比萨并没有什么鱼味。之所以这么取名，是因为它是水手和渔民在离岸数周后回到镇上时最想吃的食物，多么有趣呀！

玛丽亚娜比萨

1830 年，第一家真正意义上的现代比萨店在那不勒斯开始营业。到了 19 世纪末，我们熟知的玛格丽特比萨成了广受人们喜爱的食物。这款比萨由番茄、马苏里拉奶酪和罗勒叶制成，同意大利

玛格丽特比萨

新国旗的颜色红、白、绿相呼应，是玛格丽特王后的最爱。

　　当那不勒斯的移民来到美国时，他们自然而然将家乡最有人气的比萨带到了这片土地。于是，美国人就将这种简单美味的组合当作了比萨应有的味道。1905年，美国第一家比萨店在曼哈顿的春天大街上开业。比萨从最初发展到现在，已经走过了相当漫长的道路，并在之后也继续发挥着它的魅力。

移民带来的美食

　　纽约市著名的"小意大利"社区曾经是许多意大利移民的家园，如今这里只剩下几千人居住。这个区域十分狭窄，南挨唐人街，北临诺利塔区。然而，还有一些餐馆、面包房、咖啡店和杂货店保留至今，总会让人回想起旧日时光。那时候，那不勒斯人居住在桑树街，而西西里人集中在伊丽莎白街。从比萨到意大利面，再到意式糕点，来自意大利南部的人们将这些美味带到了新的家园，他们对当地饮食习惯的影响之深，无论怎样高估也不为过。

热狗
跟狗有关吗？

面包夹香肠的经典搭配，也有不少有趣的故事。

在西方，人们如果遇到自己不喜欢的话题，想要回避时，就会经常拿热狗里的东西开玩笑说："你肯定不想知道香肠是怎么做出来的。"

这句话出现的次数非常多，因为许多人认为，虽然香肠表面看起来让人很有食欲，可是肠衣里包裹的细碎而辛辣的填充物中掺杂着动物的内脏，弄不干净的话，甚至混有一些小动物的粪便，实在令人恶心。

实际上，这个说法对于美国人最喜欢的香肠来说并不公平。因为好的香肠可不是用肉店丢弃的下脚料制成的，而是一些精心选择的好肉。热狗最初来自德国，在那里，香肠制作是一门精致的艺术，每个步骤都有严格的要求。法兰克福香肠，也就是我们所说的热狗，它的出现与两个城市紧密相关：维也纳和法兰克福。在维也纳，一位在法兰克福培训过的肉类加工人员灌制了一种"维也纳式法兰克福香肠"。大约在同一时期，也就是19世纪50年代初，法兰克福也有人发明了一种形状略微弯曲的新型香肠，称作法兰克福香肠。据说他们之所以将香肠制成弯曲形状，是因为其中一位加工人员养了一只腊肠犬，形状很相似，这也正是美国人把煮熟的香肠叫作"热狗"的原因。

这些说法也可能只是传说，不过，这种长长的、口味清淡的"维也纳香肠"的确是由德国移民带到美国的。1867年，查尔斯·费尔特曼在纽约科尼艾兰开设了第一家热狗摊。费尔特曼还

腊肠犬

把他的香肠夹在小圆面包卷中卖给人们，人们可以直接食用，这种吃法在德国和奥地利已流行多年，被大家所接受。1880年，为了防止顾客食用香肠时烫伤双手，来自圣路易斯的小贩安东尼·福伊希特万格请他的妹夫烤制出了一种细长的面包卷，用来裹住滚烫的香肠，这种防烫的热狗面包深受人们喜爱。

至于"热狗"这个词，大概是在1902年纽约巨人队的一场棒球赛之后才流行起来的。当时，一位名叫哈里·莫兹利·史蒂文斯的特许经销商在销售香肠时，为了招揽顾客，他总是大声叫卖道："卖'腊

肠狗香肠'啦！趁热吃啊！"人们把"热"（hot）和"狗"（dog）这两个字连在一起，简称"热狗"（hot dog），这个名字就是这样来的。

热狗餐车

蝴蝶般的
椒盐卷饼

烘焙中途睡着也能烤出美味面包？快来看看椒盐卷饼的神奇历史。

椒盐卷饼有好几个名字：因为形状像蝴蝶，所以叫蝴蝶脆饼；因为是扭结成的，所以叫扭结饼；因为烘烤过程中加入碱水，有人叫它碱水面包。关于形状的来源，还有一个广为流传的故事呢。相传，在

中世纪早期，一些德国修道士把一小块制作面包的面团揉成条状并交叉折叠，好像孩子们双臂交叉的样子。修道士们将这些烤熟的点心送给那些背诵经文和祷词的孩子们。后来，由于面包师在烘烤时向面团上洒了些碱水，使面团表面形成了一层香脆美味的深色外皮，就更加酥脆了。

当代的面包师们通常在面包烘烤前将面团放入碱水中浸泡，以加快烘烤面包的速度。面包师还常常会依照自己的喜好，在烤好的面包

上撒些盐或糖，德国人更喜欢撒盐粒。发展到现在，椒盐卷饼的形状变得多种多样，有圆形的、椭圆形的、圆柱形的等，它们在德国的面包店中十分流行。

那么早期的美国人究竟是如何了解到椒盐卷饼这种食物的呢？一些历史学家认为椒盐卷饼的配方是由"五月花号"上的英国移民传到美洲大陆的。总而言之，来自欧洲的殖民者制作出了椒盐卷饼，并将其售卖给了美洲的原住民印第安人。

而美国版本的椒盐卷饼由来是这样的：17世纪晚期，宾夕法尼亚州的一个面包店学徒在烤炉边打了个盹，当他醒来后，打开烤炉取出自己烤制的椒盐卷饼时，面包早已变得又冷又干又硬。忐忑不安的学徒尝了一口，发现这些碱水面包竟然如此美味，让人欲罢不能。他的老板听闻，决定开始出售这种又干又硬的椒盐卷饼。相比那些新鲜柔软的面包，这种干硬的面包保存期限更长。没想到，这种小吃非常受人们的欢迎，于是便有越来越多的面包店纷纷学习制作并出售。

椒盐卷饼作为全世界的"宠儿"，在其他国家也流传着各种各样有趣的故事。

1510年，一群土耳其人试图入侵维也纳。清晨起来制作椒盐卷饼的维也纳面包师听到了一些声响，查明情况后，面包师立刻拿起武器，和入侵者战斗起来，同时拉响了警报请求支援。面包师们顽强抵御了入侵者，一直坚持到增援部队赶来。为了表彰他们的勇敢，哈布斯堡王朝的国王授予面包师协会一枚特殊的印章，上面就印着椒盐卷饼的图案。

1652 年，荷兰面包师约赫姆·韦塞尔斯被捕，只因向印第安人出售了椒盐卷饼。事情是这样的：韦塞尔斯是一个十分具有商业头脑的人。因为印第安人非常喜爱这种烘焙食物，甚至愿意高价购买并且绝不还价，因此，韦塞尔斯将最好的面粉用来制作成椒盐卷饼卖给印第安人，而将剩下的次等面粉用来制作其他面包。他的行为引起了周围同伴的控诉："凭什么未开化的野蛮人吃着精制面粉，而我们却只能吃米糠？"引起众怒的韦塞尔斯因此才被逮捕入狱。

1861 年，朱利叶斯·斯特吉斯在宾夕法尼亚州利蒂茨市创办了第一家商业化的椒盐卷饼店。1935 年，雷丁椒盐卷饼公司推出了一种椒盐卷饼自动扭制机，大大提高了椒盐卷饼的制作效率。也许正因如此，椒盐卷饼成功超过爆米花，成为仅次于薯片的美国第二受欢迎的小吃。

如今的椒盐卷饼质地或硬或软，大小不一，甜咸各异。在美国，人们在食用椒盐卷饼时通常喜欢搭配芥末之类的酱料，甚至在烤制热狗这种经典美式小吃时，旁边也经常有椒盐卷饼的身影。

5 糖巧糕点

在酸、甜、苦、辣、咸五种味道中，人类似乎天生就喜欢甜味，这可能是都在怀念母乳的味道吧。因为人生尝到的第一种味道，就是母乳的甜。甜味给人带来的感觉是温暖的、舒适的，是一种快乐的享受。尽管日常生活中的甜品，并没有多少是人体必须的营养物质，可还是有人喜欢这种带给人快乐的甜品。随着制糖业的发展，生活中的甜品也越来越多，但是主要都是由蜂蜜或者糖做出来的。

告诉我你吃的是什么，我便能说出你是怎样的一个人。
——布里亚·萨瓦兰（法国政治家、美食家，1755—1826）

从可可豆到
巧克力

你是不是也对丝滑甜美的巧克力欲罢不能？其实，最早期的巧克力可是让人闻风丧胆的黑暗料理！

巧克力的问世是多种文化相互融合的结果，而它的制作过程也相当复杂。一切都要从可可豆说起。

最早食用可可豆的是玛雅人，他们将可可豆制成了一种既不香甜也不顺滑的饮料。这种饮料由可可粉、水和其他当地食材，如辣椒、甜椒和香草混合而成，异常苦涩，难以下咽。16世纪的一位西班牙传教士曾如此描述这种饮料："如果你从来没喝过这种可可饮料，那么一定会厌恶上面的浮渣和泡沫，而且味道太糟糕了。"这可以算作是巧克力

可可豆

的前身了。其实，这也是人们加工方法不科学导致的结果。

　　意大利航海家哥伦布在新大陆上发现了可可豆，可是并没有引起大家的重视，人们只是把它当成新型的树种。直到 1510 年，埃尔南·科尔特斯才真正发现可可豆的魅力所在。于是，科尔特斯带了 3 箱可可豆回到欧洲。后来，1585 年，从墨西哥的韦拉克鲁斯到西班牙的塞维利亚，可可豆第一次以商业运输的形式被发往欧洲。在之后的 250 多年，可可豆越来越受欧洲人欢迎，当然供应也更加充足。不幸的是，这也就意味着英国、法国和荷兰的可可种植者严重依赖奴隶劳动力来种植作物，从而加大了奴隶劳动的强度。

可可树

　　可可豆里面含有一定数量的可可脂，这种可可脂含量越大，可可

豆越苦涩。1828 年，梵·豪登通过压榨的方式分离出烘烤过的可可豆中的脂肪，并申请了专利。正是这种可可脂和可可粉的分离技术，才让我们今天有机会尝到各式各样的巧克力甜点。

盒装巧克力

　　巧克力诞生后，如何包装和呈现这种美味，又成了摆在人们眼前的难题。各生产厂家都在努力克服这个难题。直到1847年，英国布里斯托尔的约瑟夫·弗赖伊父子公司推出了第一款巧克力棒。1851年，在艾伯特亲王的博览会上，人们见识到了包裹华丽的巧克力糖果。当时的英国和美国都在出售盒装巧克力。1868年，约翰·吉百利公司的盒装奶油巧克力和巧克力夹心糖果首次面向大众出售。

从殿堂走入民间的
冰淇淋

你知道吗？我们现在能随手买到的冰淇淋，在过去是千金难求的美食！

冰淇淋早期的历史有些零散而混乱。有些文明国家早在古代，就已经懂得如何制作冷冻食物来抵挡炎热的夏天，如1世纪古罗马皇帝尼禄享用的糖浆雪花，在口味上类似于现代人喜爱的果汁冰沙。而在17世纪初的英格兰，国王查理一世为了让厨师保守冰淇淋配方的秘密，特意为他提供了终身年金，这种仅供王室享用的冰淇淋想必十分美味，没能流传下来真是太可惜了。到了18世纪，美国和英国的烹饪书籍中出现了我们现在所熟知的冰淇淋配方。美国的几位开国元勋经常享用冰淇淋。1809年，在詹姆斯·麦迪逊总统的就职宴会上，第一夫人多莉·麦迪逊就公开享用了冰淇淋这种美食。这是一种奢侈而尊贵的待遇，因为当时的技术只能做到提前准备少量冰淇淋，且需要客人尽快食用。

冰沙

冰淇淋最终能发展成一种大众化的甜食，要归功于许多人的努力。其中，非裔美国人奥古斯塔斯·杰克逊研究出来一种配方，大大改善了冰淇淋整体的味道和口感。1846年，新英格兰一位名叫南希·约翰逊的家庭主妇发明了手摇冰淇淋冷冻机并申请了专利，这从技术上突破了制作时间长的难题，从而推动了冰淇淋制造业的发展。1851年，美国巴尔的摩市的雅各布·富塞尔创办了第一家冰淇淋工厂。

商业制冷技术的进步，为现代冰淇淋的生产和保存开辟了一条新路。大型冰柜的问世，尤其是冷藏车的普及，使商家具备了随时出售大量冰淇淋的条件。随着人们的大力开发，冰淇淋不仅数量不断增加，口味也变得五花八门。20世纪八九十年代，市场上涌现出大量口味不同的冰淇淋，各种品牌间的竞争也异常激烈。在霍华德·约翰逊的28种口味冰淇淋进入市场后，巴斯金·罗宾斯继而又推出了31种口味的冰淇淋。

如今的冰淇淋品种更加繁多，形式上可以分为软冰淇淋和硬冰淇淋两类，材料上也可以分为全脂、低脂和无脂三种。法式和意式冰淇淋更是充满了异国风味，甜筒冰淇淋、三明治冰淇淋、雪糕棒等形状先后出现。形状变化的同时，冰淇淋的口味也不断增加，甚至还出现了大蒜口味。如今，超过90%的美国人都会去消费冰淇淋，每年约有 57 亿升的冰淇淋被他们吃掉。

冰淇淋这种冷冻甜食从殿堂走入民间，已经成为全世界最受欢迎的甜品。

甜筒冰淇淋

19 世纪初，人们便开始把冰淇淋放在一种甜面团制成的锥形筒中食用，这种冰淇淋食用方便，可以边吃边走。然而直到 1903 年，这种冰淇淋才得以大规模生产。当时，纽约居民伊塔洛·马尔基奥尼申请了美国第 746971 号专利。你可能认为他是在为这只烘焙出的锥形筒申请专利，但实际上他是给自己的锥形筒烘焙模具申请的。毕竟有了这种模具，我们就可以大量地生产锥形筒了。

香甜耐嚼的
口香糖

口香糖是用什么做的？为什么怎么嚼也嚼不烂？

自古以来，人类探索大自然、开发新鲜食物品种的脚步从未停止，即使是树木也不会放过。据史料记载：古希腊人曾咀嚼过乳香树的

美洲人心果树

树脂，玛雅人品尝过美洲人心果树的树胶，北美的印第安人则更喜欢云杉的汁液。当这种黏黏的云杉汁液与鲜美的蜂蜡组合在一起，就成了后来欧洲殖民者开发出来的世界上第一粒口香糖。

口香糖在全世界都有着悠久的历史。1848年，美国人约翰·柯蒂斯制作出第一粒用于商业销售的口香糖——缅因州纯云杉口香糖，它一直被作为甜品食用，并持续畅销了好多年。直到后来，一位叫作安东尼奥·洛佩斯·德·圣安纳的墨西哥将军找到了更美味的新树胶，美国人这才放弃云杉口香糖，远离了那种黏腻的口感。

这位安东尼奥将军是怎么发现新树胶的呢？原来，他是被流放到纽约斯塔滕岛的俘虏。被释放后，他从中美洲带来了一批树胶，并把它推荐给了一位旅居的摄影师朋友托马斯·亚当斯，让他去找找市场，看看这种树胶有什么用。最初，亚当斯想把这些树胶推销给轮胎制作行业，用于生产轮胎。不过，他很快就发现这种树胶可以放进嘴里咀嚼，而且口感还特别好，比云杉汁液强多了。在进行一番调味后，亚当斯将这种树胶制成了一种更加耐嚼的口香糖。1871年1月，"亚当斯纽约口香糖"开始以1美分一枚的价格上市销售。最终，亚当斯的公司与其他6家公司合并为一家大型企业集团，专门生产口香糖，并将其命名为"芝兰"。

馅饼
的灵魂是馅料

一张薄薄的面皮，包裹着内容丰富的馅料，咬上一口，饼皮又软又糯，馅料喷香可口，谁能抵挡这样的诱惑呢？

今天，我们往往偏爱又酥又软的饼皮，但是在过去的数百年里，人们普遍认为柔韧而不易破损才是饼皮的主要任务，它的作用只是牢牢包裹住里面的馅料，不让它们跑出来，并方便人们用手将馅饼送入

牛肉饼馅料

口中。

因此，受到关注的并不是馅饼的面皮，而是馅饼的内容——馅料。从古到今，人们一直在不断开发新的馅料内容。在人们的努力下，馅料的食材也是五花八门、应有尽有。

古埃及人曾将坚果、蜂蜜和水果混合后用面团包裹做成食物——这是果味馅饼的雏形。而油酥糕点的出现就要归功于古希腊人。古希腊被古罗马征服后，富有创造力的古罗马人曾经尝试将各种食材制成糕点中的馅料，比如鳗鱼、贻贝、鸽子肉、小山羊肉等。根据历史记载，他们还曾制作出最早版本的奶酪蛋糕。强大聪慧的古罗马人修建了无数条道路，征服了许多民族，所以馅饼这种食物也随着他们的踪迹流传到了各个地方。中世纪早期，英国人用猪油和黄油代替了植物油，这样制作出的糕点更加坚硬，还容易保存。

无花果杏黑醋栗果馅饼

随着馅料的增加，馅饼的样式也变得多种多样，有深边的、顶部开口露馅的开口馅饼，还有宽而扁的水果形状。厨师开始研究自己的馅料配方，并不断开发出更多新品种馅料。随着烹饪书籍印刷量的增大，书籍更加普及，读书的人更多，这些新品种馅料也赢得了家庭主妇的关注，越来越多的家庭主妇开始按照烹饪书上介绍的方法来制作各式馅饼。

形形色色的馅饼，也叫派，成为英国的招牌特色，并在北美 13 个英属殖民地上迅速流行起来，有康瓦尔郡菜肉派、牧羊人派、牛肉腰子派等。当时的人们使用无棱角的圆形平

牛肉派

底锅来制作馅饼，这样一来，即使馅料再少，做出的馅饼也能够均匀分给每个人。随着新建立的美利坚合众国不断发展，拓荒者将馅饼带到了西部地区，他们还尝试了许多方法，甚至用腌制的水果和其他配料来制作馅饼。

美式苹果派

1697 年，在北美的 13 个英属殖民地，首次出现了食用美式苹果派的记录。当时，新大陆的苹果产量相当丰富，而馅饼对拓荒者来说又是一种能饱腹且抗饿的食品。因此，人们把苹果当成馅料包入饼皮，做成苹果派。这种派备受欢迎，在 20 世纪 60 年代广告热潮兴起之后，苹果派被宣传到其他地方，也就更加流行起来。

小巧玲珑的
曲奇

曲奇在点心大家族中个头虽小，
人气却高。它有什么秘密？

　　很多人都爱吃曲奇。这种小巧玲珑、身体扁圆的烘焙食物，通常是由面粉、糖和一些脂肪为基础原料制成的。

　　如今，曲奇的配方和烘焙方式有着各种版本，但都是由7世纪波斯（即现在的伊朗）的曲奇演变而来的。波斯的士兵曾经在河岸边发现了甘蔗，吃了之后，发现是甜的，于是他们把甘蔗说成是不用蜜蜂也能够产生蜜汁的芦苇。而古代波斯的面包师则凭借着自己的聪明才智，利用甘蔗中的糖分制作出了曲奇，并通过居住在西班牙东北部的摩尔人传到欧洲。

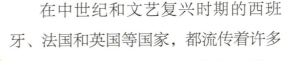

在中世纪和文艺复兴时期的西班牙、法国和英国等国家，都流传着许多制作精美蛋糕和杂烩食物的食谱，其中就包括几种类似于黄油酥饼的制作配方。这种酥饼就是最简单的一种曲奇，由面粉、糖和黄油混合制成。

正如其他许多食物和饮料一样，曲奇也是由欧洲殖民者带到美洲来的。1796 年，最早的曲奇食谱出现在阿梅莉亚·西蒙斯的《美式烹饪》这本书中。早期的美国人喜欢吃酥饼、姜饼和马卡龙，各式各样的曲奇

布朗尼蛋糕 饼干至今仍随处可见。经久不衰的布朗尼蛋糕则是在 19 世纪才逐渐演变成现在的样子，在 1897 年西尔斯－罗巴克公司的产品目录中，第一次出现了印刷版本的布朗尼蛋糕食谱。

随着制造工艺趋于完善，植物栽培经验更加丰富，各种食材都可以加入曲奇当中，手工自制的曲奇便不再受人欢迎。取而代之的是超市货架上现成的、匀称而精致的工业烘焙商品，

如趣多多、奥利奥、洛娜·杜恩等品牌的各类饼干，这些都是人们喜爱的曲奇。

在 20 世纪晚期，人们又开始喜欢古老的曲奇配料，喜欢质朴的外观和纯天然的原料。这些都给大型曲奇生产企业带来了一定的冲击，

规模较小的手工面包坊也深受影响，有一些甚至关门了。

如今，人们可以在美国各地的潮流咖啡馆或农贸市场上购买到各种美味的曲奇——有的点缀着葡萄干，有的散发着肉桂的香气，还有加了燕麦的块状曲奇。你最爱的曲奇是什么口味呢？

充满仪式感的
水果蛋糕

水果蛋糕往往是重大活动仪式上不会缺席的食物。它这么高的地位是从何而来呢？

说起活动仪式，先给大家讲一个好玩的故事。在科罗拉多的马尼图斯普林斯小镇，每年都会举行一次投掷水果蛋糕的活动。在这个有趣的活动中，人们把水果蛋糕当成了"铅球"，扔得越远越好。瞧瞧，美国人把水果蛋糕当成了玩具！听到这样的故事，你是不是猜测水果蛋糕一定非常不好吃？不是的，这只是一年一度的活动道具而已。配方得当的水果蛋糕还是很受欢迎的。

早期的水果蛋糕发挥着非常重要的作用。古罗马人将石榴籽、松子和葡萄干掺混在大麦面糊中，制成了一种类似水果蛋糕的甜味糕点。这种糕点曾被早期的军队作为能量棒。但是，当它传到北欧后却发展出了不同的版本：人们改用小麦粉和榛子、核桃搭配，这样制作出的糕点更加松软可口。在糕点中加入坚果并非只为了增添风味，还有着一定的象征意义：在每年坚果收获季节的尾声，当地人会烤制一些点缀有坚果的水果蛋糕，并保存到第二年再食用，以祈祷来年能够大获丰收。

在英国，水果蛋糕自维多利亚时代（1837—1901）起，就一直深受人们喜爱。无论是婚礼还是洗礼，都少不了一个配料丰富、覆盖着杏仁蛋白糖和糖霜的深色水果蛋糕。在加勒比海地区，"黑蛋糕"十分有名。这种蛋糕可以说是罗马式水果蛋糕和欧洲丰收坚果蛋糕的结合体。

杏仁蛋糕

至于水果蛋糕何时开始出现在人们的节日餐桌上，我们无从得知。不过，过去的英国人在唱完颂歌之后，会给穷人分发一些水果蛋糕之类的食物。这种传统大概起了推动作用，延续了水果蛋糕的发展。

由于季节的更替，新鲜水果并不是随时

巧克力胡桃蛋糕

可得，在水果匮乏的季节，水果蛋糕就是最受欢迎的特色小吃，可以弥补吃不到水果的缺憾。浅色水果蛋糕的原料是砂糖、清淡的玉米糖浆、杏仁、金色葡萄干、菠萝和杏，而深色的水果蛋糕则是由糖浆、红糖、葡萄干、梅子干、海枣、樱桃、美洲山核桃仁制成。

你爱吃水果蛋糕吗？

健脑佳品——核桃

核桃不仅可以被添加在水果蛋糕中食用，很多人也喜爱通过食用核桃健脑养生。核桃中含有丰富的维生素，具有很高的营养价值，与扁桃仁、腰果、榛子并称为世界著名的"四大干果"。中国是世界上核桃起源地之一，世界核桃生产第一大国，拥有最大的核桃种植面积和产量，核桃出口量也仅次于美国，居世界第二。

万能的
甜甜圈

甜甜圈为什么是个圈？它中间的
洞可不是随随便便挖掉的！

　　从中国的油条、麻花，到波兰的油炸圈饼，再到伊朗黏糊糊、形状大小各异的炸面圈，世界各地的美食清单中都有油炸面制品的身影。

　　在美国，人们可以随意品尝到其他国家的油炸甜点，而美国本土

的甜甜圈一般被认为来源于荷兰殖民者的炸油球或油蛋糕——因为这两种食物都是圆球状的，由密实的面团炸制而成，有时还会点缀些水果或坚果。

　　关于甜甜圈的英文名字"doughnut"，有这样一个传说。荷兰人通常使用猪油来炸制糕点，但是他们会遇到这样一个问题：如果将一个面团（dough）放入滚烫的油锅中，往往中间部分还没熟透，外皮却早已变成了金黄色。为了解决这个问题，厨师曾经将坚果（nut）塞入糕点的中心。用坚果占用

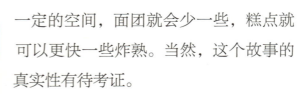

一定的空间，面团就会少一些，糕点就可以更快一些炸熟。当然，这个故事的真实性有待考证。

关于甜甜圈的形状，也有比较接地气的传说。19世纪中叶，有一位名叫伊丽莎白·格雷戈里的新英格兰妇女，她最擅长制作的家常美味就是油炸糕点。她的儿子汉森·格雷戈里船长在出海时总会带上这些糕点。也许是汉森在风暴中将一个油炸糕点插到了船舵上，又也许是因为他不喜欢吃糕点里的坚果，总之他总是会把这些糕点的中心部分抠出来。后来，格雷戈里的厨师就用小圆刀专门去掉了油炸糕点的中心部分。

在美国的大街小巷，甜甜圈相当受欢迎。正如经典的美国卡通人物霍默·辛普森所说："甜甜圈简直是万能的。"由于第一次世界大战中美国曾援助法国，因此心怀感恩的法国人民，专门为美国士兵制作了美式甜甜圈。从那时起，"甜甜圈女孩"诞生了。她们是美国红十字会派出的志愿者，奔赴前线为士兵送上有家乡味道的油

炸美食——甜甜圈，同时带去家一般的温暖。

20世纪20年代，俄罗斯侨民阿道夫·莱维特发明了第一台甜甜圈制造机。截至1934年，他每年通过销售甜甜圈制造机就能赚到大约2500万美元。

6 餐具与容器

　　当说到如何食用、烹饪和储存食物时，你会发现，科技的发展在过去的一个又一个世纪中不断地改变着人们的生活。数百年来，人们都用手和面包片将食物送入口中；后来，西方世界出现了餐刀、餐勺和餐叉，而东方世界则出现了筷子这样的用餐工具。同样，过去，人类保存食物用的是简陋的木桶和土罐；而时过境迁，如今我们的厨房中也早已堆满了各式各样的保温瓶、铝箔纸和塑料保鲜盒。

　　愉快的心情、田间的劳动和有趣的游戏，这三者可以说是世界上的第一流的厨师。

　　　　——卢梭（法国启蒙思想家、哲学家、教育学家、文学家，1712—1778）

勺子
进化史

你有没有听过"含着银汤匙出生"这句话？实际上，勺子是草根出身。

"含着银汤匙出生"，这句俗语表示一个人家庭背景雄厚，出身优渥。虽然有这样的说法，但勺子的出身却是相当平凡的。在西方的日耳曼民族中，盎格鲁－撒克逊人会用一种小木片吃饭。这种木片和勺子的作用非常相似，人们用它将食物送入口中。而最早的勺子可能是用贝壳做的，因为贝壳弯

曲的形状很适合用来舀米饭、粥或炖菜等松散的食物。

古印度人、古埃及人和古希腊人都曾使用过不同材料的勺子，其中许多勺子都带有手柄，这样更便于从公共容器中盛取食物。到了中世纪，勺子已经成为欧洲人日常的家庭用品，对于烹饪和用餐都十分

重要。

随着中世纪的制作工艺水平提高，工匠们开始使用青铜、锡和银等金属来制造勺子。几个世纪以来，不同形状的勺子都有着各自特定的用途，维多利亚时代的英国和美国更是将勺子的不同用途发挥到了极致。喝汤需用汤匙，盛取冰淇淋、浆果或糖块都配有不同的小勺，人们不但使用划分细致的勺子分别品尝葡萄柚、鸡蛋或橄榄，甚至还有勺子专门用来取食奶酪、牛骨髓或苦艾酒。这些勺子几乎都是纯银或者镀银的。当然，也有少数一些勺子是用动物的角制成的，通常被用来食用鸡蛋或鱼子酱。这种材质的勺子不会影响食物的味道。

"爱之匙"

在许多欧洲国家，从量取食物到做饭，再到吃饭，人们通常喜欢使用木勺。大多数木勺都经过比较精细的雕琢，甚至带有堪称华美的雕饰。最典型的例子就是曾经象征着真正的浪漫爱情的威尔士"爱之匙"。而今，作为一种纪念品，"爱之匙"依旧备受人们欢迎。

18世纪后期，一种现代形式的勺子开始兴起。这种勺子的勺尖比

较窄，勺柄末端或直或弯。美国人喜欢把较大的勺子当作大汤匙或汤勺，较小的则当作茶匙，用来吃早餐麦片和冰淇淋。

庞大的勺子家族是不是让你大开眼界呢？

叉子
的传播之路

如今随处可见的叉子，在普及传播时却经历了一番磕磕绊绊的旅程。

古埃及人曾经制作过叉子，并在一些场合上使用过。但是我们发现的最早的餐叉来自公元 400 年左右的君士坦丁堡。公元 1004 年，拜占庭公主玛丽亚·阿吉洛普丽娜嫁给了将要成为威尼斯总督乔瓦尼·奥瑟罗，于是，一种

双齿叉子

早期的双齿叉子便随着公主被带到了欧洲。

当时的人们都知道，玛丽亚公主喜欢将食物切分开，并用金色叉子进食。尽管人们对叉子这一工具并不陌生，但有些人却不赞成使用

它们，因为他们觉得手指就是最天然的叉子。如果再另外使用专门的叉子，就是对造物主的不尊重。所以，过了好几个世纪，叉子才在意大利开始普及起来，并逐渐传播到了其他欧洲国家。过去的一些意大利贵族和上流社会人士在参加晚宴时通常会带着一只小盒子，盒子里装的就是自己用餐时使用的刀叉。

那时，有一位意大利姑娘凯瑟琳·德·美第奇嫁给了法国国王，于是叉子又开始在法国日渐流行。而叉子在英国得到广泛使用则是在 17 世纪。在那之前，英国人唯一使用的叉子是蜜饯叉。这种叉子的一头可以叉起黏手的蜜饯和水果，而另一头设计成了勺子的形状，可以舀取糖浆。

不管是历史还是社会发展的原因，比起其他的国家，意大利人更习惯用叉子吃饭，而他们也是四齿叉子的发明者。德国人首次将叉子齿圆形化，这样在用餐时就可以减少叉子与勺子的切换。

随着科学技术的发展，金属餐具的制作工艺变得相对简单，叉子也如同勺子一样衍生出各种用途，泡菜叉、沙拉叉、冷肉叉和糕点叉等陆续出现。

刀：
从武器到餐具

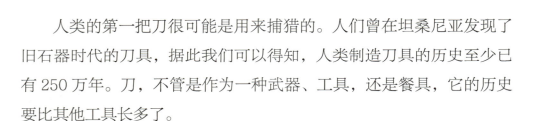

你吃过西餐吗？西餐中的左手持叉、右手持刀有什么说法？

人类的第一把刀很可能是用来捕猎的。人们曾在坦桑尼亚发现了旧石器时代的刀具，据此我们可以得知，人类制造刀具的历史至少已有250万年。刀，不管是作为一种武器、工具，还是餐具，它的历史要比其他工具长多了。

几千年来，人们都有随身携带刀具的习惯。人类用刀将食物切割成小块，也用刀从锅、盆或木制食盘等公用容器中叉取食物。当然，由于人人手中都有一把刀，即使在餐厅里用餐也人手一把锋利的刀具，这就很难避免暴力事件的发生。1669 年，法国国王路易十四曾禁止人们在大街上和餐桌上使用尖头刀，并勒令刀匠制作钝头刀具。而这样的钝头刀具，便永久地影响了美国人的餐桌礼仪。

　　在北美 13 个殖民地建立初期，叉子的数量相当稀少，但是刀具却得以大量进口。由于这些刀的刀尖较钝，在切割食物的时候，食物总是跑来跑去，无法固定。因此从欧洲来的殖民者们便在切割食物时，左手拿着叉子，固定住食物，然后再用右手持刀切割；而吃的时候再将叉子换到常用的右手。即使到了今天，许多美国人吃饭时还是会在切割完食物后放下刀，将左手的叉子换到右手。而欧洲人呢？他们则是在整个用餐过程中一直都用左手持叉。

　　尽管餐刀刀头较钝，但是刀刃还是十分锋利的，并常常呈锯齿状。因此，从 2001 年 9 月 11 日发生空袭之后，机场和航空公司便禁止在飞机上使用餐刀。西方世界常常使用的黄油刀与切割食物的餐刀有所不同。它的刀尖虽然也不锋利，但刀身却比较纤细，便于人们从黄油块上切取少量黄油食用。

在中国的日常饮食中虽然不经常用到餐刀，但是菜刀、削皮刀、水果刀等也是厨房中的常见物品。大家在使用刀具的时候，也要多加小心，避免割伤自己哟。

叉勺

你用过叉勺吗？用叉勺的尖端戳起一颗豌豆有多难，查明叉勺的起源就有多难。叉勺是一种将勺子和叉子的功能集于一身的餐具。勺子状的头部带有 3 到 4 个叉齿。通常其中一个叉齿或叉勺头部一侧的边缘带有锯齿刃。人们至少从 19 世纪起就已经开始生产叉勺了。有些人认为，叉勺是由一种带有利刃的三齿叉子演变而来的。爱德华·李尔在他著名的诗歌《猫头鹰和小猫》中就写到过这种餐具。

筷子：
两根棍子的妙用

许多亚洲国家的人们都会使用筷子。你知道吗？不同国家的筷子长得也不一样！

在早期的亚洲社会，烹饪用的燃料时常处于稀缺状态，人们为了

能够节约燃料，绞尽脑汁，一直在寻找能够节约燃料的好方法。后来他们发现，当食物被切成小块时，烹饪时间会缩短，能节省燃料。而且在食用时，烧火做饭用的细树枝可以方便地叉起小块食物。于是，筷子诞生了。这个传说为筷子起源于中国，并发展了5000年之久，提供了一种可能性的解释。

筷子，这种呈锥形的细长棍子，是中国、韩国、日本、越南和泰

国等亚洲水稻种植区人民的首选餐具。在中文里，筷子最初名为"箸"，和"住"同音，有停止的意思。人们认为这个字对于行船来说太不吉利了，因此改称为"快"。

而在如今的汉字中，筷子的"筷"是汉字"快"和"竹"相结合形成的，说明筷子多是用竹子做成的。竹子这种生长快速的植物，给中国的亿万居民提供了源源不断的筷子。

不同国家和地区的筷子有着各自独特的风格。你是否注意过呢？中国的筷子是最长且最不尖锐的。在一些地区，陶瓷材质的筷子比较常见。而日本的筷子通常由漆木制成，比较短小，而且一端通常是尖的。这个设计有助于分离鱼肉和鱼刺，十分符合日本人靠近海洋并且爱吃鱼等海鲜类的饮食习惯。韩国的筷子一般是不锈钢材质的。因为在韩国人的饮食文化中，泡菜和烤肉非常常见，这些食物一般具有较重的口味，而不锈钢筷子不会轻易留味、发霉和染色；而且用不锈钢筷子夹取烤肉，也不会像木筷那样容易粘上烤肉，所以易于清洗。然而，这种特色设计对其他国家的人来说却具有一定的使用难度。

看来，就连我们生活中习以为常的筷子也与使用国家的社会人文和风俗习惯密不可分。你最喜欢哪种风格的筷子呢？

饭盒：
把饭菜带在身边

在还没有特制饭盒的时候，人们如果想带饭，会用什么装呢？

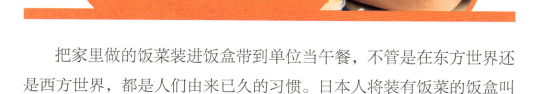

把家里做的饭菜装进饭盒带到单位当午餐，不管是在东方世界还是西方世界，都是人们由来已久的习惯。日本人将装有饭菜的饭盒叫作便当，带便当的习惯已经流传了将近 900 年。而印度的午餐盒是分层的锡制饭盒，里面通常装有面包、咖喱和沙拉。在美国，不锈钢午餐盒比较流行，是那些不方便回家吃午饭的上班族，或家中无人准备午餐的人们的首选食物容器。

印度金属饭盒

然而，饭盒并不是一开始就为盛饭菜而准备的。19 世纪晚期，人们常常将金属烟盒回收利用，当成午餐饭盒。这些盒子的设计和图案趣味性十足，上学的孩子们总是特别喜欢。即使是中午回家吃饭的孩童，也喜欢带着午餐盒，盒

子里面装着一些小零食或一瓶水，供他们在步行上下学的途中享用。后来，一些人开始用杂货店的购物纸袋来装饭盒。于是，一些公司便开始销售这种棕色纸制午餐袋。

在之后的几十年中，饭盒的样子并没有多大改变。直到 20 世纪 40 年代末，电视机在人们的生活中普及开来。精明的阿拉丁工业公司制作出第一款面向儿童的金属饭盒，饭盒上装饰着豪帕龙·卡西迪的贴画——他是电视节目中挥舞着套索的大明星。当时，仅阿拉丁一家公司就售出了60 万只这样的饭盒，赚了不少钱。很快其他几家企业也加入饭盒生产销售的队伍中。于是，饭盒上的图案更加丰富多彩，涵盖了各种卡通人物、电视明星和流行偶像。

这种金属饭盒再加上一个与之相配的保温瓶，便构成了数百万美国学生随身携带的午餐包。然而 1972 年，一群佛罗里达州的学生家长担心饭盒存在安全问题，提出立法以限制饭盒的使用，午餐包也随之改变。随后，新型的安全塑料饭盒出现，也为金属饭盒带来了很大的冲击。

如今，饭盒不再受限制，样式也五花八门，各种材料、各种图案应有尽有，为人们能将热乎的饭菜带在身边，提供了不小的便利。

棕色纸袋

20 世纪初，人们将从商店得到的棕色牛皮纸购物袋用来装午餐。于是，制造商便发现生产这种午餐大小的纸袋有利可图。事实上，自从弗朗西斯·沃利于 1852 年发明纸袋机以来，经典的棕色纸袋便已经开始大量生产了。直到今天，这种纸袋还在为无数学生和上班族提供着便利。

真空保温瓶
的保温秘籍

食物饮品不怕凉，保温瓶帮了大忙。不过，保温瓶是如何保温的呢？

　　在没有电之前，人们通常使用燃烧燃料持续加热的方法来给液体保温，然而这并不是随时随地都可以实现的。1892年，英国剑桥大学科学家詹姆斯·杜瓦爵士发明了一种真空保温瓶，能够使液体在一定时间内处于高温状态。后来，在1904年的一项命名征集比赛中，一家德国企业生产的"膳魔师"牌保温瓶脱颖而出。

　　真空保温瓶并非指保温瓶中的物体处于真空状态，而是指其玻璃内壁和外壳之间的空间是真空的。这种真空保温层既能阻止里面热量的散发，又能阻挡外面冷空气的进入，非常有效。因此，从19世纪问世以来，保温瓶的设计都沿用

了这种真空保温层的设计，几乎没有发生过实质性的改变。

保温瓶在生活中的用处非常广泛，还曾被应用于探险活动。英国探险家欧内斯特·沙克尔顿就曾携带保温瓶赴南极地区探险。随着制造工艺和材料质地的改进，例如，保温瓶在 1923 年应用耐热玻璃，这种真空保温技术已经不仅仅用于为液体保温。到了 20 世纪 50 年代，真空保温被广泛应用于各种物品的运输，如血浆运输和稀有热带鱼运输等。

20 世纪 60 年代，不锈钢内胆诞生。于是，在人们的午餐包、野餐冷藏箱，以及家家户户的厨房中，保温瓶已经无处不在。特别是咖啡保温瓶，十分受迫切需要咖啡因的上班族的喜爱。不锈钢内胆的保温瓶之所

以更加普遍，是因为它的价格相对便宜，而且经久耐用。

真空保温瓶因稳定的保温效果而受到西方市场的欢迎。在亚洲地区，利用保温瓶进行烹饪的方法却变得越来越流行。许多人会将加热到烹饪温度的食物从炉灶上取下，然后倒入保温瓶中封存，来完成剩下的烹饪过程——这样的做法就是"焖"。在这样烹调食物时，需要多加谨慎。因为要防止细菌滋生，食物必须要加热到一定的温度，这样一来倾倒时很容易烫到人，造成伤害。不过，如果操作正确，这种方法可以大大节省能源和时间。

铝箔纸
的万能打开方式

你知道使用烤箱时垫在食物下面的是什么纸吗？铝箔纸和锡纸，你能分清吗？

铝箔纸是厨房中常见的一员，可以用来包装各种各样的食品。它其实是一种金属，由含铝量为 92%~99% 的铝合金制成，厚度通常在 0.004—0.15 毫米之间。除了作为食物包装，不同尺寸和强度的铝箔纸也有不同的用途，比如做通电线圈、绝缘材料和变压器等装置的原材料。

以铝箔为原料的变压器

如此万能的铝箔纸是怎么被制作出来的呢？没错，首先要提取铝金属。1889 年，查尔斯·马丁·霍尔刚刚从俄亥俄州欧柏林学院毕业没几年，他找到了一种从氧化铝中提取铝金属的方法。巧的是，法国冶金学家埃鲁也发现了这个方法。因此，后人将这两个人的名字合起来，把这种制铝方法称为霍尔－埃鲁法。

然而，铝的制取只是第一步。接下来，需要将这种金属压制成柔韧不透水的薄片才能使用。这个问题也难不倒聪明的科学家们。瑞士沙夫豪森的内尔父子公司曾经利用瑞士北部莱茵瀑布给铝箔纸的压制过程提供动力，轻松地解决了这个难题。

铝箔纸的出现可不是小事。它使用起来非常方便，优点云集，很快便受到了人们的青睐。例如，铝箔纸可以阻挡光线、水和细菌，因此，它可以隔绝异味。此外，你还能够将它折叠成任何形状，也能把它抚平展开清洗之后再次使用。铝箔纸的延展性非常好，所以十分经久耐用，也易于回收。

铝箔纸

实际上，铝箔纸出现之前，大家常用的是锡箔纸。即使到了今天，仍有人将铝箔纸称为"锡纸"。除了帮助人们储存食物，铝箔纸还被应用于许多其他食品服务领域，比如，你很熟悉的牛奶、果汁、饮料等饮品的包装纸盒——大名鼎鼎的利乐无菌包装，它的原材料之一就是铝箔纸。

瞧，铝箔纸用起来这么方便，怪不得家家户户的厨房里都离不开它。虽然在资源便利的今天，人们可以用塑料保鲜膜、三明治保鲜袋、可重复使用的塑料容器等来存储食物，但几乎每个美国家庭的厨房中还是会存放一卷铝箔纸，以备不时之需。

用铝箔纸包裹的鱼

塑料容器
的商业帝国

塑料碗、塑料盒、塑料杯……塑料容器可以说是日常生活中最常见的了。塑料容器能上市销售，你可要知道这位大功臣——伊尔·特百。

伊尔·特百是一名化学家。1942年，他提出了模制聚乙烯塑料杯碗的概念，继而最终建立了一个塑料容器的商业帝国——特百惠，专门以生产家庭用品为主，至今依然在全球范围内销售运作。听起来是不是很厉害？看看他是怎么用塑料改变世界的吧！

工厂里的塑料瓶

故事是从特百的一项小研究开始的。他研究出了一种塑料配方，由此制作出的容器十分厚实，有韧性，摸上去手感相当不错。1949年，特百将他的塑料容器密封技术申请了专利。使用他发明的塑料保鲜容器，人们就不用担心容器内的食物会受到外界的污染。于是，特百惠公司开始大量开发、制造塑料容器。然而，塑料容器的大卖还要感谢另外一个人——布朗妮·慧思。慧思是一名销售专家，也是一位单身母亲。她提出想成立一个家庭理事会，为消费者介绍特百惠产品的功能与特色。这个计划一经实施，便受到了广大家庭主妇的热情欢迎。

家庭理事会一直伴随了特百惠50多年，虽然慧思本人在1958年时被公司解雇了，但是她的计划却经久不衰，一个庞大的销售帝国就此建立起来，还为20世纪中叶的许多家庭主妇提供了额外的收入来源。随着公司的发展，很多人还获得了新的就业机会。

近些年来，虽然特百惠减少了对家庭理事会的依赖，增设了许多直营销售网点，比如与美国知名高级折扣零售店塔吉特百货合作等，但特百惠的品牌力量依然相当强劲，许多人都是它的忠实用户。去厨房里看看，你的家中有没有特百惠生产的塑料容器呢？除了经典容器，特百惠还开发出许多创新产品，包括组合式容器套装、可折叠硅胶碗，还有用来存放各种干货食品的容器等。这些容器的盖子各不相同，有的还配有专门的倾倒口。可以看出，特百惠生产的塑料容器，一直为了提供便利而不断升级。

塑料果蔬筛

现在的塑料存储容器已经发展出许多类型，但每一种的设计理念都离不开特百最初的创意。这些现代化产品体现了时代的进步和人们对于塑料容器更高的需求。新产品更耐污渍，通常也没有任何异味，还可以放入洗碗机中清洗。但是，有一点值得注意：许多新型的塑料容器都是一次性的，大量的塑料容器使用一次之后就被丢弃，这大大加重了地球环境的负担。因此，大家在日常生活中，也要尽量减少使用一次性的塑料制品哟。

塑料保鲜膜

在尝试开发出坚硬的塑料汽车罩时，一名科学工作者偶然发现了一种塑料薄膜，也就是原始的莎伦食物保鲜膜。用这种柔韧的薄膜包裹的食物，味道和气味都不会受到外界影响。莎伦食物包装膜是由带轻微毒性的聚偏二氯乙烯制成的。我们现在使用的新型的保鲜膜，比如塑料自粘保鲜膜以及佳能牌保鲜膜，则都是由无毒的低密度聚乙烯制成的。

万物有来源

充满创意的技术与发明

10

高朗文化 编著

花山文艺出版社

河北·石家庄

目录
Contents

1 信息传播

2 交通出行

3 运动健身

4 诊断治疗

1 信息传播

　　工业革命把科学和工业紧密地结合在一起，尤其是在交通、通信等与人类生活密切相关的领域，涌现出了许多改变了人们生活方式的重要发明。爱迪生是家喻户晓的伟大发明家。他一生当中发明无数，留声机便是其中之一。有了留声机，人类便能够记录声音。随着人们对世界的不断探索和科学技术的不断发展，越来越多的生活用品被发明出来，帮助人们记录、传递声音和图像画面等。而这些伟大的发明，也在不知不觉间改变着我们的日常生活。

　　传播是社会这个建筑物得以黏合在一起的混凝土。
　　　　　　　　　　——诺伯特·维纳（美国数学家，1894—1964）

会说话的
留声机

多年以前，要想把转瞬即逝的声音保存下来，还能反复收听，简直是一个遥不可及的梦想。谁承想，这个梦想在今天居然变成了现实。

1877 年，发明大王爱迪生发明了留声机，这是世界上第一台可以把声音记录下来，并且能多次回放的机器。

爱迪生的发明都是根据生活中有趣的现象来完成的。有一次，他发现，电话传话器里的膜板会随着说话声震动，于是他就拿尖针做了

美国发明家爱迪生

试验，从中得到很大的启发。说话声音的快慢高低能使尖针产生相应的不同颤动。他认为，反过来，这种颤动也一定能发出原先的说话声音。于是，他开始研究声音保存的问题。

1877年8月15日，爱迪生凭着想象设计出一台机器，并让他的助手克瑞西按图样制造一台奇怪的机器。这台机器被制造了出来，它有一个大大的圆筒，还有一个弯弯的话柄，最突出

的是一张大大的膜板。这样一个丑陋的家伙，大家都不知道爱迪生要用它干什么，可大家知道，听他的话准没错。机器造成之后，爱迪生对助手说："见证奇迹的时候到了。这是一台会说话的机器。"他取出一张锡箔纸，卷在大大的圆筒上，针的一头轻轻地转动，另一头连接在受话器上。爱迪生慢慢摇动曲柄，唱起了一首大家都熟悉的歌，唱完后，他把针又放回原处，再次缓慢摇动曲柄。天哪！奇迹果然出现了，机器慢慢地转动着，发出的声音与刚才爱迪生唱的一模一样。在一旁的助手们，看到一架会说话的机器，惊讶得说不出话来。这就是世界上的第一台留声机，即便非常简陋，可它确实把声音保存下来了。

　　爱迪生发明的留声机虽然是世界上第一台留声机，但是它的录音效果并不理想。后来，人们一直在不断地改进留声机，但都是以爱迪生的发明为基础的。

19世纪80年代末期，德国发明家埃米尔·贝利纳发明了一种扁平的唱片，并把播放唱片的机器叫作"唱盘式留声机"。与此同时，爱迪生也开始研究制造唱片和唱片播放机。这种唱片每分钟转动78次，每一

面可以存储声音的时长约3.5分钟。到了1915年左右，唱盘式留声机逐渐取代了圆筒式留声机。

早期，唱片机是用手摇动曲柄来工作的，手摇的速度有快有慢，并不十分稳定。只有当唱片以稳定的速度旋转时，才能正确播放声音。19世纪末期，电动马达式装置开始取代手动曲柄，这时的旋转速度才是稳定的，保证了声音的正常播放。到了20世纪40年代，唱片的材质不断变化，也越变越好。1948年，美国哥伦比亚广播公司下属的哥伦比亚唱片公司推出了一款直径约30厘米（12英寸）的黑胶唱片。这种唱片转速保持每分钟33转，每一面播放时长达到23分钟。不久，这种唱片便取代每分钟78转的旧型唱片，成了新的标准唱片。

磁带录音开始于20世纪20年代末期。当时，在美国和德国，都出现了磁带发明专利，这种磁带是通过在纸上涂抹磁性微粒而制成的。到了20世纪50年代末和60年代初，唱片和磁带形式的立体声媒介已经开始向公众出售。20世纪80年代初期，盒式磁带的销量开始超过唱片。

人的想象力是无限的，只要敢于想象，就可以把不可能的事情变成可能。

接收空中声音的
收音机

在没有电脑、电视和网络的年代，人们获取外地信息的唯一方式是接收来自空中的信号，而必不可少的设备就是收音机。

电话的发明，可以把人们的声音传播到遥远的地方，但是必须有电话线的帮忙。人们第一次通过电话机和远方的人们进行交谈，这极大地方便了信息的传播。但没想到，25年之后，世界上又发生了一件更加令人震惊的事情：1901年，意大利发明家马可尼竟然接收到了横跨大西洋的信号，人类的无线电通信时代就此开启。

马可尼的发明研究，是建立在前人的基础之上的。1864年，英国物理学家麦克斯韦提出了电磁波会以光速传播的理论。几十年后，德国物理学家赫兹利用实验，证实了这个理论的真实性。多年以来，马可尼一直在进行通过无线电波发送和接收信号的实验。1896年，马可尼申请并获

意大利发明家马可尼

通信天线

得了无线电报的发明专利。

实际上，有一位叫波波夫的俄罗斯物理学家，他从1885年起就开始投入大部分精力研究无线电通信。早在1895年5月7日的一场演讲中，波波夫公开宣布了他的研究成果，他已经成功发射并接收了无线电信号。因为有了这样的成绩，从1901年起，波波夫接受了圣彼得堡大学的邀请，成为这所大学的物理学教授。有人认为他才是收音机的真正发明人，因为他是一位学者，而且全部精力都放在学术研究上，他的演讲又是小型的，所以没有更多的人知道。也可能是因为波波夫的发明很快被俄罗斯海军应用在军事上，所以没有对外公布。相反，马可尼却非常有商业头脑，抓住了这个机会。据说，他还成立了世界上第一家收音机工厂，并获得了无线电技术的专利。马可尼发明的无线电报，对人类的生活有着重要的价值，不仅仅作为一种通信工具，它对海上遇险的船只也特别有用。在茫茫的大海上，船只在遇到危险将要沉没时，能迅速地发出信号，通过无线电波传输被岸上的人接收，方便遇难船只及时得到救援。所以，这一项伟大的发明曾挽救了数千人的性命。

无线电报传输使用的是无线电波，这是一种电磁波，传递的信号以电报代码的形式传输。不久，工程师们就开始研究如何通过电磁波来发送声音。1906 年，加拿大物理学家雷金纳德·费森登首次在大西洋上向船只发送信号，内容包括美国马萨诸塞州的音乐等，这些信号都在当时被人们接收到了。1919年，美国总统伍德罗·威尔逊也通过无线电广播向军队发表了一次重要讲话，他是第一位通过无线电广播发表讲话的美国总统。从这以后，无线电开始涉及人们生活的方方面面，崭新的无线电时代来临。

商业广播电台出现于20世纪20年代。从那时起一直到第二次世界大战之后不久，这段时间，正是无线电广播的黄金时代。新闻、家庭娱乐节目、肥皂剧，都受到了广大听众的欢迎。

在电视进入人们的生活之前，无线电广播处于全盛时期。通过广播，人们可以想象所喜爱角色的动作、姿态，以及不同节目的外景画面。20世纪下半叶，广播开始成为摇滚音乐的播放平台。在美国，人们通过广播收听的内容非常丰富，包括排名前40名的摇滚音乐榜单、新产品的新闻发布会、天气预报等，人们在外出时可以收听交通广播，居家时可以收听采访节目等。

从有线电到无线电，虽然是一个字的差别，但却是人类历史上的巨大进步。

留住瞬间的
照相机

摆好一个动作，嘴巴张开，轻轻地喊出"茄子"的瞬间，咔嚓一声，就定格成一张照片。这多亏了照相机呢。

照相机的前身叫作"暗箱"，是欧洲文艺复兴时期的艺术家们喜欢的一种艺术行为。如达·芬奇等著名画家，就曾使用暗箱来把图像投射到画布上，作为绘画的参照物。

19世纪初期，人们开始进行一系列实验，在经过化学处理的光敏表面捕捉图像。世界上已知的第一张照片拍摄于1826年，是由法国化学家约瑟夫·涅普斯在法国勃艮第的阁楼上拍摄的。之后，涅普斯和舞台背景画家路易·达盖尔达成合作伙伴关系，开始共同研究摄影术。不幸的是，涅普斯于1833年因意外去世了，而达盖尔仍为此继续努力。1839年，达盖尔发明出把

旧式照相机

照片印在金属板上的银版照相法，也称为
"达盖尔银版法"。

用银版法拍摄出的照片非常先进，色
彩分布均匀，而且色调均匀、不易褪色，
但是同时也有一些不好的地方，如：照出
来的影像左右是相反的，因为没有底片所以也
不能复制，只有通过拍摄同一对象才能得到更多
的照片。但是，人们也没有停下继续探究的脚步。英国
化学家威廉·福克斯·塔尔博特找到了解决办法——在

暗房冲洗胶卷

照相机中，使用一种特殊的曝光方法，然后在特殊的溶液中显影，先
产生倒立的画面，再用一种特殊的溶液定影，这样处理的照片能永久
保留。这样产生的倒置底片画面可以做成正像画面，在碘化银纸上多
次打印。1840年，塔尔博特为此申请了专利。

19世纪四五十年代，照相机的镜头得到不断改进，能吸收更多的
光线，曝光时间缩短到几分钟之内，拍摄的风景和人物肖像照片也显
得更加清晰和逼真。1851年，英国雕刻家F. 斯科特·阿彻发明了新
的显影技术——湿版摄影法，它可极大缩短曝光时间，显示照片的更
多细节。阿彻的湿版摄影技术，只需在玻璃板上涂抹银盐和火棉胶，
并将湿版暴露几秒钟的时间，就能立即显现出影像。

数码相机的历史可以追溯到20世纪四五十年代，电视机就是在
那个时候出现的。在生活中，伴随着电视机的推广，人们需要一种
设备，能够把正在播放的电视节目记录下来，以便以后再看。1951
年，美国克罗斯比实验室发明了录像机，这种新机器可以把一些重
要的生活场景，或者是自己喜欢的电视节目，拍摄下来，保存到磁

带上，然后随时可以观看。到了1956年，录像机开始大量生产。20世纪60年代，美国国家航空航天局开始了神秘的探月之旅。在宇航员被派往月球之前，美国国家航空航天局首先必须对月球表面进行勘测，确认宇航员登月后是否能够正常生活。就是在这个过程中，工程师们发现，由探测器传送回来的模拟信号，由于受到宇宙里其他的射线的干扰，所以显得十分微弱，因此地面上的接收器无法将信号转变成清晰的图像。于是工程师们不得不另想办法。1970年对于影像处理行业来说是具有里程碑意义的一年，美国贝尔实验室发明了一种新的装置，可以对得到的图像信息进行数字处理，所有的干扰信息都可以被剔除。后来，

旧式照相机 "阿波罗"登月飞船上就安装使用了这种装置，这就是数码相机的原型。"阿波罗"号登上月球的过程中，美国国家航空航天局接收到的数字图像特别清晰。

随着科学技术的进步，人们不断改进照相机。时至今日，照相机不仅已然成了我们生活中不可或缺的工具，而且为喜好捕捉瞬间美景的人们留下美好记忆。

图像和声音的呈现
——电视机

回忆一下，你的课余时间是怎么度过的呢？是不是打开电视机，看一段自己喜欢的动画片？

电视机的发明经历了一段不同寻常的旅程。首先做出贡献的人物就是德国工程师保罗·尼普科夫。19世纪末期，无线电技术迅猛发展，人们发现电磁波能够用来传送消息，这就为电视机的产生提供了可能。在这个技术背景下，尼普科夫设计出了一种非常先进的扫描圆盘，在短距离内可以无线发送图片。到了1884年，尼普科夫终于发明出了一台机械"电视机"，通过他之前设计的扫描圆盘旋转产生光影图案，再将光影图案转换成电脉冲信号传递到远方。

可事实上，尼普科夫的发明虽然先进，但是缺乏现代技术的支持，一直没有受到人们

老式电视机

的关注。到了1925年，他发明的电视播放机仍然是机械化系统，有很大的局限性。让人们没有想到的是，受到尼普科夫的启发，英国发明家约翰·洛吉·贝尔德展开了进一步研究。贝尔德是坚定的电视技术推动者，他在1928年制造出了一台小型电视机。与尼普科夫所制造的机械电视机不同的是，贝尔德的电视机可以播放出黑色和橙色的影像。同年，贝尔德还制作了第一个跨越大西洋的电视节目，并在次年说服英国广播公司定期播放电视节目。跨越大洋的电视节目很受观众们的欢迎，贝尔德也因此卖出了数千台小型电视机。

贝尔德这边的跨洋电视节目进行得风生水起，而另一边，电子电视的研究也在火热进行中，不久以后就取代了贝尔德的技术。1897年，德国物理学家卡尔·布劳恩发明了阴极射线管。这种电子管可以向屏幕发射出高速电子束，从而在屏幕上产生光和图像。1923年，苏联科学家兹沃里金申请了一项专利，内容包括光电显像管、电视发射器和电视接收器。因为兹沃里金首次采用全面性的"电子电视"收发系统，所以他也被认为是现代电视技术的先驱。电子技术在电视上的应用，使电视开始走出实验室，进入公众生活。1928年，美国纽约31家广播电台进行了世界上第一次电视广播试验，由于显像管技术尚未完全过关，整个试验只持续了30分钟，收看的电视机也只有十多个台。但是，这次试验宣告了作为社会公共事业的电视艺术的问世，是电视发展史上划时代的重大事件。

在 1960 年的美国，大多数家庭都拥有了电视机。而中国的第一台黑白电视机诞生于 1958 年，产自天津无线电子厂，品牌名为"北京"。1970 年，中国第一台彩色电视机也在天津诞生。

从英国的电子工程师约翰·贝尔德发明第一台电视机，到家家户户都能通过电视机观看节目，电视机彻底地改变了人们的生活，它不仅拉近了我们与世界的距离，而且还催生了多种相关产业的发展。

手机 进化史

手机，作为当下最重要的通信和娱乐工具，是如何一代一代发展到如今的智能 5G 手机时代的呢？

如今，我们通常用"手机"来称呼这种体形小巧、可以随身携带、随时使用的无线电话。毕竟，"手机不离手"，这个叫法通俗易懂。但其实，更准确的叫法应该是"移动电话"。但无论叫它什么，它的工作原理都是通过移动网络来传递语音和图像信号。试想，如果没有了网络，手机不就像人没有眼睛和耳朵，成为毫无用处的"砖头"了吗？

因此，网络是手机正常工作的必要条件。早期的网络被称作蜂窝网络，由多个装有无线电收发电台的铁塔组成，这种铁塔叫作"基站"。基站设立在不同的区域，于是移动电话的服务区域便被划分

信号基站

为多个单元，形成了类似蜂窝的结构，蜂窝网络的名字也因此而来。

有了网络，又该如何远距离传递信号呢？19世纪中期，英国物理学家迈克尔·法拉第深入研究了电在空间中的传播，这便为后期电话的产生打下了坚实的理论基础。数十年后，美国发明家卢米斯首次利用风筝和铜线系统，在大气层中实现了信息的传递。随着无线电技术的发展，人们可以不用再依靠实物载体来传递信息，移动电话的产生就此成为可能。

旧式移动电话

20世纪40年代，人们研究出了便携式电话，并在20世纪60年代正式投入使用。这种电话还可以任意移动、随时随地给任何人拨打。当时的一些商业大亨还喜欢在汽车上安装电话，来方便自己办公。1973年，在老牌手机公司摩托罗拉工作的马丁·库珀博士发明了手持电话机，也就是我们现在使用的手机的雏形。由于手持电话机可以随身携带，人们在旅途中也可以传递信息，非常实用。马丁·库帕也因此被称为"手机之父"。

20世纪80年代，美国联邦通信委员会批准了一项"高级数字电话服务"计划。这个计划一直沿用至今。不过，早期计划中所使用的移动电话体积非常庞大，因为那时使用的移动电话的电池或电池组往往比移动电话本身还要大，随身携带非常不便。第二代移动电话的体积有所缩小，不过相对于其他随身设备，依然显得沉重。

数字网络出现后，使用模拟网络的移动电话遭到淘汰。接入数字网络的第三代手机，具有收发短信、拍照、播放音乐等多种功能，体积也更加小巧轻便。相比之前只有通话功能、机身笨重的模拟网络手机，这种轻巧又功能多样的数字手机迅速成了人们的宠儿。

手机的技术是否还会继续变革，我们现在还不得而知。但手机发明的最大意义在于打破空间的阻碍，使人与人之间的交流不再受限于距离，真正实现了"天涯若比邻"的意境所在。

拆开你的智能手机

拆开你的智能手机，你会发现一个由金属和其他元素构成的密集小世界。常规的智能手机中含有约 300 毫克银和 30 毫克黄金。可充电锂离子电池的正极使用的是锂钴氧化物或锂锰氧化物，负极使用的是碳或石墨，为智能手机供电。触摸屏使用稀土元素制成，这些稀土元素大家可能闻所未闻，如铽（tè）和钇（yǐ）等。它们有助于屏幕产生清晰明亮的色彩，使手机的在线地图看起来像一幅移动的精美图画。

2 交通出行

　　从一个地方去往另一个地方，人们总会借助各式各样的交通工具。在陆路交通中，我们会使用自行车、摩托车、汽车、火车等，空中飞行乘坐飞机，河海湖泊中驾驶船只。便利的交通工具，让我们随时随地可以去往任何想去的地方。然而最初，这些交通工具是如何产生和被人们发明出来的呢？让我们通过一则则小故事去了解社会的发展、技术的革新，来体会人类文明的发展传承吧。

人之所以爱旅行，不是为了抵达目的地，而是为了享受旅途中的种种乐趣。
——歌德（德国诗人、剧作家，1749—1832）

自行车：
两只轮子走天下

两只轮子，一个三角支架，蹬起脚踏板，你就能自由前行了。

自行车，又称脚踏车或单车，通常是两轮的小型陆上车辆。人骑上车后，用脚踩踏板做动力，由于不会产生污染环境的物质，所以自行车是一种绿色环保的交通工具。其实，自行车的英文名字就是两轮车的意思，可是在不同的地方，对于它的叫法也是不同的。在中国大陆和台湾地区，人们通常称其为"自行车"或"脚踏车"，香港、澳门地区通常称其为"单车"；而日本称其为"自转车"。尽管名字不同，样子都差不多。可是在不同的历史时期，自行车的样子却是不同的。1817年，德国工程师冯·德赖斯男爵创造出世界上第一辆类似自行车的木轮车。这辆车子叫作"德赖斯机"，它看上去已经很像一辆现代自行车了，但是两者之间最大的区别在于："德

无脚踏板的"自行车"

赖斯机"没有脚踏板可以助力。骑行时，人们需要用脚蹬地才能驱动这辆车。

1839 年，苏格兰铁匠柯克帕特里克·麦克米伦给"德赖斯机"安装了两只脚踏板。他在后轮的车轴上装上曲柄，再用连杆把曲柄和前面的脚踏板连接起来。然而，这种脚踏板的制动效率太低，对于骑行者来说非常吃力，也没有安装车闸，在下坡路时，人们无法控制速度。

1861 年，一辆性能更佳的自行车问世了，它的发明者是法国人皮埃尔·米肖和他的儿子埃尔斯特·米肖。为了提高速度，他们采用了大型的前轮作为驱动。这种脚踏车上的脚踏板与巨大的前轮轴相连接。坐在位于大前轮上方的鞍座上，骑行者就可以踏动脚踏板。脚踏板旋转一圈，轮子也转动一圈。由于车轮是用铁或实心的橡胶制成的，直接接触地面，在行驶时往往颠簸不平，让

大小轮自行车

人很不舒服。因此，人们便给这种自行车起了个绰号——震骨机。

和其他发明一样，既然存在可以改进的地方，研究它们的人就不会停下前进的脚步。在英国，一种极为精巧的大小轮自行车出现了。

这种自行车的前轮直径可达 1.5 米，骑上去非常危险。因为一不小心，人们就会从高高的轮子上摔下来。有人尝试将小轮子放在前面来减少事故的发生，但这个方法依旧没有获得成功。

1885年，英国自行车制造商 J. K. 斯塔利发明了一种安全自行车。和"德赖斯机"一样，这种安全自行车的车轮大小相同。不同的是，安全自行车的脚踏板驱动着一只连接到后轮轴的链条，车座安置在车身的一个菱形框架上——这正是现代自行车的雏形。

1887年，苏格兰发明家约翰·邓洛普为他的儿子发明出一种新型充气轮胎自行车，这种自行车骑行起来，不但速度很快，而且很舒服。从此，自行车的实心橡胶轮胎逐渐被充气轮胎所取代。到了1890年，人们在自行车中增加了刹车装置，让人们在骑行时有了更多的安全感。从此，数百万人开始成为自行车的追捧者。经过日后一系列的改进，自行车已经成为人类有史以来所设计出的最有效率的自行交通工具。

除了作为环保的交通代步工具，越来越多的人愿意将自行车作为健身器材用来骑行锻炼，还有一些爱好者喜欢骑自行车出游。此外，自行车本身也是一项体育竞技运动，有公路自行车赛、山地自行车赛、场地自行车赛、特技自行车比赛等。

随之而来，自行车的种类也越来越多，有单人自行车、双人自行车，还有多人自行车，可以让人们随意享受骑行乐趣。

风驰电掣的
摩托车

现在，有很多年轻人喜欢骑在摩托车上，去野外撒欢儿，他们把速度和激情寄托在摩托车上。

应该说，现代的摩托车，是另外一种自行车，你看，它们的样子是不是很像呢？除了不用人力骑行，大体上是差不多的。其实，摩托车就是一种懒人工具，人们给传统的自行车安装了发动机，提供动力，就成了摩托车。

因为自行车跑得太慢了，长途骑行又太辛苦了。所以，有一些机智的人就想办法加快自行车的速度。蒸汽机发明以后，1868年，法国人路易·纪尧姆·佩罗突发奇想，他把一台小型蒸汽机连接到一辆

普通自行车上，制造出"快速脚踏车"。这辆自行车的速度快极了，而且不用人力来驱动，无论你骑行多远的路，都不会感觉到疲劳。美国内战期间（1861—1865），美国发

明家西尔维斯特·罗珀制造了一辆用蒸汽作动力的汽车。不久，他把双缸蒸汽机安装在自行车上，又制成一辆"摩托车"。虽然"摩托车"的速度上来了，但是安全性却下降了，老旧的自行车零件，无法承受那么快的速度。那种简直是飞一样的速度，固然让人有了速度和激情的碰撞，可安全还是第一位的。罗珀继续进行研究，不断改进，最终"摩托车"的速度可以达到 64 千米每小时，安全上也有了保障。

1885 年，德国的戈特利布·戴姆勒和他的合作人威廉·迈巴赫，成功制造出第一辆两轮内燃机"摩托车"。他们发明了使用汽油作为燃料的化油器，在当时的自行车上添加了一台发动机。到 20 世纪初，给自行车安装发动机仍然是制造摩托车的主要方式。那么如何改进摩托车，才能够使它又快又安全呢？这为威廉·哈雷和阿瑟·戴维森等摩托车爱好者带来重大启发，并促成他们成就一项伟大的事业，即创办了今天的摩托车帝国——哈雷戴维森品牌。

哈雷戴维森摩托车

1907年，在英国马恩岛，人们开始了一系列摩托车比赛，测试车辆的速度、耐力和性能。这些比赛在现代摩托车的发展中起着关键作用，为制造商们指明改进的目标和方向，使其更加努力地不断改进摩托车，寻求更富有动力和适应性的设计，让人们骑行起来更加舒适和刺激。

现代的摩托车，大多数使用发动机驱动，靠双手把握方向，操纵前轮转向。它们轻便灵活，速度也快，有了安全保障，无论什么道路，都能前行，所以广泛用于公路巡逻、客货运输等，有时也用作体育运动器械。

如今，世界各地有多项摩托车赛事，均使用专门的摩托车参与比赛。比赛时，轰鸣的发动机，飞一般的速度，真是让人热血沸腾呢！

现代化的交通工具
——汽车

如今，汽车是目前较为普遍的道路交通工具。在安全、性能和价格等方面，汽车都有着合理的综合性价比，成为绝大多数人的私家出行不二选择。

现代汽车速度快，又安全，又省钱，给人们带来数不尽的便利。可是你知道吗？和摩托车一样，汽车的诞生也不是一帆风顺的，同样经历了一些曲折。历时多年，经过多少人的不懈努力，现代汽车才最终问世，也可以说是"千呼万唤始出来"。

蒸汽机发明以后，由于能提供一种全新的动力，所以它很快被应用在各个行业。1769 年，第一辆蒸汽动力车出现于法国。这是一辆三轮蒸汽动力车，它的动力来自蒸汽机，蒸汽装置架设在汽车前轮上，这导致这辆车整体看起来又丑又怪，而且发动时噪声非常大，行驶时速还不到 5

早期的蒸汽汽车

千米。尽管这项发明失败了，但是它却是古代交通运输与近代交通运输的分水岭，具有划时代的意义。后来，人们又不断改造蒸汽汽车，使其在结构和外观上有了极大的改变，而且速度也达到了前所未有的程度。一直到1924年，蒸汽汽车制造商——斯坦利汽车运输公司倒闭，蒸汽汽车才最终退出人们的视线。

米其林轮胎

因为最早的蒸汽汽车不太理想，所以人们一直没有停止探索的脚步。19世纪90年代，经过不断的研究，美国发明家威廉·莫里森成功地推出一款用电池驱动的电动汽车。这种汽车行驶起来十分安静，不但不会扰民，还十分容易操作，更主要的是，它不会排放出有毒气体。美中不足的是，这种电动汽车的最高时速只有32千米，而且每行驶80千米就必须进行充电。这个特点决定了人们根本不会开着它去长途旅行。

内燃机的发明使汽车工业迅速腾飞。1885年，当德国工程师卡尔·本茨和戈特利布·戴姆勒把内燃机应用在马车上时，汽车制造商们也由此找到了未来汽车的发展方向。10年后，法国橡胶制造商米其林开始销售充气汽车轮胎（压缩空气轮胎）。

福特 T 型汽车

有了汽油发动机和加压的充气轮胎，新型汽车的登场亮相已准备就绪。

这时发生了两件推动整个汽车行业发展的大事。首先，1901年，人们在美国得克萨斯州发现了大量的石油。这种丰富的资源意味着现成的廉价燃料，可以给汽车提供最好的动力。此后，兰塞姆·奥尔兹和亨利·福特经过研究，先后把流水线生产方法成功应用于汽车制造行业。生产成本的降低和汽油的便宜易得，使得汽车突然间成为一种大众化的商品，几乎人人都能负担得起。

1908年，福特T型车首次上市销售，售价825美元。经过大规模生产的完善，福特公司在1924年将其价格下调至290美元。在将近20年的时间里，福特T型车一直是市场上最畅销的汽车。

为新能源汽车充电

在车满为患的今天，人们充分认识到汽车尾气排放给生活环境带来的危害，又开始对现有的汽车进行开发，一大批新能源汽车也闪亮登场了。

汽车上的冷却高手——防冻液

早期，汽车发动机使用普通的水作为冷却剂。在炎热的夏天，水冷效果特别好。可是到了冬天，由于气温降低，水箱里的水会结冰，水结冰后体积变大，会导致水箱外壳受挤压而破裂，所以普通的水不适合用在封闭的发动机中。

汽车制造商开始向水中加入甲醇。甲醇确实降低了冷却剂的凝固点，但本身容易挥发，还会腐蚀发动机，这些特性使得它的表现也不太理想。因此人们转而使用乙二醇，这是一种有机化合物，是法国化学家夏尔-阿道夫·武尔茨在1856年首次合成的。乙二醇被添加到水中之后，不仅可以降低水的凝固点，还可以提高水的沸点。因此，乙二醇既可用作抗沸剂也可用作防冻剂。1926年，汽车制造商们开始使用乙二醇作为防冻液，这种防冻液直到今天仍被人们继续使用。

虽然使用乙二醇的效果不错，但乙二醇的毒性也很大。乙二醇的原料——乙烯是一种天然的植物激素，这使得乙二醇具有香甜的水果味道，容易诱导宠物和儿童误食而导致中毒。因此，一些防冻剂制造商特意在乙二醇中加入苦味，而其他的制造商则开始使用另一种化学物质——丙二醇。这种化合物性质非常温和，还没有毒性，人们还用它们来制造牙膏、香皂等日常生活用品。

奔驰在地下的长龙
——地铁

为了缓解日益紧张的城市交通，人们做出了许多努力，如拓宽道路、建设立交桥等。可是最管用的，要数这条奔驰在地下的"长龙"了。

19世纪早期，电力机车就已经存在于人们的生活中了，而确保电力机车运行的高压发电机，也在19世纪中期问世。因此，人们普遍认为第一条地下铁路的列车，也是由电力驱动的，实际上这是错误的，这是人们惯性思维的结果。为了缓解地面交通的压力，早在1843年，伦敦就开始提出修建地铁系统的设想，并为此积极努力和研究。直到1860年，伦敦大都会铁路开始投入建设——这时列车的动力也不是电力，而是蒸汽机车。

伦敦大都会铁路的地下隧道挖通工作，采用的是明挖回填法，过程也很简单，是沿着街道挖沟来完成的。首先在路面挖个大沟，要足够宽也足够深；再使用石头和砖块加水泥，

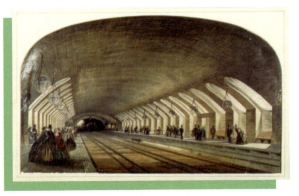

伦敦大都会铁路某站点

28

来堆砌隧道内壁；砌好后，还要在墙体上做些必要的装饰。这些程序完成以后，还要在隧道顶部砌一个拱形的房顶加以覆盖，然后在隧道上面重修道路。每隔一段距离，就根据当地的街道情况，设立一个进出站口，方便乘客上车下车。

这条地下铁路于1863年开通，运行长度将近6千米。火车车厢由一辆蒸汽动力机车头来拉动。这趟列车最初使用焦炭作为燃料，后来又改用煤炭，燃烧产生的有毒烟气则直接喷射到地下隧道中。为了排放废气，隧道每隔一段距离，还打通了一个通往地面的通风口。尽管如此，这条线路依旧相当受人们欢迎，第一年的年载客量就达到了近千万人次。

几年后，人们开始挖掘更深的地铁线路——城市与南伦敦铁路，也叫管状隧道线路。虽然在此时已经有了采用电力牵引的构思，但直到1890年，工程师们才掌握了相应的技术，专门为地下列车提供电力。于是管状隧道线路就成为世界上第一个依靠电力驱动的地铁系统。这条电力地铁长达4.8千米，任意站点间的车票价格都是2便士。

地铁由于车票价钱便宜，又能避免地面交通的拥堵，上下车也非常方便，所以深受人们喜爱。各个国家都开始发展地铁交通事业。1896 年，继伦敦之后，匈牙利首都布达佩斯也修建了一条长 4 千米的电动地铁线路。

在美国，第一条地下铁路系统的修建时间是 1895 年至 1897 年，地点在波士顿，全长 2.4 千米，采用的是有轨电车。纽约地铁的开始时间略晚，其第一条线路于 1904 年开始运营，其后发展速度非常快，目前拥有 400 多个换乘车站，单凭这一点，纽约地铁堪称世界上最大的地铁系统。

而在中国，最早出现的是北京地铁，其第一条线路于 1971 年投入运营，全长约 24 千米，这意味着中国地铁时代的开端。

作为地下的长龙，地铁有足够长的车厢，拥有足够大的旅客吞吐量，并且悄悄在地下运行，把人们送到自己想去的地方，还不影响地面上的交通，真是一项伟大的发明！

地面上的巨龙——火车

一条长长的钢铁巨龙，"呜呜呜"地吼叫着，所到之处，脚下的地面好像都跟着动起来。随后，又"哐当哐当"，冒着黑烟，奔向远方。

火车，在我们的日常生活中扮演着重要的角色，它是一种不可或缺的现代交通工具，人们又称其为铁路列车，它主要在铁路轨道上行驶，通常由多节车厢组成，如同一条巨龙奔跑在地面上，把人们带到远方。

蒸汽机发明后，有了这种便利的动力，人们纷纷开始想办法把它应用到生活中。1804年，英国的矿山技师特里维西克经过不断的研究，利用瓦特发明的蒸汽机，制造出了世界上第一台蒸汽机车，因为当时使用煤炭或木柴做燃料，在车上点火烧水，才能产生蒸汽，所以人们都叫它"火车"，这个名字一直沿用至今。虽然蒸汽机车的动力很强大，但它的速度每小时只有5—6千米，实在不如人意。到了1830年，世界

蒸汽机车

31

蒸汽火车

上第一条蒸汽客运铁路开始投入运营，极大地方便了人们的出行。当时，在英国，人们可以乘坐蒸汽火车，快速地往返于利物浦和曼彻斯特两座城市之间，路程长达48千米。同样在19世纪30年代，美国的铁路线也开始遍布整个国家。到1835年，美国已建成总长度超过1600千米的铁路。

这种最早使用蒸汽做动力的燃煤蒸汽机车存在一个严峻的问题，即它需要不断供给大量的水和煤，而自身的体积却有限，不能携带这么多的水和煤。为了解决这个问题，必须在铁路沿线设置添加煤和水的站点，还要在运营中耗费大量时间为机车添加煤和水。这些都很不利于蒸汽机车的发展，人们还在不断地进行研究。19世纪末，许多科学家转向研究电力和燃油机车。随着美国居民不断向西迁移，美国国会在1850年开始批准土地用于铁路建设。

与此同时，在美国，第一条横贯大陆的铁路开始投入建设。1869年5月，在来自欧洲的移民，以及美国内战老兵们的推动下，这项举世瞩目的大工程宣告完工。

西伯利亚大铁路

1891年，全长9000多千米的世界上最长的连续铁路——西伯利亚大铁路开始建设，并于1916年竣工，历时25年。此后，火车的轨道陆续在世界各地无限延伸，世界上多个国家都有了自己的铁路线路。

19世纪末，工程师们逐渐提高了火车的行驶速度。1893年，美国研制的"999"号蒸汽机车，是第一辆时速达到160千米的机车。20世纪20年代，柴油电力机车出现，提高了燃油的使用效率。行驶在美国芝加哥和丹佛之间的火车采用了流线型结构，这台柴油电力机车名字叫"微风号"。它创造了持续高速行驶的纪录，平均时速达到了124千米。

铁路线四通八达以后，人们又开始在提升火车的速度上做起了功课，打算和时间赛跑。20世纪中后期以来，世界上多个国家开始大力发展高速列车。例如，日本东京至盛冈的高速列车时速达到250千米以上，法国巴黎至里昂的高速列车时速达到300千米以上。而人们还在不断开发更快的列车。德国、日本等国家相继开始研发磁悬浮运输系统。这种列车悬浮于轨道之上，最高时速可达400千米—600千米，真可以说是风驰电掣。

磁悬浮列车

如今，火车以它强大的运输能力和飞一样的速度，越来越受到人们的喜爱，成为许多人长途旅行时的第一选择。

飞翔的大鸟
——飞机

有史以来，人们一直渴望能够飞上蓝天，在天空中自由自在地飞翔。中国古代的一位官员为实现这个目标，甚至付出了自己的生命。

在中国的古典文学名著中，人们充分表达了渴望探索未知世界的愿望。在《西游记》一书里，吴承恩凭借丰富的想象力，描写了地下世界、海底世界和宇宙的情形。在现实生活中，人们也在不断实现自己的梦想：飞上蓝天，遨游太空。

随着科学技术的飞速发展，早在19世纪，人们就多次使用发动机做动力，通过飞行器进行飞行试验，并一次又一次地进行改进，这推动了飞行技术的进一步发展。1903年末，美国人塞缪尔·兰利研制的飞机几乎成功地完成了飞行试验，可是，这架飞机最终坠入了波托马克河。同年，奥维尔·莱特和威尔伯·莱特两兄

莱特兄弟的飞行试验

弟研制的飞机，真正实现了人类在蓝天上成功飞行的梦想。

19世纪90年代，莱特兄弟对飞行非常着迷，并为此进行了不懈的努力。在美国俄亥俄州的代顿市，这两位自行车修理工运用他们在实践中摸索出来的技术知识，设计出了滑翔机和飞机。起初，他们建造了风洞，用于测试各种机翼设计的性能，可是，人造的风洞明显满足不了他们的需要。后来，他们特意来到美国北卡罗来纳州，在外滩群岛基蒂霍克定居，因为那里有高耸的沙丘和稳定的风力，这样的地方对他们的飞行试验有很大的帮助。

1902年秋天，莱特兄弟进行了1000多次滑翔机的飞行试验。第二年，他们制造了一架木制双翼飞机，机翼上还包着布。他们在机翼下部安装了一只轻型汽油发动机，并在机翼前部安装了两只螺旋桨，还把一个自行车式的链条结构，作为飞机的驱动装置。

1903年12月14日，莱特兄弟尝试进行飞行试验，但是飞行中飞机不幸坠毁。3天后，奥维尔驾驶改进后的飞机再次试飞，终于成功了，这次飞机飞行了12秒，飞行距离为36米。当天他们又进行了3次飞行试验，最远的一次飞行了 260 米。两年后，莱特兄弟又设计出一架飞机，这架飞机更加容易操控，单次可飞行 30 分钟以上。可惜，由于他们居住的地方过于偏僻，没有官方人员来见证这些壮举，他们的成就多年之后才得到人们的认可。

1909 年，莱特兄弟同美国陆军签订了一份合同，为其建造了第一架军用飞机。同年，法国发明家路易·布莱里奥驾驶着他的单翼飞机，飞越了英吉利海峡，全程约 38 千米——这是世界飞机历史上第一次进行国际飞行。

在中国，第一个研究飞机的人是冯如（1884—1912）。他在 1910 年制成了一架飞机，并首飞成功。冯如的壮举结束了中国无人制造飞机的历史，他也因此被誉为"中国航空之父"。

飞机飞上蓝天的结果告诉我们，只要有梦想，肯努力，就一定能离梦想越来越近。

漂在海面的鱼儿——帆船

自古以来，人们不但渴望飞上蓝天，征服天空，也渴望能深入海洋，像鱼儿一样，自由地在水中徜徉。帆船的出现，帮助人们实现了这个梦想。

人们在水上的交通工具，最早的应属独木舟，简单、原始，却能让人们在水上漂流。后来，各种各样的船只才渐渐出现。帆船是借助风力前进的船，是继舟、筏之后的一种古老的水上交通工具，已有5000多年的历史。

大约公元前3000年，古埃及人就发现，他们只要在小船上挂起船帆，就能利用风的力量来驱动船只前进。有了这个发现，人们感觉还可以获得更大的推力，于是开始使用木板来造船，取代了之前轻飘飘的芦苇船。古埃及的小船，只有一张长方形的船帆，依靠两边的水手，用力划动船桨，让船只前进。这些船只，大多十分轻便，可以自由自在地在尼

古埃及的帆船

罗河上航行。

第一批真正意义上的航海者，是克里特岛的米诺斯人，他们在公元前2500年左右，就开始乘坐一种坚固的横帆货船，航行在地中海东部。公元前500年，古希腊人建造了两桅大货船，在不到两个世纪的时间里，他们还发明出一种长达30米有4张巨型船帆的大帆船，这是当时最先进的帆船。这些大型船只，使得希腊人在后来的历史中成了伟大的航海者。

随着人们航海技术的不断成熟，制造技术的不断进步，帆船的尺寸继续增长。15世纪和16世纪，最著名的船只是大帆船，人们常用它来运载货物和作战。大帆船拥有一座高耸的船楼，3—4个桅杆，前桅杆和主桅杆上各挂有2—3张船帆。正是在这些船上，克里斯托弗·哥伦布和其他探险家们开始跨海航行，发现了一个又一个当时人们未知的地球角落，扩大了人们对地球的了解。

然而，最精致的帆船是后来才出现的。19世纪中期，庞大的快速帆船意味着航海技术达到了巅峰。在这些既漂亮又豪华的船只上，每根桅杆可以携带多达6

排船帆，每只船总共可以携带 35 张船帆，使船只获得了巨大的推动力。当然，它们是为环绕南美洲至中国的航行而建造的，船大，速度也惊人，能够在不到 100 天的时间里，完成从美国纽约至旧金山的航行。

中国水上航行的历史开始得也较早，在不同时代，人们使用的帆船也不一样，有平底的沙船、尖底的福船和广船、快速便捷的小船，还有大型战船、楼船和运粮的漕船。那时的帆船通常是单体的，也有抗风浪的双体船。这些帆船，主要靠帆具借助风力航行，在没有风力可助的时候，也要依靠桨、橹和篙来推动船只前进。

随着帆船制造技术的进步，帆船比赛也开始受到人们喜爱。人类历史上第一次帆船比赛，就是"美洲杯"帆船比赛，在 1851 年举行，冠军获得者是一只双桅纵帆船"美洲号"。

如今，驾驶帆船已经发展成一种娱乐性活动，而举办帆船竞赛的习惯也一直延续下来，深受帆船爱好者的喜爱。

3 运动健身

　　中国人常说，身体是革命的本钱。我们在积极探索未知世界的时候，最重要的前提就是拥有强健的体魄。在日常的体育锻炼中，人们常常会借助各式运动健身器材。通过这些器材，人们可以掌握自身的运动状况，有选择地锻炼身体部位，达到强身健体的目的，同时也能享受到运动的乐趣。

　　静止便是死亡，只有运动才能敲开永生的大门。
　　　　　　　　　——泰戈尔（印度作家、诗人、社会活动家，1861—1941）

智能的
计步器

如今，不论我们走到哪，手机上的计步功能总是能"忠诚"地记录下我们的步伐。不过，若想追求更高的精度，还需要一种专门的仪器。

计步器是当下人们经常使用的一种工具，因为它能自动统计步数，算出每天走过的距离，测算人们每天消耗了多少卡路里或热量，用来精准掌握每天的运动量，防止运动量不足或运动过量。

很早以前，历史上的一些伟大人物就曾尝试发明一件能够计算步数的奇妙装置。15世纪，由于想要记录士兵一天里行进多少路程，达·芬奇勾勒出了计数设备的草图。还有一些人认为，18世纪的瑞士制表师研究发明的动作感应计时器，就是计步器的先驱。最有趣的是，美国的一位总统托马斯·杰斐逊，曾成功地研制出一台计步器并进行推广，但是他没有为这项设计申请专利。

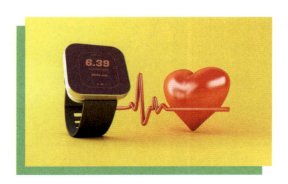

1965年，日本的吉城旗野博士，首先提出了"日行万步"的概念，告诉人们要平衡热量摄入量，保持健康的

体重。随后，他又研发出一种"万步计"，广受日本人民的喜爱。这种计步器利用一个小铅球摆锤来记录步数。虽然能够精准计算人们每天行走的步数，但是使用这种计步器时，人们必须竖直拿着它，才能正常计数。如果人们走路时，这个计步器倾斜了，那它就没办法使用了。这种古老的计步器，被人们叫作"二维计步器"。

当前市场上的主流计步器都是三维电子计步器。三维意味着这种计步器能够全方位感受人体震动，这样就方便了人们的使用。也就是人们不需要再垂直地佩戴它，只要带在身边口袋中或者手提包内，就可以计步。使用更为先进的电子传感器，计步更精准，计步器的体积更小。一些高级的三维计步器还有许多额外的功能，比如秒表、收音机、音乐播放器、手电筒等。人们在散步的时候，还能精准地计算时间，听音乐，让走步成为一种乐趣。

运动手环

现在，最先进的设备是手表计步器，就是把三维计步器的芯片整合在手表中。这样，人们就可以通过佩戴计步器手表来计算步数，还能同时监测跑步速度、跑步距离、热量消耗等数据。这种计步器，还有手表的功能，如日历、闹钟、秒表、计时等。最新的计步器手表还集合了全球定位功能，特别适合老年人佩戴，能让子女知道老人的位置。这款计步器手表还有紧急呼救功能，老人能用它进行紧急呼救。此外，这种专门为老年人设计的手表，还有防跌倒、吃药提醒功能，更加人性化。

现代计步器的工作原理是使用先进的传感器跟踪步数，精确度更高，误差更小。计步器还可以与计算机同步，跟踪各种指标，如你的运动强度，你是否在爬楼梯等。人们甚至可以用它来监督亲人朋友的步数，即使身在远方，也能实现实时"监控"，来鼓励自己的亲朋好友坚持锻炼。

有的计步器拥有收音机的功能。人们可以一边走路计步，一边收听音乐和广播，既愉悦了身体，又放松了心灵，一举两得。

秤
的精准进化之路

"经常称体重的人很了解自己。而了解自己的人生活得更好。"这是曾流传在欧洲大街小巷的广告语。因此,我们需要一个准确的秤,帮助我们监控自己的体重。

在人类的历史中,人们很早就开始使用秤来称量物体的重量,通过固定的配重,来确定物体的相对重量。为了使计算结果保持一致,配重必须是统一、可预测的,因此古人用小麦等标准农作物的种子作配重。有趣的是,由于使用角豆树(carob)的种子作配重而衍生出来的"克拉"(carat)这个词,我们今天还用它作单位来标记宝石的重量。通过相对重量系统能够有效地确定物体的重量,但这种方式也很容易产生欺诈行为。即便如此,天平也依旧被看作是公平的象征。在古埃及和古希腊神话传说中,正义女神手握天平,以表明人们对公平正义的追求。

公元前400年左右,人们发明了一种叫"Bismar"

古希腊神话中的正义女神忒弥斯

的称重装置，它是一种不等臂秤，具有了现代秤的模样。这种不等臂秤包括一个木杆即秤杆，秤杆悬挂在可自由移动的枢轴上。秤杆的一端有一个固定的重物，起到配重的作用；另一端有钩子，用来悬挂物体。把货物挂在钩子上，沿着秤杆滑动枢轴，直到两侧平衡，这样，就可以测出货物的重量。然而，古希腊哲学家亚里士多德却看不上这个东西，认为这种装置称量的结果既不准确又不公平。但它在接下来的1000年间，仍然很受欢迎，并且一直在使用着。在欧洲，人们采用的配重单位是石头，这可以追溯到很久以前，但是石头的重量变化很大，因此导致称量的结果也并不准确。直到14世纪，英国国王爱德华三世确定配重为14英磅（约6.3千克）。意大利自然科学家达·芬奇为了统一一个称量的标准，曾设想着制造一种自动指示秤，但是没有成功。

直到18世纪初第一台弹簧秤出现之前，人们一直在使用天平秤。19世纪40年代，出现了高精度的烛台弹簧秤，可以通过测量弹簧的张力或压力，来计算物体的重量。这种操作简单、结果又准确的秤，对于经常要为小件物体称重的人来说，非常省事。邮政行业的工作人员工作起来变得更加容易了。于是，公共弹簧秤也开始在欧洲流行起来了。

20世纪，随着电子秤的出现，各类机械秤逐渐退出历史的舞台。今天，我们使用的秤通常是电子秤。最神奇的是，有些电子秤还可以连接互联网，提供高精度的结果，人们对物体进行称重时再也不需要钩子或石头了。

中国汉墓出土的文物中有各种规格的杆秤砣，这说明早在公元前200年，中国可能就已有各式杆秤了。1989年，在中国陕西眉县常兴镇尧上村，人们在一座汉代单窑砖墓中，发现了完整的木质杆秤遗物，其制作时间约在公元前1世纪和公元1世纪之间。

为了准确计量物体的重量，人们充分发挥才智，发明了各式各样的秤，这也体现了人们对公平公正的不懈追求。

安全的跑步仪器
——椭圆机

跑步可以说是最流行的锻炼方式了，但不当的跑步方式，也会对身体造成损伤。这时，椭圆机来了。

　　远古时代，人们并不需要健身。因为在那个时候，生活本身就是一种"健身"：人们时时刻刻要忙着保护自己，免遭野兽袭击，和动物搏斗也是不可避免的。人们还要用很长的时间来捕捉猎物、采集食物，从来不用担心身材变形的问题。但是随着社会生产力的提高，人们不用每天都参加生产劳动了，有了大量的时间，于是开始久坐，运动量也变少了。为了便于人们更好地锻炼身体，各种各样的健身器材涌现出来，帮助人们在运动出汗中保持身体健康。

　　早在古埃及和古罗马时期，人们就很注重健身，不过那时候主要是全职运动员和备战的士兵们在健身。19世纪，美国开启了全民健身计划，但健身器材仍然很稀少。少数现今还存在的健身装

Gymnasticon 健身机器

置，以座椅和滑轮为显著特征，如1796年发明的名为"Gymnasticon"的机器，训练时看起来更像是在接受"酷刑"。

跑步机发明于1818年，目的是为了惩罚犯人，一直沿用下来。到了1898年，跑步机被禁止用作惩罚工具。1952年，美国心脏病专家罗伯特·A.布鲁斯开始使用跑步机进行人体压力测试。不久之后，跑步机被推向健身市场，伴随着美国不断壮大的健身热潮，跑步机变得非常畅销。

直到20世纪90年代，椭圆机才出现，因为它的脚踏板是沿椭圆形轨迹运动的，所以叫椭圆机。椭圆机又叫太空漫步机，作为一种主要用来锻炼心肺功能的机器，它的效果非常好，所以它受到许多健身爱好者和专业健身人士的喜爱。椭圆机上拥有一定的斜坡设计，能自行调节阻力抵抗，还有编排好的运动模式，专门对下肢某组织肌肉进行锻炼。凭借这些优点，它成为专业健身房里必不可少的配置，也是家庭起居室里常见的运动器械。尽管不同类型的椭圆机在质量和运动舒适程度上存在一定的差别，但这种机器毫无疑问是锻炼者进行心肺功能锻炼的得力助手。

椭圆机的诞生，源于人们对低冲击力锻炼的追求，它是一种对人体关节伤害较小的装置。而且相比于跑步机，椭圆机使用者不容易摔下来，安全性更高。因此，椭圆机成为跑步机的替代品，迅速流行起来。

椭圆机最大的特点就是运用它锻炼时，人体承重的膝关节不会受到压迫。在椭圆机上锻炼不仅能预防、缓解颈椎病、肩周炎和上背部

的疼痛，而且能避免跑步时所产生的冲击力，更好地保护关节，从而具备更好的安全系数。椭圆机还能增强腰部肌肉的耐力和力量，对臀部、大腿、侧腰及小腹部进行针对性训练，达到塑身的效果。

　　跑步作为一种有氧运动，受到人们的喜爱。那么今天，你跑步了吗？

一天要喝多少水？

　　人们曾一直提倡的"每天8杯水"现在已经落伍了。因为人们越来越认识到，虽然多喝水确实有好处，但并不是越多越好。喝水的多少取决于我们居住的环境、锻炼的程度，以及体重的高低。除此之外，水分也可以有多种来源：咖啡、果汁等饮料，以及含水量高的食物，都可以满足我们的需求。

健步如飞的
直排轮滑鞋

穿着直排轮滑鞋的时候，就好像踩着哪吒的"风火轮"。那与风赛跑的样子，潇洒极了。

　　轮滑，作为一种陆地上的运动，和滑冰一样紧张、刺激，一年四季都可以进行。而轮滑，是必须借助轮滑鞋的。

　　第一个发明轮滑鞋的人是比利时发明家约翰·梅林，这是有据可考的。18世纪60年代的某天，梅林做了一个大胆的选择，那就是穿着一双精心定制的轮滑鞋，去参加伦敦的一场时髦化装舞会。然而，这双新奇的轮滑鞋却并没有让他成为舞会中的"明星"。因为事实证明，他也许是一个伟大的发明家，却并不是一名优秀的轮滑运动员。在滑行中，他没有控制好自己的身体，撞到了一面镜子上，还受了伤。

　　1819年，法国人曼西尔·彼提博制造了第一

老式木制轮滑鞋

双真正意义上的直排轮滑鞋。这双鞋包括木质的鞋底，皮革做成的带子，还有3个由金属、木头和象牙制成的轮子。之后，人们也设计了许多轮式溜冰鞋，所有的轮子都采取的是某种形式的直排设计，而且都很难操控。踩着它们滑行时，直线前进的难度不大，但是要想转向或者停下来，就非常困难了。

直到19世纪60年代，美国人詹姆斯·普林顿才发明了一种可以随意转弯的"四轮"轮滑鞋，在轮滑界引起了很大的震动。20世纪，直排轮滑鞋有了新进展，人们找到了让使用者能在轮子上平稳活动的方法。1979年，美国冰上曲棍球运动员斯科特·奥尔森改造了轮滑鞋，用来做休赛期的训练。他还为此创立了一家公司，即后来的罗勒布雷德（Rollerblade）公司，专门生产可以灵活移动并能制动的直排轮滑鞋，在他的带领下，轮滑这项新奇的运动也最终转变成一种流行运动。由此，直排轮滑的迅速发展期开始了，各类赛事也相继出现了，轮滑成为世界流行的一项运动，并因为其特有的惊险刺激，成为极限运动的一员，与滑板、特技单车一起成为极限运动会的项目。

由于轮滑是一项很危险的运动方式，在比赛中，所有运动员都要佩戴头盔，用来保护头部，还要用保护软垫，包括护腕、巨型护膝和护肘。特技直排轮滑运动员们穿着的护膝和护肘比一般休闲人士所用的大。

　　轮滑运动虽然刺激有趣，但是运动时，一定要戴好护具，避免自己受到伤害。

抓举力量的体现 ——壶铃

体育锻炼的形式多种多样，可采用的器材也是五花八门，其中有一种容易被人们忽视却对训练爆发力非常有效的器材，那就是壶铃。

提起杠铃这种健身器材，大家都不陌生，然而，还有一种壶铃，也是一种非常好用的健身器材。壶铃的使用历史悠久，可以追溯至古希腊时代。那时，在公共运动场，人们经常举起这种球状的重物来锻炼身体。壶铃成为一种全民健身锻炼工具，开始于18世纪初，源自俄国。这种茶壶形的设备，最初被用作称量谷物的配重，就相当于今天的秤砣。但在农闲时期，人们发现它还可以用来锻炼身体，通过抓举显示自身的强壮。没过多久，人们就开始在各类节假日欢庆市集上，通过抓举壶铃显示自己的力量。

19世纪后期，俄国医生弗拉季斯

拉夫·克拉耶夫斯基前往欧洲各地，调研人们运动健身的方法。回国后，他正式引入了壶铃和杠铃等，当成常规锻炼项目。

这项运动在俄国受到人们的极大推崇，克拉耶夫斯基被称为俄国举重之父。壶铃拥有一种神奇的力量，现在已经风靡全世界，俨然已经成为一代健身神器。在全世界范围内，健身爱好者都会通过举重，设定健身目标；在美国，几乎每家健身房都有各种重量的壶铃。但是在中国国内，壶铃运用得还比较少。

壶铃一般用铸铁制成，按重量分别有10千克、15千克、20千克、25千克、30千克、50千克等规格。中国古时候，民间也有外形似锁状的石锁，用法与壶铃大致相同。

用壶铃进行健身锻炼时，可以做推、举、提、抛和蹲跳等各种练习。壶铃训练与哑铃、杠铃训练的不同之处在于，壶铃对于全面提高整体的爆发力更加有效，因此壶铃与石锁自诞生以来便受到格斗士和武术家的喜爱。

另外，壶铃训练需要高度地集中精力，并时刻感觉自己的身体状况。如果在使用壶铃时，因不专心而失去了对身体感觉的判断，会很快受到惩罚。也许我们看到过很多人在跑步机上看着电视，或望向天际做着白日梦，但在使用壶铃时，千万要集中注意力，否则，很可能会受到伤害哟！

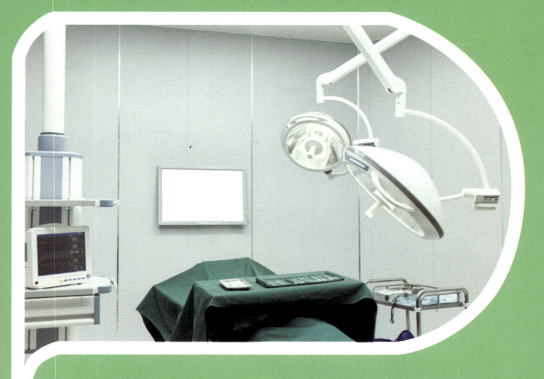

4 诊断治疗

　　医疗设备的出现和广泛使用，为治疗人们身体的疑难杂症提供了很大的帮助。现代的医疗设备可以自动完成医生自身无法做到的事情，比如分析一滴血液的成分、扫描患者的身体并创建身体内部的三维图像、为患者的心脏起搏等。这些现代的"救生员"经历了漫长时间的检验才取代了望、闻、问、切等传统诊断方式，自此，医生们无须再花费大量的时间去猜测和诊断了。这一章中所出现的医疗设备代表了重大的医学突破，也展现了拒绝向疾病屈服的医生和患者们的聪明才智。

医术是一切技术中最美和最高尚的。
——希波克拉底（古希腊医师、西方医学奠基人，约前 460—前 377）

知冷知热的
温度计

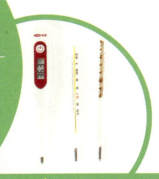

人体温度的变化能说明一个人是不是健康，可传统的测温方式，并不能准确显示人们体表温度的变化，于是人们开始用温度计来帮忙。

　　早在 16 世纪，科学家们就注意到，液体或气体的体积变化是由其本身温度的持续变化而引起的。为了精确测量这些变化，科学家发明了温度计，其中最简单的一种温度计是一根玻璃管，玻璃管的一端伸入一瓶水中。温度升高时，管子里的空气受热膨胀，迫使水柱下降。根据这一原理，1600 年左右，伽利略发明了一种用水作为液体变量的温度计。伽利略制作的第一只温度计是一根一端敞口的玻璃管，另一端带有核桃大的玻璃泡。使用时先给玻璃泡加热，然后把玻璃管插入水中。随着温度的变化，玻璃管中的水面就会上下移动，根据移动的多少，就可以判定温

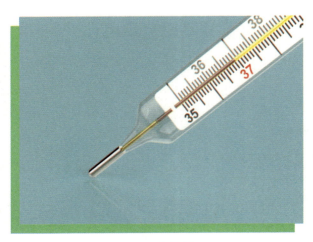

医用体温计

度的变化和温度的高低。这种温度计受外界大气压强等环境因素的影响较大，因而测量误差较大，而且是开口的，不方便携带。之后，温度计的形式发生变化，测量结果也越来越准确。

1641 年，托斯卡纳大公发明了带有酒精和度数标记的密封温度计。1664 年，英国科学家罗伯特·胡克设计了一种以零为起点的温度计。

1714年，德国物理学家加布里尔·华伦海特发明了水银温度计，这是一种较为可靠的温度计。华伦海特还设计了华氏温标，其单位符号为"$°F$"，世界上部分地区今天仍在使用这种温标。华伦海特把水的凝固点设定为 $32°F$（$0℃$），将标准大气压下水的沸点设置为 $212°F$（$100℃$）。他还观察到，随着大气压力的降低（如在高海拔地区，大气压力变小），水的沸点也会降低。

在水的凝固点和沸点之间校准 $180°F$ 的温度计，对于许多科学研究来说都具有一定意义，但是对于不搞科学研究的人来说却有些困难。1742 年，瑞典天文学家安德斯·摄尔修斯，提出了摄氏度的计量方式，其单位符号为"$℃$"。这是一种确切到 100 个等度数的计量方式，其中 0℃表示水的凝固点温度，100℃表示水的沸点温度。18 世纪末期，法国采用了新的摄氏温标。20 世纪 40 年代，科学界采用摄氏温度作为国际公制度量单位。

在《西游记》中，唐僧师徒西天取经曾途经火焰山，被熊熊大火阻挡了去路。而在中国的新疆吐鲁番，有一个火焰山，那里夏季最高气温高达 47.8℃，地表最高温度高达 89℃。火焰山景区内有一根高高伫立着的巨大的温度计。这根立体造型温度计落成于 2004 年 8 月 16 日，名叫"金箍棒"，是火焰山景区内甚为有名的一个景点。巨型温度计直径 0.65 米，高 12 米，温度显示高 5.4 米，可以实测 100℃以内的地表温度、空气温度，误差不超过 ±0.5℃。

不过，这么大的温度计，使用时观察温度指示，会有一定的难度哟。还是我们使用的小型体温计好，使用方便，随时随地可以给自己测量一下。

"金箍棒"立体温度计

拥有爵位的科学家——开尔文勋爵

　　威廉·汤姆森（1824—1907），又叫开尔文勋爵，是19世纪英国最具活力和才华的科学家之一。开尔文勋爵在1848年引入了一种新的温标计量方法，其单位为开尔文（符号为"K"），人们也称其为开氏温度。在这个方法中，标度以绝对零度（即0K）开始，绝对零度是物质的原子在没有热量或能量作用时的原始温度，是理论上温度的下限值。即使在使用磁力形成的固定空间中，甚至是近乎完美的真空中，人们也从未完全达到过这个低至零下273.15℃的理论温度。作为一名工程师和物理学家，开尔文勋爵一生发表了600多篇论文，获得了70余项发明专利。1866年，在开尔文勋爵的设计和监督下，第一条横跨大西洋的电缆成功铺设。同年，因为他出色的表现和杰出的才能，英国维多利亚女王册封他为爵士。1892年，他被封为苏格兰拉格斯的开尔文男爵，即开尔文勋爵。

听诊器：
聆听心脏的声音

穿着白大褂、脖子上总是挂着一只听诊器的医生们，到底能够从听筒中听到什么声音呢？

时至今日，听诊器仍然是诊断心血管疾病的最有用工具之一，同时它还可以为诊断肠道、静脉和动脉等疾病提供必要的信息。

直到19世纪早期，医生要对病人的心脏或肺部进行听诊，唯一的方法还是将一只耳朵紧紧贴在病人的胸部或背部，才能听出一个人的心脏和肺部是否正常。这种方法，对医生的听力具有一定的挑战性，结果也难免会有误差。1816年的某天，胸科医学之父、法国内科医生何内·希欧斐列·海辛特·雷奈克（1781—1826），准备像往常一样，为一位体态丰满的年轻女子做检查。不知什么原因，雷奈克有些踌躇，也许是感到尴尬，也许只是担心常规的听诊方法无法得出准确的结果。雷奈克灵机一动，马上叫人找来

雷奈克医生

一张厚纸，将纸紧紧地卷成一个圆筒，一头按在该女士心脏的部位，另一头贴在自己的耳朵上。果然，这位女士心脏跳动的声音清晰地传来，连其中轻微的杂音都被雷奈克医生听得一清二楚。他高兴极了，告诉那位女士她的病情已经确诊，并且一会儿可以开好药方。"通过这种方法听到的心脏跳动的声音，比直接把耳朵贴在胸口时听到的声音要清楚得多，这让我又惊又喜。"雷奈克后来说道。

接下来的 3 年时间里，雷奈克设计并制造出一种木质管状听诊器，那是一根长约 30 厘米的空心木管。因为这种听诊器样子像笛子，所以被称为"医生的笛子"。雷奈克由此发明了木质听诊用具——一种中空的直管。雷奈克将之命名为听诊器。后来，雷奈克又做了许多实验，最后确定，用喇叭形的象牙管，再接上橡皮管，做成单耳听诊器，效果更好。有了听诊器的帮助，雷奈克如虎添翼，诊断出许多不同的胸腔疾病，他也被后人尊为"胸腔医学之父"。1819 年，雷奈克出版了《论间接听诊》（*De L'auscultation Mediate*）一书，其中收录了他一

生中具有极大影响力的研究成果。1822 年，雷奈克被聘请为法兰西公学院教授。次年，他成为巴黎慈善医院的一名医生。不幸的是，雷奈克在 45 岁那年患结核病去世，他在生前一直致力于结核病的研究，而且是结核病方面的专家。

雷奈克设计制造出第一只听诊器之后，各式各样的单耳听诊器陆续问世。到了 1850 年，人们发明出双耳听诊器。这种听诊器带有两根通向耳朵的橡胶管，它就是现代听诊器的雏形。第一副组合听诊器出现于 1902 年，它具备钟形接触件和隔膜接触件，可以接收高音和低音。

如今，听诊器的功能越来越强大，不但能清清楚楚地听见患者心脏和肺部的声音，还能把它们记录下来，并且能把声音放大来听，也可以回放，使用起来更加便利了。

X 光片：
打开身体的门

一张黑黑的照片，看上去丑丑的，却能反映出人们身体里的秘密，它就是 X 光片。

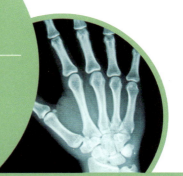

在人类的历史上，X光的发现纯属偶然。1895年，德国物理学家伦琴（1845—1923）和往常一样开始自己的实验。他在阴极射线管中进行电流实验时，发现了一个奇怪的现象——不知道什么原因，房间中的荧光化学物质，开始闪闪发光。一定是在电子管中形成的电子，以某种方式穿过房间，与化学物质发生了反应，这才发出光亮。此外，他还发现，这些电子穿透力特别强，不仅可以穿过玻璃，还可以穿过木材、纸张、铝金属和其他材料。伦琴不想给不完全了解的事物起名字，因此干脆称其为"X射线"。因为在他看来，这种射线

德国物理学家伦琴

还是属于未知的事物，就用了一个非常普通的表示未知的"X"来表示。这种辐射看上去和光不同，可惜的是，伦琴一开始并没有意识到它属于电磁波谱。

难道在可见光之外还有别的光存在？后来，伦琴对这一现象做了仔细研究。经过反复实验，他发现是光导管中无意产生的一种不可见光。他又经过了多次实验，发现了这种光束能穿透金属以外的物体。这种光的特点可以广泛运用于各个方面，并为后来发现红、紫外线等不可见光奠定了基础。1864年，人们仅只是在理论上提出了电磁波谱的存在，直到19世纪80年代末期，人们才发现了无线电波。无线电波的波长最长，其次是红外线、可见光和紫外线。接下来才是X射线，它的波长比紫外线更短。

（伽马射线是波长最短的射线，发现于1900年，至此电磁波谱才算完整）和所有其他电磁能量或辐射一样，X射线是自然生成的，来自太阳，很大一部分辐射能量都被地球外围厚厚的大气层阻挡住了，所以，自然界的X射线很少。

伦琴的发现具有重大的意义，因为这说明 X 射线可以人工制造，而且用途十分广泛，如用于医学治疗。当医生需要检查患者的体内情况时，无须再剖开患者的身体，X射线可以穿过人的身体，进行体内投影，即我们所说的拍摄X光片，从而方便分析病情。

　　X射线的发现，当时完全是无意的，可对医学的贡献却是重大的。

CT 扫描仪：
洞察身体的秘密

CT 扫描仪比起 X 射线，又有了什么进步？

1895 年，伦琴发现了 X 射线，因此具备了观察生物体内结构的能力。然而，由于黑白 X 射线的照片主要是阴影，我们还不能通过灰色的阴影图像，对人体鲜活而复杂的内部情况做出准确的描述。因为，X 射线用于观察肌肉等软组织，基本没有一点儿效果，甚至在骨骼和牙齿等固体结构的成像上，也有很多不足之处。为此，人们一直在寻找一种仪器，能同时对骨骼和肌肉起作用，用来更好地观察人身体内部的结构。

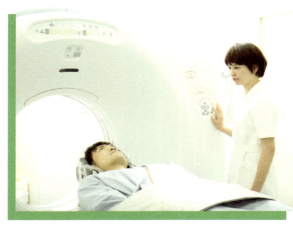

计算机体层成像技术（CT）的诞生，实现了人类的这一梦想，它弥补了 X 光片的不足，让人们真正用眼睛看见身体里的秘密。20 世纪 60 年代，英国第一台商用电脑的负责

人戈弗雷·豪恩斯弗尔德，在寻找CT技术的新用途时，发明了CT扫描仪。豪恩斯弗尔德研发了以下的技术手段：使用物体的多个投影，来构建三维图像。豪恩斯弗尔德发明的CT原型机，实际上就是这样工作的，它制作大脑薄片的图像，然后将这些图像嵌合为三维模型。因为很难得到完整的人类大脑用来实验，所以豪恩斯弗尔德的团队还曾从当地的屠夫那里采购了牛的大脑，进行观察实验和研究。

豪恩斯弗尔德发明了最初的CT扫描仪，这一消息引起科技界的极大震动，CT扫描仪的研制成功被誉为自伦琴发现X射线以后，放射诊断学上最重要的成就。因此，豪恩斯弗尔德于1979年被授予诺贝尔生理学或医学奖。而今，CT技术已广泛运用于医疗诊断上。

但是，最早期的CT扫描仪的速度太慢了，慢到完成单次扫描需要连续运行9天。然而，技术总在不断进步。到了1971年，医生扫描女性患者的头部寻找可疑的肿瘤时，每次扫描只需5分钟。

今天，CT扫描仪可以在约0.3秒内完成图像切片数据的处理。

除颤器：
让心脏重新跳动

你是否在电视剧中见过这样的画面：医生用电极板按压心脏急症患者的胸部，并大喊："加电！"医生手中这一救命的设备，到底是什么呢？

自动体外除颤器，可以使患者的心跳再次恢复正常，这就像给了心脏一个推动力，让它重新起搏；或者说它是一个救命的"火花"，点燃人们生的希望之火。

经过了大量的反复实验，除颤器设备才演变成今天这样完美的形式。早在1775年，丹麦医生彼得·克里斯蒂安·阿比尔高就发现，让鸡的全身通过一定强度的电流，可以让鸡的心脏停止跳动，也可以让鸡的心脏恢复跳动。19世纪40年代，科学家发现，让电流通过狗的全身，可以引起狗的心脏心室颤动或心肌收缩异常，但是施加一定量的电荷，也可以逆转这一过程。

到了20世纪，研究人员已经能制造出具有足够安全性的一种机器，可以

通过电流让心脏重新跳动起来，并且应用于人类。1947年，美国心脏外科医生克劳德·S.贝克，在为一名14岁的男孩做手术时，这个男孩在手术过程中心脏骤停。贝克马上使用了一台自行设计的除颤器，帮助男孩恢复心跳，挽救了男孩的生命。

直到20世纪60年代，便携式的外部除颤器才被发明出来，可以在医院外面使用。现在，许多除颤器都具备语音功能，可引导用户自己操作，完成整个过程。因此在语音提示下，几乎人人都可以操作该设备。现在的除颤器包括体内除颤器和体外除颤器。体内除颤器是把电极放置在胸腔内，直接接触心肌进行除颤。早期的体内除颤器结构简单，主要用于开胸心脏手术时，直接对心肌电击。现代的体内除颤器是埋藏式的，其结构和功能与早期除颤器大不相同，除了能够自动除颤外，还能自动进行监护，判断心律是否失常，并且会自动选择疗法进行治疗。体外除颤器是把电极放在胸外，间接进行除颤，目前临床使用的除颤器，大都属于这一类型。

除颤器是目前临床上广泛使用的抢救设备之一。它将脉冲电流作用于心脏，实施电击治疗，消除心律失常，使心脏恢复窦性心律。它具有效果好、作用快、操作简便，以及与药物相比更为安全等优点，深受医生和患者的信任，也是病患生命希望的寄托。

有了除颤器，就可以随时随地对陷入危情的患者实施紧急救治，让人们的心脏重新跳动起来。

精密强大的
激光刀

电影中强大的激光刀武器是否曾给你留下很深的印象？一束强光就能在无形中把敌人消灭。现实中当然是不存在这种武器的，但是激光刀确有其物。

激光刀作为一种高精度的手术仪器，被广泛用在医疗领域之中。

医生们很重视激光仪器的使用效果：它可以产生高强度的汇聚光束，像最锐利的手术刀一样切割人体组织，刀口小到不能再小，并且不会引起患者的大出血。1960年，美国物理学家西奥多·梅曼发明了第一台激光仪器，当时，许多人开玩笑说它是"自找麻烦的麻烦平息者。"因为早期的激光设备不够稳定，而且发出来的激光也不易操控。尽管这种仪器听起来像科幻小说里描述的那样具有吸引力，却没有立即得到应用。

科学界可能没有预料到，这种高科技设备第一次在医疗领域的成功应用，不是在身体内部，而是用

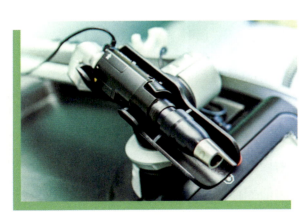

医疗美容用激光设备

来去除文身。1963 年，皮肤科医生利昂·戈德曼表示，他使用激光束成功去除了文身。之后一年之内，眼科医生也开始使用激光束进行疾病治疗，以阻止视网膜中异常血管的扩张。

如今，激光仪器被广泛应用于医学各领域。通过光纤射出的激光，可以替代手术刀，切除肿瘤或癌变部位。激光手术刀在眼科和皮肤科手术中，也起到了中流砥柱的作用，去除葡萄酒色的胎记，缝合分离的视网膜，都离不开它。

最常见的一种激光手术是准分子激光原地角膜消除术，目的是重塑角膜、矫正视力。切开角膜瓣后，医生用冷紫外激光切除组织，直到把眼球视力矫正到预想的程度。每个激光脉冲可以去除的组织，最薄的只有四万分之一厘米，任何一把手术刀都不可能达到这样的精度。

激光具有能量高度集中的特点，因此激光束可作为外科手术刀，也就是人们通常所说的激光刀。激光可以通过自由弯曲的玻璃纤维或塑料纤维传输，在端部透镜的作用下，变成直径只有几亿分之一厘米的"尖锐"光束。这样的"刀"，非常锋利，所到之处，不管是皮肤、肌肉还是骨头，都会"迎刃而解"。激光刀已在医学的各个领域，得到日益广泛的应用。

随着科学技术的不断发展，激光刀的作用也会越来越大，为人类造福。

5 医疗辅助

　　人类自诞生以来，就在不停地与外界环境作斗争，同时还要对抗身体疾病带来的困扰。古时候，如果身体遭受重大创伤，如牙齿掉落，失去血液，乃至失去四肢时，人们往往逆来顺受、束手无策。而到了现代，得益于科学技术的发展，人们的选择越来越多，生命的质量也得到了显著的提高。

医生，应该献身于维护人民健康的事业。
　　——白求恩（国际主义战士、加拿大共产党员、胸外科医师，1890—1939）

拐杖：
人的第二双腿

当人的双腿和双脚受到伤害，无法正常行走时，多么希望有一样东西能帮助他们重新站起来、正常行走呀。这种最简易的工具，就是拐杖。

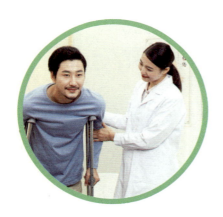

拐杖是一种重要的医疗康复辅助用具，根据使用需求不同，它又分为手杖、肘杖和腋杖。腋杖就是我们最为常见的一种拐杖，是下肢重度残疾者的必需品，甚至有些残疾人不得不终身使用拐杖辅助行走。

自远古时代以来，当人类从树上转移到地面上，开始直立行走、蹒跚学步时，当某个不知名的"发明家"拿起一根树枝，寻求步行的支撑时，"拐杖"便开始以某种形式存在了。经过现代

古埃及壁画

化的改进，如今的拐杖使用起来更便捷，也让人体更舒适。从公元前2830年左右的古埃及雕刻中，我们可以看到当时人们所使用的拐杖的式样，而且时至今日，拐杖的设计似乎没有太大变化。

1917年，机械工程师埃米尔·施利克申请了专利，第一批作为商业产品的拐杖诞生了。这批拐杖看起来就像带有上臂支撑的手杖。在此之前，人们要想使用拐杖，都必须事先定制。长久以来，人们一直在使用木制的"T"形拐杖，这也是大家所熟悉的，但是使用这种拐杖会阻碍手臂下的血液循环，不利于长期使用。为了更有利于人们使用，制造商最终把"T"形改为弓形设计。

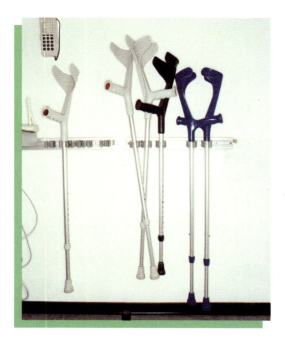

20世纪40年代，A. R. 洛夫斯特兰德设计了一种新型拐杖。这种拐杖由铝材料制成，轻巧而坚固，具有柔软的握把和防滑的底端。它的高度是可调节的，这是拐杖设计中的重大改进。不过，就算是再好的拐杖，用起来也绝对不会是一种享受。

与时俱进的
轮椅

对于失去腿部行动能力的人来说，移动身体是一件非常费劲儿的事。轮椅的出现，满足了人们的需求，让人们可以自由行动。

　　现代的轮椅是一种装有轮子、可以帮助患者替代行走的椅子，主要用来给腿脚不便的人使用。有了轮椅，有需要的人们不仅可以借此自由行动，还可以进行身体锻炼，参与社交活动呢。

　　其实，轮椅在古代就已经出现了，只不过用处不大。这是因为几千年来，残疾人的出行需求从来没有被优先考虑过。当历史上一些著名的人物开始使用轮椅来代步时，这种装置才有了进步和发展的机会。

欧洲旧式轮椅

西班牙国王费利佩二世有一个专用的斜倚的"病人用椅子"，法国国王路易十四在手术后只能使用轮椅，因为他无法行走。欧洲王室成员对轮椅的热衷，让人们开始接受轮椅。但是在那时候，轮椅还没发展成一种商品，并不是随处可得的，使用时需要预先定制。

18世纪中叶，英国制造了"巴斯轮椅"，一种专门为女士和行动不便的人制作的工具，它有两个大后轮和一个较小的前轮，坐在轮椅上的人可以用舵柄操纵轮椅。1869年，美国出现了第一个轮椅专利。直到1932年，美国出现了第一辆可折叠的轮椅。这辆轮椅是由哈罗德·詹宁斯和赫伯特·埃弗里斯特为一位残疾人朋友发明的。由于这位朋友不能把庞大的轮椅装进汽车，所以他们为他发明了可折叠的轮椅。

随着战后商业的发展，轮椅变得更便宜，技术也更先进，还出现了电动轮椅，让需要轮椅的人生活得更加便利。

人造血液：
给身体加加油

水是万物生命之源。血液，也是人体必需的一种液体，必须充足供应。当人体的造血功能不能支持身体需要时，就需要补充人造血液。

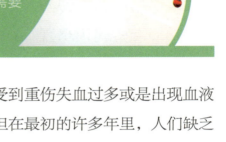

血液是人类赖以生存的根本。当人受到重伤失血过多或是出现血液疾病时，往往需要通过输血进行治疗。但在最初的许多年里，人们缺乏对血液成分的认识，也不是十分了解血液的特点。所以，使用了许多不符合标准的血液替代品，这种错误的做法夺去了很多人的生命。

为了给病人补充血液，人们做了许多努力和探索。1878年，美国妇科医生西奥多·盖拉德·托马斯发表了一篇论文，阐述了他用牛奶作为血液替代品的成功试验。他同时给3名患者的血液中输入了牛奶，

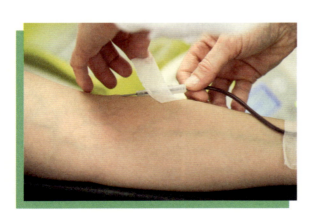

结果有两名死亡，一名存活，但托马斯认为患者的死亡和输血无关。他还说，只要牛奶是新鲜的，输血就是安全的。

虽说事实绝非如此，但在面临患者失血这个古老

问题上，像这种过分乐观的医生也不是唯一一位。除了取自动物血液和人类献血者之外，医生们还曾经使用啤酒、尿液、植物树脂等进行人体血液的补充。其实，用非血液液体输血失败的主要原因是非血液液体中不存在血红蛋白，这是因为血液的主要作用是通过红细胞中的血红蛋白，为人体提供必要的氧气，而非血液液体显然是无法输送氧气的。

直到20世纪40年代，由于储存条件限制，血型不相容，还有在输血过程中传播感染等方面的问题，对患者来说，输血仍然存在一定的风险。即使到了现在，虽然并发症变得很少见，但是输血偶尔也会导致疾病的传播，或因不正确的交叉配血而导致输血失败。另外，他人捐献的血液保质期短，血液需求量却很大，在战争时期尤其如此。

20世纪，研究人员开始专注研究，要找到一种向患者提供血红蛋白的新方法。从20世纪80年代开始，一些公司开始测试各种携带血红蛋白的血液替代品，但这些血液替代品的致死率过高，令人难以接受。现在，干细胞作为一种颇有前景的新型血液来源，为我们带来了希望。这种"万能细胞"经过培养，可以生长、分裂成数十亿个成熟的红细胞。

然而，事情到此并未结束，我们还有许多工作要做。接下来，我们要考虑人造血液的量化生产问题，以及在此之后进行全面的检测，直到最后能供患者使用。

让人们冷热随心的
冷热敷袋

在生活中，由于人们每天的活动量都很大，时不时就会受到一点儿伤害，比如摔倒、崴脚等。这时候，你知道怎么做吗？可以找冷热敷袋来帮忙。

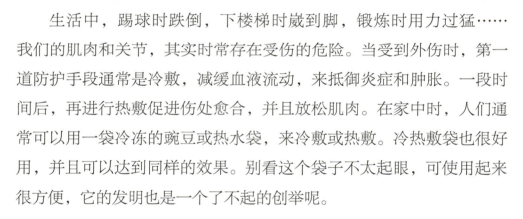

　　生活中，踢球时跌倒，下楼梯时崴到脚，锻炼时用力过猛……我们的肌肉和关节，其实时常存在受伤的危险。当受到外伤时，第一道防护手段通常是冷敷，减缓血液流动，来抵御炎症和肿胀。一段时间后，再进行热敷促进伤处愈合，并且放松肌肉。在家中时，人们通常可以用一袋冷冻的豌豆或热水袋，来冷敷或热敷。冷热敷袋也很好用，并且可以达到同样的效果。别看这个袋子不太起眼，可使用起来很方便，它的发明也是一个了不起的创举呢。

　　来自纽约的药剂师雅各布·斯潘塞是第一个发明了可重复使用的软敷袋的人，而且这种软敷袋具有两种功能，可以反复用于冷敷和热敷。斯潘塞是一名销售代表，经常到医

院去实地推销。他发现，医生和护士会将冰块放入乳胶手套中，制成即时冷敷袋，并常常为此弄得手忙脚乱。1971 年，斯潘塞把中性凝胶填充到硬质的塑料外壳中，还把塑料外壳染成蓝色，这样看起来更加好看。如此，他发明了第一个可重复使用的冷热敷袋，并将其投放市场销售。这种冷热敷袋既可在冰箱中冷冻又可在微波炉中加热。它具有良好的柔韧性，可以弯折，能够随着身体的形状包在人们疼痛的手臂或肩膀上。现在，冷热敷袋通常配有系带，可以紧紧包在受伤部位，以此来缓解患者的痛苦。

假牙：
实现咀嚼自由

牙好，胃口就好，这是一句真话。可是人们的牙会因为某种原因受到损伤，怎么办呢？别急，假牙能帮助我们实现咀嚼自由。

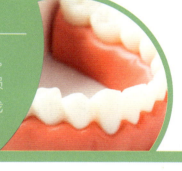

牙齿可以帮助我们咀嚼任何食物，不论是硬硬的坚果，还是软软的小米粒，经过牙齿的咀嚼过后，才更容易被人体吸收。可是牙齿虽然坚固，但也并不是"刀枪不入"的。老年人的牙齿会随着年龄增长，慢慢老化脱落。年轻人如果不注意用牙卫生，或者遭到意外伤害，都有可能让牙齿掉落。成年人的牙齿并不像指甲那样可以反复再生。一旦牙齿受损脱落，那就只能去戴上假牙了——当然，古人早就知道这点。

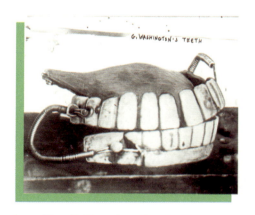

美国总统乔治·华盛顿的假牙

已知的人类第一颗假牙，出现在大约 4500 年前的埃及。紧接着的 1800 年里，假牙的制作工艺在伊特鲁里亚人文化中趋于成熟。伊特鲁里亚人生活在如今的意大利托斯卡纳大区，他们曾使用象牙或骨头制作假牙，还使用错综复杂的金丝架把假牙固定在人的牙床上。当时，由于假牙的制作成本非常昂贵，只有富人才能负担得起这种昂贵的牙科手术的费用，穷人是没有钱来戴假牙的。

公元3世纪，罗马帝国衰落后，人们就没有了优质假牙的购买渠道。16世纪，家境富裕的女性通常会忍受着牙龈穿孔的痛苦，使用金属丝固定假牙。17世纪，牙医们曾经尝试使用弹簧来固定假牙。佩戴假牙后，患者需要使劲儿紧闭嘴巴，防止假牙掉下来。有时候，人们的嘴巴甚至会突然崩开，假牙便会从口中掉出来。

那时的假牙仍然是使用象牙和骨头通过手工雕刻而成的。不过，它们时常会腐烂，散发出难闻的气味。为了避免难堪，有些人也会寻找一些替代品。英国女王伊丽莎白一世（1533—1603）曾经仅仅依靠小块布料，来填补牙齿上的缝隙，让牙齿固定。而美国总统乔治·华盛顿（1732—1799）佩戴的假牙很可能是使用河马的长牙制成的。

渐渐地，人们意识到人类的牙齿才是更佳的假牙材料。从哪里获取人类牙齿呢？其中一条途径是从刚死去的士兵身上获取。于是，美国内战时期（1861—1865），无数战亡士兵的牙齿被运送至欧洲地区。那时候，也有穷苦的人会售卖他们的健康牙齿，而奴隶甚至还要忍受被强迫拔牙的痛苦。

欧洲牙移植手术场景

18世纪晚期，法国人开始使用瓷器制作假牙，这是20世纪塑料问世之前最好的假牙材料。

牙齿虽小，作用很大。我们应该好好保护它。

填补牙齿空隙的
补牙材料

如果牙齿脱落了，我们可以佩戴假牙。如果牙齿没有脱落，只是有了孔洞，那么这时就要用到补牙材料。

牙齿，作为身体最坚固耐用的器官，我们平时很容易忽视它。它不仅会在我们不知不觉的情况下磨损，而且如果不用心呵护，牙齿还会被腐蚀出牙洞，让你疼痛难耐。这时候，我们就需要去补牙。

造成牙体缺损的原因主要是龋齿，其次为外伤、磨蚀、酸蚀等。龋齿是口腔主要的常见病，大人孩子都会得这种病。最初，人们一般用金、陶瓷或树脂等来修补龋齿，但人们最熟悉的填充物是银汞合金。汞，就是水银，人们知道它是有毒的，但它在与其他金属结合使用时却是无害的。银汞合金填充物的历史和龋齿一样古老。因为，自从人类有了龋齿，也就有了和它作战的经历。在中国7世纪的典籍和德国中世纪的文献中，都记载了人们使用银

汞合金来填充牙齿。当时的填充物成分如同现在一样，都由50%的汞和50%的银、锡和铜等构成。

现在常用的银汞合金在最初被引入美国时，曾引起一场名为"第一次汞合金战争"的骚动。因为在此之前，许多牙医都更喜欢使用黄金修补牙齿，因为这种材料更安全且昂贵，能让牙医们赚到更多的钱。1833年，当爱德华·克劳库尔和摩西·克劳库尔向美国纽约州引进银汞合金时，这种更便宜的替代品让美国牙科医生学会很愤怒，为了保护自己的利益，学会禁止所有成员使用这种材料。这场争议一直持续到1859年，美国牙医协会成立，并将银汞合金作为其青睐的龋齿填充物，这种材料才得以推广使用。

无论补牙材料多么便利，都不及我们自己的健康牙齿。保护我们的牙齿，要从现在做起。

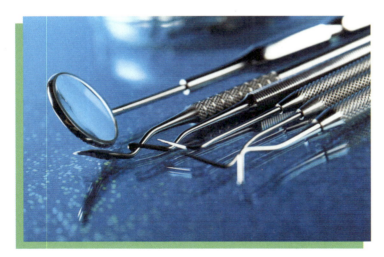

牙科医疗设备

6 回收利用

　　"回收"这个字眼带着现代的记号，但这种行为却与人类文明一样古老。除了少数奢侈浪费的贵族之外，历史上大多数人都没有条件将有用的物品一丢了之。人们将废旧的物品修理后反复使用，或者将它们重新加工成新的物品。近几十年来，浪费的恶习已让人类尝到了恶果，"回收利用"的传统因而复兴。旧轮胎被重新加工为有弹力的游乐场地面，饮料瓶被制成衣服，污染环境的塑料制品被可变成堆肥的有机物制品替代……虽然人类还不能使一切旧物品都焕然一新，但我们正在努力的路上。

世界上没有垃圾，只有放错地方的宝藏。

——但丁（意大利诗人，1265—1321）

有弹力的
橡胶地面

在游乐场尽情玩耍、放飞天性的时候，你是否知道你踩的地面可能是轮胎做的？

　　游乐场是孩子们放飞自我的乐园。在游乐场，你总能看到大大小小的孩子们活蹦乱跳的身影。不过，游乐场的地面对孩子们也"不客气"，一不小心跌倒，就会受到或轻或重的伤害。在美国，每年有超过20万名儿童在游乐场上受伤，被送往急诊室。其中，近半数都是骨折和脑震荡等重大伤害。当然，大多数创伤都是由跌倒造成的。因此，游乐场地面的弹性程度，决定了孩子是重重地摔伤，还是毫发无伤地"软着陆"。

　　在市中心和郊区的各个游乐场内，人们将泥土、草和沥青混合在一起，铺设成了廉价粗糙的地面，而这种坚硬的地面存在着潜在的危险。如今，很多游乐场都铺设了游乐场缓

冲垫，缓冲垫用沙子、木屑或碾碎的轮胎铺成，再用橡胶外皮填充，这种地面的安全性更高。

仅在美国，每年就有大约 2.9 亿个轮胎被丢弃。这些笨重且不可生物降解的废弃品占据着垃圾填埋场，滋生蚊虫，有时还会引起火灾。值得庆幸的是，大多数轮胎会被用作燃料燃烧或被回收利用，约 8% 的轮胎会被碾碎成有弹性的小块，制成橡胶外皮。这种橡胶外皮现已在园林绿化和娱乐设备中得到了广泛应用。相比安全缓冲高度只有 1.8 米的木屑，橡胶外皮的安全缓冲高度可达 4.2 米，可以令孩子们在游乐场度过更愉快的时光。也就是说，即使一个孩子在 4.2 米的高处掉下来，落到橡胶地面上，也不会造成大的伤害，可以让孩子们在游乐场里自由自在地玩耍，没有后顾之忧。

我们必须牢牢记住，游戏虽然快乐，可安全永远是第一位的。

破布的第二次生命
——碎布纸

小朋友们都有一本自己喜爱的日记本，精美的图案，厚厚的纸张，记载着自己的小秘密。可是你知道吗？那种精美的纸张，有一些竟然是用破碎的布片制成的。

　　在"回收"这个概念出现之前，为了节约成本，造纸商就开始对破碎的布片、布条进行再利用，来制造更高级更贵重的书写材料。通常人们认为，在公元105年左右，中国东汉时期的宦官蔡伦改进了造纸术。这种纸是现代纸的雏形，造纸术也因此成为中国古代的四大发明之一。纸的发明，给文化的传播带来了重大的影响。造纸术发明之前，文人书吏只能在稀有、昂贵的丝绸上书写。那时的书有一个名字，叫帛书。想想看吧，那种写在贵重的丝绸上的书，价钱是多么昂贵呀。只有有钱的人家才能买得起。贫穷的人家一年的劳动收入也买不起一本书呀。蔡伦

丝绸造纸

用桑树皮、大麻、碎布和旧渔网等作为造纸原料，把它们混合在一起，充分浸泡后，制成纸浆，放在薄竹片上晾干，就成了一张张的纸。造纸术发明之后，有了这种廉价的原材料，让书籍的大量印刷成了可能。

就在中国人普遍使用纸张来印刷书籍的时候，西方人还在使用贵重的羊皮来印制书籍。读书只是贵族子弟的权利，因为穷苦人家的孩子还是没有钱来买书、读书的。据说在751年，阿拉伯的几个强盗强迫被囚禁的两名中国人说出造纸的机密，于是造纸术从中国传播到了阿拉伯，西方人才开始制造出纸张，书籍也大面积流行开来。可见，造纸术的发明给世界文化带来的影响有多大。

到了中世纪，水力造纸厂的出现，推动了造纸工艺在亚洲和欧洲的风行。进入19世纪之后，大麻、亚麻和棉布等成了主要的造纸原料。每天，有大量收废品的人出现在街头，他们拉着货车走遍大街小巷，清理收集人们丢弃在垃圾箱里的破布，并转售出去。自19世纪中叶起，

造纸厂开始使用木材纤维素制作纸浆，进行纸张生产。现在，碎布纸成了一种较为昂贵的商品，只用来制造精美的文具和昂贵的货币。

一粥一饭，当思来处不易；半丝半缕，恒念物力维艰。让我们时刻牢记，节约光荣，浪费可耻。

可生物降解的垃圾袋

如今，塑料垃圾袋随处可见，因为它使用方便，价格又便宜，为人们的家居生活带来极大便利，然而它却对环境造成了严重的损害。仅美国人每年就要扔掉 2 亿吨垃圾，其中大部分垃圾被装入聚乙烯塑料袋中填埋。据估算，被填埋的塑料袋需要长达 1000 年的时间才能彻底分解。

为应对这个问题，出现了可生物降解或可堆肥（一种废料发酵方法）的垃圾袋。有些可生物降解的垃圾袋含有添加剂，可促进塑料随时间逐渐分解。另一些垃圾袋则由玉米或马铃薯淀粉制成，可在堆肥堆中分解。然而，无论其成分如何，几乎没有能够在隔绝空气的地下深处迅速腐烂的垃圾袋。最环保的方法，还是尽可能减少使用塑料垃圾袋。

给植物提供营养的
堆肥

人体生长离不开营养，植物生长也同样需要营养。不过，植物的营养需要人们来提供，一些厨余垃圾沤制之后，就是植物最好的营养——堆肥。

吃剩的饭菜、烂掉的水果，以及厕所里的排泄物……这些都是生活中会产生的垃圾、废弃物。不过，这些扔掉的废弃物很快就会被收走，并进行再利用。将生活垃圾堆在一起进行发酵，就可制成有利于农作物生长的肥料。这就是名为"堆肥"的肥料制法。

早在农业文明产生的初期，人类就开始利用腐烂的有机物质作为肥料，让植物快速生长。《圣经》中有一个小故事：一个男人让他的园丁砍掉一棵不结果的无花果树，园丁劝他先不要砍掉这棵树，先给

95

它施些肥看看效果。可见肥料是有助于植物生长结果的。新英格兰的移民们，曾经把成千上万条腐烂的鱼埋入土壤中，用来增加土壤的养分。第二年，这些腐烂的鱼彻底腐烂后，地里的庄稼长得更加茂盛了。美国首任总统乔治·华盛顿就非常喜欢干一些农活，他不但是一位成功的总统、国家领导人，还是一位出色的农民。他曾尝试制作不同类型的堆肥，直到选出自己最满意的堆肥组合——羊粪和"山坡上沟壑里的黑霉"的组合。

19世纪40年代，德国化学家尤斯蒂斯·冯·李比希发现，氮（dàn）是一种关键的植物营养素。之后，一些大型农场开始用化学肥料取代堆肥。不过，小型农场和花圃中，人们仍然喜欢通过自然的方法获取肥料来种植作物和蔬菜、果树。而用这种方法种植出来的农产品也更受人们喜爱。

20世纪中期，英国农学家艾伯特·霍华德爵士和伊夫·鲍尔费夫人分别撰写了有关堆肥实践的书籍，重新唤起了人们对于可持续农业的兴趣。霍华德提出的配方——植物量与粪肥量三比一，分层施肥，定期翻动，至今仍然被人们广泛接受。

现在，在美国，几乎所有的城市，都在推动这项工作，收集可生物降解的废料进行堆肥，然后转售给园艺种植业者和农民来获取利润。美国旧金山市每年将市民产生的大约25万吨垃圾进行堆肥，卖给当地的葡萄园。

作为一种有机肥料，堆肥中包含的营养物质比较丰富，肥效稳定，并且具有长期性，一次施用，能持续好几年都在发挥作用。同时，使用堆肥有利于促进土壤固体结构的形成，能增加土壤保水、保温、透气、保肥的能力。堆肥是以作物秸秆、杂草、树叶、泥炭、垃圾以及其他废弃物等为主要原料，混合人畜粪尿经堆制腐解而成的有机肥料。由于它的堆制材料、堆制原理，和其肥分的组成及性质和厩肥相类似，所以又称人工厩肥。

也许，昨天淘汰的咖啡渣，就成了明天的赤霞珠干红葡萄。

塑料瓶做的布料
——摇粒绒

喝完饮料后的塑料瓶和身上的衣服之间有什么联系？可不只是饮料会把衣服弄脏的关系哟。

实际上，喝光饮料的塑料瓶被回收后，经过种种工序，可以成为制作衣服的布料。这种用废旧塑料瓶子制作的布料就叫作"摇粒绒"。

摇粒绒也叫双面绒，它曾一度被人们打趣，说成是双面针织服装的起源。而实际上，摇粒绒不仅仅是一种温暖实用的布料，还是由回收的塑料瓶制成的再生材料。如今，这种聚酯纤维加工后，以环保面料的形式，重新回归人们的视线之中。

聚酯是由英国的科学家首先发明出来的，并由美国杜邦公司商业开发的一类合成石油基聚合物，从这个意义上说，它是一种化学制品。它简称聚酯，存在于包括塑料瓶在内的各种产品中。应该说，所有的塑料制品都离不开这种叫作聚酯的东西。20世纪80年代，制造商突然发现，用聚酯材料可以制成蓬松、温暖的抓绒或摇粒绒，研制成功后，这种材料制成的服装立刻被推向市场，进行大面积销售。由于塑料来源于石油，本身无法进行生物降解，这两种特性意味着它并不是一种环保型材质。但是它的衍生物——聚酯，却是一种环保材质。

聚酯挤压成纤维后，能用来制作生产出一种抗皱和防潮的面料。20世纪90年代，美国巴塔哥尼亚公司——最大的摇粒绒服装营销商之一，开始用回收的塑料汽水瓶制作面料。每件摇粒绒外套大约需要25个塑料瓶子。该公司从各地回收商处购买大量塑料汽水瓶，把它们先按照颜色分类，然后灭菌、粉碎、加热，再通过喷丝头压制，制成聚酯纤维，再将干燥后的聚酯纤维编织成新的织物。这种聚酯纤维做成的衣物还可以被再次回收，用于制作毯子、帽子或舒适的上衣，获得第二次生命。

也许，你冬天穿的棉衣中就有一件是摇粒绒的，而它也可能是你喝过的饮料瓶制作成的。

柔软又坚硬的 玻璃纤维

玻璃给人的印象一直是坚硬易碎的，而纤维历来是柔韧的，把两者结合在一起，会变成什么呢？

玻璃纤维是由多功能的拉丝玻璃制成的。在玻璃纤维的生产过程中，也可以加入酒瓶、酒杯、茶杯等玻璃制品或者是其他玻璃废料，因此也有助于提高玻璃容器的回收量。如今，美国人每年丢弃约1100万吨玻璃，而玻璃纤维行业是这些废品的重要买家。

我们身边随处可见的玻璃可以制造出使用广泛的玻璃纤维材料。然而在历史上，这个行业秘密却从来没有被玻璃制造商们提起过，直到18世纪时被玻璃纤维的发明者揭开。这位"大方"的发明者就是法国的勒内·安托万·费尔绍·德·缪米尔，他率先开发了使用旋转轮将熔化后的

玻璃纺织成纤维的先进工艺。不过，他开发这种工艺的原因并非专门为了制作玻璃纤维，而是制作人造苍鹭的羽毛。说起来，缪米尔也不是个普通人物，而是一名博物学家、昆虫学家、工业家，同时还是列氏温标的发明者。缪米尔预言，未来有一天，柔韧的玻璃纤维可以被编织成织物。今天看来，他的预言的确成真了。

玻璃钢

玻璃纤维以优良的性能著称，最广为人知的就是它的绝缘性，绝缘性使玻璃纤维在电路设计中发挥着重要的作用。20 世纪时，德国制造商开始用玻璃纤维生产绝缘材料。20 世纪 30 年代，美国欧文斯科宁公司改进了玻璃纤维生产工艺，让玻璃纤维有了更高的使用效果，并开始在市场上占据主导地位。

作为一种非常好的金属材料替代品，玻璃纤维已经成为建筑、交通等行业必不可少的原材料。而在生活中，玻璃纤维也具有很多种用途。例如，棉状的玻璃纤维——玻璃棉具有优异的隔热性能，常常被用来做保温材料。而片状的玻璃纤维可以被模制成天花板或船体，如皮划艇的船身等。由于耐热性和抗腐蚀性好，玻璃纤维还可以用来制作特定的容器。

由于在多个领域得到广泛应用，玻璃纤维越来越受到人们的重视。了解了玻璃纤维的知识，你在家里找一找，看看有没有一件物品是玻璃纤维制成的呢？

7 人造仿制

　　天然钻石象征着珍贵稀有，人们以其稳定性象征永恒不变的爱情。但其实，就其品质来说，人造钻石会更好一些。如今，昂贵的高品质材料和它们别具匠心的仿制品可谓难分高下。镀银盘子看起来与真的银器一般无二，人造皮毛与动物皮毛一样柔软温暖，就连人们平常喝的香槟、吃的鱼子酱也有仿制品。这些仿制品可能愚弄不了美食家，但是作为派对上的美食，却足可以香味撩人、以假乱真。有时候，这些人造材料不仅成本较低，而且更加环保。

没有科学的想象，就不可能有所创造。
——范托夫（荷兰化学家、诺贝尔化学奖获得者，1852—1911）

人工合成的爱情信物
——合成钻石

对，你没有看错，在科学技术高度发达的今天，名贵的钻石是可以合成的。这种高度仿真的合成钻石，价格也同样是不菲的。

钻石是一种天然的宝石矿物，它的作用很大，可不仅仅是镶在戒指底托上闪闪发光，诱惑人的眼睛。钻石是地球上最硬的天然矿物，是制作钻头的最佳材料，也是制作磨料的理想材料。钻石还具备良好的折射效果，可以用来制作激光器和晶体管的零部件。然而，钻石的形成时间长得令人难以想象，需要碳原子在地幔的高压高温下，历经至少10亿年才能形成钻石，所以，天然钻石非常稀有和昂贵。

当下，钻石成了爱情和忠贞的象征，但是单凭现有的存量，很难满足人们的需求。因此，长期以来，科学家们一直尝试制造合成钻石。

20世纪50年代，美国通用电气公司的科学家们率先研制出合成钻石。他们使用一种有超强力量的压力机，产生大约100亿帕斯卡的压力，并形成2000℃的高温。在这种超强的高温高压下，本来历经漫长岁月的压制过程也会被缩短到几天时间。这么短的时间就能生产出这样的合成钻石，还是很高效的。

用压力机合成的钻石，其化学成分与自然界中的钻石完全相同，但成本要低得多。此外，低压化学气相沉积法也得到应用。在这种方法中，人们使用富含碳元素的气体形成一片片钻石晶体。虽然这样生成的钻石很少超过一克拉大，但它们如同天然的钻石一样闪耀夺目，有时甚至可以骗过经验丰富的珠宝商。

不输真皮的
人造皮革

用动物毛皮制作的生活用品可以有多种用途，可是为了保护地球上人类的邻居，人们开始使用人造皮革来代替真正的动物毛皮。

由动物皮鞣制而成的皮革具有坚韧、柔软、防水等优点，是一种多功能材料。人们广泛用皮革制作衣物、用具，如外套、靴子和手提包等。不过，有一些人抵制动物制品，不愿意穿戴真正的动物皮。于是他们会转而购买仿制皮革，以获得同样的享受。这种"素皮"从坚硬的家居饰品开始，走出了一条属于自己的漫长发展之路。

人造皮革是用塑料和织物为原料生产出来的，它的外观和手感都非常接近真正的皮革。在这一领域，最早获得成功的产品是"瑙加海德皮革"（Naugahyde）。

皮革材料

它是美国橡胶厂在1914年发明的一种乙烯基涂层织物，曾被广泛用作防水耐磨的家居用品布料。20世纪60年代，为了宣传这种人造皮革，扩大销量，商家甚至虚构出一种叫"瑙加"的动物。他们拍着胸脯保证，这种皮革对动物没有任何伤害性，还说"瑙加"是一种特殊的动物，每年都要脱一次"皮"。没想到，这个广告真的被人们相信了，并且大受欢迎。甚至还有些人误以为这种生物是真实存在的，于是他们便心安理得地使用这种皮革。

早期，大多数人造皮革织物表面都涂有聚氯乙烯。这种物质会使人造皮革变得坚硬而且不能吸汗，并不招人喜欢，更可怕的是它还有致癌作用。于是，越来越多的人们选择在人造皮革上涂抹聚氨酯——一种使皮革更柔软的环保材料，看起来更自然，穿戴起来也更服帖，更容易塑造人类身体的线条。

如今，这种打着环保旗号的人造皮革，被著名的时装设计师们制作成各式各样的流行时装，在T台上展示，有时售价高达数千美元，甚至超过了天然皮革的价格。

名正言顺的假货——人造草皮

你常常会在运动场上看到大片的人造草皮。它耐用、保养简单，是天然草皮的替代品。最重要的是，它不用浇水，这一点对于干旱地区非常重要。

人造草皮由 3 层结构组成：顶部是塑料制成的草叶；中部是一层缓冲用填充层，通常由沙子或再生橡胶组成；下层是排水层，用于排出水分。其中，填充层是至关重要的。20 世纪六七十年代出现的第一批人造草皮很硬，人们跌倒后很容易受到伤害。而如今的人造草皮采用了柔软的缓冲层，可以让运动员落地时更加安全。

在阳光照耀下，人造草皮的表面温度比天然草皮上升得更快。因此，当你在人造草皮上玩耍时，记得避开一天中最热的时段哟。

动物毛皮的替代品
——仿真皮草

用动物皮毛做成的衣服，也称为"皮草"，人们穿着舒适，可对动物却是一种残忍的伤害。仿真皮草的出现缓解了这样的尴尬。

皮草，最早是原始人类用来遮盖身体的衣服，但到了现在，它逐渐演化成了一种象征身份与地位的奢侈品。到了20世纪，皮草大衣显然已是地位的象征，而不再是实用的外套。皮草虽然看起来华美高贵，本质上却是一种丑陋的东西，因为它的原材料就是人类以残忍方式对待动物得来的。因为，在皮草的生产过程中，动物的皮毛需要被完整地剥下，这种残忍的做法引起了动物保护人士的抵制。

20世纪90年代，善待动物组织——目前已发展为全球最大的维护动物权益组织，邀请一些明星拍摄杂志广告时，提出"宁愿裸体也不穿皮草"的口号，得到了很多人的响应。善待动物组织发起并赞助了一场抵制皮草的运动，这标志着公众

对于穿戴动物毛皮的态度发生了重大转变。于是，仿制皮草便有了它的舞台，并逐渐出现在人们的视野中。

第一次世界大战后，美国政府决定对毛皮生产征收大量的联邦税，这对皮草商的利益造成了很大影响，刺激他们开始寻找动物毛皮的替代品，那就是用仿真的皮草来代替真正的皮草。早期的人造皮草是用羊驼毛制成的。人们只要剪下羊驼的毛就可以，因此对动物没有伤害。可是，羊驼毛颜色暗沉，手感也不够顺滑，并没有受到人们的喜爱。20世纪50年代，随着纺织工业的发展进步，大量改良的人造织物进入市场，并马上占据了市场主流。经过挤线、切割和染色等多道工序后，人们发现，丙烯酸聚合物经过加工后，能够呈现出一种十分逼真的皮草效果，并且顺滑细腻，手感特别好。目前被大量使用的改良性聚丙烯腈纤维，具有柔软、防水、防火等特点，很快被人们所接受。由于这种人工纤维造价很低，深得大众青睐。今后，无论是超模还是普通人，都可以没有顾虑地穿上这种"皮草"。

但就保暖防寒功能和奢华程度而言，人造皮草还是很难与天然皮草竞争。因此，动物皮草的市场依然还会长久地存在下去，短时间内不会消亡。

镀金银器
值钱吗？

在我们的想象中，欧洲王室成员出门入户都是一身珠光宝气，他们身上的首饰一定是十足的真金白银。但在 17 世纪的英国，人们却发现这些竟然都是假象。

　　1649年，英国政治家奥利弗·克伦威尔废除了英国君主专制制度。新政府熔炼了大量王室珍宝中的黄金，还抛售了原先属于王室的一些宝石。在熔炼黄金的过程中，一件从11世纪流传下来的传家宝出现了一丝异样。这是一顶伊迪丝王后的皇冠，"本以为是由大块黄金铸造而成的，但经鉴定后，才发现只是镀金的银器"。结果，这顶传世皇冠只被估值16英镑。虽然并非一文不值，但也确实没有什么珍藏的价值。

　　虽然这顶皇冠让垂涎黄金的人梦想破灭，但实际上，镀金银器的价值也不可小觑。只不过它的价值并不体现在售价上，而是体现在制作它们的工艺技术上。真正的镀金银器必须具有标准纯银

镀金烛台

基底和厚度至少为 2.5 微米的 10K 金镀金层。黄金本身既重又软，加工难度很大。采用在银的外层上镀金的方法，金匠们可以制造出比纯金更轻、更坚固的珠宝、器皿和艺术品，而且成本也便宜得多，能够让人们以更低廉的价格，买到精美的饰品。

银器镀金是一种古老的工艺。荷马史诗《奥德赛》中，曾提到这种工艺："当一个人给银器镀金的时候……女神的恩典在他的头顶和双肩熠熠生辉。"镀金方法非常简单，将经过锤打变薄的金箔贴在器物表面就可以了。但在中国，从古至今却一直沿用着一种名为"鎏金"的标准镀金方法。金匠们先是使金子在高温的水银中溶解，然后把金和汞混合成一种"金汞合金"，将其均匀地涂抹在器物表面上，再把器物放入炉中灼烧。水银被灼烧蒸发后，器物表面就形成了一层薄薄的金质涂层。再经过抛光，涂层就会变得更光滑、更明亮。

但是，鎏金工艺会产生剧毒的汞烟，这种有毒的气体会直接损害工匠们的身体健康。英国剧作家约翰·韦伯斯特在他 1612 年创作的戏

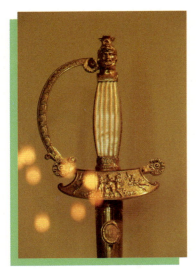

剧《白魔》中说道："水银毒害了镀金工人的大脑。"如今给银器镀金通常采用更安全的电镀法。银器和金条浸入电镀溶液，当电流通过溶液时，金条上会分离出金离子，金离子将会附着到银器表面上。之后，工人再对银器进行打磨、平滑和抛光等工序，在镀金银器的表面形成闪亮的光泽。

实践证明，许多器物的发明和发现，都是人们追求美的结果，值得赞美。